# 基于“四动课堂”的初中大单元教学

彭念东　王忠厚 / 主编

中国海洋大学出版社
·青岛·

**图书在版编目（CIP）数据**

基于“四动课堂”的初中大单元教学 / 彭念东，王忠厚主编. — 青岛：中国海洋大学出版社，2024. 11.
ISBN 978-7-5670-4057-1

Ⅰ. G632.0

中国国家版本馆 CIP 数据核字第 202440S62D 号

| | | | |
|---|---|---|---|
| **出版发行** | 中国海洋大学出版社 | | |
| **社　　址** | 青岛市香港东路 23 号 | **邮政编码** | 266071 |
| **出 版 人** | 刘文菁 | | |
| **网　　址** | http://pub.ouc.edu.cn | | |
| **电子信箱** | 813241042@qq.com | | |
| **订购电话** | 0532-82032573（传真） | | |
| **责任编辑** | 郭周荣 | **电　　话** | 0532-85902495 |
| **印　　制** | 日照日报印务中心 | | |
| **版　　次** | 2024 年 11 月第 1 版 | | |
| **印　　次** | 2024 年 11 月第 1 次印刷 | | |
| **成品尺寸** | 170 mm × 240 mm | | |
| **印　　张** | 27.5 | | |
| **字　　数** | 460 千 | | |
| **印　　数** | 1~1000 | | |
| **定　　价** | 95.00 元 | | |

# 编委会

主　　编：彭念东　王忠厚

编写人员（排名不分先后）：

周元春　孙　龙　曲晓琦　张　琪　臧义娟　代玉红

潘建荣　王　佳　邓彩凤　王志成　苏　萌　郑晓璇

关　静　孙健哲　刘　凯　张　进　龚彦萍　徐希雯

刘　丹　张慧中　尹付东　卢彭彭　刘　欢　郭欣冉

高秀丽　田维德　孙嘉颖　于春霞　丁　宁　何云云

李正舞　胡文钰　王　龙　宋　鹏

# 序

“新课标”的扎实落地，重点在课堂，中心在学生。因此，开展基于“四动课堂”的大单元教学设计及行动研究，就是以课为媒、让课说话，用设计思维改变教与学，用生活视角重建课堂；发现创新，汇集创新，以创新点燃创新，以好课唤醒好课，以成果催生成果，借此推动育人方式变革，建构课堂教学文化，寻找课堂教学“微创新”的方法和路径，为今后进一步深化课程教学改革提供可以借鉴的落地经验。在行动研究过程中，一人出课、全组出动，集思广益、创意满满，这种精神状态是一面映射学校办学思想、生态环境以及校风、教风、学风的镜子。

一所好学校，要有一位好的领跑人，一位能够不断推动干部们、教师们进步的领跑人。

领跑人，首先自己要跑。一个优秀的领跑人，必须跑得比别人快、跑得比别人远，这就需要领跑人的综合素质比别人的更高，更勇于创新、善于创新。

**一、明确新时代对基础教育发展提出的方向点**

2023年，教育部印发了《基础教育课程教学改革深化行动方案》，这一文件的重要性不言而喻，它阐述了未来五年的教育目标和重要任务，其中提到的五大行动包括课程方案的落地、教学方式的变革、科学素养的提升、教学评价体系、专业支撑和数字赋能，共计十四项具体举措。

第一，聚焦培养目标。在促进学生全面发展和培养学生核心素养的基础上，把对学生创新能力的培养作为开展基础教育的主要目标。为此，要切实解决“唯分数”的顽瘴痼疾，把学生从重视机械记忆、重视标准答案的固有思维中解放出来，重视学生批判性思维、创造性思维、创造性人格的培养，从“分数挂帅”走向“创新为王”。在科学素养提升行动中，强调落实党的二十大提出的关于教育、科技、人才“三位一体”统筹推进的要求，针对学生对科学技术缺乏内在兴趣等问题，深化中小学科学教育改革，强化做中学、用中学、创中学，激发青少年的好奇心、想象力、探求欲，提升学生解决实际问题的能力及科学素养。

第二，改进育人方式。一是优化课程内容结构，加强科学教育，进一步提高科学教育在课程中的比重。例如，在促进学生掌握科学知识的同时，重点培养学生的科学精神、科学思维、科学态度、科学方法。二是改进教学方式，每门课程，无论是否是科学类课程，都要运用启发式、探究式、讨论式、参与式等教学方式，培养学生的兴趣，让学生想创新、会创新。三是改进评价方式，不以分数论英雄，而以创新论高低，要把对创新能力的测试引入中高考，引导学校、教师、学生、家长认识并了解新的教育发展导向。

第三，改进学校管理方式，尤其是学生管理方式，形成民主平等的师生关系，从而提升学生的创新能力。

## 二、明确新时代课堂育人方式变革的关键点

首先，明晰课堂育人方式变革的立足点和目标。

想要实现学习方式和教学模式的改变，需要回归学习的本质，深刻理解人是如何学习的，这就决定了课堂育人方式变革的立足点是尊重规律。初中阶段是学生身心快速发展的时期，有一定的规律性。例如，学生身体发展的顺序性，认知和道德发展的阶段性，身心发展的差异性，以及学习这一身心共同参与并受到外部环境影响的开放性活动所体现出来的具身性。这些规律是学校教育教学具体实践、改进、创新的科学基础。从根本上讲，教育方式的变革是在不断认识人的发展规律的基础上，改变那些不符合规律的行为或举措，向着“培养人、发展人”的教育本原不断靠近。

其次，把握初中育人方式变革的两个关键转向。

第一，从学科本位转向育人本位。学生是一个完整的人，其学习过程是全人的、整体的。因此，要站在整体育人的高度看待各学科课程的功能与价值，在教师认识、课程内容、教学方式三方面突出育人的整体性与融合性。一是引领教师先为“人师”，后为“经师”。二是打破基于学科分化的单一思维，鼓励建立学科间的多样联结与多种融合，倡导开展综合化的多学科主题课程和基于现实问

题解决的跨学科项目学习，培养学生系统、多维的思维方式，促进学生综合素养的形成。三是注重课堂教学中的多维融合。教师要针对初中生的认知特点，更多地采用问题性、情境性、综合性、体验性、实践性的学习方式，帮助学生在探究过程中形成多感官通道的综合认知结构，促进学生核心素养的发展。

第二，从标准培养转向差异培养。这一转向既是对我国基础教育“顽疾”的反思，也是新时代教育改革理念中对人性的尊重。教师眼中不仅要有全体学生，更要看到每个独特的个体；不仅要考虑全面发展的需要，更要尊重学生自身的天赋、潜能，帮助每位学生在共性发展的基础上进行个性成长。

### 三、抓住课堂育人方式变革的基础点

1. 基础点一：习惯养成

学生来到学校里，概括起来就是两件事：一是学会学习（读书），二是学会做人。学习重要，做人更重要，二者不能失衡，其中包含着“知识”与“文化”的关系问题。本着以学生发展为宗旨、以学生学习为主体的教学观念，教师始终把培养学生良好的学习习惯作为课堂教学的主要任务，着力培养学生的四种习惯：第一，自我提问，用问题引导自己读书、思考；第二，不动笔墨不读书，养成积累知识的习惯；第三，多种感官并用，养成高效率学习的习惯；第四，求异思维。学校提倡教师使用“三鼓励，三允许，一使用”原则，即鼓励学生勇于、善于质疑，鼓励学生敢于发表不同意见，鼓励学生超过教师；允许学生出错，允许学生向教师提意见，允许学生保留不同看法；经常使用鼓励性语言和鼓励性评价。其目的就是树立学生“不唯书、不唯上、不唯分，只唯实”的科学探索精神。

2. 基础点二：课堂质量

从“听、看、说”三个维度出发提高课堂质量。

（1）听：课堂上能听到掌声、笑声、辩论声的就是好课。掌声：发自内心的掌声让课堂更有意义。学生希望在课堂上听到来自教师或者同学的深刻而精彩的见解、简洁而有效的解题思路和解题方法，能让自己有所感悟。笑声：学生希望听到生动而精彩的课，这会让他们产生兴趣。我们曾经做过调查，问学生最喜欢什么样的教师，学生回答：“最喜欢有幽默感的教师。”辩论声：学生的主体意识已经觉醒，他们希望讲一些自己的看法，说一些和教师不一样的观点、和教材不

一样的观点，甚至想和教师辩论一番，这是成长的标志。如果班里没有这样的学生，我们倒要反思一下自己的教学有没有问题，是不是压抑了学生的天性。

（2）看：三个细节。关注思维方式，关注课堂的开放度，关注旁例和反例。有一个理论叫作变异理论，意思是说要想正确认识事物的关键属性，需要理解该关键属性的变异形式，以加深对该属性的理解。也就是说，还要了解它不一样的地方、有变化的地方、相反的地方，然后再加以对比，从而达到对关键属性进行辨析的目的。

（3）说：锤炼教师语言的三重境界。

第一境界：想得清楚，说得明白。

第二境界：声情并茂、传神动听，让学生闻其声如见其人。语言是一门艺术，艺术的语言具有感染力，如果教师的语言能够做到生动传神、悦耳动听，就能够把学生的情绪调动起来、思维调动起来，进而使学生对学习产生强烈的兴趣。

第三境界：教师言有尽，而意无穷。好的教师虽然在课堂上讲得少，但寥寥数语就包含了诸多意义，三言两语就打开了学生思维的“窗户”、想象的“窗户”，让他们尽情地思考、充分地想象。思也无涯，这就是教师课堂语言的最高境界。

通过问题驱动、情境调动、平台互动和工具撬动，打造“四动课堂”，转变“学教”方式，重构课堂结构，优化课堂教学环节，同时融入“科学+”集备与教研，采用大单元备课。先见森林，再见树木，树立科学的教学观。这种研究方式将推进“思维型”课堂教学改革，最大限度地把课堂还给学生，提升学生的学习力，促进学生的深度学习。

有了正确的方向，有了坚持不懈的努力，当然就有看得见的成果。

张凤瑛

2024年7月20日

# 让课堂成为生命活力绽放的场所（自序）

课堂是教学的主阵地，课堂教学的有效性是最根本的教学效益。21世纪以来，世界各国纷纷进行课程教学改革，我国“新课标”改革也随着“双减”政策的出台落实而不断深入。现阶段，初中学科教学目标与教学模式均有较大的改变，已将培养学生的核心素养作为主要的教学目标，强调学生核心素养的培育与发展，并通过学科教学潜移默化地进行德育工作，促使学生形成日后成长与发展需要的关键能力和必备品格。同时，初中学段的学科教学相比于小学阶段来说，有了较大幅度的变化。以上这些变化，都对初中教学改革提出了更高的要求，这也说明初中教学改革势在必行。

当下，部分初中教师所应用的教学方法仍较为传统，习惯于按照教材的编排顺序完成知识的教授，并且在课堂中以教师为主体引导学生完成学习任务，此时学生的主体能动性未得到发挥。学生只是知识的接受者，而非主动探索者。学生的核心素养得不到提升，学习兴趣无法被激发。

面对上述初中学科教学中存在的问题与无法提升学生学习兴趣与学习效率的现实困境，初中教师必须以学科为出发点，着重思考如何进行转型与变革，先研究整体，再根据整体确定单元，进而根据单元确定任务群和课时任务，将教材中的内容进行有机整合；将实际生活中出现的“大任务”纳入学生的课程活动之中，应用更加有效的教学模式引导学生完成学习，将学生的学习活动打造成具有综合性、情境性、趣味性的实践活动。具有较强层次性、逻辑性、系统性的教学设计，既符合学生的身心发展特点，也能凸显学生在学习中的“主人翁”地位。同时，也有利于克服以往教学过程中知识点之间相割裂的情况，可以更好地落实核心素养的培育工作。

基于上述内容，我们可以认为，立足于“四动课堂”的初中大单元教学属于初中教育的一种积极探索、一种有益实践，理论的研究可以更好地引领实践的发展，实践的发展也会推动理论的进步。

青岛大学附属中学自2017年起，积极探索“四动课堂”这一以学生作为课堂主体的新型课堂教学模式，具体包括问题驱动、情境调动、平台互动和工具撬动，通过此种课堂教学方式，改变以往传统教学模式中的不足，形成全新的课堂教学结构。与此同时，学校在该教学模式中融入集备、教研等手段，应用大单元教学。大单元教学强调将单元作为教学的基本元素与模块，强调知识教学的整体性与结构性，有利于学生在掌握具体知识点之后，建立整体的知识脉络，这是培育学生整体性思维的重要途径。

我们认为，基于“四动课堂”的初中大单元教学，能有效结合两者的教育优势，将学生作为课堂的主体对象，把学习的主动权还给学生，让学生在解决学习问题的过程中形成核心素养，达成“新课标”的具体要求。大单元教学是以单元为基本模块，注重知识的一体性、整体性、结构性和系统性。单元教学既能让学生掌握单一的知识点，又能让学生对知识的整体面貌有所把握，进而让学生能统揽学习全局。

学校以初中阶段的学科教学现状为基础，综合课程教育改革与核心素养教育的基本要求，从改进与优化教学范式的角度出发，探讨如何基于“四动课堂”进行初中大单元教学设计与优化。首先，明确“四动课堂”与大单元教学的基本概念，并就两种教学模式的要求展开分析；其次，根据现阶段初中教学的实际情况以及学生学习现状为基础，查阅并总结国内外学者的相关研究与理论，形成研究基础，明确当前教学中应如何落实大单元教学与“四动课堂”的整合；最后，总结形成项目的研究思路与教学范式的具体结构，并就项目的具体价值展开分析，提出可行性较高的科学化的初中学科教学范式，带动广大教师积极投身于教学改革的实践浪潮中。

## 一、研究内容

1. 初中大单元教学范式对教学目标设置的研究

基于“四动课堂”的初中大单元教学范式对教学目标的设置提出了全新的要

求，具体而言，有以下两个方面。

第一，根据“新课标”的要求，以教学内容为基础、以核心素养为导向，设计教学目标。教师可通过分析学情以及教材内容，明确各个单元的教学重难点问题，从中选择较为重要的教学内容，明确教学目标。

第二，根据教学素养的原则，以学习目标为基础设计整体目标。在设计教学目标时，要以该初中学科的核心内容为基础，让学生在了解重点知识的基础上进行迁移，从而更好地解决问题。为此，在设计大单元教学目标时，要注重培养学生的综合能力，结合“四动课堂”的教学要求，分别设计目标。例如，可设计语言教学目标、思维教学目标、文化教学目标与审美教学目标。

2. 初中大单元教学范式对教学环节设计的研究

首先，明确大单元的教学要求，做到有效备课。备课是初中教学质量提升的必要基础，要立足课堂教学要求，结合教学整体目标和实际学习情况提炼本单元的教学重难点，从中明确知识的关联性，根据学生的实际学习需求做到有效备课。

其次，根据单元教学的内容设计研究框架，确定教学目标。初中教师在实际教学过程中需根据教材内容要求以及具体内容提炼具有较高教学水准的素材，构建单元教学框架，确定单元整体教学目标，引导学生以清晰的知识框架理解本单元重难点，促使学生主动探究与思考，深化理解本单元的内容。

再次，确定课堂教学途径，以活动作为主要引导方式。课堂教学途径与教学活动是教学设计的基础内容，同时也要结合教学目标，让学生做到学以致用。为此，在实际教学中，初中教师需根据课程改革的具体内容与大单元教学的实际要求，结合教材内容进行梳理，有针对性地设计教学活动环节，由此提高教学质量与教学效率。

最后，提高对总结反思的重视程度，做到提质增效。在实际教学中，教师必须及时进行教学总结与反思，调整教学方向，做到主动总结、深入反思。

3. 初中大单元教学范式对课堂教学方法的研究

“四动课堂”即通过问题驱动、情境调动、平台互动和工具撬动，转变“学教”方式，重构课堂结构，优化课堂教学环节。

（1）问题驱动：为学生设计真实的问题情境，挖掘问题中的思维因素，促进学生主动思考。通过问题的探究与解决，拓展学生的思维空间，提升学生的思维能力。问题驱动能够提高学生学习的主动性和积极性，激发学生的求知欲，提升其解决问题的能力，培养其创新意识和创新能力。

（2）情境调动："让学生在良好的情境中学习"是"新课标"的重要理念。以案例或情境为载体引导学生自主探究学习；设计生活化的、与学科目标相关的情境，引导学生结合情境加深对知识的理解。

（3）平台互动：搭建科学、开放的教学平台，通过网络平台、智慧课堂、数字化教室等教学平台，给学生创造创新性学习环境，借助平台解决问题。

（4）工具撬动：用工具撬动课堂改革，把科学、技术、知识有机结合起来，借助传统的教学工具和信息化教学手段，撬动课堂的重难点，实现学习目标。小视频、学生制作的道具、课件、思维导图等都是学习工具，在这些工具的撬动下，实现课堂信息化、教学精准化、辅导个性化，打造高效智慧课堂。

"四动课堂"就是把学习的主动权还给学生，以问题为导向，以项目为载体，强调真实情境，在问题解决过程中逐步建立学科思维模式和探究模式，注重学习过程的综合性和实践性，形成结构化、整体性的核心素养。

基于"四动课堂"的初中大单元教学模式能够充分培养学生的核心素养与多方面能力，有利于学生的全面发展；推动了教师教学理念的更新与发展，提高了教师的专业能力水平；有助于学校影响力的提升，为学校内部管理变革提供源源不断的动力。

## 二、具体实践

### 1. 高位引领，精心打造

青岛大学附属中学深入落实"双减"政策，以课堂教学为主阵地，积极探索"科学+教学"有效融合路径。学校从2017年的教育教学年会开始打造"四动课堂"，转变"学教"方式，并积极推动大单元教学，提高课堂教学质量，提升学生学习力，形成了"尊重、灵动、求异、共生、和合"的课堂教学文化。用课堂的"增效"，促进课后的"减负"。实践变革后，学生家长的调研问卷显示，这一举措不仅提高了课堂学习质量，还提升了学生的自主学习能力，能在课堂上解决的问题都在课堂上解决，课后作业总量减少了，用时减少了，质量却得到了提高。

2. 教学年会，引领示范

学校注重学科素养落实，每年召开教育教学年会，课堂教学的研究更是每年年会的“重头戏”。我校基于“四动课堂”，设置“走进大单元、提炼大概念、创设大情境、设计大任务——大单元教学实践研究”板块，邀请教研员、家长、教师共同研究探讨如何更好地开展学科大单元教学研究、造福广大学子，打造高效灵动的课堂。与会者的热烈讨论，极大地提升了教师践行教学改革的积极性。

3. 精研深耕，扎实落实

我校每学期以“精研促优，悦动高效”为主题，围绕“四动课堂”“大单元教学”等，开设新教师亮相课、骨干教师引领课、名师开放课等上百节研讨课；开展“四动课堂”“大单元教学”专题化教研、集备、听评课等活动；开展“四动课堂”“大单元教学”教学设计大赛、教学反思征集、课题研究申报、教学论坛研讨等活动，以此重构课堂结构，优化课堂流程，让学生成为课堂的主体，切实提升课堂教学效果，减轻课后负担。

4. 申报课题，理论升华

以扎实有效的理论研究和教学实践为基石，我校鼓励教师积极撰写相关论文、申报课题，深入研究大单元教学，并已取得诸多成果。其中，“基于‘四动课堂’的初中大单元整体教学范式实践研究”获准立项，成为2022年度山东省基础教育教学改革研究项目。

在学校的各项研究、成果、实践的引领下，越来越多的教师已经将这一教学范式内化于心。我们选取了部分教师在研究过程中形成的优秀课堂设计，汇编成册，以期探寻课堂育人的有效路径，培养有理想、有本领、有担当的德智体美劳全面发展的社会主义建设者和接班人。

道阻且长，行则将至！

彭念东

2024年7月20日

# 目录

# “事物说明文”单元教学设计

八年级语文　胡文钰

## 一、指导思想及其依据

现代文阅读是义务教育阶段语文课程的重要学习内容，它包括记叙文阅读、议论文阅读、说明文阅读。其中，说明文是一种以说明为主要表达方式的文体，它用科学准确的语言描述事物的特点，揭示事物的规律。说明文不仅是初中语文课程的重要知识，而且在社会生活中也具有实用价值。

按照说明对象的类型划分，说明文可分为事物说明文和事理说明文，部编版语文教材八年级上册以事物说明文为主。从《义务教育语文课程标准（2022 年版）》以下简称“新课标”来看，八年级是学生第一次系统地学习说明文的相关知识，引导学生脚踏实地把说明顺序、说明方法等相关知识学明白至关重要，同时，也要尝试指导学生进行说明文的创作与应用。从“学会”到“学好”，再到“会用”，逐步提升他们的语文核心素养。在大单元的教学过程中，还要培养学生思辨、质疑、合作、表达的能力，以期运用所学知识，解决实际生活问题。

参照“新课标”，对部编版语文八年级语文教材中事物说明文的相关知识进行梳理，我们发现事物说明文的学习是按照一定的顺序展开的，如图 1 所示。

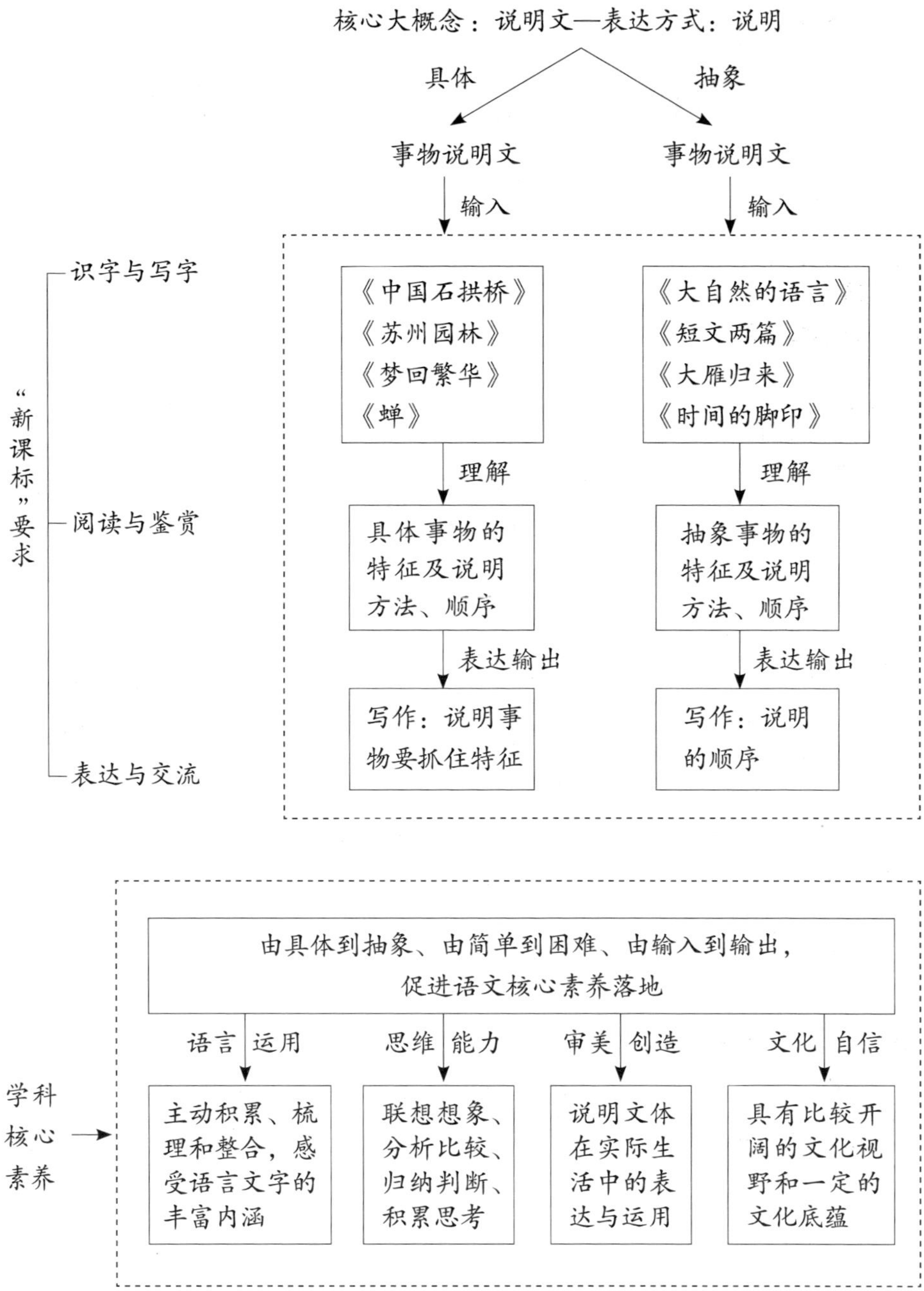
核心大概念：说明文—表达方式：说明
具体
抽象
事物说明文
事物说明文
输入
输入
识字与写字
“新课标”要求
阅读与鉴赏
表达与交流
《中国石拱桥》
《苏州园林》
《梦回繁华》
《蝉》
《大自然的语言》
《短文两篇》
《大雁归来》
《时间的脚印》
理解
理解
具体事物的特征及说明方法、顺序
抽象事物的特征及说明方法、顺序
表达输出
表达输出
写作：说明事物要抓住特征
写作：说明的顺序
由具体到抽象、由简单到困难、由输入到输出，促进语文核心素养落地
语言运用
思维能力
审美创造
文化自信
学科核心素养
主动积累、梳理和整合，感受语言文字的丰富内涵
联想想象、分析比较、归纳判断、积累思考
说明文体在实际生活中的表达与运用
具有比较开阔的文化视野和一定的文化底蕴

**图 1　说明文的知识结构**

## 二、单元教学内容规划

本着由浅入深、由熟悉到陌生、由输入到输出的原则，本单元教学内容具体规划如下。

第一部分：认识事物说明。通过回顾小学学过的课文《太阳》《松鼠》，系统讲解事物说明文的定义和特点，借助新课《人民英雄永垂不朽——瞻仰首都人民英雄纪念碑》初步感知事物说明文的结构要求。

第二部分：充分了解事物说明文。通过学习课文《中国石拱桥》《苏州园林》《梦回繁华》《蝉》四篇课文，加深对说明对象、说明方法、说明顺序和语言等方面的理解。

第三部分：事物说明文的组织结构。学习如何按照逻辑顺序组织事物说明文，演练如何用清晰的段落结构展示事物的不同方面。

第四部分：事物说明文的实践。学生根据教师提供的话题，撰写事物说明文，互相交流并修改、完善自己的作品。

## 三、单元教学目标设计

事物说明文是以具体事物为说明对象，通过对具体事物的形状、构造、性质、特点、用途等方面进行客观而准确的说明，使读者了解、认识这个或这类事物的文章。阅读说明性文字是一个有意识地整理、想象、转换图文信息的思维过程，有助于增强思维的条理性和严密性。同时，掌握好事物说明文的特点，也是为八年级下册事理说明文的学习打下良好的基础。

通过提取文中的重要信息，理清说明顺序，揣摩作者对说明方法的使用；恰当地运用说明顺序与方法，使用客观准确的语言写出一段完整清晰的说明性文字，介绍某个或某类事物。这是本单元教学最重要的目标。

据此，本单元的学习目标可细分为以下三个方面。

1. 学生将知道

（1）认识本单元的 70 个生字词，了解本单元若干新词的词义。

（2）初步感知事物说明文的语言特点。

（3）明确单元课文中事物说明文的说明对象。

2. 学生将理解

（1）通过阅读说明性文字，加深对中国石拱桥、苏州园林、清明上河图、蝉的认识。

（2）把握说明对象的特征，了解文章是如何使用恰当的方法来说明的。

（3）了解说明文的语言可以平实，也可以生动，但必须科学客观、准确严谨。

3. 学生将做到

（1）阅读单元课文，了解我国人民在建筑、园林、绘画艺术方面的卓越成就，感受前人的非凡智慧与杰出创造力。在阅读有关动物的文章时，则引导学生发现大自然的奥秘，激发他们进行科学探索的兴趣。

（2）合理运用有条理的说明顺序、恰当的说明方法、准确的说明语言，为青岛浮山森林公园撰写景观设计说明。

（3）以“苏州园林”为主题，合作完成园林设计说明，在“招投标大会”上交流分享，尝试运用说明顺序和方法完成一段说明文写作，加深对中国古典园林的理解，加强对中国传统文化的热爱。

八年级学生的说明文阅读能力还处于较低水平，因此教师要注重基础和具体知识点的讲解，但随着学生认知水平的提高，其他学科（如美术中的图案设计、数学中的比例尺、地理中的地图）也要求学生能用严谨准确的语言说明事物的特点。学习事物说明文不仅仅是为了学习语文知识，培养学生认知和描述某种事物的能力，也是为学生在实际生活中应用说明文提供理论储备，培养其准确严谨的表达习惯与科学精神。因此，系统地学习事物说明文，对提升语文素养和品格修养有着深远的意义。

## 四、单元课时任务安排

根据对部编版语文教材的整体性教学分析，单元任务为从说明文的一般特征到事理说明文的具体学习目标。我们先以小学阶段的课文切入，落实好说明文相关必备知识，再快速过渡到八年级事理说明文的学习。结合“新课标”对第四学段（7~9 年级）的要求，我们将关注识字与写字、阅读与鉴赏、表达与交流、梳理与探究能力的培养，以把握说明对象特征、辨别说明方法、明确说明顺序、感受说明语言为主任务，将大单元设计分为四级学习任务，包括三个学习项目，如表 1 所示。

**表 1 “事物说明文”大单元教学设计四级任务**

| 学习主题（一级任务） | 学习项目（二级任务） | 学习活动（三级任务） | 学习内容（四级任务） | 课时数 |
|---|---|---|---|---|
| 事理说明文 | 项目一：温故知新，旧知新讲 | 回顾学习说明文基本知识 | 重温小学课文《太阳》《松鼠》《风向袋的制作》，阅读《人民英雄永垂不朽——瞻仰首都人民英雄纪念碑》 | 1 |
| | 项目二：把握特征，探索发现 | 走进中国建筑 | 阅读《中国石拱桥》 | 4 |
| | | 走进昆虫世界 | 阅读《蝉》 | |
| | | 走进绘画艺术 | 阅读《梦回繁华》 | |
| | | 走进古典园林 | 阅读《苏州园林》 | |
| | 项目三：学以致用，思考创造 | 共话艺术与自然 | 学写说明文——拟写“青岛浮山森林公园景观设计说明” | 1 |

## 五、单元教学过程设计

根据所提取的核心大概念——事物说明文，基于以上教材分析和学情分析，按照大单元设计思路，围绕三个学习项目、六个主要学习活动，我们设计了如下教学方案（以下只呈现所设计的主要学习活动部分及其在大单元教学方案设计中的作用）。

部编版语文五年级上册为说明文单元，学习目标只要求达到“认识说明文、知晓常见的说明方法”这一程度，说明文知识的学习尚未成系统。学习项目一是大单元设计的开端，以回顾旧知的方式，展开对说明文（尤其是事物说明文）的系统学习，借助部编版语文八年级上册《人民英雄永垂不朽——瞻仰首都人民英雄纪念碑》（非精读课文）这一难度较低、较为典型的说明文课文，搭建好说明文的知识结构，为随后的单元教学打好基础。围绕“事物说明文”这一单元核心大概念，依次学习单元内的其他课文，形成完整的知识体系，再完成学习项目二。最终在输入的基础上，推进输出——学写说明文，拟写“青岛浮山森林公园景观设计说明”。三个学习项目由浅入深、由学到练，使语文核心素养落地。

### （一）学习项目一：“温故知新，旧知新讲”教学设计

表2 学习项目一：“温故知新，旧知新讲”教学方案

| 课题 | 回顾学习说明文基本知识 | 课时 | 1 |
|---|---|---|---|
| 课时目标 | （1）借助已学说明文《太阳》与《松鼠》，搭建说明文文体知识框架。<br>（2）阅读《人民英雄永垂不朽——瞻仰首都人民英雄纪念碑》，夯实说明文基本知识，明确本文说明对象、说明文类型、说明方法及说明顺序。<br>（3）阅读对人民英雄纪念碑的描述，学习说明文语言运用的特色。<br>（4）体会本文语言体现的对革命先烈的赞颂之情，认识本文说明语言准确、鲜明、生动的特点 | | |
| 重点 | 搭建说明文文体知识框架，明确认识事物说明文的突出特点 | | |
| 难点 | 体会本文语言体现的对革命先烈的赞颂之情，使学生了解中国革命的艰苦历程和人民英雄的光辉事迹；认识本文说明语言准确、鲜明、生动的特点 | | |
| 教学过程 | | | 设计意图 |
| 一、情境导入——《太阳》与《松鼠》<br>展示《太阳》与《松鼠》这两篇课文的片段，回忆所学知识，寻找文体上的共同点——同为说明文。同时，激发学生兴趣，引出本单元事物说明文的教学。<br>二、复习回顾——建立说明文知识体系<br>1. 说明文的概念<br>说明文是一种以说明为主要表达方式的文章体裁。<br>2. 分类<br>（1）按说明对象分。可以分为事物说明文与事理说明文，《太阳》与《松鼠》都属于事物说明文。 | | | 以小学学过的课文导入新课，引发学生的学习兴趣，循序渐进地搭建说明文知识体系。由浅入深推进，引发学生思考，体会语文学习的连贯性 |

（续表）

| 教学过程 | 设计意图 |
| --- | --- |
| （2）按语言风格分。可以分为平实说明文与生动说明文，《太阳》与《松鼠》都是生动说明文。<br>3. 说明顺序<br>常见的说明顺序有时间顺序、空间顺序、逻辑顺序。《太阳》与《松鼠》都运用了逻辑顺序。<br>4. 说明方法<br>常见的说明方法有举例子、分类别、做比较、下定义、摹状貌、作诠释、打比方、列数字、列图表、引用说明。分别以《太阳》或《松鼠》中相应的句子作为例句。<br>三、旧知新讲——《人民英雄永垂不朽——瞻仰首都人民英雄纪念碑》<br>大问题：《人民英雄永垂不朽——瞻仰首都人民英雄纪念碑》与《太阳》《松鼠》比起来，有哪些异同？<br>1. 理清行文思路<br>通读全文，说说文章可分为几部分，各部分内容分别是什么？<br>2. 理清说明顺序<br>（1）找出体现作者行踪的词。<br>（2）从总体来看，这部分是按照怎样的顺序来写的？<br>（3）到了第二层平台，作者采用了什么说明顺序来介绍纪念碑的结构、题词和碑文的？<br>3. 体会文章情感<br>（1）第二至五段写了纪念碑的哪些内容？<br>（2）讲述第七至十段所写的十幅浮雕中的历史故事。（学生发言）<br>（3）对照碑文中的时间，给十幅浮雕分类。研究课文，思考设计者为什么要选择这八个历史事件。由此说说为什么要建造这座纪念碑。<br>4. 分析说明方法<br>下列句子采用了哪些说明方法？扣住了纪念碑的哪个总特征来说明的？ | 比较阅读能够起到过渡的作用，既从大方向上确定了两篇课文的共同点，强调了单元核心大概念“事物说明文”，又从整体感知上发现了二者在语言风格、说明顺序等方面的不同，有利于新课的细致学习 |

（续表）

<table>
<tr><th colspan="2">教学过程</th><th>设计意图</th></tr>
<tr><td colspan="2">（1）它像顶天立地的巨人一样矗立在广场南部。<br>（2）这是中国自古以来最大的一座纪念碑，从地面到碑顶高达37.94米，有10层楼那么高，比纪念碑对面的天安门还高4.24米。<br>（3）纪念碑是用17000块坚硬的花岗石和洁白的汉白玉砌成的。它象征着先烈们的丰功伟绩，标志着全国人民对先烈的怀念。<br>5. 品析语言<br>四、拓展阅读——刘成章《读碑》<br>进一步领会人民英雄纪念碑的意义。<br>五、课堂总结——提问抢答，强化认知<br>以填空形式提问说明文知识体系中的内容，引用所讲例句，让学生迅速判断说明方法与说明顺序</td><td>第二次比较阅读强化新知，为学习项目二打下良好基础</td></tr>
<tr><td>作业</td><td colspan="2">（1）完成拓展阅读相关题目。<br>（2）感兴趣的同学可观看人民英雄纪念碑纪录片</td></tr>
<tr><td>板书设计</td><td colspan="2">说明文<br>分类：<br>（1）按说明对象分——事物说明文、事理说明文。<br>（2）按语言风格分——平实说明文、生动说明文。<br>说明顺序——时、空、逻。<br>说明方法——举例子、分类别、做比较、下定义、摹状貌、做诠释、打比方、列数字、列图表、引用说明</td></tr>
</table>

### （二）学习项目二：“把握特征，探索发现”教学设计

学习项目二是在完成学习项目一后，掌握了说明文的基本知识、搭建好了说明文的知识框架后展开的探索。大单元设计是围绕事物说明文进行的内容整合，而不是简单地课文学习。所以，项目一和项目二都调整了课本的教学顺序，以较为简单清楚的自读课文《人民英雄永垂不朽——瞻仰首都人民英雄纪念碑》做初步感知，为《中国石拱桥》《蝉》《梦回繁华》《苏州园林》四课的学习做好铺垫。

**表 3　学习项目二：“把握特征，探索发现”教学方案**

<table>
<tr><td>课题一</td><td>走进艺术与自然——中国建筑（阅读《中国石拱桥》）</td><td>课时</td><td>1</td></tr>
<tr><td>课时目标</td><td colspan="3">（1）了解中国石拱桥的特点，理清说明的顺序。<br>（2）学习几种常见的说明方法，品味说明文语言的准确性。<br>（3）通过阅读中国石拱桥的建筑特点，了解我国劳动人民的智慧，激发学生的民族自信心</td></tr>
<tr><td>重点</td><td colspan="3">理清说明的顺序，学习几种常见的说明方法</td></tr>
<tr><td>难点</td><td colspan="3">理解说明文语言的准确性</td></tr>
<tr><td colspan="2">教学过程</td><td colspan="2">设计意图</td></tr>
<tr><td colspan="2">一、情境导入——复习回顾，师生问答<br>复习上节课有关说明文的文体知识。<br>二、初读课文——简介作者，理清脉络<br>（1）本文按照（由）一般（到）个别的逻辑顺序进行说明，主要抓住了中国石拱桥历史悠久、形式优美、结构坚固的主要特征来说明，并以赵州桥、卢沟桥为例具体说明。<br>（2）文中介绍了赵州桥、卢沟桥，说明的顺序基本相同，请结合文章，具体说明。<br>三、课内探究——合作学习，组内探究<br>（一）认真阅读④⑤两段，回答下列问题<br>（1）第五段运用了什么说明顺序和结构层次?<br>（2）运用了哪些说明方法？举例加以说明。<br>（3）赵州桥四个特点的顺序可以颠倒吗？为什么？请简述理由。<br>（二）认真阅读⑥⑦⑧段，回答下列问题<br>（1）从说明的内容、说明顺序、说明方法比较，卢沟桥与赵州桥的异同之处。<br>（2）小组讨论，为了准确说明事物，说明文用语很讲究分寸。想一想，如果把下面句子中的加点词语去掉，表达的意思有什么变化?<br>①石拱桥在世界桥梁史上出现得比较早。</td><td colspan="2">温故知新：在学习新知识前，必须进行多次重复以加深记忆。导入环节以上节课所学引入新课，既能迅速回忆说明文的知识，又能快速理清新课脉络<br><br>说明文知识之三大主要学习点：说明对象、说明顺序、说明方法。以大问题驱动课文整体感知，通过比较阅读，比较介绍卢沟桥与赵州桥在语言上的异同之处</td></tr>
</table>

（续表）

| 教学过程 | 设计意图 |
|---|---|
| ②《水经注》里提到的“旅人桥”，大约建成于公元 282 年，可能是有记载的最早的石拱桥了。<br>③我国的石拱桥几乎到处都有。<br>④（赵州桥）全桥只有一个大拱，长达 37.4 米，在当时可算是世界上最长的石拱。<br>（3）文中有这样一句话：“这种桥不但形式优美，而且结构坚固”。“不但”“而且”两个词语能否删掉，为什么？<br>（三）认真阅读⑨⑩段，回答下列问题<br>作者写了几个原因？请把关键词找出来，哪个是最主要的原因？字里行间体现了作者怎样的情感？<br>（四）课堂总结——卒章显志，思考提升<br>作者以科学准确、条理清晰的说明语言，表达了对劳动人民聪明才智的赞美和对祖国桥梁事业飞速发展的自豪感 | 说明文的语言有严谨准确的特点，选择以上例句，既能帮助学生理解说明文的语言特点，又能体会作者严谨科学的态度 |

| | |
|---|---|
| 作业 | 拓展阅读事物说明文《西塘古镇》，完成题目 |
| 板书设计 | 中国石拱桥<br>打比方　举例子　作比较<br>说明文　特点<br>准确性　时间顺序　逻辑顺序 |

| 课题二 | 走进艺术与自然——昆虫世界（阅读《蝉》） | 课时 | 1 |
|---|---|---|---|
| 课时目标 | （1）了解蝉的特点，把握蝉的习性。<br>（2）通过赏析文中的拟人句，体会说明文语言的生动性。<br>（3）理解作者对昆虫的感情，感受文中蕴含的科学精神 | | |
| 重点 | 学习本文的写法，体会文章科学性与文学性兼顾的特点 | | |
| 难点 | 学习本文作者锲而不舍的工作精神，以及全面、细致、深入的观察方法 | | |

| 教学过程 | 设计意图 |
|---|---|
| 一、导入新课，激发兴趣<br>阅读唐代诗人虞世南的《蝉》。 | |

（续表）

| 教学过程 | 设计意图 |
|---|---|
| 二、自主探究，整体感知<br>（1）作者简介。<br>（2）写作背景。<br>（3）文体知识。<br>（4）速读课文，梳理结构顺序。<br>第一部分“蝉的地穴”介绍蝉从幼虫到成虫的生长过程。<br>按照地表—洞穴—地上的顺序，介绍蝉幼虫的生长规律——时间顺序<br>第二部分“蝉的卵”，介绍蝉从产卵到幼虫的生长过程。<br>按照事件发生的先后顺序来写的——时间顺序<br>（5）概括文章内容主旨。<br>主要介绍了蝉的地下穴道以及幼蝉蜕皮的过程；描述了蝉产卵状况以及蝉孵化成幼虫时的生活习性，抒发对蝉经过艰苦劳动才换来短暂欢乐的由衷赞叹和同情。 | 借由小学古诗导入新课，感受蝉这一意象在中国古代文人心中的象征意义 |
| 三、合作探究，突破重点<br>（一）蝉的地穴是什么样子的？按什么顺序来描写的<br>（1）孔口与地面相平，小圆孔约一英寸口径，周围一点儿土都没有。位置：在阳光曝晒的道路上。<br>（2）隧道大都是深十五六英寸，下面较宽大，底部却完全关闭起来。<br>（3）由外到内的观察顺序——空间顺序。<br>（二）地穴为什么不会坍塌<br>其实，它干起活来简直像矿工或铁路工程师。矿工用支柱支撑隧道，铁路工程师利用砖墙使地道坚固。蝉同他们一样聪明，在隧道的墙上涂上灰泥。它身子里藏有一种极黏的液体，可以用来做灰泥。地穴常常建筑在含有汁液的植物根须上，是为了从这些根须处取得汁液。<br>四、深入探究，突破难点<br>（一）你是如何理解全文的说明顺序的<br>（二）找出文中生动形象的句子，体会小品文的语言特点<br>（1）我是屋里的主人，它却是门外的统治者。有了它的统治，这里无论怎样都是不安静的。 | 文章采用倒叙，按照幼虫→成虫→产卵→幼虫（顺序：卵→幼虫→成虫→生活习性、生理特征）的顺序行文，是为了突出蝉在“四年黑暗中的苦工”，这既是重点（蝉一生大部分的活动时间），又是难点（最不易了解），还能使行文生动活泼，吸引读者注意，加深读者印象 |

（续表）

<table>
<tr><th colspan="2">教学过程</th><th>设计意图</th></tr>
<tr><td colspan="2">（2）接着，它表演了一种奇怪的体操。在空中腾跃、翻转，使头部倒悬，折皱的翼向外伸直，竭力张开……这个动作使尾端从壳中脱出，总过程大概要半小时。<br>（3）可怜做母亲的对此一无所知。它的大而锐利的眼睛并不是看不见这些可怕的敌人不怀好意地待在旁边。然而它仍然无动于衷，让自己牺牲。它要轧碎这些坏种子非常容易，不过它竟不能改变它的本能来拯救它的家族。<br>（4）这小圆孔约一英寸口径，周围一点儿土都没有。大多数掘地昆虫，例如金蜣，窠外面总有一座土堆。<br>（5）鱼形幼虫一到孔外，皮即刻脱去。但脱下的皮自动形成一种线，幼虫靠它能够附着在树枝上。幼虫落地之前，就在这里行日光浴，踢踢腿，试试筋力，有时又懒洋洋地在绳端摇摆着。<br>（6）四年黑暗中的苦工，一个月阳光下的享乐，这就是蝉的生活。我们不应当讨厌它那喧嚣的歌声，因为它掘土四年，现在才能够穿起漂亮的衣服，长起可与飞鸟匹敌的翅膀，沐浴在温暖的阳光中。什么样的钹声能响亮到足以歌颂它那来之不易的刹那欢愉呢？</td><td>文中大量使用拟人手法，这是法布尔《昆虫记》说明性语言的显著特点，学生自主寻找拟人句（这是旧知识），从而更好地体会说明文语言生动的特点，体会文章科学性与文学性兼顾的特点</td></tr>
<tr><td colspan="2">五、深入研读，探究写法<br>（1）文中的生动描写，体现了小品文的语言特点。<br>（2）倒叙的说明顺序，突出文章重难点内容。<br>（3）准确明晰的用词，体现了说明文的严谨性。<br>①使用同义词或近义词。<br>②语言准确、平实。<br>六、回顾课堂，归纳总结<br>中国古代诗歌中对蝉的描写和法布尔笔下的蝉有哪些不同之处？</td><td>感受不同年代的作家对同一事物的描写，肯定法布尔的科学探究精神，也领悟中国古人托物言志之妙</td></tr>
<tr><td>作业</td><td>写一种你身边的动物或植物，要求像法布尔一样仔细地观察，认真地研究</td><td>方法活用，片段作文，为单元教学最后一课时的学习做好铺垫</td></tr>
<tr><td>板书设计</td><td>蝉 { 蝉的地穴<br>蝉的卵 } 时间顺序　生动性</td><td></td></tr>
</table>

（续表）

| 课题三 | 走近艺术与自然——绘画艺术（阅读《梦回繁华》） | 课时 | 1 |
|---|---|---|---|
| 课时目标 | （1）感受我国古代人民的艺术创造力和杰出才华，增强民族自豪感。<br>（2）揣摩本文中说明语言的特点，领略这一国宝级画作的美。<br>（3）了解课文主要内容，理清文章的结构层次 | | |
| 重点 | 学习本文围绕说明对象的特征，条理分明、细腻具体地介绍《清明上河图》的写法 | | |
| 难点 | 充分阅读课文，理清课文思路，把握说明顺序，概括课文内容 | | |

| 教学过程 | 设计意图 |
|---|---|
| 一、新课导入知繁华<br>在北京故宫博物院里珍藏着一件享誉古今中外的传世杰作。自问世以来，它被无数收藏家和鉴赏家把玩、欣赏，曾四次被盗出宫、五次进入宫廷。它辗转飘零，几经战火，历尽劫难，演绎了许多传奇故事，它是我国绘画史上的无价之宝。同学们知道这是哪幅画吗？（生：《清明上河图》。）没错，正是《清明上河图》！今天我们就一起来了解一下《清明上河图》为什么有这么大的魅力，引得无数人为之倾倒。 | 以学生的感知为教学起点，激发学生的兴趣，调动学生的好奇心，使学生带着问题进入课文。 |
| 二、整体感知读繁华<br>本文围绕《清明上河图》，介绍了哪些方面的内容？<br>介绍了历史背景、作者、画卷描绘的内容、画卷特点及历史价值等。<br>三、合作探究寻繁华<br>（1）细读第四段，作者是怎样有条不紊地说明画卷内容的？采用了什么样的说明顺序？<br>①作者先介绍画面开卷处描绘的内容，按照由远及近的顺序逐一介绍。<br>②然后再介绍画面中段描绘的情景。<br>③最后介绍画卷后段描绘的街道。<br>画面内容虽纷繁复杂，但作者能够条理分明、层次清晰地说明，这还得益于作者采用了恰当的空间说明顺序。<br>（2）作者运用了哪些说明方法？本文的语言有什么特色？<br>本文的语言既平实准确又典雅生动。 | 由于第四段说明顺序的特殊性，学生对课文重点也有了了解，更能让学生体会到以移动视点摄取对象的妙处。<br>判断说明方法及作用是本单元学习的重点，既可以巩固前面所学，同时也为体味说明语言的生动性做铺垫 |

（续表）

<table>
<tr><th colspan="2">教学过程</th><th>设计意图</th></tr>
<tr><td colspan="2">①“张择端画的《清明上河图》绢本，设色……”<br>——此句属于平实说明，通过列数字的说明方法具体准确地介绍了画卷的纵横。<br>②“整个长卷犹如一部乐章……留下无尽的回味。”<br>——此句语言典雅生动，采用打比方的说明方法，把画卷比作乐章，形象地表明了画卷疏密相间、错落有致的特点。<br>③“疏林薄雾，农舍田畴，春寒料峭”“摩肩接踵”“络绎不绝”<br>——文中有大量的四字短语，不仅概括力强，而且使文章的语言典雅而富有韵味。<br>（3）本文的语言有什么特色？哪些词句能让你体会到内容的“繁华”和语言的典雅？<br>四、文本深读话繁华<br>（1）如果让你介绍这幅画，你会怎么介绍呢？<br>（2）作者为什么将本文命名为“梦回繁华”？<br>五、总结归纳思繁华<br>学了一种体裁：文艺性说明文。<br>品了一幅名画：《清明上河图》（说明对象）。<br>游了一座名城：汴京（繁华）。<br>懂了一些方法：列数字、打比方、摹状貌、引用。<br>赏了一种语言：生动典雅</td><td>结合说明方法的学习来体味文章语言的不同特点，学生就能由表及里，既直观又深刻地学习说明文<br><br>总结归纳环节可以巩固课堂所学知识，深化学习内容，检验听课效果，帮助学生形成说明文的阅读策略</td></tr>
<tr><td>作业</td><td>课外阅读《清明上河图的故事》，你对这幅名画有什么新的理解和认识？请和同学分享</td><td>作业的设计是对文章内容的拓展，也是为了让学生更好地感受这幅画作的价值，更好地受到优秀传统文化的熏陶和感染</td></tr>
<tr><td>板书设计</td><td colspan="2">梦回繁华<br>说明顺序　开卷　中段　后端　井然有序<br>说明方法　平实准确　生动典雅<br>说明语言　列数字　打比方　摹状貌</td></tr>
</table>

（续表）

<table>
<tr><td>课题四</td><td colspan="2">走进艺术与自然——古典园林（阅读《苏州园林》）</td><td>课时</td><td>1</td></tr>
<tr><td>课时目标</td><td colspan="4">（1）了解苏州园林的特点，领略我国江南园林建筑的风貌。<br>（2）学习几种常见的说明方法，感受说明语言的准确性。<br>（3）感知课文内容，了解苏州园林的特点，理清说明的顺序。<br>（4）在图文并茂的阅读中，得到美的享受，激发学生热爱祖国灿烂文化的感情</td></tr>
<tr><td>重点</td><td colspan="4">理清说明的顺序，学习几种常见的说明方法</td></tr>
<tr><td>难点</td><td colspan="4">文章语言的特点</td></tr>
<tr><td colspan="3">教学过程</td><td colspan="2">设计意图</td></tr>
<tr><td colspan="3">一、新课导入<br>俗话说，上有天堂，下有苏杭。苏杭山清水秀，人杰地灵，苏杭美景还在于园林艺术之美。苏州园林处处呈现诗情画意，充满人文思想，置身其中足以陶冶性情，自得其乐。今天，我们来看一下叶圣陶先生笔下的苏州园林是什么样的。<br>二、明特征，提信息<br>1. 读课文，明特征<br>前两段对苏州园林进行了概述，那作者具体是怎样介绍的呢？思考每个段落的中心句是哪一句。<br>2. 速读课文，提取每段的中心句<br>三、析顺序，理结构<br>小组合作，理清文章的结构顺序。<br>（1）文章的一、二段和后面的段落是什么结构关系？第五段的中心句和其他句子是什么关系？<br>（2）有人认为：一至六段将苏州园林介绍得很详尽了，那七至九段有用吗？<br>（3）“他们讲究亭台轩榭的布局，讲究假山池沼的配合，讲究花草树木的映衬，讲究近景远景的层次”中四个“讲究”的次序能不能调换次序？为什么？<br>（4）作者在描绘苏州园林的美时采用了哪些说明方法？有何作用？请各找一处并体会其作用。</td><td colspan="2">在引导学生明确本文说明顺序为逻辑顺序之后，继续深入探究它们的次序不能任意颠倒的原因——因为前后有着从主体到“配合”到“映衬”，并由近而远的关系。体会作者在组织说明文语言时严谨准确的写作态度</td></tr>
</table>

（续表）

<table>
<tr><th colspan="2">教学过程</th><th>设计意图</th></tr>
<tr><td colspan="2">四、读文章，品语言<br>1. 文体对比，体会语言的多样性<br>我们先来欣赏《苏州园林》的一个片段。<br>2. 揣摩用词<br>通过具体的语句，进一步感受说明文的语言特色。<br>（1）苏州园林与北京园林不同，极少使用彩绘。<br>（2）总之，一切都要为构成完美的图画而存在，绝不容许有欠美伤美的败笔。<br>3. 综合运用<br>本文用了哪几种表达方式？有何作用？综合运用多种表达方式有何作用？以第五段为例说明。<br>综合运用多种表达方式有助于生动而透彻地说明事物的特征，加深读者的印象和认识。<br>五、会总结，有始终<br>本文是一篇富有艺术性的说明文。文章由总到分地说明了各具特色的苏州园林的共同特征——游览者无论站在哪个点上，眼前总是一幅完美的图画，表现了作者对苏州园林的赞赏和眷恋之情</td><td>通过几个限定性的词语，引导学生体会说明文语言的严谨性和准确性</td></tr>
<tr><td>作业</td><td>仿照课文，用一段文字介绍你所在学校的一处风景，要求学生抓住学校特征，选用合适的说明方法。然后找学生朗读，学生互评</td><td>引导学生用合适的说明方法和恰当的说明顺序，准确科学地说明风景的情况</td></tr>
<tr><td>板书设计</td><td colspan="2">苏州园林<br>说明对象：提取主句法　　说明顺序：由主到次的逻辑顺序<br>说明语言：生动性与准确性的统一</td></tr>
</table>

### （三）学习项目三：“学以致用，思考创造”教学设计

学习项目二将《苏州园林》一课放在最后，是为了与学习项目三的“学以致用，思考创造”活动自然衔接，将输入的知识，输出为可应用于生活的技能。

表 4 学习项目三：“学以致用，思考创造”教学方案

<table>
<tr><td>课题</td><td colspan="2">共话艺术与自然</td><td>课时</td><td>1</td></tr>
<tr><td>学习目标</td><td colspan="4">（1）了解我国人民在园林艺术上的卓越成就，激发学生热爱祖国灿烂文化的感情。<br>（2）温故知新，巩固说明文文体知识，提升语言运用能力。<br>（3）通过设计园林景观，撰写简短的说明文，学会鉴赏与评价说明文，提升思维能力。<br>（4）引导学生用恰当的语言表达苏州园林之美，初步体验说明文在实际生活中的应用</td></tr>
<tr><td>重点</td><td colspan="4">通过设计园林景观，撰写简短的说明文，学会鉴赏与评价说明文</td></tr>
<tr><td>难点</td><td colspan="4">引导学生用恰当的语言表达设计之美，感受说明文在实际生活中的应用</td></tr>
<tr><td>学法</td><td colspan="4">自主学习，小组合作学习，探究学习</td></tr>
<tr><td colspan="3">教学过程</td><td colspan="2">设计意图</td></tr>
<tr><td colspan="3">一、情境导入——收到邀请，心向往之<br>青岛浮山森林公园发来邀请函，希望同学们参与浮山的规划建设，设计一组有中国古典园林风格的景观群，并参与招投标大会。同学们已经初步完成了设计报告。<br>借助浮山地形地势图，为园林选择合适的建造地址。<br>出示招标公告中提出的三个要求：设计应突出苏州园林的美；设计说明规范工整，有理有据；为园林起一个简练优雅的名字。<br>二、复习回顾——漫步园林，赏文话美<br>1958 年普查发现，苏州尚存园林 174 处，其中四大名园——沧浪亭、狮子林、拙政园、留园，分别代表宋元明清四代园林风格，要概括出它们的共同特点不容易。<br>1. 叶圣陶是怎么概括苏州园林的特征的<br>明确：“务必使游览者无论站在哪个点上，眼前总是一幅完美的图画。”<br>2. 苏州园林哪些景物或特点让你印象最深刻<br>依据学生的回答，适时展示苏州园林的图片，教师做总结：中国的诗词书画，往往借物抒情言志，园林艺术反映的也是人类的精神追求。</td><td colspan="2">调动学生参与课堂的积极性，学会礼貌沟通，提炼关键信息<br><br>从复习所学内容入手，抓住“事物说明文”单元核心大概念，让知识连贯衔接，形成整体</td></tr>
</table>

（续表）

<table>
<tr><th>教学过程</th><th>设计意图</th></tr>
<tr><td>通过上节课的学习，我们了解到，叶圣陶的这篇《苏州园林》略有删节，原题为《“拙政诸园寄深眷”——谈苏州园林》，是为苏州园林摄影集所写的序文。这本图文并茂的摄影集，恰似我们图文并茂的设计报告。所以，如果说苏州园林是中国古典园林的范本，那么叶圣陶的这篇说明文，就是我们设计说明的范本。</td><td></td></tr>
<tr><td>三、审美创造——设计园林，返璞归真<br><br><br>【正文】<br>设计说明<br>园林一景名称：八面玲珑<br>文字说明：<br>逻辑顺序，打比方，引用<br>通过第4段“有墙壁隔着，有廊子界着，层次多了，景致就见得深了”“开窗正对着白色的墙壁，太单调了，给补上几竿竹子或芭蕉”。<br>我的设计理念是：让墙壁、窗和植物相互映衬，增加层次感。<br>我们设计了一面有八边形窗户的花墙，墙前有一些平整的石头，石缝间长着一丛丛书带草和一棵因自然生长而有些倾斜的树；透过相框一样的窗子，可看到远处的翠竹和花草，“迟日江山丽，春风花草香”，立体而有层次感。<br><br>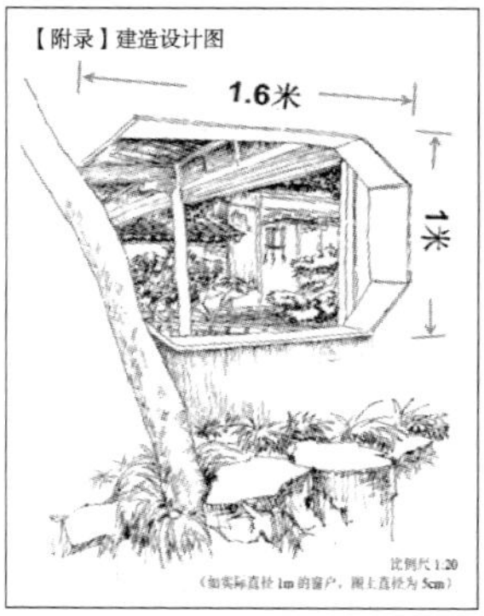<br><br><br>课件呈现一位同学的设计报告，播放视频——学生模拟投标现场的汇报展示，依据《苏州园林》一文，阐述设计理念，陈述设计说明。同学们进行点评，提出优缺点。</td><td>学以致用，初步体验说明文在实际生活中的应用。学会用说明文的语言陈述不同景观的突出特点，学习事物说明文的写作方法，提升审美创造能力</td></tr>
<tr><td>小组合作讨论，完善设计报告，为园林起名，最好设计一句宣传语，让大家印象深刻。讨论结束后，派一名代表汇报展示。<br>为了让学生在即将召开的浮山森林公园招投标大会上展示出优质的设计报告且表现得得体大方，教师可以在课堂上创设情境，模拟招投标大会，由教师担任大会主持人，学生担任参会选手及点评嘉宾。<br>主持人开场白：“桂林山水甲天下，苏州园林甲江南”，欢迎大家来到青岛浮山森林公园招投标大会的现场，我是主持人胡文钰，欢迎各位！本次招投标大会由青岛浮山森林公园主办，主要投标单位为青岛大学附属中学6班的同学们。参与本次大会的还有46位专业评审，欢迎他们！每组汇报展示结束后，将由在场评审为其打分并点评，会后将会评选出“最佳设计奖”，颁发中标证书。</td><td>在模仿中创造，在学习中成长，心中有标准，妙笔可生花。<br>小组合作探究，发挥学生的主体作用</td></tr>
</table>

（续表）

<table>
<tr><th colspan="2">教学过程</th><th>设计意图</th></tr>
<tr><td colspan="2">小组代表按举手次序汇报展示，并依据《苏州园林》一文，阐述设计说明，用一句话为本组的设计报告拉票。展示结束后，进入答辩环节，回答主持人提出的问题，其他同学进行点评并打分。<br>（在展示与点评的过程中，形成评价量表，感受说明文的写作特点及其在实际生活中的应用。）<br>主持人（教师）针对学生评价进行再评价。<br>招投标模拟大会结束，主持人宣读闭幕词：青大附中的同学们不愧是新时代的优秀少年，看着同学们图文并茂的展示，作为主持人的我仿佛在一座座苏州园林之中穿梭，在一幅幅中国山水画之间漫游。接下来，请各小组汇总得分，会后扫描二维码推选出你们心中的“最佳设计”。<br>举行颁奖仪式。<br>四、课堂总结——回味园林，凝思遐迩<br>相信同学们也感受到了说明文在实际生活中的重要作用，同学们平时在向他人介绍某个事物、某种现象时，也需要运用合理恰当的说明顺序、结构、方法等，讲清楚事物的特点。苏州园林的文学欣赏即将告一段落，但是同学们，你们还会在八年级下学期的美术课上，与中国古典园林再次相遇，希望那时，你们还能拿出叶圣陶先生的这篇《苏州园林》来读一读，重温中国园林艺术的匠心独运之美，也许未来的设计师就在你我之间。沧浪亭石柱上的对联送给大家：“清风明月本无价，近水远山皆有情。”我也对上两句为本节课画下省略号——“园林漫漫藏诗意，生活处处有文章。”美无处不在，语文常伴左右</td><td>在小组展示中引导学生体会说明文的写作特点，学会评价，感受中国古典园林、中国山水画、中华文化的审美情趣，逐步解决教学重难点，增强对中国传统文化的认同感与自信</td></tr>
<tr><td>作业</td><td>（1）游玩浮山，在自然中寻找设计灵感，并在设计中融入山水画与诗词之美，完善设计报告。<br>（2）读一读《红楼梦》第十七回对大观园的描写，去青岛世博园参观游览，体验中国各地、世界各国的园林之美</td><td>延续课堂学习情境，让语文与生活密切相连</td></tr>
<tr><td>板书设计</td><td colspan="2">设计报告<br>说明顺序：清晰　　说明结构：合理<br>说明方法：充分　　说明语言：严谨　　园林风格：突出</td></tr>
</table>

## 六、单元教学实践反思

在本单元的教学过程中，我们深入探讨了事物说明文的特点与写作方法，引导学生理解并掌握了如何通过客观准确的语言描述事物的本质特征和内在规律。通过一系列精心设计的教学活动，学生不仅提升了阅读理解能力，还在写作实践中锻炼了逻辑思维和文字表达能力。在未来的教学中，我们应当继续重视事物说明文的训练，鼓励学生在日常生活中观察事物，培养他们发现问题、分析问题和解决问题的能力。同时，教师应不断创新教学方法，结合多媒体和网络资源，丰富学生的学习体验，激发他们的学习兴趣，使他们在轻松愉悦的氛围中掌握知识，提高技能。

总之，事物说明文的教学不仅关乎学生语文素养的全面提升，更关系到他们终身学习和社会实践能力的培养。

# “品格与志趣”单元教学设计

八年级语文　孙嘉颖

## 一、指导思想及其依据

部编版语文教材八年级上册第六单元人文主题为“品格与志趣”。以“利用注释和工具书自主阅读文言文的能力”为语文要素，下设《〈孟子〉三章》《愚公移山》《周亚夫军细柳》《诗词五首》四篇文章。本单元所选课文都是我国古代经典名篇，这些作品不仅是中华优秀传统文化的代表，也是对学生进行情感、态度、价值观教育的优秀材料。

本单元为文言文单元，课文皆属于中华优秀传统文化；在内容组织与呈现方式上契合“基础型学习任务群”的“语言文字积累与梳理”与“发展型学习任务群”中“文学阅读与创意表达”要求。第四课段（7~9 年级）的“语言文字积累与梳理”旨在引导学生“欣赏优秀作品的语言表达技巧，初步探究语言文字的运用规律”，并“增强学生语言积累和梳理意识，诵读材料要选择脍炙人口的千古名篇和名言名句”；同时，第四课段（7~9 年级）的“文学阅读与创意表达”旨在引导学生通过阅读优秀文学作品，“体会作者通过语言和形象构建的艺术世界，学习欣赏、品味作品的语言、形象等，交流审美感受，体会作品的情感和思想内涵”。

对于八年级的学生来说，他们已经具备了一定的古诗文语感，能够初步理解并疏通文义，这是非常好的一面。然而，他们在学习古诗文时也存在一些不足，如对文言现象的细致梳理不够，无法深入文本分析写作特点，以及停留在翻译和复述层面，缺乏对人物精神和主题的深入探讨。

基于以上分析，教师在教授优秀古代作品时，应关注文言知识的梳理和积累，帮助学生建立系统的文言词汇和语法体系。同时，应引导学生深入文本，分析写作手法和技巧，理解人物形象和思想内涵，从而提高学生的阅读能力和文学鉴赏水平。同时，教师还可以组织多样化的学习活动，如朗读、创作、主题研讨，让学生在参与的过程中感受古诗文的魅力，提升他们的文化素养和审美能力。

## 二、单元教学内容规划

本单元课文既有共性也有差异性。

从文体角度看，《〈孟子〉三章》是议论文，体现了古人的思辨智慧；《愚公移山》《周亚夫军细柳》是记叙文，通过叙写人物经历，表现人物形象与人物智慧；《诗词五首》包含古体诗、近体诗、词等不同的诗歌形式，展示了古代诗歌的丰富多样和独特魅力。

从主题角度看，本单元文章都涉及人物的品格、志趣、情怀等。《〈孟子〉三章》的独到见解，不仅具有哲学深度，而且为后世树立了理想人格的典范；《愚公移山》体现了人们勇敢无畏的不凡追求，展现了人类意志力的强大；《周亚夫军细柳》不仅体现了军人的职责和担当，也为我们树立了一个忠诚、正直的榜样；《诗词五首》不仅展示了不同作者的才华和情感，也让我们理解了人性的多样性和复杂性。

从写作手法角度看，本单元的三篇课文都运用了“对比”的写作手法。《〈孟子〉三章》中将那些遵循道义、得到广泛支持的例子和那些失道寡助、陷入困境的例子进行对比，强调了仁政的重要性；《愚公移山》中，愚公与智叟言行的对比，突显了愚公的坚持才是真正的智慧，而智叟的“智慧”则显得苍白无力；《周亚夫军细柳》中，细柳营与霸上、棘门军营的对比不仅展现了周亚夫作为将领的卓越才能和品质，还突显了严于律己、恪尽职守的重要性。

同时，本单元的语言风格各具特色。《〈孟子〉三章》展现了孟子的雄辩才华，通过大量排比句，将论述逐步推向高潮，不仅气势磅礴，而且说服力极强；《愚公移山》则以寓言的形式，以简单易懂的语言讲述了一个富有哲理的故事，让学生在轻松愉快的阅读中获得了深刻感悟；《周亚夫军细柳》的语言风格则更加冷静客观，通过准确、简洁的叙述，借助对事实的描述，清晰表明作者的态度和立场。

因此，基于文本特点，本单元设计了四个课段学习流程，由简单到复杂，各环节之间既有区分又有关联。

第一课段，学生通过学习《〈孟子〉三章》《愚公移山》《周亚夫军细柳》，掌握重点文言知识，理解文本内容，能够复述课文内容。

第二课段，以第一课段为基础，在研读中体会文体差别与语言风格，领悟文章中心（论点）。

第三课段，立足古诗所承载的重要意义，通过创设情境，引导学生积累古诗知识，深化赏读理解能力。

第四课段，在前三个课段的基础上对文本进行深入整合探讨，塑造人生信念与追求，提升学生文化自信。

**三、单元教学目标设计**

“新课标”第四学段（7~9 年级）的课程目标提出，要在“阅读与鉴赏”中引导学生“欣赏文学作品，有自己的情感体验，初步领悟作品的内涵，从中获得对自然、社会、人生的有益启示”；可以“阅读简单的议论文，能区分观点与材料，发现观点与材料之间的联系”；能“随文学习基本的词汇、语法知识，用以帮助理解课文中的语言难点”；引导学生“诵读古代诗词，阅读浅易文言文，能借助注释和工具书理解基本内容；注重积累、感悟和运用，提高自己的欣赏品位”。在落实以上要求的过程中，注重理解中华优秀传统文化蕴含的核心思想理念、中华人文精神和传统美德，增强文化自信。

在第四学段（7~9 年级）的“学业质量描述”中要求学生“能根据语境，借助工具书，认清字形、 读准字音、正确理解汉字的意思”，通过朗诵表达对作品的理解，“能从多角度揣摩、品味经典作品中的重要词句和富有表现力的语言，通过圈点、批注等多种方法呈现对作品中语言、形象、情感、主题的理解”，并“分析作品表现手法的作用”。

结合单元教学内容，本单元教学目标设计有如下具体内容。

（1）积累常见文言词语和名言警句，阅读浅显易懂的文言文。

（2）阅读不同体裁的古文名篇，多角度感受古人智慧和胸襟，提升自己的精神品格。

（3）理解诗歌内容的基础上，品析字词或意象中的文化内涵，深化对诗歌的情感理解。

（4）从文体、辩证思路、写作特点、主题等角度掌握文本，学习古人思辨技巧及叙事特点和人物塑造技巧。

（5）学习和品析孟子、愚公、周亚夫等人的高尚志趣，养成正确的世界观、人生观、价值观，培养健康的审美情趣。

（6）注重理解中华优秀传统文化的核心理念，体会古代仁人志士崇高的精神和优良品质。

## 四、单元课时任务安排

表 5“品格与志趣”单元课时任务安排

| 课段 | 学习主题 | 学习活动 | 课时数 |
|---|---|---|---|
| 第一课段 | 梳理与探究<br>主题：赏读文言文本<br>品析文言魅力 | 活动一：结合注释，归纳整理<br>活动二：设计经典诵读脚本<br>活动三：录制朗诵视频<br>活动四：以文为本，复述内容 | 4 |
| 第二课段 | 阅读与鉴赏<br>主题：剖析文本内涵<br>探寻古人品格 | 活动一：辨析文体，概括文章中心（论点）<br>活动二：学习孟子雄辩技巧<br>活动三：学习寓言、人物传记塑造人物形象的方法 | 5 |
| 第三课段 | 阅读与交流<br>主题：赏读古诗<br>品味诗歌韵味 | 活动一：要而言之聊古诗<br>活动二：别出心裁品古诗<br>活动三：深入浅出诵古诗 | 3 |
| 第四课段 | 梳理与探究<br>主题：追古人之光<br>塑自身之魂 | 活动一：析人物　明性格<br>活动二：探人物　明智慧<br>活动三：展创意　扬智慧 | 2 |

## 五、单元教学过程设计

核心任务：结合八年级上册第六单元的课文，围绕“中学生应该拥有怎样的品格与志趣”主题进行探讨，策划“学古人智慧 铸人生追求”校园文化活动。

### 第一课段 赏读文言文本 品析文言魅力

核心任务：熟悉文章内容并整理归纳重点文言现象。

【学习任务】

（1）借助课下注释和工具书，逐字对译《〈孟子〉三章》《愚公移山》《周亚夫军细柳》，掌握文本并能复述内容。

（2）积累重点实词、虚词和特殊句式等文言现象。

【课时安排】

4 课时。

【过程实施】

活动一：结合注释，归纳整理

（1）请归纳总结出《〈孟子〉三章》《愚公移山》《周亚夫军细柳》中的文言现象，如“一词多义”“古今异义”“通假字”。

**示例：通假字**

①往之女家：“女”同“汝”，你。

②法家拂士：“拂”同“弼”，辅佐。

③曾益其所不能：“曾”同“增”，增加。

④衡于虑：“衡”同“横”，梗塞、不顺。

⑤甚矣，汝之不惠：“惠”同“慧”，聪明。

⑥始一反焉：“反”同“返”，往返。

⑦军士吏被甲：“被”同“披”。

⑧改容式车：“式”同“轼”，车前横木，这里用作动词，指扶轼。

（2）请按照“倒装句”“判断句”“被动句”“省略句”的分类，将文本中的特殊句式找出并归纳整理。

**示例：特殊句式**

①舜发于畎亩之中：倒装句（状语后置）。

②甚矣，汝之不惠：倒装句（主谓倒装）。

③遂率子孙荷担者三夫：倒装句（定语后置）。

④一厝朔东：省略句。

⑤以顺为正者，妾妇之道也：判断句。

⑥此之谓大丈夫：判断句。

⑦帝感其诚：被动句。

⑧天子为动：被动句。

活动二：设计经典诵读脚本

诵读文言文既可以提升语感，又可以加深我们对中华民族传统文化的认识，还是帮助我们理解古人志趣情操的有效途径。请同学们任选一篇课文，仿照示例，设计朗诵脚本（在原文中用符号标记）。

**示例：朗诵脚本**

舜／发于／畎亩之中，傅说／举于／版筑之间，胶鬲／举于／鱼盐之中，管夷吾／举于／士，孙叔敖／举于／海，百里奚／举于／市。

故／天将降大任／于是人也，必先／苦其／心志，劳其／筋骨，饿其／体肤，空乏／其身，行／拂乱／其所为，所以／动心／忍性，曾益／其所不能。<

人／恒过，然后／能改；困于心／衡于虑／而后作<；征于色／发于声／而后喻<。入／则无／法家拂士，出／则无／敌国／外患者，国恒亡↘。

然后／知／生于忧患↗而／死于安乐也↘。

**表6　朗读符号小贴士**

| 朗读符号 | 表示的意义 | 简要说明 |
|---|---|---|
| / | 短暂停顿 | 与文章思想感情发展变化的要求相适应，停顿可分为逻辑停顿、结构停顿和语法停顿 |
| … | 表示重音，读的时候要饱满有力 | 对重要的词或词组要强调，以便明确地表达出具体的语言目的和思想感情 |

（续表）

| 朗读符号 | 表示的意义 | 简要说明 |
|---|---|---|
| ～～～ | 表示轻声，读的时候声音放慢、放低 | 根据诗歌的情感，进行抑扬顿挫、轻重缓急的处理 |
| ＜ | 读的时候声音逐渐增大 | |
| ＞ | 读的时候声音逐渐变小 | |
| ↗ | 上扬音，表示声音由低平转为高昂 | 语调的变化可以让诗歌读起来错落有致，富有节奏感 |
| ↘ | 下沉音，表示声音由高昂转为低平 | |

活动三：录制朗诵视频

请同学们根据各组设计的朗诵脚本，读准字音，读出停顿，读出抑扬顿挫的气势与美感，并在各自充分诵读之后，小组推选一名代表，选择合适的配乐，录制朗诵视频。班内其他同学借助朗诵评价参考量表进行打分。

活动四：以文为本，复述内容

结合原文，复述文章内容，可在原文的基础上加上合理的细节描写与想象。

【评价设计】

**表 7　朗诵评价参考量表**

| 评价角度 | 评价标准 | 评价星级 |
|---|---|---|
| 朗诵理念阐述 | （1）朗诵形式基本符合篇目内容，得 1~3 颗星。<br>（2）朗诵形式独特，能充分体现文本主题与气势，得 4~5 颗星 | ☆☆☆☆☆ |
| 重音、停连、节奏、语气、语调 | （1）能够借助重音、停连等方式读出文章的节奏、气势，能基本表达课文的思想内涵，得 1~3 颗星。<br>（2）能对重音进行有效处理，充分把握文本内涵，能恰当地运用停连，实现流畅地换气，能很好地表现文本的语言节奏，得 4~5 颗星 | ☆☆☆☆☆ |

表 8　文本复述评价参考量表

| 评价角度 | 评价标准 | 评价星级 |
| --- | --- | --- |
| 内容概述 | 内容描述完整，重点过程描述全面 | ☆☆☆☆☆ |
| 过程展现 | 叙述内容条理清晰。<br>语言流畅，声音洪亮 | ☆☆☆☆☆ |
| 细节描写 | 展开了合理想象，补充了部分细节 | ☆☆☆☆☆ |
| 中心 | 能够在复述时表达出作者的思想或人物的主要形象。<br>能够探究文本的深层内涵与价值 | ☆☆☆☆☆ |

## 第二课段　剖析文本内涵　探寻古人品格

核心任务：从文体、主题、写作特色等方面深入剖析文本。

【学习任务】

（1）分析《〈孟子〉三章》论证思路的异同点，总结论证方式，分析文章中心论点。

（2）学习寓言与人物传记，了解文体特色。

（3）能够掌握愚公、周亚夫的人物形象，把握文章中心。

【课时安排】

5 课时。

【过程实施】

活动一：辨析文体，概括文章中心（论点）

（1）比较阅读《〈孟子〉三章》《愚公移山》《周亚夫军细柳》，确定文体特征。

表 9　文章比较表

| 篇目 | 体裁 | 文体特征 |
| --- | --- | --- |
| 《〈孟子〉三章》 | 议论文 | 观点明确、论据充分、语言精练、论证合理、逻辑清晰 |

（续表）

| 篇目 | 体裁 | 文体特征 |
|---|---|---|
| 《愚公移山》 | | |
| 《周亚夫军细柳》 | | |

（2）继续阅读《〈孟子〉三章》，用原文语句提炼每篇文章的中心论点。

**表 10 中心论点表**

| 篇目 | 中心论点 |
|---|---|
| 《得道多助，失道寡助》 | |
| 《富贵不能淫》 | |
| 《生于忧患，死于安乐》 | 然后知生于忧患而死于安乐也 |

（3）仔细阅读《愚公移山》《周亚夫军细柳》，分析愚公与周亚夫的人物形象，确定文章中心。

**表 11 文章分析表**

<table>
<tr><th>篇目</th><th>文段依据</th><th>人物形象</th><th>中心</th></tr>
<tr><td rowspan="3">《愚公移山》</td><td>吾与汝毕力平险，指通豫南，达于汉阴，可乎？</td><td>胸怀大志</td><td rowspan="3">意在提醒我们要有信心和毅力，面对任何挑战都不轻言放弃，通过持续的努力可以达到我们的目标</td></tr>
<tr><td>虽我之死，有子存焉。子又生孙，孙又生子；子又有子，子又有孙；子子孙孙无穷匮也，而山不加增，何苦而不平？</td><td>远见卓识</td></tr>
<tr><td>寒暑易节，始一反焉</td><td>坚持不懈</td></tr>
<tr><td rowspan="3">《周亚夫军细柳》</td><td></td><td></td><td rowspan="3"></td></tr>
<tr><td></td><td></td></tr>
<tr><td></td><td></td></tr>
</table>

活动二：学习孟子雄辩技巧

（1）再读文章，梳理《〈孟子〉三章》的论证思路，并绘制思维导图。

（2）对比阅读《得道多助，失道寡助》《富贵不能淫》《生于忧患，死于安乐》，分析三篇文章在论证方法上的异同点。

**表 12 对比调查表**

<table>
<tr><th rowspan="2">篇目</th><th colspan="3">不同点</th><th rowspan="2">相同点</th></tr>
<tr><th>论证方式</th><th>手法</th><th>举例</th></tr>
<tr><td>《得道多助，失道寡助》</td><td></td><td></td><td></td><td rowspan="7">思路清晰，逻辑严密，层层递进</td></tr>
<tr><td rowspan="6">《富贵不能淫》</td><td rowspan="6">这是一篇驳论文。首先亮明对方观点，其次批驳对方观点，最后提出己方论点并进行论证</td><td>排比</td><td>富贵不能淫，贫贱不能移，威武不能屈</td></tr>
<tr><td>反问</td><td>是焉得为大丈夫乎</td></tr>
<tr><td>类比论证</td><td>以顺为正者，妾妇之道也</td></tr>
<tr><td>比喻论证</td><td>居天下之广居，立天下之正位，行天下之大道</td></tr>
<tr><td>举例论证</td><td>子未学礼乎？丈夫之冠也，父命之；女子之嫁也，母命之，往送之门，戒之曰：“往之女家，必敬必戒，无违夫子！”</td></tr>
<tr><td>对比论证</td><td>（1）以顺为正者，妾妇之道也。<br>（2）富贵不能淫，贫贱不能移，威武不能屈</td></tr>
<tr><td>《生于忧患，死于安乐》</td><td></td><td></td><td></td><td></td></tr>
</table>

（3）请你依据《〈孟子〉三章》，尝试总结孟子的雄辩技术，并思考其对你的议论文写作有怎样的指导意义。

活动三：学习寓言、人物传记塑造人物形象的方法

（1）愚公和周亚夫的核心形象分别可以用哪一个字来概括。

（2）《愚公移山》《周亚夫军细柳》分别采用了哪些手法来写愚公的“诚”与周亚夫的“真”。

【评价设计】

**表 13　任务完成情况评价参考量表**

| 任务 | 评价标准 | 评价星级 | 备注 |
|---|---|---|---|
| 确定文体特征 | 能够确定文体特征 | ☆ | 符合对应的评价标准，可得一颗星 |
| 提炼《〈孟子〉三章》中心论点 | 准确提炼各篇论点 | ☆ | |
| 分析愚公与周亚夫的人物形象，确定文章中心 | 概括准确、全面 | ☆ | |
| 绘制思维导图 | 情节准确、内容全面，布局合理 | ☆ | |
| 分析《〈孟子〉三章》论证方法的异同点 | 以文本为依据，观点鲜明，分析合理 | ☆ | |
| 总结孟子的论证方式 | 准确扣住文本内容 | ☆ | |
| 分析愚公与周亚夫的核心形象 | 简洁、准确 | ☆ | |
| 分析《愚公移山》《周亚夫军细柳》写作技巧 | 内容全面、分析到位，能够结合文本进行具体阐述 | ☆ | |

## 第三课段　赏读古诗　品味诗歌韵味

【学习任务】

（1）把握诗作的内容和语言特点，理解诗歌意境，提高分析、鉴赏诗词的能力。

（2）在反复诵读中，品味诗歌的意境美和语言美，学习鉴赏、朗读古诗的方法。

【课时安排】

3 课时。

【过程实施】

活动一：要而言之聊古诗

（1）通过自读、齐读等方式，正字音、断节奏，初步感受诗歌所描绘的画面。

（2）完成诗歌作者、朝代、风格等基本知识汇总。

活动二：别出心裁品古诗

从重点字词、修辞、意象、表现手法、主题等角度切入，选取自己喜欢的诗歌并阐述理由。

诗歌的意象通常是指自然意象，即取自大自然的、借以寄托情思的物象。有时，诗中所咏叹的社会事物、所刻画的人物形象、所描绘的生活场景、所铺陈的生活情节和史实，也是用来寄托情思的，也是意象。

活动三：深入浅出诵古诗

反复朗读《诗歌五首》，基于前两项活动中对诗词的理解，在把握诗歌韵律、节奏的基础上，做好重音、停连、语气、节奏等朗诵标记，写好诗歌朗诵脚本。

【评价设计】

**表 14 任务完成情况评价参考量表**

| 评价项目 | 评价等级 | 等级描述 |
| --- | --- | --- |
| 诗歌基本信息汇总，阐述喜欢的理由 | 甲 | （1）准确识别古诗基本信息，包括作者、朝代、诗歌类型、诗派等。<br>（2）准确识别古诗中一到两个重点字词（意象）、手法等。<br>（3）分析重点字词（意象）时能够结合古诗情境、文化内涵进行品析。<br>（4）能够结合创作背景、字词分析，确定古诗中心思想 |
| | 乙 | （1）比较准确地识别古诗基本信息，包括作者、朝代、诗歌类型、诗派等。<br>（2）比较准确地识别古诗中1~2个重点字词（意象）、手法等。<br>（3）能够结合创作背景、字词分析，确定古诗中心情感 |

（续表）

| 评价项目 | 评价等级 | 等级描述 |
|---|---|---|
| 诗歌基本信息汇总，阐述喜欢的理由 | 丙 | （1）比较准确地识别古诗基本信息，包括作者、朝代、诗歌类型、诗派等。<br>（2）比较准确地识别古诗中一到两个重点字词（意象）、手法等 |
| | 丁 | 不能完成古诗内容分析，未能完成任务 |

## 第四课段　追古人之光 塑自身之魂

【学习任务】

（1）通过感受古人的高尚品格和不凡志趣，树立修身正己的意识。

（2）通过比较分析选材，找到人物身上的共同特点，提升聚合思维。

（3）运用多元化表现方法，在表达中展现独特的思想和感受，提升审美能力。

（4）通过系列活动，养成正确的人生观、价值观，养成优秀品格，继承和发展优秀传统文化。

【课时安排】

2课时。

【过程实施】

活动一：析人物 明性格

孟子、愚公、周亚夫是三位性格突出、思想鲜明的人物。他们或正志笃行、关爱百姓；或目光长远、内心坚定；或恪尽职守、刚正不阿。可如今社会环境发生了巨大变化，古人的所作所为是否依然适用于当今社会？请你结合文本和现实生活进行思考。

**示例：人物分析**

孟子、愚公、周亚夫这三位历史人物的性格特点和思想行为，虽然是在当时的社会背景下形成的，但他们的品质和价值观在一定程度上依然具有现实意义，对于当今社会依然具有一定的启示作用。

首先，孟子的关爱百姓的思想，体现了儒家文化中的人文关怀和社会责任感。在当今社会，人们对于公正、正义、仁爱的追求并没有改变。

其次，愚公移山的故事所蕴含的长远眼光和坚定信念，对于当今社会中面临各种困难和挑战的人们来说，同样具有激励作用。

最后，周亚夫恪尽职守、刚正不阿的品质，也是现代社会中公职人员应该具备的职业操守。当然，由于时代和环境的差异，这些历史人物的行为方式和价值观并不完全适用于当今社会。例如，如今讲求男女平等，“以顺为正者，妾妇之道也”的想法则不再适用；又如，随着科技的发展，如果想要移山，用现代科技手段会更方便。

总之，我们需要结合现实情况，批判地继承和发扬古人的优秀品质，根据现代社会的需求和发展，不断更新我们的价值观念和行为方式。

活动二：探人物 明智慧

（1）结合助读资料一，分析孟子身上的突破精神。

助读资料一：

民为贵，社稷次之，君为轻。——《孟子·尽心下》

君君，臣臣，父父，子子。——《论语·颜渊》

**示例：突破精神**

在中国漫长的封建社会中，君如天，君臣有别且不可撼动。孟子最早提出民贵君轻主张，继承并发展了前代政治家所提的民本思想，在思想上做到了突破。

（2）除了孟子，愚公、周亚夫，列子、司马迁身上也有着突破精神，如果继续深挖本册教材，在许多古人身上也能学到突破精神与处世智慧。请你继续阅读助读资料二、助读资料三，结合日常积累，小组合力来探索古人的智慧与突破精神。

助读资料二：

司马迁遵从父亲遗嘱，立志要写成一部能够“藏之名山，传之后人”的史书。就在他着手写这部史书的第七年，发生了李陵案。将军李陵在一次同匈奴的交争中，因寡不敌众，战败投降。司马迁为李陵辩白，触怒汉武帝，被捕入狱，遭受残酷的宫刑。受刑之后，他曾因屈辱痛苦打算自杀，可想到自己写史书的理想尚未完成，于是忍辱奋起，前后共历时18年，终于写成《史记》，开创了我国纪传体通史的先河，史料丰富而翔实，备受推崇。作为世界上第一部率先采用纪传体形式记录历史的史书，《史记》得到了后世的高度赞扬。

助读资料三：

列子是战国时期的思想家，道家的代表人物。他创立了先秦哲学学派中的列子学，最早提出宇宙生成四个阶段学说。其关于宇宙和天体的学说均早于西方。列子生性豁达，在战国后期影响巨大。他的代表作《列子》记录了很多当时背景下的风土人情、地域特征。

**示例：合力探索**

①愚公：突破了身体年龄的限制，在90多岁的高龄完成了移山的壮举。

②李清照：突破了人们对女子即柔弱纤细婉约的一般认知，写下了“九万里风鹏正举，风休住，蓬舟吹取三山去”的豪放诗词。

③吴均：突破了普通人对功名利禄的极力追逐之心，提出了“鸢飞戾天者，望峰息心；经纶世务者，窥谷忘反”的淡泊之思。

活动三：展创意 扬智慧

在深入学习与思考后，你更欣赏哪位古人的精神？想通过怎样的创意将向更多的人宣扬这种精神呢？请小组合作确定一位人物入选《名人册之古人篇》名单，并为所选人物设计版面。

版面内容可涉及名言、简介、事迹、照片等内容，也可由插画单独构成；可考虑通过选择不同字体、工具材料（颜料）或绘画技法来体现人物风貌。

表15 版面设计表示例

| 标题 | 《孟子》 | |
|---|---|---|
| 正文 | 构图 | 版面由孟子及其弟子、竹林、远处耕种的农家以及连山、落日共同组成 |
| | 配色 | 以蓝色、绿色、黄色等淡雅的颜色为主 |

（续表）

| 标题 | 《孟子》 | |
|---|---|---|
| 正文 | 内容 | 题目正中由“孟子”二字构成，同时写有一句孟子名言——“生于忧患而死于安乐”。孟子站在竹林中给弟子讲学，弟子非常恭敬。不远处一位农民正在田间劳作，安闲自在。远处群山绵延，夕阳西下，归鸟还家 |
| | 装饰 | 无 |
| 设计理念 | 孟子思想的核心是“仁政”，施行仁政，注重民本，国家才能昌盛富强。所以“孟”字的底部，“皿”由一只碗构成，同时碗的中间写了一个“仁”字。<br>竹子常青高洁，是“四君子”之一，代表为人从内到外自始至终保持崇高的气节和刚正的品质。所以，我让孟子站在竹子前向弟子讲学，喻指其君子品格。<br>孟子的“性善论”，格局阔大，意境高远。远处的高山和落日象征着孟子高深的思想境界。<br>孟子的思想鼓舞人们要发挥主观能动性，人与自然和谐相处，将社会道德作为行为的自觉规范，所以人民在田间劳作，安居乐业，呈现出一派欣欣向荣的景象，这样的画面传达了一种和谐、积极的社会氛围，显示了孟子的思想在实践中的积极影响 | |

图 2 版面设计图示例

【评价设计】

表 16 版面设计评价参考量表

| 评价标准 | 分值 | 得分 |
|---|---|---|
| 主题鲜明内容积极向上 | 3 分 | |
| 布局合理，构图整体性强，具有立体感 | 2 分 | |
| 色彩搭配合理（可以夸张有视觉冲击，让主题更具表现力），具有美感、协调性 | 2 分 | |
| 版面构思新颖独特，能够打破思维惯性，巧妙运用灵感表达主题 | 2 分 | |
| 设计理念优秀，具有深度含义 | 1 分 | |
| 总分 | | |

## 六、单元教学实践反思

本课例以“品格与志趣”为单元主题，利用策划“学古人智慧 铸人生追求”主题校园文化活动的机会，创设大情境，下设多级小情境，旨在通过不同的学习项目，让学生理解古人思想的精华，继而树立修身正己的意识，继承并发扬传统文化。

本课例主要有以下四个特点。

第一，依托真实、富有意义的语文实践情境提高学生语文关键能力。本单元创设了“书中的文化遗产”“编辑名人册”等学习情境，开展语文阅读与鉴赏、表达与交流、梳理与探究学习实践活动。活动设计与学生生活关联紧密，具有很强的趣味性和操作性，能够充分发挥学生的主观能动性。

第二，以大单元教学为导向，整合教材资源。单元整体教学指向学生学习的思维过程，让学生的课堂学习不再拘泥于单篇文章的精讲，而是侧重于引导学生在理解单篇文章的内容后，探究文本的结构脉络、方法逻辑，把握核心概念，厘清文本关系，提高逻辑思维能力；引导学生从整个单元出发，结合整册书的内容，做出自己的思考；培养学生思辨性阅读的能力和表达能力，达成培养其语言、思维、审美等语文核心素养的目的。

第三，注重学生的实际应用能力，同时注重培养创新思维。教师在课堂上积极鼓励学生提出自己的想法和观点，激发他们的创新精神，做到了理念的突破、教学目的的突破。教师在课堂上不仅关注学生的知识水平，还关注他们的世界观、人生观、价值观。学生在课堂上不仅学到了知识，还学会了如何做人、如何与人相处、如何突破自我，实现人生价值。

第四，使用多种艺术方式展现自己的学习成果。例如，版面设计环节在解说设计理念时，学生可用绘画等艺术形式多种演绎，通过创意构思，表达对古人处世智慧的理解。

“千淘万漉虽辛苦，吹尽狂沙始到金。”每节优秀的课都要经过精雕细琢。对课标的理解是教学工作的基石。课标是教学的基本依据，只有将“新课标”的理念融入课堂设计，这样的课堂才有生命力。对于教师来说，要讲好一节课，钻研教材和打磨学情同样重要，结合学段特点、单元所承载的任务，才能够准确把握教材的编排意图、地位和作用、内容和主题，从而确立教学目标与重难点。

大单元教学是一种创新的教学方式，它以大概念为核心，通过打破文本之间的藩篱，培养学生的关键能力，使他们能够更好地解决现实生活中的问题。这种教学方式对教师和学生都提出了更高的挑战，但同时也是一种非常有意义的尝试和探索。在教学实践中，我们应该始终保持积极、主动的态度，不断尝试和探索新的教学方法和策略，以实现教育理想。

# “诗歌”单元教学设计

九年级语文　关静

## 一、指导思想及其依据

语文九年级上册“诗歌”单元是“活动·探究”单元，主要是欣赏诗歌作品，并通过不同形式的朗诵活动、诗歌写作，引导学生更好地感受诗歌的魅力，提高审美能力。所以，本单元采用任务驱动的方式，强调学生的“自主”学习；学习鉴赏诗歌，组织朗诵写作活动。

## 二、单元教学内容规划

本单元的“活动任务单”共安排了三个任务，分别是诗歌朗诵、自主鉴赏和尝试创作。

朗读感知是本单元的第一个任务，也是活动性最强的任务，可以以小组为单位做好朗诵比赛前的准备工作，使朗诵活动丰富多彩且富有时效。

自主鉴赏所选诗歌或大气磅礴，表现胸中豪情（如《沁园春·雪》）；或感情深沉，表达崇敬和爱国之情（如《周总理，你在哪里》《我爱这土地》）；或执着咏叹，抒发家国之思（如《乡愁》）；或情真意切，讴歌爱的真谛（如《你是人间的四月天》）；或细腻描摹，展现生命的力量（如《我看》）。这些诗歌建议学生独立阅读，自主欣赏，反复品味诗歌所表达的情感，把握诗歌意蕴，体会诗歌的艺术魅力。

尝试创作既是前两个任务的结合与落实，又具有成果展示的功能。名著导读部分从诗歌的表现形式、语言、意象、情感等方面指导学生如何阅读《艾青诗选》。

## 三、单元教学目标设计

（1）诗歌朗诵目标：搜集课内外自己感兴趣的诗歌，学习朗诵技巧，注意重音、停连、节奏、语速、韵律等，把握诗歌的感情基调，读出感情，读出诗味。

（2）阅读教学目标：通过诗歌群文阅读，能够运用把握感情基调、分析诗歌意象、关注诗歌形式、联系创作背景、关注陌生化语言和修辞、联系想象画面等阅读策略，走进诗歌，感受诗歌，鉴赏诗歌。

（3）写作教学目标：从填字、仿写开始，创作属于自己的诗歌，运用得当的句式和节奏表达自己的情感。

## 四、单元课时任务安排

计划三课时。第一课时通过朗读、设计、品读等环节，感知诗歌内容，把握情感。第二课时以《你是人间四月天》为例，分析意象，品析语言，总结出诗歌语言特点，为自由创作诗歌做好铺垫。第三课时分析诗歌中的解构，鼓励学生自己创作，分享成果。

## 五、单元教学过程设计

学习这个单元，学生可以通过自主欣赏的方式进行自由朗诵，开展朗诵比赛。朗诵时，要注意重音、停连、节奏等，把握诗歌的感情基调，读出感情，读出韵律。在此基础上，可以结合自己的生活体验，选择一个对象，写一首小诗，抒发自己的情感。在写作过程中，注意句式和节奏的变化、意象的合理选择、语言的锤炼等。

重点：学习朗诵技巧，注意重音、停连、节奏、语速、韵律等，把握诗歌的感情基调，通过分析诗歌意象、关注诗歌形式、联系创作背景、关注陌生化语言和修辞、联系想象画面等阅读策略，走进诗歌，感受诗歌，鉴赏诗歌。

难点：从填字、仿写开始，创作属于自己的诗歌。运用得当的句式和节奏表达自己的情感。

## 课时一：朗读感知

【导入新课】

读一首好诗，相当于聆听一首美妙的歌曲；读一首好诗，相当于欣赏一幅悦目的图画；读一首好诗，相当于与一位艺术家促膝交谈。

现在，让我们静下心来，一起走进诗歌的世界，体悟诗歌的美之所在。

【初读，分享阅读感受】

1. 以“说”分享初读感受

师：九年级上册第一单元是诗歌单元，想必课前大家已阅读过这五首诗歌，下面就请大家先来说说自己从这几首诗歌中感受到了什么。

课件出示：格式：从__________这首诗（词），我看到了 / 感受到了 / 读出了________________________________________。

2. 以“读”分享初读感受

师：大家对这几首诗歌都有了初步的感受，在这些感受中，有对诗歌内容的感知，也有对诗歌画面的描绘，还有对诗歌情感的归纳总结。要想把诗歌读好，一定要将情感带入作品中。那么，怎样将情感通过朗诵展现出来呢？那就需要在朗读诗歌时，注意重音、停连、节奏、语气、语调的处理。

现在，试着结合自己的阅读体验，将自己最有感触的诗（词）句朗诵出来，并说说这样朗读的原因。

（1）示范朗读。

“山舞 / 银蛇，原驰 / 蜡象，欲与天公 / 试比高。”我将这三句词中的“欲”“试”二字重读，是因为这样可以体现“山”“原”想要和天比高的雄心壮志，读的时候还要将昂扬奋发的精神状态、豪迈的气势读出来。

（2）读法指导。

课件出示：诗歌诵读要注意以下几点：第一，停顿要恰当；第二，节奏要缓急适当；第三，注意朗读的语气、语调；第四，注意重读的词语；第五，读准字音，读出情感。

（3）自主诵读。

学生结合诗歌朗诵的要点和自己的阅读感受，自主朗读。

（4）朗读分享。

师：现在，请几位同学参照下列格式，将自己最有感触的诗（词）句朗诵出来，并说说这样朗读的原因。

课件出示：格式：________________［朗诵的诗（词）句］，我这样读是因为____________________________________。

第____课：我选择的是第（　）节的_________，我之所以选择（　　）读，是因为（　　　　　　　　　　　　　　　　　　　）。

学生回答预设：

生 1：“我说 / 你是人间的 / 四月天；笑响 / 点亮了 / 四面风；轻灵在春的光艳中 / 交舞着 / 变。”我这样读是因为我在这一节中感受到了作者的欢快，所以读的时候除了要注意节奏的把握，还要注意语气的轻快愉悦。要想表现出这种欢快，语调就要上扬，语速可以稍微快一些。

生 2：“为什么 / 我的眼里 / 常含泪水？因为 / 我对这土地 / 爱得深沉……”我这样读是因为这两句表现了作者对土地（祖国）深沉的爱，所以读的时候重音一定要读出来，语调要低沉，语速一定要慢，这样才能将作者的情感展现出来。

【再读，把握感情基调】

1. 自由品读，分析感情基调

师：要读懂诗歌，把握一首诗（词）的感情基调是必不可少的，你们认为这五首诗歌的感情基调分别是怎样的呢？

学生回答预设：

**表 17　诗歌感情基调示例**

| 诗歌 | 感情基调 |
| --- | --- |
| 《沁园春・雪》 | 大气磅礴，感情奔放 |
| 《我爱这土地》 | 忧郁悲愤，感情深沉 |
| 《乡愁》 | 愁绪满怀，感情深沉 |
| 《你是人间的四月天》 | 欢快喜悦，感情热烈 |
| 《我看》 | 憧憬热爱，感情愉悦 |

2.“为你读诗”活动

班级以小组为单位拟开展“为你读诗”活动，请你根据下面的要求，完成任务。

（1）通过查阅资料，读懂每首诗表达的感情，定好主题。选三到四首进行小组连读（可以加入《艾青诗选》中的诗歌），进行班级展示。

（2）在每首诗正式诵读前后，设计一段“串词”，使展示具有整体性和连续性。

（3）为了烘托诵读的效果，请配上符合诗歌意境的音乐。

（4）诵读时的抑扬顿挫、语气轻重对诵读效果都会有影响，在诵读时要恰当处理。

【评价量表】

表 18 “为你读诗”活动评价参考量表

| 评价维度 | 评价方式 | | |
|---|---|---|---|
| | 评委评价 | 小组评价 | 自我评价 |
| 诗歌选取的合理性 | | | |
| 诗歌朗诵设计的完整性 | | | |
| 朗诵技巧的感染力 | | | |
| 肢体语言丰富 | | | |
| 小组默契度 | | | |
| 配乐效果 | | | |

## 课时二：自主鉴赏

【感诗歌之美】

（播放《经典咏流传》中《你是人间的四月天》视频片段。）

师：《经典咏流传》节目传唱经典，读诗成曲。用一个字说说你的观看感受。

师：同学们都想到了一个“美”字，美来自林徽因的诗歌《你是人间的四月天》，结合所学现代诗歌，说说诗歌美在哪里？

课件出示：诗歌因_______________而美。

明确：诗歌的美在于情感、意境、修辞、韵律、想象、形式、语言、哲理……

【悟意象之深】

师：诗歌情感、思想的表达以及意境的营造都离不开意象。意象是诗歌的基本构成要素，是诗歌的灵魂和本质特征，没有意象、意境，不能叫作诗。

课件出示：意象就是寓“意”之“象”，是用来寄托主观情思的客观物象，是融入诗人思想感情的“物象”。

找出《你是人间的四月天》一诗中的意象，把握意象选择的特点。

| | |
|---|---|
| 四月的天、软风、烟云、艳光、细雨、圆月（自然）<br>四月的百花、白莲（静态）<br>鹅黄、新鲜初放芽的绿（色彩）<br>一树一树的花开（动态）<br>梁间呢喃的燕（动物）<br>爱、温暖、希望（人的行为） | 自然意象 |

结合课前提供的诗歌，说说意象的选择有哪些种类？意象与诗歌有何关联？讨论明确自然意象包括自然景观类、植物类、动物类。人或事意象包括人造物象类、人的行为、活动类（登高、凭栏、饮酒、采薇等）。

师：在《你是人间的四月天》中，诗人选取梦幻、温暖的意象，将这些意象组合在一起，清新温婉、轻灵美好，令人感受到诗人内心的欢欣与喜悦，感受到新生命的希望和活力。选择的意象与新生命的特点吻合，与作者美好的情感和谐一致。小组合作从第一单元找一到两首诗，分析意象并组内交流，班级展示。（结合课件内容。）

【品语言之凝】

师：诗歌的语言简洁、高度凝练，被称为“诗家语”，我们通过例子看看这些诗的语言是由什么特别的手法创造出来的。

笑响点亮了四面风。——林徽因《你是人间的四月天》

我看流云慢慢地红晕，无意沉醉了凝望它的大地。——穆旦《我看》

雪化后那片鹅黄，你像。——林徽因《你是人间的四月天》

你是四月早天里的云烟，黄昏吹着风的软，星子在无意中闪，细雨点洒在花前。——林徽因《你是人间的四月天》

（1）小组讨论、总结诗歌语言陌生化手法的运用技巧，主要包括反常搭配、词性改变、语序颠倒、句子转行。

（2）语言训练。在括号内填写合适的词语，使语言生动凝练。

存在

天空解决了（　　）的矛盾，它们存在。
树木解决了（　　）的矛盾，它们存在。
鸟儿解决了（　　）的矛盾，它们存在。
事物们解决了（　　）的矛盾，它们存在。
我至死解决不了生的矛盾，我存在。

学生展示，互相点评。（点评要点：与诗歌营造的意境吻合。）

## 课时三：青春创作

1. 专题联读

学校校刊想以“赤子之心”“生命律动”“平凡之光”为专题，你会将第一单元的诗歌放在哪些专题下？说说理由，并为这个专题再搜集一篇课外诗歌，并附上简析。

2. 古今联读

转变、调整叙述视角，拓展留白处，超越时空对话，加入现代精神等是解构古诗的路径，由此引导学生理解：好的解构是现代对古典的顿悟。学生也可以从模仿开始，用现代诗作新解古典诗词。

“孤影空中大雁飞去了／引得秋叶狂舞／听见了时间轮回的声音吗？”这首诗是对杜甫《孤雁》的解构，可能缺失了原作的厚重，但却有少年人的愁思，在时光流转上内涵还是一致的。“林花谢了春红／江水不住东流／不知／桃花人面／黄鹤故友／将来是否回头／多年后／看见彼此的姓名／会不会浮现出稚嫩的面庞。”这首诗重构了《相见欢》的意境，抒发着毕业季的怅惘。

学习第一单元经典诗作，引导学生赏析其中盛开着古典意象的“美丽花朵”，在品评中架设贯通古今审美的桥梁。而后，让学生在自己的现代诗作品中呈现古典意象。

3. 打分评比

班级开展学生原创诗歌大赛。

**表 19　原创诗歌大赛评价参考量表**

| 评价维度 | | 评价等级 | | |
|---|---|---|---|---|
| 一级目标 | 二级指标 | 优秀（8~10 分） | 良好（5~7 分） | 需努力（5 分以下） |
| 思想性 | 积极向上，富含哲理。真实、深刻，能让读者与诗歌产生共鸣。有自己的独到之处 | | | |
| 意境美 | 语言凝练，意境深远。意象选用恰当，特点鲜明。言简意丰，能给人以丰富的想象空间 | | | |
| 音韵美 | 音韵和谐，朗朗上口。关注押韵和节奏，达到声韵铿锵的效果。能做到韵律与情感相适宜 | | | |
| 形式美 | 分行合理，契合内容。关注字、词、句的排列组合，整体结构协调。能做到外部形式与内容情感相统一 | | | |

## 六、单元教学实践反思

在现代诗歌大单元教学过程中，以学生为中心，以任务驱动为途径，以量表为评价方式，在整个学习过程中开展了创作大赛、朗诵比赛等活动，鼓励学生通过学习提升他们的创新精神，从而具备品鉴诗歌、创作诗歌的能力。

语文九年级上册“诗歌”单元整合教学需要，注重目标设定、教学方式创新、材料积累和成效评价等多个方面，只有多维度发力，才能取得出色的教学效果。

# “生命成长与生活”单元教学设计

七年级语文　刘丹

## 一、指导思想及其依据

### （一）课程标准

《义务教育语文课程标准（2022 年版）》第四学段（7~9 年级）的课程目标指出：“阅读与鉴赏”目标中要求引导学生“养成默读的习惯”，能够“在通读课文的基础上，理清思路，理解、分析主要内容，体味和推敲重要词句在语言环境中的意义和作用”，“对作品中感人的情境和形象说出自己的体验，品味作品中富于表现力的语言”。

“欣赏文学作品”要求引导学生“阅读表现人与社会、人与他人的古今优秀文学作品”，“学习欣赏、品味作品的语言、形象等，交流审美感受，体会作品的情感和思想内涵”，从中获得“对自然 、社会、人生的有益启示”。

“学业质量描述”要求学生能够通过概括的方式，表达对作品的理解，“能从多角度揣摩、品味经典作品中的重要词句和富有表现力的语言”。

从“课程内容”来看，本单元的课文契合大单元教学中“发展型学习任务群”中“文学阅读与创意表达”的要求。课程目标、课程评价和课程内容都要求在学习人与社会、人与他人的优秀文学作品时，应关注概括、人物描写与关键语句三个方面的内容。

### （二）核心素养目标

（1）语言运用。通过对前两篇文章中人物形象的分析，学习人物描写的方法，写与自己喜欢的教师之间发生的故事。以“我亲爱的老师”为题，写一篇写人记事的文章，表达与教师之间的真实情感。

（2）思维能力。围绕“乐”和“生命”这个主题，理清鲁迅学习生活的“乐”体现在哪里；把握海伦·凯勒生命的三个阶段：生命的原貌、生命的改变、生命的再塑，理解文章的主要内容；梳理分类《论语》中哪些是学习方法，哪些是学习态度，哪些是品德修养。

（3）鉴赏能力。鉴赏精当的人物描写，体会人物描写对于刻画人物形象的重要作用。

（4）文化意识。通过鲁迅生活的变化，思考童年的欢乐是什么？梳理海伦的心理变化，学习海伦身上的美好品质。

### （三）教学组织策略

（1）对于重点段落，采用以读代讲的方式反复品析，在诵读中加深理解。

（2）对于不同的文体，采用的教学策略也各不相同。例如，《从百草园到三味书屋》的第二段可以采取复述和仿写的方式，鉴赏环节可以进行对比阅读，谈谈自己的感受。《再塑生命的人》中关于海伦情感变化的部分，可以采用批注法、朗读法进行深入的阅读探究。

（3）文言文部分的重点在于让学生积累文言实虚词的知识，结合工具书翻译意思浅显的文言文句子。同时，结合自己的学习和生活实践来体会孔子及其弟子所谈论的学习方法、学习态度和品德修养的重要性和实用性。

### （四）教学思想

让学生体会语文即生活的道理。词、句、篇章是生活的记录，词、句、篇章更是生活的智慧。语文是行走的生活，语文在生活中行走。语文是一门让生活变得丰富多彩的学科。

## 二、单元教学内容规划

语文七年级上册第三单元选编了一组有关名人学习和生活的文章。这些文章不仅展现了不同时代少年儿童的学习状况和成长经历，还展示了不同时代优秀教师的形象。《从百草园到三味书屋》写的是鲁迅幼年时的学习生活，“三味书屋”的部分重点塑造了寿镜吾先生的形象；《再塑生命的人》写的是海伦·凯勒艰难的学习生活，也突出展现了莎莉文老师的伟大形象，表达了作者对莎莉文老师的感激之情。《〈论语〉十二章》记录的是孔子及其弟子上课时的言行，形象地再现了当时师生之间交流的场景，也点明了学生应该具备的学习方法、学习态度和品德修养。

（1）《从百草园到三味书屋》，学习文章的构思以及通过事件叙述、人物刻画表达情感的方法，感受寿镜吾先生对学生的慈爱之心。

（2）《再塑生命的人》，学习心理刻画与侧面描写人物的方法，感受莎莉文老师对学生的耐心。

（3）《〈论语〉十二章》，学习借助对话（语录体）展现师生关系的表现手法，感受对话场景中的思想深度。

## 三、单元教学目标设计

### （一）语言目标

（1）学习默读方法，迅速了解文章大意，尝试用自己的语言概括文章内容，并归纳课文中不同的特点。

（2）精读关键语段，重点分析有关人物描写的句子，学习通过多种描写来刻画人物形象的方法。

（3）速读课文，关注标题、开头、结尾及文段中的关键语句，分析不同位置关键语段的作用。

### （二）思维目标

（1）通过归纳、比较、分析等方式总结课文中塑造人物的方法，并尝试将其运用到写作中，提升读写迁移能力。

（2）对比课文中儿童与成人视角的不同，学习多维度观察和分析问题的方法。

### （三）能力目标（核心任务）

学会人物的细节描写，并运用到写人记事的写作中。学习本单元，从古今中外的作品中感受师生情，写下你和教师之间的故事。

### （四）文化与审美目标

（1）在阅读和写作中，体悟师生情谊，学习教师身上的高尚品质，感受师生之间的爱与尊重。

（2）感受童真、童趣、友谊和爱，热爱童年、热爱生活，获取人生启示，提升思想品德修养。

## 四、单元课时任务安排

### （一）课时安排

（1）《从百草园到三味书屋》：一课时。

（2）《再塑生命的人》：二课时。

（3）《〈论语〉十二章》：二课时。

（4）学习写人记事的方法：一课时。

共计六课时。

### （二）任务安排

学生需完成三个学习任务和八个子任务。

（1）读《从百草园到三味书屋》和《再塑生命的人》，通过关键段落和关键句子把握文章结构，了解大意，能复述故事情节，尤其是令人产生好奇的内容和情节。

子任务包括以下三个。

①掌握了解文章结构的方法。

②赏析经典的景物描写段落。

③结合人物描写揣摩人物心理。

（2）读《〈论语〉十二章》，结合工具书，翻译意思浅显的文言文句子。

子任务包括以下三个。

①结合自己的学习和生活实践体会孔子及其弟子所谈论的学习方法、学习态度和品德修养的重要性和实用性。

②积累文言实虚词知识，为学好文言文打下坚实的基础。

③梳理本课常见的五种文言现象。

（3）把你和教师之间的动人故事写出来。

子任务包括以下两个。

①学习写人记事的方法。

②运用本单元学习的写作方法，把你和教师之间的动人故事写出来。

## 五、单元教学过程设计

### （一）单元教学整体设计

本单元整体教学设计共分四个阶段，层层推进。

第一课段：学生通读三篇课文，根据对文章内容的理解，梳理每篇课文的典型事件、教师形象和对“我”的影响，写出自己的阅读感受或对教师的评价。

第二课段：引导学生分析文章的具体内容，理解和赏析关键语句，分析和概括人物形象，关注作者的情感表达，并对阅读方法和人物分析方法进行总结。

第三课段：引导学生综合三篇课文中的教师形象，选出自己心目中最喜欢的教师，并为这位老师撰写一段个性化的句子或一篇文章，分享给同学。

第四课段：让学生积累文言实虚词知识，结合工具书，翻译意思浅显的文言文句子。同时，结合自己的学习和生活实践来体会孔子及其弟子所谈论的学习方法、学习态度和品德修养的重要性和实用性。

该单元的人文主题是“成长”，引导学生对人生、生命有所感悟，在情感、价值观上引导学生应理性地思考爱、理解爱。

### （二）单篇教学设计

本设计是大单元教学设计下的子任务群《再塑生命的人》的单篇教学设计，《再塑生命的人》是语文七年级上册第三单元的一篇课文，节选自美国女作家海伦·凯勒的自传《假如给我三天光明》，选段通过“我”的眼睛，通过细致入微的心理描写，叙述了一个盲聋哑儿童在家庭教师安妮·莎莉文的帮助下，重新认识周围的事物，走进大自然，体验人间真情，从黑暗、迷茫走向爱的光明之中，重拾对生活的勇气和信心的故事。教材将这篇文章定位为“自读课”，因此教师应该通过设计“大任务”来推动学生的学习。另外，此文也有自己的个性之处：文章在叙事之中常常穿插一些抒情或议论。

【教学重点】

（1）围绕“生命”这个主题，理清海伦·凯勒生命的三个阶段：生命的原貌、生命的改变、生命的再塑，把握文章的主要内容。

（2）掌握运用关键句梳理脉络、理解情感的阅读方法。

【教学难点】

（1）鉴赏精当的人物描写，体会人物描写对于刻画人物形象的重要作用。

（2）理解安妮·莎莉文老师能够唤醒海伦·凯勒灵魂的原因在于，她帮助海伦·凯勒获得了与世界沟通交流的能力。

【教学工具】

鸿合交互式电子黑板。

【教学方法】

竞争、合作、朗读、探究。

【教学设计】

一、情境导入

小刚同学感冒发烧了，退烧后请了三天假。他在家无所事事，妈妈很着急，劝说教育也没有结果，于是向你寻求帮助。你是他的好朋友，为了帮助他，给他设计了交换人生的小实验。我们一起来开启这场探寻人生价值的旅行吧。

二、通关任务

1. 任务一：情境体验

（1）请同学们闭上眼睛，完成以下指定动作。

①与同桌握手。

②向前走。

③猜测你听到的视频可能出现的颜色。

④摸一个桌子上的物品，为同桌进行介绍。

（2）活动结束后交流感受。

该环节旨在让学生通过小游戏体会盲人的生活，感受海伦·凯勒的日常，为后面理解重点句子和文章中心思想做好铺垫。

2. 任务二：感同身受

（1）用心朗读第三段和第四段，注意语调、语气、语速。体会“愤怒”“苦恼”“疲倦不堪”“内心的煎熬”这些情感。仿照“你可曾在茫茫大雾中航行过？在雾中神情紧张地驾驶着一条大船，小心翼翼地缓慢地向对岸驶去，你的心怦怦直跳，唯恐意外发生”这个句子，形容一下你在任务一中感受到的无助与恐惧。

（2）默读课文，圈画关键语句，体会海伦·凯勒的心情，并在文中相应处做些圈点批注。

预设学生圈画的句子：

①当我最后能正确地拼写这个词时，我自豪极了，高兴得脸都涨红了，立即跑下楼去，找到母亲，拼写给她看。

教师追问：你觉得哪些词语可以重读？（学生个人读，女生。）

②在我的那个寂静而又黑暗的世界里，根本就不会有温柔和同情。

教师追问：你觉得用什么语气读比较好？（学生个人读，男生。）

学法点拨：在阅读文章时，我们可以通过关注标题、开头、结尾以及文段中的关键语句段来梳理脉络、理解文章的内容。

设计意图：该单元的语文要素是“默读”，此环节旨在让学生运用前面教读课所学，运用“默读”这一阅读方法，进行圈点勾画，理解作者的心情。同时，通过小贴士的形式，引导学生阅读时要关注标题、开头、结尾处及文段中的关键语句。这种学法指导可以有效地完成单元目标的要求，也有利于突破学生学习的难点。

通过任务二梳理海伦·凯勒的心情变化，为进一步理解莎莉文老师的形象、感受莎莉文老师的伟大打下感情基础。

3. 任务三：生命转折

我们通过理解关键句子的方法，梳理出了这张情绪变化折线图，知道了莎莉文老师帮助海伦·凯勒“再塑生命”的过程是一波三折的。其实，这正如海伦·凯勒的人生，有各种各样的转折起伏。而其中，最重要的一个转折点就是“井房摸水事件”。

她说：“水唤醒了我的灵魂，并给予我光明、希望、快乐和自由。”

请问水如何能够“唤醒”灵魂，让它达到“光明、希望、快乐和自由”呢？带着这样的思考，我们的列车将驶向海伦·凯勒一生中最重要的一站，去感悟她人生的转折点。

请精读10~12段并思考，小组合作交流。

预设学生圈画的句子：

第10段：突然间，我恍然大悟，有一种神奇的感觉在我脑中激荡，我一下子理解了语言文字的奥秘了，知道了“水”这个词就是指正在我手上流过的这种清凉而奇妙的东西。——“我”获得了表达的能力。

第12段：井房的经历使我求知的欲望油然而生。啊！原来宇宙万物都各有名称，每个名称都能启发我新的思想。我开始以好奇的眼光看待每样东西。回到屋里，碰到的东西似乎都有了生命。——“我”获得了思考的能力。

正如刚才各位交流的那样，在莎莉文老师的帮助之下，海伦·凯勒从“模仿、领悟、理解到“好奇心油然而生”“产生新的思想”“用好奇的眼光”看到世界，这使海伦·凯勒获得了与世界沟通交流的能力、思考的能力。人是群居动物，只有在一个群体中去思考、去表达，才能获取和传递信息。现在海伦·凯勒做到了，从此，海伦·凯勒的世界由抽象变得具体起来，她获得了思考能力、表达的能力，成为一个真正意义上的“人”。

设计意图：学生阅读本文的难点之一就是文章在叙事时，会夹杂着一些议论和抒情，学生对这种夹叙夹议的手法并不熟悉。借助小组活动这一学习方法，通过设计主问题的形式，让他们在组内交流，互相学习。

4. 任务四：感恩回馈

情境描述：莎莉文老师再次塑造了海伦·凯勒，她是伟大的、无私的。她陪伴海伦·凯勒走过了50多个春夏秋冬，值得敬佩和赞赏。各位同学，让我们怀着感恩之心，进入下一个任务——感恩回馈。

莎莉文老师是一个怎样的人？请你给莎莉文老师写一段推荐语，也可以写一副对联。

方法点拨：找到关于莎莉文老师的正面描写（正面描写），以及莎莉文老师的教育和帮助所对应的海伦·凯勒的反应和变化（侧面描写）。

设计意图：此活动综合开放，仁者见仁智者见智。学习能力一般的学生能够有话说，思维活跃的学生也能够写出优秀的推荐语。这是对文章的综合理解，也是对思维的训练。语言的训练也是对情感的培养，是语文使用性的一种检验。

三、解决问题

（1）在参与过这四个任务后，让小刚同学谈谈交换人生后的体会。

（2）同学们，在你们遭遇困顿时，生命中的那束光是什么？

预设：信念、本领、带给你希望的人……

四、板书设计

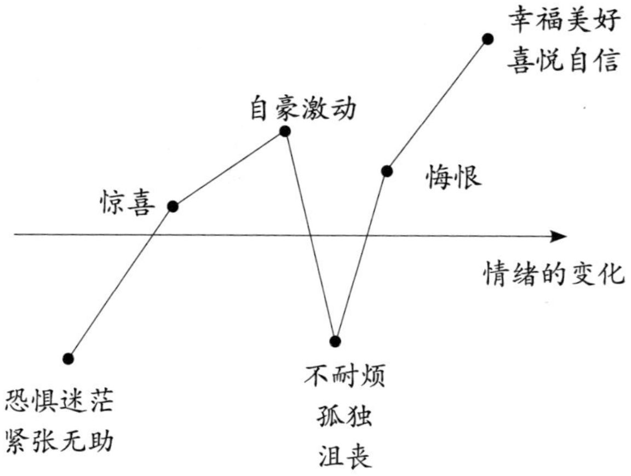


图 3 “生命成长与生活”板书设计

五、写作任务

同学们，在你们的生命中，哪位老师让你印象最为深刻？把你们的故事讲出来，将最动人的一段大声地读出来。

（1）用上五种人物描写方式。

（2）在心理描写的环节中使用比喻、拟人、反问等生动的修辞方法。

（3）要有恰当的抒情和议论。

## 六、单元教学实践反思

语文知识的获得不仅在课本之中，还在实践之中。“增加学生的语文实践机会”就是增加学生感性体验的机会，在课堂中读书和写作同样是语文实践。

让学生通过与文本的沟通和与作者的沟通，深刻理解文章内涵，掌握抓住特征进行描写的能力，观察生活、热爱生活，快乐成长。本节课教学逻辑性强，组织有序，课堂学习氛围好；学生上课注意力集中，教学效果较好。

### （一）不足之处

一是部分学生阅读时浮于字面。例如，理解海伦·凯勒的情感变化过程时，抓关键词和句子做得比较到位，但是在仿写环节有所欠缺。

二是仿写训练效果不理想。我们可以进行段落仿写，可操作性强。

三是创设情境引导学生的方法较为单一，应多样化。

### （二）完善措施

首先要反复研读教材，在集体备课的基础上进行二次、三次备课。最重要的是充分研判学情，做到教学有针对性。

其次要创设情境，从背景介绍入手，让学生感知时代特点，引起感情共鸣，深刻理解课文主题；同时，要加强仿写训练，提高学生的仿写能力，也就是共情能力，达到最终目的——提高学生的阅读理解能力。

# “古典白话小说”单元教学设计

九年级语文　张慧中

## 一、指导思想及其依据

1. 语文核心素养的培养呼唤大单元教学

指向核心素养培养及体现学习任务群理念的语文大单元教学是当前的研究热点之一。《义务教育语文课程标准（2022版）》指出，“构建语文学习任务群，注重课程的阶段性与发展性”；整合单元教学内容，体现教学连贯性。传统语文学习方式容易将语文知识符号化、表层化，大单元教学立足于整体，关注学科的逻辑结构以及各知识点之间的联结和运用，使学生能在真实的语言实践活动中解决问题、迁移运用，从而获得能力的发展。从改进语文教学方式和培养学生核心素养的角度来看，实施大单元教学符合当前教学改革的前进方向，在发展学生的核心素养、学科能力以及塑造学生的思维方式、提高课堂的学习效率等方面都具有重要作用。

2. 教材编排、学生认知让大单元教学具有可行性

表 20　初中语文教材小说篇目单元分布情况

| | 七年级上册 | 七年级下册 | 八年级上册 | 八年级下册 | 九年级上册 | 九年级下册 |
|---|---|---|---|---|---|---|
| 第一单元 | | | | 1篇 | | |
| 第二单元 | 1篇 | | | | | 4篇 |
| 第三单元 | | 1篇 | | | | |
| 第四单元 | 1篇 | 1篇 | | | 3篇 | |

（续表）

| | 七年级上册 | 七年级下册 | 八年级上册 | 八年级下册 | 九年级上册 | 九年级下册 |
|---|---|---|---|---|---|---|
| 第五单元 | 1篇 | | | | | |
| 第六单元 | | 1篇 | | | 4篇 | |

小说在初中语文教材中占有重要位置。通过表20可知，小说学习的数量是随着年级的增长递增的，由七年级的6篇增至九年级的11篇。七、八年级教材所选小说分散在各个单元，不是按照文体进行编排的，如小说《驿路梨花》、散文《叶圣陶先生二三事》与议论文《最苦与最乐》《陋室铭》《爱莲说》编排在了一起，它们都是围绕中华美德这一共同的主题。而九年级所选小说则集中在了某些单元，是按小说文体进行编排的，这使语文大单元教学具有了可行性。

学情方面，九年级处于初中衔接高中的特殊学段，学生的生理和思维都处于爆发期，且有七、八年级的良好基础，能接受体量更大、更复杂的教学内容。在九年级阶段开展小说大单元教学，既可以让学生集中学习小说这一文学体裁，对小说形成整体认识，助益思维成长；又可以提高教学效率，减轻学生学习负担，符合长期性的核心素养培养目标。

## 二、单元教学内容规划

九年级上册第六单元共有四篇课文，均为明清古典白话小说的经典选段：《智取生辰纲》选自《水浒传》第十六回“杨志押送金银担，吴用智取生辰纲”；《范进中举》选自《儒林外史》第三回“周学道校士拔真才，胡屠户行凶闹捷报”；《三顾茅庐》节选自《三国演义》第三十八回“定三分隆中决策，战长江孙氏报仇”；《刘姥姥进大观园》节选自《红楼梦》第四十回“史太君两宴大观园，金鸳鸯三宣牙牌令”。由于本单元课文都是长篇章回体小说的节选片段，在学习过程中还应当注意课内篇目学习与整本书阅读的衔接，拓展学生的阅读量，帮助学生从“这一篇”走向“这一本”，从“这四篇”学会读“这一类”。

## 三、单元教学目标设计

学生在之前的学习中已经初步接触了小说这一文学体裁，初步掌握了梳理小说情节的能力，能从不同角度分析人物形象并结合生活体验理解小说的主题。在这一单元中，学生还需要进一步关注明清古白话小说的艺术特点，并能够抓住小说的主要线索，梳理故事情节。在把握人物形象方面，还要进一步分析人物描写的手法、探究特定社会背景下人物的命运。“新课标”明确指出核心素养是“文化自信”“语言运用”“思维能力”“审美创造”，具体细化目标有如下几个方面。

（1）语言运用。积累一定的古代白话词汇；把握小说内容，梳理故事情节。

（2）思维能力。分析经典人物形象，品析精彩语段，提高对古典小说的赏析能力；探究明清白话小说的语言艺术特色。

（3）审美创造。学习结合写作的时代背景，探究人物性格成因，探讨小说表达的主题思想。初步认识小说的文学功能和社会价值。

（4）文化自信。感受古典小说的艺术魅力，传承中华优秀文化。

## 四、单元课时任务安排

第一学段（一课时）：梳理情节讲故事。

第二学段（二课时）：赏析形象品细节。

第三学段（二课时）：探究成因悟主旨。

第四学段（一课时）：编写剧本登舞台。

## 五、单元教学过程设计

本单元整体教学设计了四个课段。前三个学段紧扣课本，以文本分析为主。第一学段，学生需要通读四篇文章，对文章的主要情节进行概括，完成情节梳理表。在此基础上，思考这四篇选文的叙述方式有何异同，结合整本书的叙述特色进行把握。第二学段，学生需要进一步讨论小说中人物的形象，通过对比分析相关的细节描写，体会明清白话小说的语言特色与艺术手法。第三课段，引导学生结合写作的时代背景，探究特定社会环境下人物的命运，理解作者要表达的主旨。第四课段，在前三个课段的阶段性成果上进一步整合创新，使学生的学习成果具象化。

### 第一学段：梳理情节讲故事（1课时）

【教学目标】

（1）积累一定的古代白话词汇。

（2）了解明清白话小说的特点，把握小说内容，梳理故事情节。

【预习卡片】

表21　第一学段预习表

| | |
|---|---|
| 《智取生辰纲》 | 第十六回“杨志押送金银担，吴用智取生辰纲” |
| 情节概括 | |
| 《范进中举》 | 第三回“周学道校士拔真才，胡屠户行凶闹捷报” |
| 情节概括 | |
| 《三顾茅庐》 | 第三十八回“定三分隆中决策，战长江孙氏报仇” |
| 情节概括 | |
| 《刘姥姥进大观园》 | 第四十回“史太君两宴大观园，金鸳鸯三宣牙牌令” |
| 情节概括 | |

【教学过程】

1. 课堂导入

讲究情节的曲折和故事的完整是中国古典小说特点之一。茅盾曾评价《水浒传》的结构具有如下特点：故事的发展前后勾连，一步紧似一步；叙述时常带有说书人的印记，行文常是说书人的叙述口气。同学们，假设你们回到了明清，成了茶馆里的说书人，你们该如何把故事讲得生动，吸引更多的听众呢？

2. 课堂任务

请同学们分享自己的预习任务单，其他同学进行点评。

评价标准：情节是否完整；条理是否清晰有逻辑性；语言是否流畅；神

态是否自然大方、有感染力。

教师总结：讲故事最重要的方面有两点：一是要脉络清晰，让别人知道你讲的主要内容是什么；二是故事要曲折生动才能吸引听众的兴趣。因此，梳理情节时应按照“开端—发展—高潮—结局”来进行。在此基础之上，可以任选一个角色，从他的视角来复述，添加一些合理的想象。

小组根据讲解修订表格、讨论交流，每组选一名同学上台分享，其他同学再点评。

**表22 情节概括示例**

| 《智取生辰纲》 | 第十六回“杨志押送金银担，吴用智取生辰纲” |
|---|---|
| 情节概括 | 故事发生（开头至“今日天下怎地不太平”）：杨志押送生辰纲—故事发展（“杨志却待再要回言”至“唱道：……楼上王孙把扇摇”）：七雄贩枣蒙杨志—故事进一步发展（从“那汉子口里唱着”至“也这般啰唣”）：白胜设计诱官军—高潮（从“那对过众军汉见了”至“自下冈子去了”）：杨志无奈买白酒—结局（从“只见那七个贩枣子的客人”至“挣不动，说不的”）：杨志误失生辰纲—尾声（最后一段）：吴用智取生辰纲 |

【作业设计】

（1）必做：人物形象的预习卡片。

（2）选做：挑选本单元中你最感兴趣的一位主人公，为他画像，并作相应的人物解说。

## 第二学段：赏析形象品细节（2课时）

【教学目标】

（1）分析经典人物形象，品析精彩语段，提高古典白话小说的赏析能力。

（2）探究明清白话小说的语言艺术特色。

【预习卡片】

表 23　第二学段预习表

| 篇目 | 主要人物 | 形象特点 | 相应细节 | 描写方法 |
|---|---|---|---|---|
| 《智取生辰纲》 | | | | |
| 《范进中举》 | | | | |
| 《三顾茅庐》 | | | | |
| 《刘姥姥进大观园》 | | | | |

【教学过程】

（一）第一课时

1. 分析形象，鉴赏细节

默读四篇小说，勾画相应细节，交流预习单。

表 24　形象、细节表示例

| 篇目 | 主要人物 | 形象特点 | 相应细节 | 描写方法 |
|---|---|---|---|---|
| 《智取生辰纲》 | 杨志 | 精明能干<br>小心谨慎<br>粗暴蛮横 | （1）杨志赶着催促要行，如若停住，轻则痛骂，重则藤条便打，逼赶要行。<br>（2）杨志道：“你这般说话，却似放屁。前日行的须是好地面，如今正是尴尬去处。若不日里赶过去，谁敢五更半夜走？” | 动作描写、语言描写、侧面衬托 |

2. 纵向比较，加深人物了解

比较四篇小说在具体细节描写方面的异同点。

示例：《范进中举》和《刘姥姥进大观园》都以语言、动作的刻画为主要表现手段，涉及人物的内心世界，心理描写非常稀少。

（二）第二课时

结合上节课的细节描写赏析，总结四篇小说的语言风格，并结合具体语段分析。

示例：《刘姥姥进大观园》语言雅俗兼具，风趣幽默，生动传神，在描写刘姥姥夹鸽子蛋时，“闹”“撮”这些动词生动传神地写出了刘姥姥滑稽可笑而又憨态可掬的神态，突出了刘姥姥的朴素、没见过世面且又世故圆滑的性格特点。对于众人不同情态的笑的描写，则是细腻传神。

小结：古典白话小说的主要读者是平民大众，因此其多用白话，通俗易懂；同时，把对人物的行动、语言刻画作为塑造人物形象的重要手段。

【作业设计】

（1）必做：讨论人物性格成因的小论文。

（2）选做。

①拓展阅读《隆中对》《从〈三国志〉到〈三国演义〉》《从〈林教头风雪山神庙〉看〈水浒传〉的语言艺术手法》《论〈儒林外史〉语言的艺术风格》。

②写下四篇小说中你最想探究的问题。

## 第三学段：探究成因悟主旨（1课时）

【教学目标】

结合时代背景，探究人物性格成因，探讨小说表达的主题思想。

【预习任务】

小说人物的命运与小说所处的社会环境息息相关，也反映了小说的主旨。请阅读《水浒传》《儒林外史》《三国演义》《红楼梦》中与杨志、范进、刘备、刘姥姥相关的章回，了解主要人物的命运。选择其中一位人物，结合社会背景分析人物命运的成因，写一篇200字左右的短文。

【课堂任务】

（1）学生之间交流人物命运小短文，教师补充相关的社会背景知识，如《儒林外史》中的科举背景。

（2）小组交流最想探究的问题。

示例：鲁迅说：“悲剧是把人生有价值的东西毁灭给人看，喜剧是将人生无价值的东西撕破给人看。”范进十年寒窗，一朝成名，似乎得到了一个圆满的结局。范进究竟是一个喜剧人物，还是一个悲剧人物？说说你的看法。

（教师引导学生深入思考探究，帮助学生建立批判思维意识。）

小结：探究人物的性格成因，一方面要将人物放在整本书中分析，才能做到不偏颇；另一方面还要结合当时的社会背景分析人物命运的成因，才能进一步理解作者所要表达的主旨。

【作业设计】

编写剧本。

### 第四学段：编写剧本登舞台（1课时）

【教学目标】

（1）提升学生综合运用语言文字的能力和表达能力，激发学生的想象力和创造力。

（2）感受古典小说的魅力，传承优秀文化。

【预习卡片】

表25 小说与剧本的区别

| | 小说 | 剧本 |
|---|---|---|
| 情节 | 各要素不受时空限制 | （1）时间、人物、情节、场景高度集中。<br>（2）情节发生时空变换时需要用“幕”或“场”隔开，初学者可写独幕剧 |
| 矛盾 | 有矛盾冲突 | 矛盾冲突必须高度突出、尖锐 |
| 语言 | 文学性、书面化的叙述与描写 | 台词分为对话、独白、旁白，要能充分展现人物个性且通俗自然，适合舞台表演 |
| 其他 | 无 | 必须要有舞台提示，包括剧中人物表，剧情发生的时间、地点、服装、道具、布景以及人物的表情、动作、上下场等 |

表 26　剧本改编任务单

| 改编任务 | 具体要求 |
|---|---|
| 选取典型事件 | 裁剪、节选矛盾冲突最激烈的情节 |
| 确定角色，打磨人物个性化特征 | 适当增删人物的语言、动作等，以便更突出人物个性和形象 |
| 添加舞台提示 | 包括服装、背景、道具和上下场的说明 |

分组合作，进行剧本改写，分配角色，练习表演。

【课堂任务】

举行“班级课本剧表演大赛”，老师和不参与表演的同学当评委，根据评分表的要求，如表 27 所示，选出最佳表演奖、编剧奖、台词奖。

表 27　“班级课本剧表演大赛”评分表

| 评价项目 | 评价等级 | | |
|---|---|---|---|
| | A | B | C |
| 主题思想（20 分） | 明确、契合原著（15~20 分） | 比较明确、比较契合原著（7~14 分） | 不够明确、不够契合原著（0~6 分） |
| 情节冲突（30 分） | 有波澜起伏，有戏剧冲突（20~30 分） | 有一定的起伏与冲突（10~19 分） | 基本没有起伏与冲突（0~10 分） |
| 台词对白（20 分） | 准确合理，文辞优美（15~20 分） | 比较准确合理，文辞较优美（7~14 分） | 不太准确合理，语言平淡（0~6 分） |
| 人物形象（20 分） | 形象鲜活，个性突出（15~20 分） | 形象比较鲜活，有一定个性（7~14 分） | 形象单薄，个性不够突出（0~6 分） |
| 舞台说明（10 分） | 表述完整（8~10 分） | 表述较完整（4~7 分） | 表述不完整（0~3 分） |

【作业设计】

（1）必做：为自己最喜欢的课本剧写一篇不少于 300 字的观后点评。

（2）选做：请从情节、人物、语言三个角度，比较明清白话小说与第四单元中现代小说的异同，写一篇500字左右的议论文。

## 六、单元教学实践反思

### （一）优化预习方式，激发学习兴趣

预习是课程学习的关键一环。布置预习任务时，部分学生仅仅通过欣赏影视片段来预习，预习效果并不理想。学生容易被影视剧中的演员、服装、道具等因素吸引，而忽视课文中作者对人物形象的刻画。演员对于角色本身的理解，并不能够替代学生对人物形象的认知。

导学案作为一种有针对性的课前教学导入方式，如何利用它，帮助学生有效预习，是教学的一个难点。古典小说导学案的难度应由浅到深，有层次地进行。有的问题学生能够在课文当中直接得到答案，有的问题需要合作探究之后得出结论。除此之外，古典小说的导学案更要突出整本书阅读的倾向，让学生在探究“这一篇”之后，被激起求知欲和好奇心，进而阅读“这一本”，将古典小说的内容内化于心。

### （二）开拓思维，开展“整本书”阅读活动

本单元的小说阅读是经典名著阅读的一部分，不应局限于课堂上的45分钟，可以和本校的“春风花海书香”活动相联系，开展更加丰富多元的读书交流活动。同时，积极争取家庭教育的配合，家长学生共同阅读一本书，营造更加浓厚的阅读氛围，建设书香校园，建设书香家庭。

### （三）跨学科学习，提供更多背景资料

小说反映了一定时期的社会背景和人文风貌，许多学生课前搜集资料不充分，无法很好地理解课文主旨，可以在后面的课程中加强跨学科学习。例如，《儒林外史》反映的明清科举制度，在低年级时已经学过，可在课前预习和教学过程中适当回顾，同时补充更多与小说相关的背景资料，帮助学生理解人物背后的社会原因。

# “生命的思考”单元教学设计

七年级道德与法治　徐希雯

## 一、指导思想及其依据

1. 从课程标准和学科教学思想来看

生命教育是公民身心与人格健全的基础，也是学生看世界、观人生的基础。因而生命教育作为道德与法治学科的核心理念之一，必须贯穿学科教学的全程。《道德与法治课程标准（2022版）》提出，道德与法治课要培养学生的核心素养，主要包括政治认同、道德修养、法治观念、健全人格、责任意识。对生命教育的关切体现在培养健全人格和法治观念上。想要培养健全人格，就要求学生懂得生命的意义和价值；热爱生活，确立正确的人生观。而培养法治观念则要求学生具备生命安全意识和自我保护能力，预防和远离伤害。课程总目标更是明确了学生要能够正确认识生命的意义和价值，珍爱生命，热爱生命；初步具有自尊自强、坚韧乐观的心理素质和道德品质；具有理性平和的心态，能够建立良好的同伴关系、师生关系和家庭关系，具有互助精神；具备积极向上、锐意进取的人生态度，能够适应变化，不怕挫折。

2. 从学情方面来看

近年来，国内外青少年心理健康问题层出不穷。他们因缺乏处理生活中各种关系的能力，常常对生活中的冲突束手无策。当冲突得不到缓解、释放、和疏导时，就会演变成心理和交流上的障碍，引发生命意义感和价值感的缺失。由此而来的困惑可能会使他们做出伤害自己或他人的种种极端行为，引发一场场人间悲剧。基于此，展开“生命的思考”，对于初中生有着较强的现实意义和深远的教育意义。中学阶段是一个人人生观、价值观初步形成的时期。

与小学生和大学生相比而言，中学生有特定的生理、心理特点和认知规律。例如，他们对“我是谁”“我从哪里来”“我要到哪里去”等哲学命题有了初步的思考。同时，他们的辩证思考能力以及自控力还较弱，思考问题经常过于片面孤立，从而陷入消极情绪。基于此，有必要通过教学活动，培养学生的生命意识，帮助学生形成正确的生命价值观，实现知情意行的全面发展。

## 二、单元教学内容规划

1. 从整册书角度来看

本单元的内容在七年级上册的教材体系中居于核心地位，既是本册书前三个单元内容的价值升华，也是为学生一生的健康成长打好生命底色的理论基础。本单元与前三个单元都有关联，有相同的大概念（为了生命的健康成长），也有本单元具体的大概念——从认识生命到敬畏生命，从守护生命、增强生命的韧性到探究生命的意义、提升生命的品质。

2. 从单元角度来看

本单元由导语和三课组成。分别是第一课“探问生命”、第二课“珍视生命”、第三课“绽放生命之花”。总体来说，单元内课与课之间属于递进结构，大概念 1、大概念 2 和大概念 3（详见下文）层层递进铺陈。为了更为紧密地围绕大概念来开展教学，本单元采用创新型设计，同时结合常规性设计。具体来讲，可以根据生命教育的学习逻辑将本单元分为三个单元模块，即“生命可以永恒吗”和“怎样敬畏生命”、“守护生命”和“增强生命的韧性”、“感受生命的意义”和“怎样活出生命的精彩”。

## 三、单元教学目标设计

1. 素养目标

素养目标具体包括“能够形成健康、文明的生活方式，懂得生命的意义，热爱生活”“懂得生命的意义和价值，热爱生活，树立正确的人生观”“能够自主调控自身的情绪波动，具有良好的沟通能力，主动建立良好的人际关系”“养成自尊自信的人生态度，在生活中磨炼意志，形成良好的抗挫折能力”以及“理解个人与社会、国家和世界的关系，积极适应社会发展变化”。

2. 具体目标

（1）大概念 1：精神是永恒的，个体的精神逐渐凝聚汇集成民族精神；生命至上，我们要敬畏生命，珍爱自己的生命，并关注他人生命。

具体单元目标包括以下四个。

①能够感悟生命来之不易，理解生命有时尽的自然规律。

②初步培养学生作为个体生命的“我”在人类生命接续中的使命感。

③理解生命至上的内涵，理解休戚与共的关系。

④理解并践行对“生命的敬畏”这一概念，培养珍爱自己的生命、关怀他人生命的观念，拥有自觉走上道德的生活的能力。

（2）大概念 2：守护生命要爱护身体和养护精神，学会直面挫折，增强生命的韧性，发掘生命的力量。

具体单元目标包括以下三个。

①关心自己的身体健康，培养维护健康、危急情形下自救的意识和能力。

②要追求充盈的精神生活，满足生命的精神需求。

③学会直面挫折，增强生命的韧性，发掘生命的力量。

（3）大概念 3：生命的价值在于创造和贡献：在平凡的生活中努力实现生命的价值，活出生命的精彩。

具体单元目标包括以下两个。

①能够认真审视生命的意义，理解生命的价值在于创造和贡献。

②学会让生命更加充盈，学会关切他人，努力在平凡的生活中书写自己的生命价值，活出生命的精彩。

## 四、单元课时任务安排

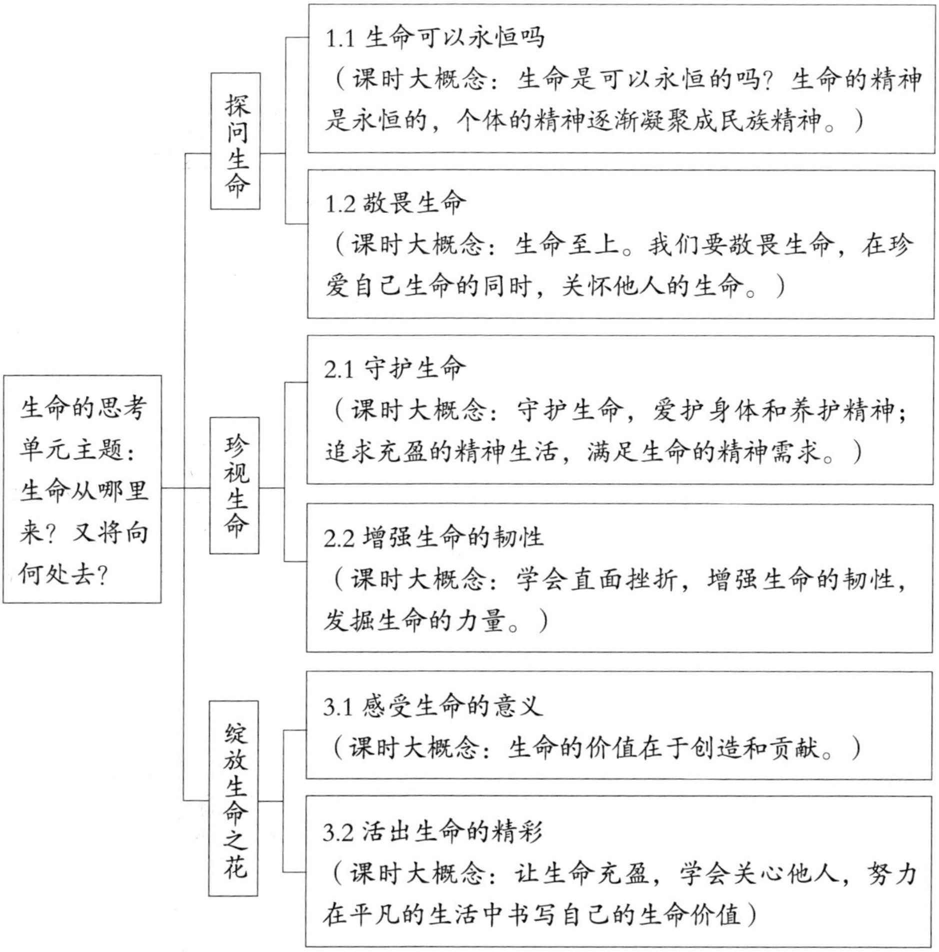


**图 4 “生命的思考”单元课时任务安排**

## 五、单元教学过程设计

本单元由三课组成，第一课“探问生命”设有两课时，分别是“生命可以永恒吗”与“敬畏生命”。第二课“珍视生命”设有两课时，分别是“守护生命”“增强生命的韧性”。第三课“绽放生命之花”设有两课时，分别是“感受生命的意义”“活出生命的精彩”。

本单元第一课的第一课时引领学生探问“生命可以永恒吗”，帮助学生感悟生命来之不易，生命具有独特的、不可逆的和短暂的等特点，理解生命有时尽的自然规律。在此基础上，引导学生审视个人生命和人类生命的关系，理解生命有接续，初步培养学生作为个体生命的“我”在人类生命接续中的使命感，进而理解第二课时中生命至上的内涵，引导学生从对个体的生命体验和认识，扩展到对人与人生命关系的认知与思考，理解休戚与共的关系，引导学生理解并践行对生命的敬畏，珍爱自己的生命，关怀他人生命。第二课结合初中生的日常生活，帮助学生从爱护身体和养护精神两个方面来守护生命，引领学生既要关心自己的身体健康，培养维护健康、危急情形下自救自护的意识和能力，又要追求充盈的精神生活，满足生命的精神需求，进而在第二课时中引导学生学会直面挫折，增强生命的韧性，发掘生命的力量。在此基础上，第三课的第一课时再次引发学生对生命的追问：“人为什么活着？”“怎样的一生是值得过的？”引领学生认真审视生命的意义，帮助学生理解生命的价值在于创造和奉献；第二课时则引导学生做自己生命的导演，力求生命充盈，学会关切他人，努力在平凡的生活中书写自己的生命价值，追求生命的美好，活出生命的精彩。

**表 28  第一课第一课时教学设计**

| 课题 | 1.1 生命可以永恒吗？ |
| --- | --- |
| 素养目标 | （1）政治认同：通过对生命特点的探究，了解生命发展的自然规律，形成正确的世界观、人生观和价值观。<br>（2）健全人格：通过视频和生命传承方式的学习，理解生命有时尽，生命有接续；进一步认识自己，培养健全人格。<br>（3）道德修养：通过对航天精神的学习解读，担当起自己的使命，为国家、为社会创造更多价值，做出更大贡献，形成良好的道德品质。<br>（4）责任意识：通过对图片的解读，明确生命来之不易，树立珍惜生命意识，提升自己的责任意识。依托情境，从个体生命与人类生命的关系中，增强使命感 |
| 重点 | 理解生命有时尽的自然规律 |
| 难点 | 理解生命有接续，培养使命感 |
| 学法 | 自主探究、小组合作学习 |
| 教具 | 多媒体、学案 |

（续表）

| 教学过程 |
| --- |
| 【导入新课】<br>话题：说说你所知道的“最长生命”。<br>思考：我们的生命可以永恒吗？如果不可以，为什么？如果可以，它将会怎么实现？<br>设计意图：引发学生对“生命可以永恒吗”的思考和探问，激发对生命话题的探究兴趣，并为本课时的学习奠定基础。<br>【探究新知】<br>（一）生命有时尽<br>1. 生命来之不易<br>情境一：图片里的生命故事<br>探究与分享一：对于图中的生命故事，你有哪些共同感受？你对自己的生命有哪些新的认识？<br>2. 生命是独特的<br>阅读相关链接：指纹的秘密。<br>阅读后思考：你知道自己的手指隐藏着怎样的生命秘密吗？体现了生命怎样的特点？<br>3. 生命是不可逆的<br>读一读电影《你好，李焕英》的故事梗概。<br>阅读后思考：电影中“贾晓玲”穿越到妈妈“李焕英”的青年时期，在现实生活中真的能够实现吗？<br>4. 生命是短暂的<br>画一画：父母的人生表格和你的人生表格。<br>画完后谈体会：生命如此短暂。<br>读名言，悟生命：谈一谈你悟出了哪些生命的特性？<br>5. 了解生命发展的自然规律<br>从容面对生命，热爱生命。<br>情境二：自古就有人研究炼丹术以逃避死亡，亲人的离世让我们对死亡产生恐惧。<br>探究与分享二：“既然每个人的最终结局都是死亡，那为什么我们还要活着？”你的回答是什么？<br>孔子说“未知生，焉知死？”你同意这种说法吗？说说你的理由。<br>设计意图：从生活中的故事入手，引发学生对生命规律和生命态度的思考。 |

（续表）

**教学过程**

（二）生命有接续

1. 个体生命是人类生命的接续

探究与分享三：你的出生给家庭带来了什么？

设计意图：引导学生思考个体的出生带给家庭的变化，并结合具体情境理解生命的传承关系。

2. 人类生命的接续包括人类精神文明的传承和延续

情境三：①我的家乡在大西北，将来我想当个懂科技的新农。

②虽然我现在定居海外，但我和周围许多华人都自豪地说自己是中国人。

③我爸爸是蒙古族，妈妈是汉族。

思考后分享：以上情境中你看到了哪些生命的传承关系？

3. 个体生命在人类生命的接续中要担当使命

情境四：神舟系列乘组的交接仪式——筑梦天宫，接续奋斗。

思考：航天人自觉将飞天作为接续传承的事业，体现了他们身上的什么品质？

设计意图：帮助学生去探究个体生命在人类生命接续中的重要性，激发学生将自己的生命与家庭、与祖国、与整个人类融为一体，增强生命的责任感和使命感。

【课堂小结】

利用思维导图归纳、梳理。

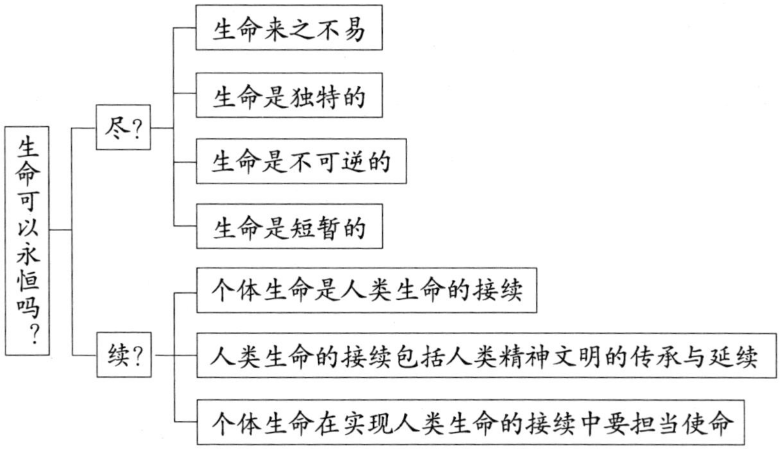


【实践作业】制作你的家族图谱

表 29 第一课第二课时教学设计

<table>
<tr><td>课题</td><td>1.2 敬畏生命</td></tr>
<tr><td>素养目标</td><td>（1）政治认同：通过视频和材料分析，认同生命至上、人民至上的观点，树立正确的生命观。<br>（2）法治观念：通过认识生命价值高于一切，树立遵守相关法律法规以及敬畏生命、珍爱生命的观念。<br>（3）健全人格：通过新闻分析，学会善待身边的人，培育珍爱自己生命、关怀他人生命的意识。<br>（4）道德修养：通过学习“最美逆行者”的事迹，学会以恰当的方式珍爱他人生命，养成良好的道德习惯和行为方式。<br>（5）责任意识：通过观看分析救灾视频，树立生命至上的道德观念，增强生命的责任感和使命感</td></tr>
<tr><td>重点</td><td>生命至上</td></tr>
<tr><td>难点</td><td>在休戚与共的社会中如何做到敬畏生命</td></tr>
<tr><td>学法</td><td>自主探究、小组合作学习</td></tr>
<tr><td>教具</td><td>多媒体、学案</td></tr>
<tr><td colspan="2">教学过程</td></tr>
<tr><td colspan="2">【导入新课】<br>观看新闻播报：缅怀在 2008 年汶川地震中逝去的生命，为逝者举行公祭。<br>观看后思考：人们为什么要这样做？<br>设计意图：从新闻事件中体会对生命的敬畏。<br>【探究新知】<br>（一）生命至上<br>1. 生命是崇高的、神圣的<br>情境一：2008 年 5 月 12 日汶川地震发生后，在党中央、国务院的领导下，救援工作迅速展开。<br>探究与分享一：对此，你的感受是什么？<br>设计意图：引导学生对生命怀有敬畏之心，珍爱生命。</td></tr>
</table>

（续表）

| 教学过程 |
| --- |
| 2. 生命的价值高于一切<br>情境二：长期以来，我国广大医务人员响应党的号召，弘扬敬佑生命、救死扶伤、甘于奉献、大爱无疆的精神，全心全意为人民服务，赢得了全社会的高度赞誉。2017 年 11 月，经国务院批复同意，自 2018 年起，将每年的 8 月 19 日设立为“中国医师节”。<br>图片展示：屠呦呦在工作中；抗震救灾医疗队开展救援工作；村医吴怀英在出诊途中。<br>探究与分享二：查阅照片中人物的资料，分享他们的故事。思考国家为什么要设立“中国医师节”？这个节日对每个中国人来说有什么意义？<br>设计意图：帮助学生深化对第一层次生命至上的认识，引导学生深刻认识生命的价值高于一切。同时坚持人民第一位，深化学生对第二层次内涵的认识。<br>3. 别人的生命也同样重要<br>（二）休戚与共<br>1. 每个人的生命都与他人休戚与共<br>阅读：我是一个生命（展示四幅图片）。<br>小组合作探究：谈一谈四幅图片的含义；讨论交流图片的含义。（如我很重要；我渴望关怀和快乐；他人和我。）<br>设计意图：引导学生对人与人之间的生命关系展开思考，从而以平等的态度尊重、善待自己和他人的生命，对生命怀有敬畏之心。<br>2. 不漠视他人的生命，尊重、关注、关怀和善待身边的每个人<br>情境三：图片展示“善的力量”——让座、我是你的拐杖、蹲下去、陪伴和分享。<br>探究与分享三：这三个情境分别带给你怎样的感受？你能从上述不同的情境中发现哪些共同的态度？<br>设计意图：在贴近学生生活的基础上，引领学生进一步拓宽视野，思考人与人之间的生命关系，最终落在行为层面——不漠视自己和他人的生命，尊重、关注、关怀和善待身边的每个人。<br>3. 内心自愿选择对他人生命敬畏，是道德生活的体现<br>情境四：见义勇为的瞬间。<br>阅读相关链接：孟子的“四端说”<br>探究与分享四：我们对于生命的敬畏是天生的道德潜能，还是迫于谁的要求？ |

（续表）

**教学过程**

设计意图：从正面引导学生过积极向上的道德生活，为坚守善待生命的道德底线奠定认知和情感基础。

【课堂小结】

利用思维导图归纳、梳理。

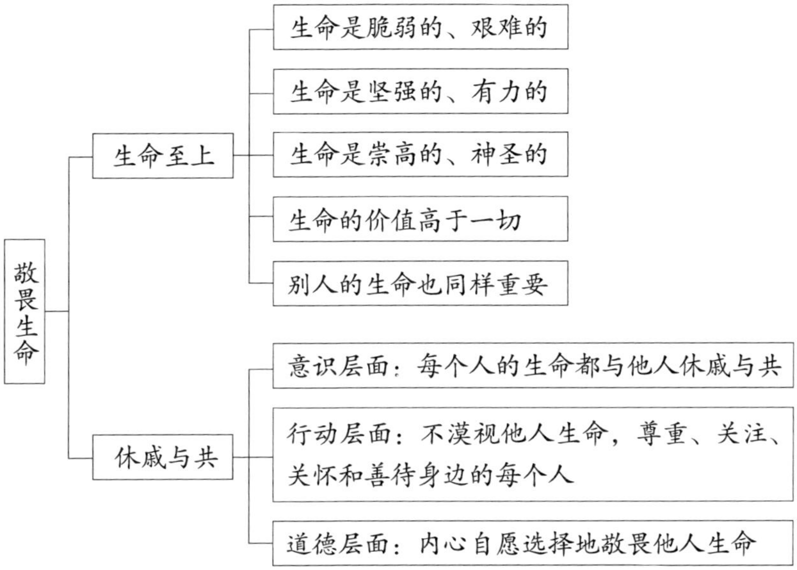


【课后拓展】

有人说，心存敬畏，才能无畏；也有人说，心存敬畏，行有所止。请分享你的看法

**表 30 第二课第一课时教学设计**

<table>
<tr><td>课题</td><td>2.1 守护生命</td></tr>
<tr><td>素养目标</td><td>（1）政治认同：通过对榜样的学习和材料分析，增强文化自信和价值认同。<br>（2）法治观念：通过了解和识别可能危害自身安全的行为，具备自我保护意识，掌握基本的自我保护方法，预防和远离伤害。<br>（3）健全人格：通过严峻的现实情况和学生过激行为后果及成因分析来正确认识自己，使自己具备健康的心理素质，树立不怕挫折、坚韧不拔的意志品质。<br>（4）道德修养：通过健康行为自查等活动，践行自律自强道德要求，爱护身体从自律开始。<br>（5）责任意识：通过健康行为的分析，养成对自己负责任的习惯，树立对自己生命负责的责任感</td></tr>
<tr><td>重点</td><td>爱护身体，养护精神</td></tr>
<tr><td>难点</td><td>爱护生命，增强生命安全意识</td></tr>
<tr><td>学法</td><td>自主探究、小组合作学习</td></tr>
<tr><td>教具</td><td>多媒体、学案</td></tr>
<tr><td colspan="2">教学过程</td></tr>
<tr><td colspan="2">【导入新课】<br>观看视频：过去三年重大事件的回顾思考。<br>教师引导：过去三年，考验重重，一批批医护工作者、消防战士、基层工作者、志愿者逆行而上，冲在一线救死扶伤，守护生命。哪有什么岁月静好，只不过有人在负重前行。他人以命相护，我们更应该珍视生命，守护生命。<br>【探究新知】<br>（一）爱护身体<br>1. 养成健康的生活方式<br>活动一：学生健康行为自查——小聪的一天。<br>探究与分享一：你认为小聪的生活方式有什么问题和危害？请分享你在生活中的好习惯。</td></tr>
</table>

（续表）

| 教学过程 |
| --- |
| 设计意图：引导学生关心自己的身体状况，改正不良习惯，养成健康的生活方式，并认识到这是一种对生命负责的态度。<br>2. 爱惜自己的身体<br>阅读相关链接：马斯洛需求层次理论（图片展示）。<br>阅读后思考：学生过激行为的后果及成因。<br>结论：伤害自己身体的行为是错误的，原因在于某些内心的需求得不到满足。<br>设计意图：引导学生调控自己的行为，学会爱惜自己的身体。<br>3. 提高自我保护能力<br>增强安全意识、自我保护意识、提高安全防范的能力，掌握一些基本的自救自护方法。<br>观看视频：“严峻的现实”——意外伤害对我国青少年的危害。<br>观看后思考：看到这些数据，你有什么想法?<br>活动二：情景模拟，求生训练营。<br>学生分组展示火灾、地震、交通事故等灾害或灾难发生时的基本自救方法。<br>设计意图：从实践角度帮助学生认识自然灾害和认为灾难，学会一些基本的自救方法。<br>学校活动展示：图片展示青大附中组织学生开展一系列爱护身体的实践活动。<br>（二）养护精神<br>1. 养护精神不完全受物质生活条件和外部环境的制约<br>观看视频：“最美孝心少年”冯莫林。<br>观看后思考：从冯莫林身上我们看到了他的什么品质?<br>设计意图：用同龄人的榜样故事帮助学生认识到，即使在物质贫乏、外界环境艰苦的情况下，只要我们守住自己的心灵，就会看到真善美。引导学生辩证地看待精神发展和物质追求的关系。<br>2. 养护精神离不开优秀传统文化的滋养<br>观看视频：武亦姝——腹有诗书气自华。<br>武亦姝现就读于清华大学，她爱读诗词，身携苏轼诗集，奉陆游为“男神”。她诗词储备量超 2000 首。中央民族大学副教授蒙曼评价她：“诗歌的真善美是渗透到她心里去的。诗意在她心中。”<br>观看后交流分享：武亦姝成功的密码是什么? |

（续表）

| 教学过程 |
|---|
| 活动三：结合自身经历，说说自己参加传统文化活动的体验和感受。<br>设计意图：帮助学生认识到我们每个人的精神生活都离不开中华优秀传统文化的滋养，不能丢失优秀的民族文化，需要在个人精神世界的充盈中弘扬民族精神。<br>学校活动展示：图片展示青大附中之人文素养。<br>【课堂小结】<br>利用思维导图归纳、梳理。<br>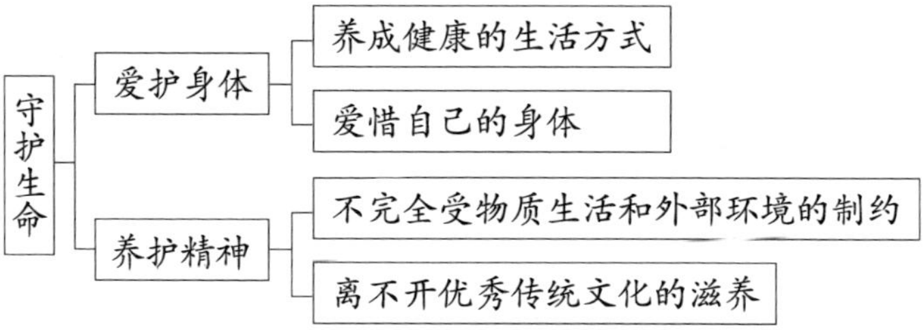<br><br>【课后拓展】<br>查阅近期传染病的相关资料，谈谈如何预防 |

**表 31　第二课第二课时教学设计**

| 课题 | 2.2 增强生命的韧性 |
|---|---|
| 素养目标 | （1）政治认同：通过了解苏轼的生平、作品和造福于民的抱负，体会诗词文化的底蕴和作者爱国爱民的情怀，增强文化自信。<br>（2）健全人格：学生通过了解苏轼坎坷的一生，体会他的人生态度、人生选择和人生经历，感悟面对挫折时积极的态度和做法；能够自主调控情绪波动，养成自尊、自信的人生态度；在生活中磨炼意志，形成良好的抗挫折能力。<br>（3）道德修养：学生通过了解苏轼的生平，认识到人生的真正价值在于创造和贡献，提升利他意识和道德水平 |

（续表）

| 课题 | 2.2 增强生命的韧性 |
| --- | --- |
| 重点 | 挫折是把双刃剑；发掘生命的力量 |
| 难点 | 发掘生命的力量 |
| 学法 | 探究式，活动式 |
| 教具 | 多媒体、学案 |
| 教学过程 | |
| 【新课导入】<br>他是秉性难改的乐天派，是悲天悯人的道德家，是黎民百姓的好朋友；他是伟大的诗人，是新派画家，是书法家；他是月下的漫步者，是生性诙谐的人。他自己与父亲、弟弟都是“唐宋八大家”，亦被称为“千古第一文人”，创作了 2700 多首诗、300 多首词、4200 多篇散文。最后的岁月里，他提笔为自己的一生作注，写道：“心似已灰之木，身如不系之舟。问汝平生功业，黄州惠州儋州。”<br>猜一猜他是谁？你还听过哪些他的轶闻趣事？<br>【探究新知】<br>（一）人生不如意十之八九——人生难免有挫折<br>情境一：诗词里的失意人生。<br>苏轼少时得意，前途似锦，仕途却极其坎坷，一生三次遭贬，三起三落，越贬越远，直至海南，尝尽人间冷暖。<br>探究一： 苏轼生活中遇到过哪些困境与失意？<br>活动一：认识挫折。<br>任务一：请分享你在生活中遇到过哪些不愉快的事情？对你的成长产生了怎样的影响？你的感受和做法是什么？<br>核心观点：人生难免有挫折。<br>任务二：上述同学所描述的挫折，在你的眼里是否也是挫折？<br>核心观点：挫折认知会影响挫折反应。产生不同感受和行为反应的主要原因，是人们对挫折的认识和态度的不同。<br>（二）横看成岭侧成峰——挫折是把双刃剑<br>活动二：自由辩论。 | |

（续表）

| 教学过程 |
| --- |
| 古人曰：“英雄不失路，何以成功名。”这告诉我们挫折有助于成功。有诗言：“东风吹破少年梦，从此再无赤子心。”这说明挫折对人有负面作用。<br>挫折对我们的成长是好事还是坏事？<br>核心观点：挫折是把双刃剑，你的态度是关键。<br>挫折的消极影响：有负面情绪是正常的，但如果一味沉浸其中，则容易消沉，做出不恰当的行为。<br>挫折的积极影响：丰富生命的体验，是生命成长的一部分，是成长的必经之路。<br>面对挫折，你会怎么选？<br>情境二：苏轼的人生态度。<br>苏轼因“乌台诗案“被捕，入狱 103 天，受尽折磨，后被贬至黄州。深自闭塞，扁舟草履，平生亲友，无一字见及。朝廷禁止他食官粮、住官宿、签公事。生活困顿下，他自盖草庐，躬耕东坡，贴补生计。前路茫茫，前途未卜……<br>在此情况下，他作词两首，言明心志：<br>竹杖芒鞋轻胜马，谁怕？一蓑烟雨任平生。<br>——《定风波·莫听穿林打叶声》<br>谁道人生无再少，门前流水尚能西，休将白发唱黄鸡！<br>——《浣溪沙·游蕲水清泉寺》<br>任务三：若政治生涯就此结束，最终要在此地了却一生，这样勇敢豁达的人生态度还有何价值？<br>活动三：请分享你知道的勇抗挫折的名人事迹。<br>（三）梅花香自苦寒来——发掘生命的力量<br>情境三：观看苏轼的人生选择——一个“无药可救”的乐天派（文字＋视频）。<br>探究二：苏轼的经历启示我们应如何发掘生命的力量、应对挫折？<br>核心观点：想要应对挫折，要有豁达积极的心态；善于学习总结，吸取教训；提高承受力、自我调节能力、自我修复能力；培养克服困难的勇气和坚强意志力；借助外力，求助他人。<br>情境四：苏轼的人生总结。<br>心似已灰之木，身如不系之舟。问汝平生功业，黄州惠州儋州。<br>——《自题金山画像》 |

（续表）

**教学过程**

任务四：苏轼才华横溢、青史留名，为何最终将贬谪之地总结为自己平生建功立业之地？

苏轼认为人生的真正价值在造福于民，而不是高居庙堂；也许正是生命中的挫折丰富了他，塑造了他，完整了他，成就了他。

活动四：请分享你战胜挫折的励志故事吧。

应对挫折的具体方法包括疏导负面情绪；接受最坏结果，行动起来；替换目标；借助外力。

核心观点：应对挫折有方法。疏导情绪、接受最坏结果；行动起来、找替代、求助信任的人。

活动五：爱的宣誓——孩子，你最重要！（家长录制的视频集合）。

设计意图：通过榜样的学习和联系实际生活，能够学会自主调控情绪，正确认识挫折；养成自尊自信的人生态度，在生活中直面挫折，磨炼意志，形成良好的抗挫折能力。

你的收获：________________________________________________

________________________________________________________。

【课堂小结】

利用思维导图归纳、梳理。

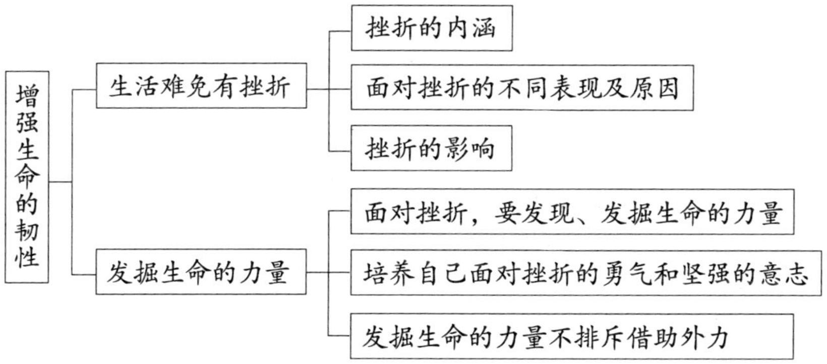

表 32 第三课第一课时教学设计

| 课题 | 3.1 感受生命的意义 |
|---|---|
| 素养目标 | （1）政治认同：通过郭明义和白方礼的案例分享，明晰生命的意义，培养热爱生命的情感，树立正确的生命观。<br>（2）法治观念：通过探究生命的故事，懂得什么样的人生是有意义的，遵守相关的法律法规。<br>（3）健全人格：通过分享生命的故事，发现生命的意义，具备珍爱生命、积极进取的意志品质。<br>（4）道德修养：通过分享生命的故事与社区志愿服务，知道生命的意义需要自己发现和创造，形成良好的道德修养和行为习惯。<br>（5）责任意识：通过拓展提高活动探究中学生如何实现自身价值，以实际行动发现和创造生命的意义，增强对自己负责和关心国家的意识 |
| 重点 | 学会发现和创造自己生命的意义 |
| 难点 | 能够分辨什么样的人生是有意义的 |
| 学法 | 自主探究、小组合作学习 |
| 教具 | 多媒体、学案 |
| 教学过程 | |
| 【导入新课】<br>观看视频：一颗小水滴的故事。<br>观看后思考：你对生命意义的认识。<br>设计意图：激发学生的学习兴趣和对生命意义的思考。<br>【探究新知】<br>（一）生命的追问<br>1. 探索生命的意义是有必要的<br>提问：人为什么要活着？<br>学生自由回答。（为了学习，为了养育后代，为了帮助他人，为了感受生活本身的丰富多彩，为了探索生命无穷的奥秘……）<br>设计意图：这里不限定统一的答案，而是说明为了让生命有意义，探索这个问题是有必要的。 | |

（续表）

| 教学过程 |
| --- |
| 2. 怎样的人生是值得的<br>（1）为自己：能够自食其力，实现自我价值。<br>观看组图：平凡劳动者的工作场景。<br>观看后思考：各行各业工作者的一生是值得的吗？<br>（2）为他人：在别人有需要时付出自己的爱心，无论事情大小，都能承担起自己的责任。<br>阅读人物事迹：郭明义和白芳礼帮助别人，付出爱心。<br>阅读后思考：他们这样的人生有价值吗？<br>（3）为国家：将个人理想与国家发展、民族复兴和人类命运相结合。<br>观看组图：共和国勋章获得者们的事迹。<br>观看后思考：他们的人生值得的吗？<br>设计意图：从三个层面引导学生一步步明确怎样的一生是值得的、是有意义的。<br>（二）发现我的生命<br>1. 探索生命的意义，是人类生命的原动力之一<br>活动一：画出自己的“生命流水线”，回顾自己生命中的重要经历。<br>探究与分享一：<br>（1）这些经历对你的生命有怎样的意义？<br>（2）与同学分享生命故事。在这些不同的生命故事中，你想到了什么？<br>设计意图：引导学生认识到寻求生命的意义是促使人类进步的重要推动力量。让学生明确生命的意义，更好地驾驭自己的生活，选择正确的人生道路。<br>2. 生命是独特的，生命的意义是具体的<br>情境一：小丽一直不知道自己未来应该做什么、选择什么样的道路才能实现自我价值，因此十分困惑。<br>活动二：请帮小丽出谋划策，解决她的困惑，并附上理由。<br>设计意图：引导学生认识到不同的人对生命意义的理解不同。一个人对自我、对生命的认识越深入，他体会到的生命意义越深刻。<br>3. 生命的意义需要自己去发现和创造<br>情景二：在某社区中心，志愿者在被问及为什么要参加这项活动时，他们这样回答……<br>探究与分享二：这样的志愿服务对几位志愿者分别有怎样的意义？你更赞同哪位志愿者的感悟，为什么？ |

（续表）

**教学过程**

【设计意图】

四个志愿者参加同一活动，却持有不同的动机，使学生认识到在同样的活动中，不同的人会获得不同的意义，由此引发学生思考：我想要过怎样的生活？我该如何创造我想要的生活，进而让学生明白，生命的意义不在于他人的赋予和解读，而在于自身的追求和创造。

结语：党的二十大报告提到，立志做有理想、敢担当、能吃苦、肯奋斗的新时代好青年，让青春在全面建设社会主义现代化国家的火热实践中绽放绚丽之花，这为当代中国青年建功立业指明了努力方向，提供了行动指南。

【课堂小结】

利用思维导图归纳、梳理。

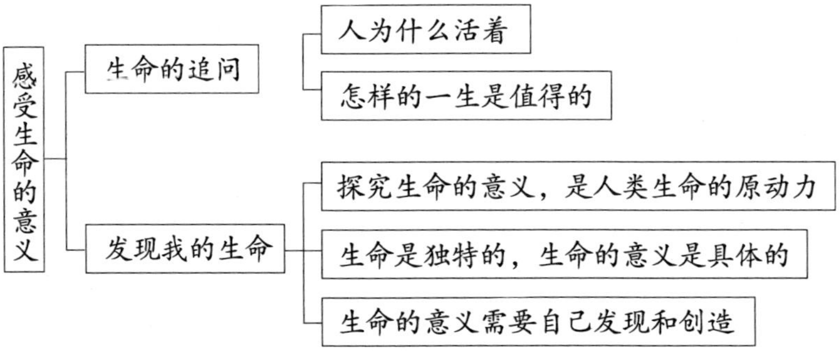


【课后拓展】

你是自己生命的导演。将来的你会怎样生活呢？请你选择将来的某个年龄阶段，尽可能具体地描述那个阶段自己的情况，如家庭、学业、财富、健康、人际关系

**表 33　第三课第二课时教学设计**

| 课题 | 3.2 活出生命的精彩 |
| --- | --- |
| 素养目标 | （1）政治认同：通过探究与分享平凡岗位的职责，关注自身的发展，也乐于将个体生命和国家命运联系在一起。<br>（2）法治观念：通过对扶不扶摔倒老人这一问题的探讨，初步理解生命意义的内涵，遵守与生命有关的法律法规。<br>（3）健全人格：通过案例思考分享，增强实现生命的意义和价值的能力，初步学会在平凡的生活中活出生命的精彩。<br>（4）道德修养：通过“银发知播”群体的故事，形成热爱生命的道德品质，活出生命的精彩。<br>（5）责任意识：通过认识平凡岗位的价值，懂得生命的意义来自努力生活、来自与他人分享，明白要自觉创造生命的意义 |
| 重点 | 拒绝冷漠，关切他人；生命的平凡和伟大 |
| 难点 | 让自己的生命充盈起来 |
| 学法 | 自主探究、小组合作学习 |
| 教具 | 多媒体、学案 |

**教学过程**

【导入新课】

观看视频：2022 年度感动中国人物视频：“银发知播”群体——千秋不老春。天文、物理、文学、美学，没有墙壁的教室，不设门槛的大学。这群爷爷奶奶在网课直播间里，幽默地传授知识。他们是教师、院士，将毕生所学通过网络授以青年，用日复一日的耐心播下知识的种子。

观看后谈一谈：“银发知播”群体的故事带给我们什么生命感悟？

设计意图：激发学生的学习兴趣，引导学生通过他人的生命故事，体会怎样才能活出生命的精彩。

【探究新知】

（一）贫乏与充盈

1. 人们对待生活的态度会影响生命的质量

观看视频：他们在青春年少时写下这样的故事。（武亦姝、柯洁、谈方琳……）

（续表）

| 教学过程 |
| --- |
| 观看后思考讨论：<br>（1）同是青春年少的16岁，他们生活的环境不同，身上却有相同的地方。请你说说他们的相同点是什么？<br>（2）你期待自己到16岁时将会是怎样的状态？<br>设计意图：让学生认识到每个人的生命在生活中展现的姿态是不同的，让学生展开对自己16岁时的想象。<br>2. 生命贫乏的原因和表现<br>观看组图：生命贫乏，黯淡失色。（封闭自我、逃避困难、缺乏目标、生命空虚、沉迷网络。）<br>观看后思考回答：结合图片，谈谈生命贫乏的表现和原因是什么？<br>设计意图：引导学生体会生命贫乏的人生活枯燥、单调、乏味，由此激发学生思考如何才能实现生命的意义。<br>3. 生命是一个逐渐丰富的过程<br>观看组图：告别贫乏，走向丰盈。（阅读好书、做热爱的事、外出旅行、奉献爱心、帮助他人。）<br>观看后交流分享：如何让生命充盈？<br>设计意图：引导学生在讨论交流中懂得生命需要滋养，掌握让自己生命充盈的方法，从而激发学生思考，怎样才能让自己的生命充盈起来，并落实到行动上。<br>（二）冷漠与关切<br>1. 人与人在相互依存和彼此关切中感受温暖，传递温暖<br>情境一：下雨天，一位拄着拐杖的男子突然倒地，这时路过几位中学生……一位学生好奇地望了望，从旁边走过。一位学生为男子撑着伞，并拨打120求助。<br>探究与分享一：<br>（1）如果你遇到这种情况，到底扶不扶？<br>（2）如果你遇到这种情况，很想帮忙，但有急事要做，你会怎么办？<br>设计意图：通过不同的选择，引导学生思考，所有的冷漠也许都有理由，但是在当时的情况下，谁都不愿被如此冷漠对待。我们不希望被如此对待，那我们又该如何对待他人呢？ |

（续表）

| 教学过程 |
| --- |
| 2. 关注自身的发展，也要关切他人的生命<br>观看视频：2023 年那些温暖人心的瞬间。<br>观看后思考：看完视频后你有什么感受和启示?<br>设计意图：引导学生认识到“送人玫瑰，手留余香”。设身处地思考并善待别人，既帮助了自己，也帮助了他人，让人与人之间的关系更加温暖和谐。<br>3. 用热情消融冷漠，共同营造互信、友善、和谐的社会<br>探究与分享二：传递生命的温暖，你愿意为此做些什么?<br>设计意图：引导学生将传递生命的温暖落实到具体的行动上。<br>（三）平凡与伟大<br>1. 每个人都有自己独特的使命<br>展示组图：医生、教师、警察、军人……<br>观看后思考分享：他们身上承担着哪些独特的使命?<br>2. 伟大在于创造和贡献<br>观看视频：伟人与其成就。（毛泽东、周恩来、雷锋、焦裕禄及共和国勋章获得者们）<br>观看后思考: 为什么英雄们会被历史铭记? 他们是如何在平凡中书写伟大的?<br>设计意图：通过观看视频，让学生懂得伟人运用自身的品德、才智和劳动，创造出比自己生命更长久的、不平凡的社会价值，留下了宝贵的物质财富和精神财富，实现了自身的生命价值。<br>3. 平凡的生命也有自己的价值<br>观看视频：盘点那些努力生活和工作的人们。<br>观看后讨论分享: 这些为了生活而努力的人与伟人相比，生命有没有意义呢?<br>设计意图：让学生认识到，平凡的生命也能用认真、勤劳、善良、坚持、责任和勇敢书写生命的价值。<br>4. 在平凡中闪耀<br>展示组图：平凡岗位上的“最美”。<br>观看后思考: 他们每个人都工作在平凡的岗位上，为什么人们认为他们是“最美”的?<br>设计意图：引领学生将个人生命和他人、集体、民族、国家甚至人类的命运联系在一起。提升生命的质量，创造生命的价值，活出生命的精彩。<br>【课堂小结】<br>利用思维导图归纳、梳理。 |

（续表）

**教学过程**

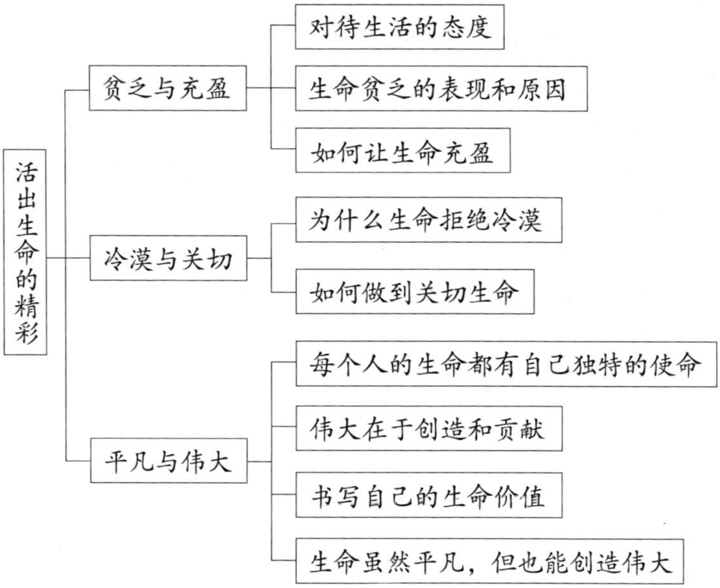


【课后拓展】

听老人话人生。请你寻找合适的时间，采访身边的老人，请他们讲讲他们的人生故事

## 六、单元评价设计

1. 最终评价任务 1：制作你的家族图谱

（1）制作家谱。让学生向父母和家族中的长辈询问或通过其他方式查访，了解自己家族各代成员的辈分及组成，参考《孔子世家谱》中的图示，尝试制作一张家族图谱，理解每个人在生命链条中独特的价值和意义，以及在生命接续中不可或缺的重要性。

（2）思考整理。在问询和查访中，了解自己的家族有哪些传承至今的故事和传统。

（3）交流分享。将自己制作的家族图谱、了解的家族故事与传统等通过多媒体与教师、同学交流分享。

表 34 成果评价分析表（一）

| 评价内容 | 学生自评 | 小组评价 | 教师评价 | 综合评价 |
| --- | --- | --- | --- | --- |
| 情感态度 | | | | |
| 信息收集 | | | | |
| 分类整理 | | | | |
| 技巧方法 | | | | |
| 成果展示 | | | | |

2. 最终评价任务 2：自救自护我能行

（1）收集资料。课前，教师引导学生查找自救的方法资料。

（2）分组交流。结合课前收集的资料，引导学生分组交流：发生火灾、交通事故、地震等灾害或灾难时自救自护的方法。

（3）模拟演练。结合本地实际，在条件允许的情况下，组织或配合学校进行一次模拟火灾或地震发生时的自救演练。让学生切身体验如何在灾害或灾难中逃生，进行自救，体验珍惜生命的方法，提高珍惜生命的能力。

表 35 成果评价分析表（二）

| 评价内容 | 学生自评 | 小组评价 | 教师评价 | 综合评价 |
| --- | --- | --- | --- | --- |
| 参与态度 | | | | |
| 掌握知识 | | | | |
| 方法运用 | | | | |
| 合作精神 | | | | |
| 思想认识 | | | | |

## 七、单元作业设计

### （一）知识训练 夯实基础

该部分为必做题，用时 15 分钟。

（1）现在，我国公民办理身份证时需要录入指纹信息，因为每个人的指纹都是独一无二的。这说明了（　）。

A. 所有人都有指纹　　B. 指纹包含人的全部信息

C. 生命是独特的　　D. 每个人的特征不同

正确答案：C。设计意图：以实际生活中的常识考查学生对“生命是独特的”这一特点的学习。

（2）生命需要呵护。想要珍惜生命、拥有健康，就要依法规范自己的行为。为此，我们应该做到（　）。

①与同学在课间打打闹闹，增进感情　②拒绝诱惑，远离毒品

③遵守交通秩序，服从交通管理　④沉迷网络游戏，在游戏中找到满足感

A. ①②　　B. ②③　　C. ③④　　D. ②④

正确答案：C。设计意图：让学生学会在实际生活中爱惜自己的身体。

（3）在我们的生活中经常发生一幕幕感人的瞬间：有人站在路口护送老人和孩子过马路；素不相识的人为挽救他人生命争相献血；面对灾难，奋力救援的逆行身影……他们用行动诠释了（　）。

①敬畏生命，坚持生命至上　　②用善良勇敢书写生命价值

③拒绝冷漠，关爱自己的身体　　④为他人的生命冒险不值得

A. ①②　　B. ①③　　C. ②④　　D. ③④

正确答案：A。设计意图：让学生在关切自己生命的同时学会承担社会责任。

（4）袁隆平毕生追求“禾下乘凉梦”“杂交水稻覆盖全球梦”。他为我国的粮食安全、农业科技创新和世界粮食发展作出了巨大贡献。由此可知，袁隆平的可敬之处在于（　）。

①用坚持和责任书写自己的生命价值

②用毅力抗拒了生命发展的自然规律

③将个体的生命与国家命运紧密联系

④用自身才智和劳动创造了社会价值

A. ①②③　　B. ①②④　　C. ①③④　　D. ②③④

正确答案：C。设计意图：由袁隆平的事迹考查学生对生命价值意义的认识。

（5）某班开展了“敬畏生命、守护生命”主题班会活动，下列为部分学生的发言。请你运用所学知识，补全下列内容。

①小红：当同学生病时，我陪同她去医院就诊，照顾她的日常生活。（2分）

这是因为：______________________________________________

______________________________________________。

②小强：我们要经常诵读经典，欣赏革命题材的影视作品。（2分）

这样做的理由是：______________________________________________

______________________________________________。

③你要如何活出生命的精彩？（6分）

______________________________________________

______________________________________________

参考答案：

①生命至上，并不意味着只看到自己生命的重要性，别人的生命同样重要。我们只有不漠视自己的生命，也不漠视他人的生命，谨慎地对待生命关系、处理生命问题，才能做到尊重、关注、关怀和善待身边的每个人。

②守护生命需要关注并养护我们的精神家园，我们不能丢弃优秀的传统文化，要在个人精神世界充盈的基础上发扬民族精神。

③摒弃贫乏、充盈生命，拒绝冷漠、关切他人，接受平凡，创造伟大。

设计意图：选取贴近学生生活的真实情境，帮助学生理解敬畏生命的概念，并用实际行动守护精神家园，发扬民族精神。

**（二）积极探索　拓展实践**

该部分为选做题。

1. 活动目的

走进西昌、酒泉卫星发射中心，聆听航天人的故事，感悟航天成就背后的艰辛和不易，树立民族自信，继承载人航天精神。

2. 活动主题

青附学子，青春澎湃，胸怀理想，报效祖国。

3. 活动要求

写一篇参观卫星发射中心后的感想，思考生命的价值。要求 800 字左右。

## 八、单元教学实践反思

### （一）不足和改进

（1）每节课思考讨论交流的时间较长，给实践活动留的时间较少，且实践活动集中在课下，完成度并不高，没有达到效果，可以考虑单独增加一节活动体验课。

（2）教师的准备工作要做足，如相关理论知识的储备与拓展、对时政材料的把握。教师应时刻关注学生情绪、讨论氛围的变化，尊重不同学生的见解。只要学生的观点是积极向上的，就应该给予鼓励，在不断讨论、交流的基础上，培养学生正确的“三观”。

（3）相信学生。第一次探究某个问题时可以带着学生一起完成，但在规则明确的基础上，应放手让学生去探索和讨论，得出结果。遇到问题时再一起解决，要对学生有信心。

（4）某些案例材料可以重复利用，跨内容、跨课时、跨任务利用。尽可能充分开发同一材料的使用价值，防止学生被大量材料“迷花了眼”，分散了注意力，也浪费了课上时间。比较好的实例是“2.2 增强生命韧性”中苏轼生平一例到底的运用，也是笔者较为满意的案例。

（5）关于评价方法，应重视过程和体验，重视情感和三观，重视形成性评价。教师可以运用观察法，了解学生在课堂学习中的参与度、知识学习情况，对学生的学习态度、学习参与度和学习效果进行评价；亦可用谈话法，了解学生的认识和态度；也可采用心理量表对学生进行水平评价；或采用成长记录的方式，记录学生的课堂表现，以自我记录和小结为主。教师亦可以采用项目评价的方式，如学生自主制订计划、围绕主题进行调查采访和参观，再由教师对小组成果做出评价。

（二）教学效果

（1）课堂逻辑流畅，学生全程在线，参与度高，师生互动好。学生间、小组间有言语交锋、有思想碰撞，思考有深度。“生命教育”的内容在课时分布上层层递进，无论是思想广度、厚度还是深度，学生都有渐入佳境的感觉。单元教学完成后，基本完成了较为系统的初步生命教育。

（2）教学形式多样化。有自主学习，有同桌交流，有小组合作，为学生创造了多样化的交流空间。

（三）教学收获

（1）提前备好内容的宏观体系，知识储备更加系统，思路更加清晰，视野更加开阔，讲解更加深入透彻。全面掌握内容和突发情况，可以更好、更全面、更恰当地解答学生的疑惑。

（2）进一步熟悉课程标准，备课、上课更加有的放矢。

# “概率的进一步认识”单元教学设计

九年级数学　张进　王惠扬子

## 一、指导思想及其依据

北师大版数学教材九年级上册“概率的进一步认识”这一单元的指导思想主要基于《义务教育数学课程标准（2022年版）》，以及新教材的重要特点，即高度的拓展性、开发性和探索性。这一指导思想强调学生在概率学习中的自主参与和积极讨论，通过实践和总结，理解频率与概率之间的关系，以及概率在生活中的应用。

具体来说，其指导思想包括以下几点。

注重实践与探索。通过生活中的实例和现象，引导学生积极参与，自主探索和发现概率的规律。让学生在实践中理解概率的概念，而不是仅仅停留在理论层面。

强调数形结合。利用数形结合的思想，帮助学生更好地理解概率的本质和特征。通过直观的图示和具体的数值，使学生更容易掌握概率的基本概念和计算方法。

加强与生活的联系。引导学生将概率的思想运用到生活中去，发现和解决与概率有关的生活问题。这不仅可以增强学生的实践能力，还能使他们更好地理解数学在生活中的实际应用。

这一指导思想的依据主要来自以下几个方面。

学生的认知发展规律。九年级的学生已经具备了一定的数学基础和逻辑思维能力，能够通过自主学习和合作讨论来进一步认识和理解概率。

数学学科的特点。数学是一门需要不断实践和探索的学科，概率作为数学的一个重要分支，更应该强调学生的实践能力和探索精神。

“新课标”的要求。“新课标”强调学生的主体性和实践性，要求在数学教学中注重培养学生的思维能力、创新能力和解决问题的能力，充分体现新课程改革的理念和要求，旨在通过引导学生积极参与、自主探索和实践应用，进一步提高他们对概率的认识和理解。

## 二、单元教学内容规划

本部分内容主要向学生介绍概率论的起源和基本概念，为后续的学习奠定基础。首先，通过生活中的实例，如天气预报的准确率、彩票中奖的可能性，引出概率的概念。其次，介绍必然事件、不可能事件和随机事件的定义，帮助学生理解概率论的研究对象。再次，重点讲解随机事件的特点和概率的定义。通过具体的例子，让学生理解随机事件的不确定性以及概率的量化表示方法，介绍概率的取值范围和基本性质，为后续的概率计算打下基础。最后，通过实验的方式，让学生亲身体验概率的估计过程。实验应首先介绍简单随机实验的概念和特点，然后引导学生进行实验，观察随机事件发生的频率。最后，通过分析实验结果，估计随机事件发生的概率，从而理解频率与概率的关系。

通过以上内容规划，本单元旨在帮助学生全面而深入地理解概率的基本概念和方法，并能够在实际问题中灵活运用所学知识，通过丰富多样的教学内容和活动设计，激发学生的学习兴趣和积极性，提高他们的数学素养和解决问题的能力。

## 三、单元教学目标设计

本单元的教学旨在使学生进一步加深对概率概念的理解，掌握概率计算的基本方法，能够分析和解决与概率相关的实际问题，培养学生的逻辑思维能力和应用数学解决实际问题的能力。同时，通过构建概率模型和与统计知识的结合运用，提升学生的数学建模能力和数据分析素养。

### （一）具体教学目标

（1）经历实验、收集与统计实验数据、分析实验结果等活动过程，进一步发展数据分析观念，体会概率与统计的关系。

（2）通过实验进一步感受随机事件发生的频率的稳定性，感受随机现象的特点，理解随机事件发生的频率与概率的关系，加深对概率意义的理解。

（3）会借助树状图和列表法计算涉及两步实验的随机事件发生的概率。

（4）进一步理解当实验次数较大时实验频率稳定于概率这一理论，培养合作交流的意识和良好思维习惯。

（5）能运用概率解决一些简单实际问题，进一步发展应用意识。

（6）在活动过程中积累活动经验，体验与他人合作交流的意义和作用。

### （二）教学重点、难点

（1）教学重点。借助树状图和列表法计算涉及两步实验的随机事件发生的概率。

（2）教学难点。理解两步实验中“两步”之间的相互独立性，进而认识两步实验可能出现的结果及每种结果出现的等可能性，正确应用树状图和列表法计算涉及两步实验的随机事件发生的概率。

## 四、单元课时任务安排

下列课时安排可以全面系统地介绍概率的基本概念、计算方法以及应用实例，帮助学生更好地掌握概率知识，并提升他们的数学素养和解决问题的能力。同时，注重培养学生的兴趣和好奇心，引导他们积极探索数学世界的奥秘。

表 36“概率的进一步认识”单元教学课时安排

| 课时编号 | 单元主要内容 | 课时数 |
|---|---|---|
| 6.1 | 用树状图或表格求概率 | 3 |
| 6.2 | 用频率估计概率 | 1 |
| 6.3 | 优化设计九宫格 | 3 |

## 五、单元教学过程设计

以“优化设计九宫格”一课为例，先由教师发布任务，然后各小组分组研究，接下来进行第一次小组汇报和集中讨论，之后各小组继续完善设计，最后集中展示。

（一）教学活动一（第一课时）

1. 项目式学习的总任务

教师发布此次项目式学习的总任务。

20 世纪 90 年代，伴随着电脑的普及，人们从“手写时代”进入了“机打时代”。而今，智能手机又成了文字交流的主阵地，因为手机体积小，若采用电脑的“26 键键盘”输入文字，会出现按键面积小、容易按错的问题，于是人们设计了“九宫格键盘”。在“手机打字”这一背景下，我们将尝试对现有的“九宫格键盘”进行优化设计。

设计意图：引入项目主题，让学生初步感受随着社会的发展，产品的设计不是一成不变的，而是要不断进步和发展的，设计与生活息息相关。

2. 项目式学习的子任务

教师用问题串引导、协助学生一起拆解任务。

（1）子任务一：现有的“九宫格键盘”有什么特点？试着还原一下它的设计思路。

设计意图：学生观察发现现有九宫格键盘的特点，如简约、对称、美观，按键面积较大；也有学生会发现左上角的格子中没有安排字母，会想到是因为大多数人的惯用手是右手，这种安排比较方便；观察字母的安排会发现是 A~Z 的顺序，且每格均匀排布。通过这些特点还原现有九宫格键盘的设计思路，为学生后续自己进行设计打下良好基础。

（2）子任务二。

①设计一种舒适便捷的打字键盘需要考虑哪些因素？与同伴交流。

②你如何理解“舒适便捷”？你能运用学过的数学知识加以解决吗？

③如果想让你设计的九宫格键盘更加人性化，还需要考虑哪些元素？

④你可以再查阅相关资料做参考，来完善你们的九宫格键盘设计方案。

设计意图：

问题①：学生通过交流，会考虑到手指的舒适度、按键的简洁性、按键的面积、输入的语种、输入的错误率等因素。

问题②：在问题①的基础上将学生的思路引向数学方向，进而为后续的设计提供数学基础。学生会考虑输入的舒适便捷与字母排布方式相关，而字母排布方式与字母使用频率相关；按键面积与惯用手指、手指接触面积、手机屏幕大小相关。

问题③：引导学生进一步思考，“人性化”意味着适合特定人群，可以将对象分为中文输入人群、英文输入人群、拼音输入人群、笔画输入人群、双手输入人群、左手单手输入人群、右手单手输入人群等，使设计出的产品更加个性化。

问题④：结合所有的思考结果，结合资料进一步完善已有想法，实现设计。

（二）教学活动二（第二课时）

1. 第一部分

教师提出本节课第一部分任务。

（1）请你绘制你们小组的九宫格键盘设计图，然后组内交流完善设计图。

（2）根据设计图纸，阐明你们的设计原理和意图。

小组成员围坐，对个人筛选后的资料进行交流，发表自己的想法；互相质疑，集中小组所有成员的思维成果，取其精华，形成初步的设计概念并绘制出设计图；依据设计图进行组内讲解，思考如何介绍自己的设计原理和意图，如何突出自己设计的优越之处。本部分活动时间为 20 分钟。

设计意图：

问题（1）：小组内形成设计图的第一稿，组内研讨，确定是否达到了期望的效果，能否再进一步完善，是否可以进一步优化设计。

问题（2）：能够针对这一设计的服务对象、科学性、舒适性、便捷性、创新性等因素，阐明自己的设计意图，充分阐述自己小组设计的作品的合理性和优势。

2. 第二部分

各小组形成较为明确的一稿设计后，教师引导进入下一环节，提出本节课第二部分任务。

各小组依据自己的设计图在全班进行一个 2 分钟的主要内容阐释，由教师及其他小组分析评价，指出主要问题，提出建议，帮助各小组继续完善设计。本部分活动时间 25 分钟，完成以下第（1）项任务。任务（2）~（4）在下课前由教师提出要求，学生课后完成。

（1）分析各小组设计的九宫格键盘设计图，小组间进行交流评估。

（2）你们小组设计的九宫格键盘还可以做怎样的改进？怎样对你设计的键盘进行检验？

（3）根据小组之间的建议再次完善设计，形成最终项目汇报所需要的PPT以及文字材料。

（4）找一找生活中还有哪些产品的优化设计是应用了数学知识。

设计意图：

问题（1）：通过小组交流评估，了解各小组的设计，互相提建议，以便进一步优化。

问题（2）：根据刚才交流评估的结果，再次对设计的产品加以改进，形成最终产品。同时，验收自己设计的产品，检验其是否真的能够达到预期效果。

问题（3）：归纳整理出各小组的项目式学习成果。

问题（4）：问题延伸，用数学的眼光观察生活中的产品设计。

（三）教学活动三（第三课时）

各小组展示设计成果，阐述设计意图，讲述检验的方法和结果，分享小组参与设计九宫格键盘项目的收获与体会。

在各小组展示后，教师加以肯定和点评，提炼其中的数学知识。揭示本次项目式学习背后的故事——26键键盘的发展，让学生升华所做研究的价值和意义，加深学生对数学的生活意义的体会。

设计意图：全班展示交流各小组最终的成果并交流体会。随着社会的发展，人们对产品的要求不再局限于“可用”这一要求，同时更加追求舒适度和人性化，因此“优化设计”成为当今的热门话题。通过此次活动，感悟“设计改变生活”。设计离不开数学，数学可以指导设计的优化，改变生活。

本节课各小组展示的设计成果及心得体会摘选如下。

1. 小组1：世界第501强（发言人：王子铭）

伴随着科技的迅速发展，人们对于快速、便利的交流方式的需求日益增加。于是在26键输入法的基础上，九键输入法诞生了。相比较传统的26键，九键更适合屏幕小的手机。然而，作为一种新型的输入法，九键尚未成熟，仍存在许许多多需要改进的问题。这便是我们这个项目的初衷——改进九键输入法。

<table>
<tr><td rowspan="4">大屏 / 小屏</td><td>1<br>Zh / XJ</td><td>2<br>AE</td><td>3<br>NOI</td><td>退格</td></tr>
<tr><td>4<br>BHZL</td><td>5<br>Sh / YD</td><td>6<br>GUV</td><td>分词</td></tr>
<tr><td>7<br>SPC</td><td>8<br>WKQ</td><td>9<br>MRTF</td><td>回车</td></tr>
<tr><td>中 / 英</td><td>0<br>空格</td><td>数符</td><td>镜像</td></tr>
</table>

**图 5 小组 1 设计方案**

首先，我们明确了自己的任务：改进九键输入法。所谓改进，指的是在原有的基础上进行完善，因此在这个项目中，我们的宗旨是在不改变原有九宫格结构的基础上，通过调整按键大小和拼音排列的方式，使使用者的体验更加舒适。同时，我们还确定了项目的主要针对人群，即由于特殊原因而不得不单手进行手机操作的人群。以我的母亲举例，她是一名护士，因为工作需要，经常在用右手打字的同时，用左手处理别的工作。这类人是九键使用者中占比较大的，同时也是对九键打字需求最迫切的，因此我们把目标锚定于此。

其次，我们广泛采访了目标人群，总结出了两个最主要的问题：第一，常用的拼音搭配跨度过大，导致打字很不舒服；第二，同一个按键中往往带有多个能与同个韵母组合的声母，再加上韵母和声母混搭放置，导致了词语选择的可能性过多，要找到自己想打的词，往往要花很多时间。

以上是我们在进行设计前的准备工作。接下来，我先给大家展示我们的九键设计图。

如图 5 所示，这便是我们组的成品设计图。各位可以清晰地看到，我们在各按键的拼音顺序和大小占比上作了较大的改动，同时增添了“大屏小屏”和“镜像”键的功能。接下来，我将为大家讲述，我们的设计思路。

第一，董汉岳同学最先提出了设计思路：把声母、韵母分开放置。大家可以看见，在图中（图 5），我们将六个韵母单独放置在右上角的三个按键中，分开了声母和韵母，使拼音的组合变得更有规律。我们之所以选择右上角的三个按键，是因为以右手单手使用者为例，右上角的三个按键位置是最舒适、最放松的触碰位置，而这六个韵母又是使用频率最高的，因此将它们放在右上角，有助于使用者降低大拇指的疲劳程度。

我们在韵母的排列上也花了一些心思。各位知道我们为什么会把六个韵母以这样的方式排列吗？我来给大家展示一张表。

表 37　六个韵母组合表

| 第一组韵母 | 第二组韵母 | | | | | |
|---|---|---|---|---|---|---|
| | ɑ | o | e | i | u | ü |
| ɑ | | ɑo | 无搭配 | ɑi | 无搭配 | 无搭配 |
| o | 无搭配 | | 无搭配 | 无搭配 | ou | 无搭配 |
| e | 无搭配 | 无搭配 | | ei | 无搭配 | 无搭配 |
| i | 无搭配 | 无搭配 | ie | | iu | 无搭配 |
| u | uɑ | uo | 无搭配 | ui | | 无搭配 |
| ü | 无搭配 | 无搭配 | üe | 无搭配 | 无搭配 | |

如表 37 所示，这是我们选取的六个韵母的所有组合方式。大家可以发现，在这些韵母中，i 的搭配是最多的，因此我们把 i、o 两个韵母放进同一个格里。同时，ɑ 和 e 都可以跟 i 进行搭配，但 ɑ 和 e 之间又无法搭配，因此我们把 ɑ 和 e 放在了左侧。这是为了让使用者的手指在打“ɑi”或“ei”时，手指能很自然地从左侧往右侧移动。最后，我们把 u 和 ü 放在下面的格里，同时在韵母格中放入了 n 和 g 两个能与这六个韵母组成新的多音节韵母的拼音。此外，正如各位所见，我们对韵母进行了突出处理，也是为了更为明显。

第二，我们对声母进行了排序。小组成员在激烈的讨论中，最后敲定了以各声母使用频率为参考进行排序。越靠近左下角的，使用频率越少；越靠近右上角的，使用频率越高。

此时，出现了一个始料未及的问题：sh 与 zh 这两个复合型声母的使用频率如此之高，以至于我们不得不思考是否要将它们放入键盘中。正如各位所见，我们的确这么做了，并且对两个复合型声母做了突出和斜杠处理，与其他声母分离。

进行完声母的排序后，为了让使用者的手指跨度进一步减小，我们对按键的面积进行了调整，使使用者在右上角的小区域内就能进行所有按键的触摸。

第三，我们保留了长按后可以快捷输入数字的功能，并增添了“全屏分屏”和“镜像”键。前者是为了根据使用者手掌的尺寸和手指的粗细，调整整个九键键盘的占比，让使用者的触摸更准确；后者是为左手使用者做了考虑。

尽管呈现出来的设计过程并不多，但事实上，我们每天晚上都在进行激烈的讨论，队伍中的每位同学都为这个新九键输入法的诞生付出了努力。设计一个产品，不仅要进行理论上的层层构思，还要在实际情况下进行多方面的考虑、测试。这是一项很辛苦的工作，但是当成品完成后，我们组的每个成员都充满了成就感——这是饱含我们心血的作品。

2. 小组 2：九九归一组（发言人：张芷晴）

传统的九键输入法按英文字母顺序排列，输入韵母组合时需要反复点选，而多次点选操作就会降低打字效率；同时，单键面积较小不适合拇指单指操作。我组林鹏同学设计了调查问卷，一共收到 30 份有效回复。其中 21 人更喜欢使用大屏幕手机，只有 9 人爱用九键输入法，占总人数的 30%。一半以上的人认为九键输入法的最大缺点是打字操作烦琐，找不到词。

所以，我们从字母排列和键盘设计两方面进行优化，以实现人们在享受大屏幕的同时兼顾单手打字的便捷。

我们在查找资料时，发现了九键输入法中，4 号键、6 号键、2 号键、3 号键使用频率较高，再结合韵母组合表格，可以看到这四个按键之所以使用频率较高，是因为有韵母 ɑ、e、i、o 和韵母组合常用拼音字母 n、g。通过观察韵母组合表，我们发现韵母组合都是以单韵母做首字母的，最多的组合也只有 8 个。于是我们以此作为突破口，优化韵母组合输入，解决单键重复率较高的问题。

我们新设计的九键键盘，采用拼音字母书写格式，所有字母按照声母顺序排列。将 zh 和 z 放在 7 号键，ch 和 c 放在 8 号键，sh 和 s 放在 9 号键，这样的设计，既可以方便因方言问题而分不清这两个音的使用者输入，同时又可以减少拼音字母 h 的点击次数。在键盘设计方面，我们将 5 号键设置为中心键，当它被按中时就会变成一个悬浮大盘，这个大盘可以顺时针或逆时针旋转，方便习惯手为左手的使用者输入。

我们以“zhuang”这个音为例，在优化后的九键键盘中，使用者需要点击 7 号键，输入 zh，然后点击 6 号键，接着按住中心键，出现 u 开头的所有韵母组合，旋转至 uang 变橘色时松手，最后点击选定键，一共需要点击 4 次。而按照原本的键盘，需要将 zhuang 涉及的每个拼音字母所在键点击一次，最后再点击选定键，一共需要点击 7 次。由此可见，优化后的键盘，完全基于汉语拼音体系创作，键盘上的字母采用拼音书写格式，更加直观；字母排列按照声母排序，符合中国人的使用习惯；中心键及悬浮大盘设计既可以解决拼音中韵母组合需要多次输入的问题，同时也可以减少按键的点击次数，更适合单手操作。

在我们小组成员的共同努力下，我们设计出了这款更适合中国人使用的单手操作九键键盘。在设计的过程中，我们小组每天晚上都在一起讨论，不断完善。如果时间充裕，我们还可以设计验证的环节，将我们设计的键盘制出模型，让不同年龄、不同手指长短的人使用，观察优化后的键盘是否方便，从而证明优化方案的实用性。

小组 3：键证奇迹组（发言人：赵朝汐）

新键盘按照我们使用手机的习惯与拇指在手机上活动的最佳舒适度，结合我们所学的数学知识进行设计。首先，运用数学中圆的知识进行探究：绘制一个正方形，将其分成九等份，从左至右、从上至下编号 1~9，形成九宫格。其次，以正方形右下顶角为圆点，以正方形边长为半径画弧，左侧同理进行画弧，两弧相交于一点，可以得出以交点为中心的点左右上下格（1、3、4、5、6、8）为使用九键键盘时手指按键较为舒适的点位。

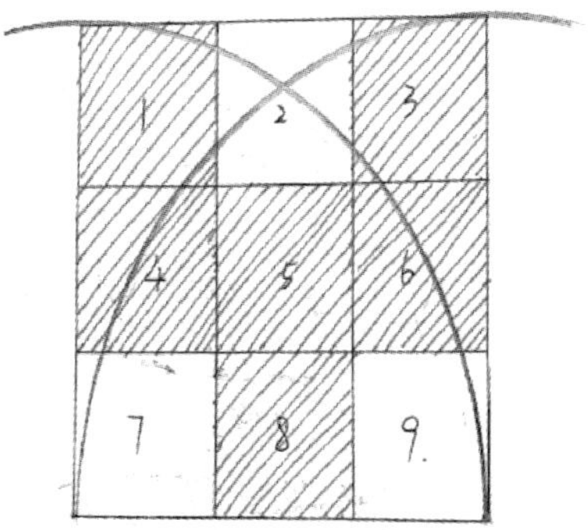


图 6　小组 3 的设计示意图

本次探究，我们在生活中的问题上应用概率、圆等已学知识，增强实践与理论相结合的能力；懂得了小组合作的力量，每位成员献计献策，发挥了自己的长处；我们一直坚持探索、推理、观察、有条理地思考问题。

4. 小组 4：无极限组（发言人：张允锴）

在最开始设计框架和定下大方向时，我们运用了数学中分类讨论的思想，将声母和韵母分开排列，又按照韵母的排列方式分为单韵母、多韵母等。这样做让我们小组的研究条理清晰，先后顺序得当，不会出现毫无头绪的情况。

在研究的过程中，我们运用了树状图的知识求得每个按键的频率，从而确定了韵母区按键次数的可能性。我们还运用了统计的知识，列出表格，算出各个拼音字母的使用频率，然后制作统计图，让数据更直观。

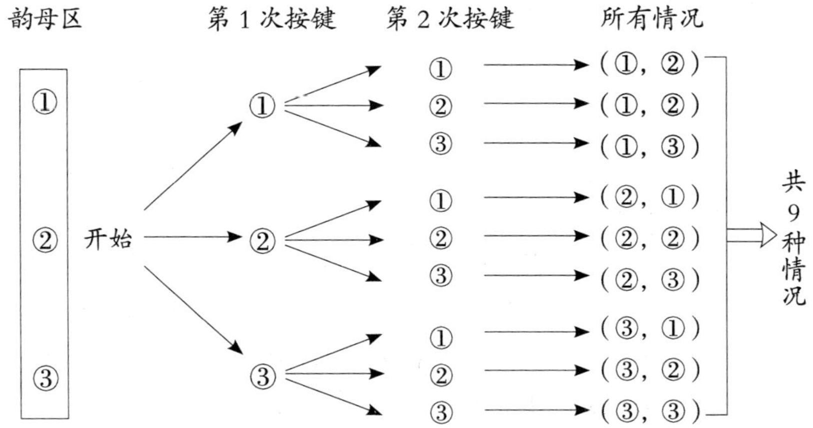


图 7　利用树状图求得按键频率

| | b | p | m | f | d | t | n | l | g | k | h | j | q | x | z | c | s | r | y | w |
|---|---|---|---|---|---|---|---|---|---|---|---|---|---|---|---|---|---|---|---|---|
| a | 1 | 1 | 1 | 1 | 1 | 1 | 1 | 1 | 1 | 1 | 1 | | | | 1 | 1 | 1 | 2 | 1 | 1 |
| o | 1 | 1 | 1 | 1 | 2 | 2 | | 2 | 2 | 2 | 2 | | | | 2 | 2 | 2 | 2 | 2 | |
| e | 1 | 1 | 1 | 1 | 1 | 1 | 1 | 1 | 1 | 1 | 1 | | | | 1 | 1 | 1 | 1 | 1 | 2 |
| i | 1 | 1 | 1 | | 1 | 1 | 1 | 1 | | | | 1 | 1 | 1 | 1 | 1 | 1 | 1 | 1 | |
| u | 1 | 1 | 1 | 1 | 1 | 1 | 1 | 1 | 1 | 1 | 1 | | | | 1 | 1 | 1 | 1 | 2 | 1 |
| v | | | | | | | 1 | 1 | | | | 1 | 1 | 1 | | | | | 1 | |
| | 5 | 5 | 5 | 4 | 4.5 | 4.5 | 5 | 6 | 3.5 | 3.5 | 3.5 | 2 | 2 | 2 | 4.5 | 4.5 | 4.5 | 4 | 5 | 2.5 |

图 8　利用表格得出拼音字母使用频率

我们意识到数学知识是一切创新优化的理论支撑，是让整个成果有章可循的保障。数学来源于生活，应用于生活，生活中处处是数学。在一周的探索里，我们小组充分讨论，分工合作。我们无时无刻不用数学的知识解决问题，并为自己的理论提供“证据”。我们也明白了当今让人叹为观止的科技产品，背后都是日日夜夜的论证，都有数学知识作为支撑。

5. 小组 5：二元一次方程组（发言人：闫睿麟）

因为九键键盘有九个键，因此要计算声母和韵母的使用频率，我和我的组员们想到了用概率的知识；后来为了确定按键格子大小，我们又运用了相似的知识——对应线段成比例。在这个过程中，我们体验了数学知识与设计结合在一起的力量，利用数学改变生活、便利生活是一件很有意义的事。这也激励着我们现在认真学习数学知识，让生活更加美好！

## 六、单元教学实践反思

### （一）来自学生的声音

汤同学：我们组一开始进展得并不顺利，但经过老师的鼓励和组长的协调，同学们的兴趣被不断地激发，思维不断地碰撞。我们组的创作历程是漫长曲折但又不断前进的，这也让我感受到每个人都有无限的潜力，团队的力量是巨大的。

夏同学：在本次活动中，我受益匪浅。将看似不相关的键盘设计和数学知识联系到一起，大家一同努力，设计出了令我们满意的作品。在本次活动中，我真正意识到了生活中处处有数学，数学就藏在我们生活中。

代同学：首次接触这种项目式的课程，我感觉非常新奇有趣，在设计过程中有许多新的感受。在以后的生活中，遇到问题时我们也要多思考，在生活中要有创造性思维，使生活变得更加幸福美好。

张同学：我们组在设计的时候，也遇到了很多的困难，最终，同学们齐心协力设计出了最优方案。通过这次活动，我深切体会到了团队协作的力量，认识到了什么是真正的团队精神。

李同学：每个小组的作品都有自己的优点，当然也或多或少存在不足，设计无法做到尽善尽美，要不断适应目标用户的需求。

### （二）来自听课教师的声音

翟老师：当数学和学生的现实生活紧密结合时，数学就是富有生命力的。学生通过收集信息、设计方案、实施方案以及反思的全过程，全员参与设计活动，让学生成为问题的解决者、决策者、调查者、记录者，提高他们融合各学科知识的能力，增强其动手能力。项目式教学改变了课堂内容枯燥的现状，让学生在“做中学”，充分去感受数学的魅力。

苏老师：本节课的教学设计新颖，课程内容紧贴实际生活，体现“数学来源于生活又服务于生活”的课程理念。学生借助已具备的数学知识、数学思想和数学活动经验完成了项目式学习，其能力在完成任务的过程中得到锻炼和提升，进一步提升了数学学习的兴趣和参与度，抽象能力、推理能力、数据观念、模型意识、创新意识等数学核心素养得到深化。

仲老师：本次项目式学习让学生经历了动手操作、数据获取、小组合作、交流分享等多重体验，锻炼了学生的数学运算能力（建模计算）和数学表述能力（展示、解说），发展了学生的数学思维（建模、最优方案）和团队协作意识（小组合作）。对学生而言，相较于常规数学课堂，这样的项目式学习课堂是新奇的、有吸引力的，今后应深挖课本素材，多开展数学学科项目式学习。

## 七、教学反思

反思本次项目式学习的整个过程，可以说是收获满满，教师与学生共同成长、相互促进，很好地达成了设计的教学目标，主要有以下三点体会。

### （一）教师应多创设项目式学习机会，激发学生潜力

在这次学习过程中，我对课题有自己的一些预设，但事实上，学生自主生成了许多我都没有想到的研究方向，并很好地进行了实践。每位学生都有自己的新想法、好主意，互相碰撞后产生思维的火花，远远超出了我对他们的预期。可见，只要给学生合适的研究机会，给他们时间，学生有了展示才能的场所，就能够设计出非常优秀的产品。这样的学习机会可以切实提高学生的创新能力和实践能力，激发学生对学习和研究的热爱。

（二）借助数学研究让学生聚到一起，在集体中学习

这次的项目式学习，各个小组都完成得非常不错，学生自发走到一起，用课余时间讨论和研究自己的设计。小组成员之间相互配合，相互鼓励，不断地讨论、质疑、优化，不仅生成了优秀的作品，更加提升了集体的合作能力。借助数学研究的机会，让大家在实践中感受集体的力量，营造平等合作、取长补短、互相帮助、互相促进的氛围，大家共同探索，在互助的环境中培养各种优秀品质。

（三）教师要不断学习，为学生创设更多优秀的课题

项目式学习确实能够让学生从中获益，提升学生数学素养。想要为学生创造更多的学习机会，教师就要善于观察生活，学会用数学的眼光观察现实世界、用数学的思维审视现实世界，从中发掘好的课题，设计好的项目。因此，我要不断学习相关理论知识，学习优秀的项目式设计，继续发掘生活中的素材，为学生打造更多优秀的课题。

总之，本次教学成果超出我的预期，学生的成长也激励着我继续努力。我要以此为契机，深耕项目式教学，带领学生在数学研究中继续收获成长与快乐。

# “一次函数”单元教学设计

八年级数学　王龙

## 一、指导思想及其依据

“数与式”是代数的基本语言，初中阶段关注用字母表述代数式以及代数式的运算，明白字母可以像数一样进行运算和推理，通过字母运算和推理得到的结论具有一般性；“方程与不等式”揭示了数学中最基本的数量关系（相等关系和不等关系），是一类应用广泛的数学工具；“函数”主要研究变量之间的关系，探索事物变化的规律；借助函数认识方程和不等式。数与代数领域的学习，有助于学生形成抽象能力、推理能力和模型观念，发展几何直观和运算能力。

一次函数是初中阶段学习的所有函数中最简单的一个函数，这一部分的学习内容总结了函数的表达式及图像特点、思维方式、研究方式和应用方式。因此，学好一次函数是学好其他函数的基础。学生在初一阶段已经从表格、图像、表达式等方面了解了变量之间的关系，有一定的知识储备。另外，一次函数在现实生活中有着广泛的应用。结合生活经验及实际问题，学生更容易去理解和接受。

## 二、单元教学内容规划

本章结合实际问题，对事物的运动变化进行量化，引出常量和变量的意义，进而得出函数的概念；在初步建立函数概念的基础上，介绍并归纳一次函数的定义；通过画图总结归纳出一次函数的图像及性质；就实际问题进行应用建模，为今后研究各类函数及应用做好必要的思路和步骤准备。

（1）单元核心内容：函数概念，一次函数图像及性质，一次函数应用。

（2）单元核心思想方法：建模思想，数形结合思想。

（3）单元核心素养：数学建模。

（4）单元整体教学规划：定义—图像—性质—应用—类比研究其他函数模型。

## 三、单元教学目标设计

函数是研究现实世界变化规律的一个重要模型，它一直是初中阶段数学学习的一个重要内容。

（1）从实际问题引入，初步知识函数、一次函数等抽象概念，体会函数的模型思想。经历一次函数的图像及性质的探索过程，在活动中发展合作交流的意识和能力。

（2）利用一次函数及图像解决实际问题，发展应用意识。

（3）初步理解函数的概念，在实际问题中感受自变量取值范围的意义，能根据所给信息确定一次函数表达式。

（4）会画一次函数的图像，理解一次函数图像的变化与 $k$，$b$ 的关系。

（5）在探索和解决问题的过程中，体会数形结合的思想方法与一次函数中 $k$，$b$ 的实际意义。

## 四、单元课时任务安排

表 38“一次函数”单元课时任务安排

| 大单元教学顺序 | 课题 | 主要内容 | 课时数 |
| --- | --- | --- | --- |
| 1 | 函数 | 函数概念 | 1 |
| 2 | 一次函数与正比例函数 | 概念及简单表达式 | 1 |
| 3 | 一次函数的图像 | 画函数图像的一般步骤及图像的性质 | 2 |
| 4 | 一次函数的应用 | 利用一次函数解决实际问题，跨学科学习 | 3 |
| 5 | 回顾与思考 | 单元复习 | 1 |

## 五、单元教学过程设计

以“一次函数的应用”为例，进行跨学科学习的教学设计。

表 39 “一次函数”的应用教学设计

<table>
<tr><td>课题</td><td colspan="3">追光</td></tr>
<tr><td>教材分析</td><td colspan="3">函数（一次函数）是八年级上册数学中非常重要的数学模型。生物中的光合作用、物理中的电压功率和光的反射等各学科知识也都需要用到一次函数来进行分析和研究</td></tr>
<tr><td>核心素养分析</td><td colspan="3">从函数的视角去分析各学科的问题，打破学科之间的边界，建立联系的通道。<br>用函数工具去解决各学科中的问题，形成数学建模能力。<br>通过函数语言重新表达各学科中的抽象意义，养成数学表达能力</td></tr>
<tr><td>素养目标</td><td colspan="3">（1）了解函数在各学科问题中的作用。<br>（2）经历和体验函数及方程解决问题的过程。<br>（3）发展模型思想和应用意识</td></tr>
<tr><td>重点</td><td colspan="3">函数在各学科问题中的应用和对实际问题的理解</td></tr>
<tr><td>难点</td><td colspan="3">应用多学科知识共同解决函数问题</td></tr>
<tr><td>整体设计意图</td><td colspan="3">以太阳光为载体，从函数的角度来重新理解光储能、光合作用和光的反射等知识和应用，打破数学与物理、生物等学科的边界，帮助学生逐渐养成跨学科思考问题的思维方式</td></tr>
<tr><td colspan="4">教学过程</td></tr>
<tr><td>教学环节</td><td>教师活动</td><td>学生活动</td><td>设计意图</td></tr>
<tr><td>文化导入</td><td>我国古代对光的理解：<br>《墨经》：“光之人，煦若射。下者之人也高，高者之人也下。”<br>《庄子》：“夫光者，物之表现也。”</td><td>集体诵读，翻译古文，思考反映了什么科学知识</td><td>提高学生的文化素质；尊重并弘扬优秀传统文化；培养学生的爱国情怀及文化自信</td></tr>
</table>

（续表）

<table>
<tr><th colspan="4">教学过程</th></tr>
<tr><th>教学环节</th><th>教师活动</th><th>学生活动</th><th>设计意图</th></tr>
<tr><td>上课过程</td><td>对人类和对地球来说，最重要的光是什么光？<br>视频播放：太阳光是如何产生的。<br>太阳光到达地球后都去哪了呢？——光储能，光合作用，光发射。<br>一、去向 1：光储能<br>视频播放：太阳能电池板的工作原理。<br>例 1：下图是某型号太阳能电池板的功率曲线，横轴是输出电压 $U$，左纵轴是输出电流 $I$，右纵轴是输出功率 $P$。<br>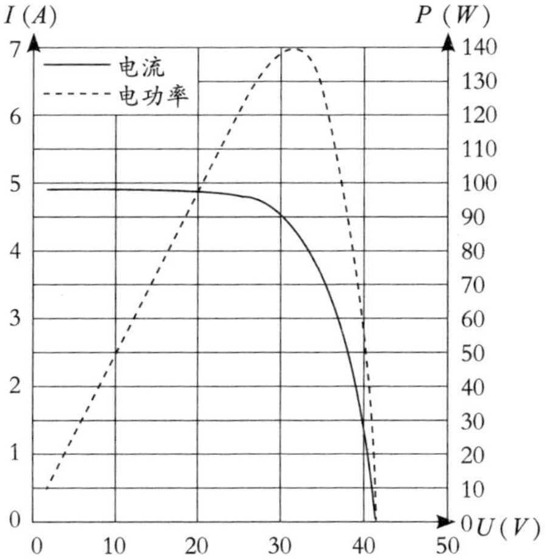
<br>请根据图像上的数据猜想 $P$、$U$、$I$ 之间的数量关系并填写表格。<br><table><tr><th>P</th><th>U</th><th>I</th></tr><tr><td></td><td></td><td></td></tr><tr><td></td><td></td><td></td></tr><tr><td></td><td></td><td></td></tr></table><br>小结：图片展示光储能的应用场景。</td><td>跟随小视频和问题，层层推进，引出光的三个主要去向，并回答问题<br><br>观看太阳能电池板工作原理，并回答相关学科问题。进行 $P$，$U$，$Z$ 数量猜想及小组讨论，学生上台展示并讲解</td><td>了解光子的产生过程及光子到达太阳表面所经历的随机事件</td></tr>
</table>

（续表）

| 教学过程 | | | |
|---|---|---|---|
| 教学环节 | 教师活动 | 学生活动 | 设计意图 |
| 上课过程 | 二、去向2：光合作用<br>例2：下图表示在一定条件下测得的某植物在光合作用中二氧化碳的吸收量与光照强度的关系。<br>（1）求二氧化碳的吸收量$y$与光照强度$x$的函数关系式。<br>（2）想要达到最大的光合作用，最少需要多少光照强度？<br>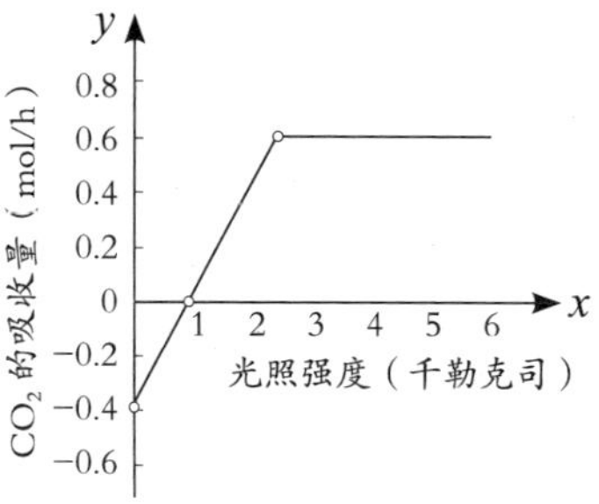<br>小结：图片展示光合作用的最大价值。 | 思考并回答光合作用的基本原理，完成二氧化碳吸收和光照强度关系图像，并上台讲解 | 回顾八年级生物中的光合作用，理解函数图像上各个点的实际意义，并用一次函数图像去分析最适合的光照强度 |
| | 三、去向3：光反射<br>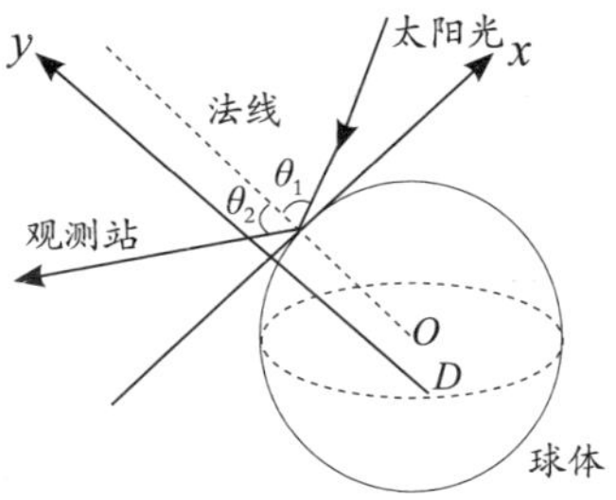<br>例3：以地平线所在直线作为$x$轴，与法线平行的直线作为$y$轴，建立平面直角坐标系。入射光线在直线$l_1$：$2x-y-3=0$上，先经过$x$轴反射到直线$l_2$上，再经过$y$轴反射到直线$l_3$上（请在以下坐标系中画出直线图像）。 | 光能除了以上利用方式之外，有一部分也被反射了，根据八年级上册物理平明镜的反射知识和一次函数知识，完成光路图及表达式的求解，小组讨论并上台展示 | 为太阳光照到地球上并反射这一现象建立适当的球体模型以及平面模型，利用光反射的基本原理和一次函数的相关知识来解决光路的直线表达式问题 |

（续表）

<table>
<tr><th colspan="4">教学过程</th></tr>
<tr><th>教学环节</th><th>教师活动</th><th>学生活动</th><th>设计意图</th></tr>
<tr><td>上课过程</td><td>

（1）光线 $l_2$ 与 $y$ 轴的交点坐标为______。

（2）求直线 $l_3$ 的函数解析式。

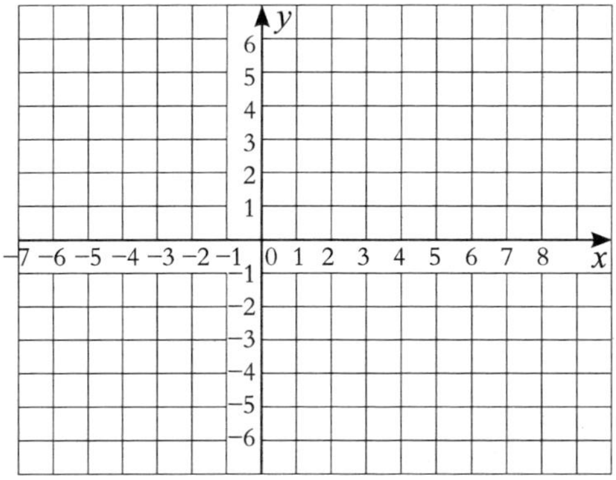


小结：部分光反射维持地球温度恒定。

视频播放：温室气体效应造成的危害。

四、课后探究

随着温室气体排放量的增多，地球大气层对光的反射能力减弱，致使地球吸收的太阳光增多，这是全球气候变暖的原因之一。请搜集资料，查找最近100年全球平均气温走势图，并预测2050年全球气温值，根据预测值阐述全球变暖对环境、人类、地球造成的影响。

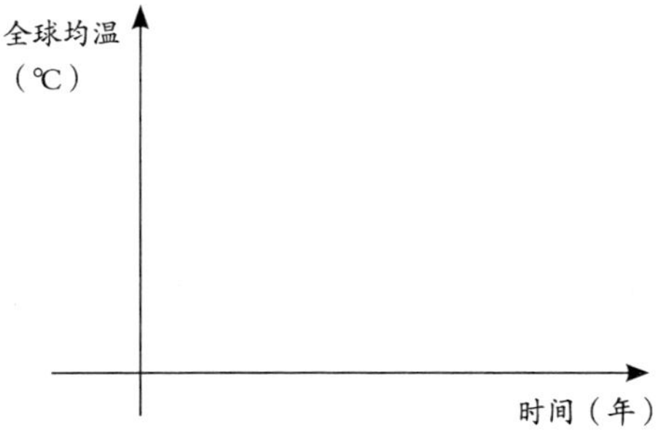


</td><td>画出光反射的函数图像<br><br>回答光反射的作用，观看温室气体造成的危害视频，课后探究</td><td>通过建立函数图像来预测气温，结合数学及地理学科知识分析全球变暖造成的影响</td></tr>
</table>

（续表）

| 教学过程 | | | |
|---|---|---|---|
| 教学环节 | 教师活动 | 学生活动 | 设计意图 |
| 上课过程 | 五、回归函数和跨学科应用<br>（1）用函数把光储能、光合作用和光反射的知识重新理解和梳理了一遍。<br>（2）查理芒格：“如果你轻车熟路地走上跨学科的途径，你将永远不想往回走。”<br>六、总结升华<br>除了现实中的光，我们每个人的心中也有自己想追的光。<br>青附少年，追光少年 | 回答光的三大去向用什么数学知识串起来的？（函数）<br>回答自己想追求的梦想，观看我校学生的“追光”素材 | 思维发散之后的回收，让学生感受跨学科的重要性<br><br>追光少年，追寻正能量，进行价值观教育 |

## 六、单元教学实践反思

在本单元的教学与学习中，教师注重实际问题的引入与解决。在具体问题解决的过程中，鼓励学生多角度思考，只要方法有道理，就给予鼓励与肯定。另外，需要关注在解决问题过程中学生对图像的理解水平和表达水平，以及运用一次函数解决问题的能力。同时，注重并充分挖掘生活中的素材，让学生更深刻地体会到数学的广泛应用。

# 基于整体视角下的初中数学单元教学设计
## ——以一元一次方程为例

七年级数学　高秀丽

### 一、指导思想及其依据

2022年国家对义务教育课程标准进行了较大的改革，其中的一个内容是提倡大单元教学。所谓大单元教学设计，实际上就是改变过去过于注重以课时为单位的教学设计，强调单元整体教学设计的理念，以核心素养目标作为教学的着眼点，根据授课内容的需要，将知识进行重新整合，从整个单元的角度统筹安排教学目标、内容顺序、教学方式、作业设计及评价方式。

将方程作为一个大单元进行教学设计并实施教学，在教学过程中重视对部分与整体关系的渗透，让学生从整体上认识方程知识，将方程的概念、列法、解法、思想视作一个整体进行学习，培养学生的学科核心素养。

### 二、单元教学内容规划

教材将初中阶段的第一种方程——一元一次方程安排在七年级上册第五章，本单元计划在讲授第一节课“认识一元一次方程”时，整合初中阶段的有关的内容，创设真实的问题情境，利用一连串的问题引发学生思考，激发学生学习数学的兴趣，通过分类讨论、概括归纳、迁移运用等学习方法，让学生先看到整个初中阶段所要学习的所有方程，让学生“先见森林，再见树木”，然后将学习一元一次方程的方法用在之后的学习中。

### 三、单元教学目标设计

方程要培养的学生的核心素养，主要包括以下几个方面。

（1）会用数学的眼光观察现实世界。数学眼光主要表现为抽象能力、创新意识等。本单元设计了一系列的实际问题，让学生观察思考，在实际情景中发现和提出有意义的数学问题，进行探究。

（2）会用数学的思维审视现实世界。数学思维的主要表现之一是运算能力。通过解一元一次方程的目标设计，培养学生的运算能力和推理意识。

（3）会用数学的语言表达现实世界。在义务教育阶段，数学语言主要表现为数据意识、模型意识或模型观念、应用意识。本单元教师创设问题情景，让学生从具体问题中找出数量关系，构建方程模型，并用来解决实际问题；在解决实际问题的过程中培养抽象能力和构建方程模型的能力。

## 四、单元课时任务安排

表 40“一元一次方程”单元课时任务安排

| 课时内容与任务 | 课时 |
|---|---|
| 认识一元一次方程 | 2 |
| 求解一元一次方程 | 3 |
| 一元一次方程的应用 | 4 |

## 五、单元教学过程设计

### （一）单元教学过程整体设计

在第一课时中，给出实际背景，让学生列出整个初中阶段所有的方程类型，让学生通过分类的数学思想认识一元一次方程，看到不同类型的方程，为后面的学习做好铺垫。

在第二课时中，学生能根据等式的基本性质，探究出一元一次方程的解，总结出解法步骤。

在第三、四、五课时中，让学生小组合作，将方程分成不同类型，总结归纳一元一次方程的解法。

第六课时，学生根据几何图形中的数量关系，建立方程模型，解决实际问题，归纳概括用方程解决实际问题的方法步骤，为后面其他方程的学习提供方法步骤。教师可以利用几何画板画出几何图形。

第七、八课时，先复习销售问题中的基本等量关系，教师提供具体的问题情境，让学生自主探究销售中的等量关系。可以借助表格列出方程求解，也可以用沉浸式教学法。

利用几何画板演示线段示意图，揭示行程问题中的等量关系。可以让学生根据家长每天接送其上学放学的实际情境，设计行程问题，同学之间互相解答。

下面以第一课时为例进行教学设计。

**（二）课时教学设计案例剖析：**

表 41“认识一元一次方程”（第一课时）教学设计

<table>
<tr><td>课题</td><td colspan="2">认识一元一次方程</td></tr>
<tr><td>学情分析</td><td colspan="2">七年级学生在小学已了解了方程及方程的解，能够对实际问题进行分析，寻找等量关系，建立方程。进入初中后已学习过代数式、整式，能从众多代数式中找出整式</td></tr>
<tr><td>教材分析</td><td colspan="2">一元一次方程是整个初中阶段方程这个大单元中的第一节，它是在学生学习了“有理数的运算”和“整式及其加减”的基础上学习的，为后续学习其他方程等做了铺垫，起到承上启下的作用</td></tr>
<tr><td>教学目标设计</td><td colspan="2">（1）会用数学的眼光观察现实世界，能根据现实情境理解方程的意义，能针对具体问题列出方程。<br>（2）能通过分类归纳的方法明白一元一次方程的概念，理解并掌握一元一次方程的概念。<br>（3）通过分组合作，学会与他人合作，并能与他人交流思维的过程与结果</td></tr>
<tr><td rowspan="2">教学重点难点</td><td>重点</td><td>用分类的数学思想概括归纳出一元一次方程的定义；以实际问题形成方程的模型，能初步列出一元一次方程</td></tr>
<tr><td>难点</td><td>利用分类的数学思想，概括出一元一次方程的定义，为方程大单元教学做好铺垫</td></tr>
<tr><td>教学方法</td><td colspan="2">引导探索法（自主探究，合作学习）</td></tr>
<tr><td>教具</td><td colspan="2">课件、视频文件</td></tr>
</table>

（续表）

| 教学过程 | | | |
| --- | --- | --- | --- |
| 教学环节 | 教师活动 | 学生活动 | 设计意图 |
| 教学环1：通过视频创设情境导入新课 | 播放视频，内容是四川凉山某县满山的果树上挂满了金黄的橘子，果农正在忙着采摘。画外音介绍，四川凉山某县盛产粑粑柑和丑橘，但由于各种原因导致产品滞销，果农面临水果腐烂带来的损失。当地政府了解情况后，积极帮助果农寻找销路。如果你是政府工作人员，你有什么好的建议帮助果农 | 学生思考后回答。线上销路：网上销售；线下销路：找实体店（或有其他答案） | 设置丰富的问题情境，使学生经历模型化的过程，激发学生的好奇心和主动学习的欲望，同时对学生进行爱国教育，增强学生的社会责任感 |
| 教学环节2 | 1. 用PPT展示问题<br>请学生通过独立思考，小组合作，列出相应的方程。<br>（1）有关部门在建议果农进行网上销售的同时，也积极帮助他们联系线下销售渠道。经联系，青岛某大型超市有购买意向，于是派人到四川凉山某县实地考察水果质量，如果质量合格，就购买滞销的这两种水果，帮助果农渡过难关。<br>青岛某大型超市负责人实地考察后发现，此地实行规模化种植，果园是一个近似长方形的山坡。据果农介绍，果园长比宽多40米，总面积为4500m$^2$。请问果园的长和宽各是多长？<br>如果设长为$x$米，则可列方程$x(x-40)=4500$，即$x^2-40x=4500$（①）。 | 学生通过独立思考，小组合作列出的方程 | 为学生提供参与数学活动的问题串，发挥学生的主体作用；列出相关方程，培养学生能从实际问题中寻找等量关系的能力，培养其列方程的能力 |

（续表）

| 教学环节 | 教师活动 | 学生活动 | 设计意图 |
|---|---|---|---|
| | （2）已知超市购买粑粑柑 800 千克，丑橘 600 千克，共付 10600 元，其中每千克粑粑柑比每千克丑橘贵 1 元。<br>如果设 1 千克丑橘 $z$ 元，则可列方程 $800(z+1)+600z=10600$（②）。<br>（3）装运丑橘的纸箱有两种，一种是正方体，体积为 $27000\text{cm}^3$。如果设正方体盒子的高为 $a$ cm，可列方程 $a^3=27000$（③）。一种是长方体纸箱，长 AB 比宽 BC 多 2cm，长 AB 比高 CD 多 8cm。为了防止运输过程中箱子破损，用胶带进行包扎，胶带经过上下底面各边中点，方式如图所示。已知一个箱子所用胶带长为 224cm（接头长度忽略不计），如果设箱子的长为 $x$cm，则可列方程 $x+2(x-2)+4(x-12)=224$（④）。<br>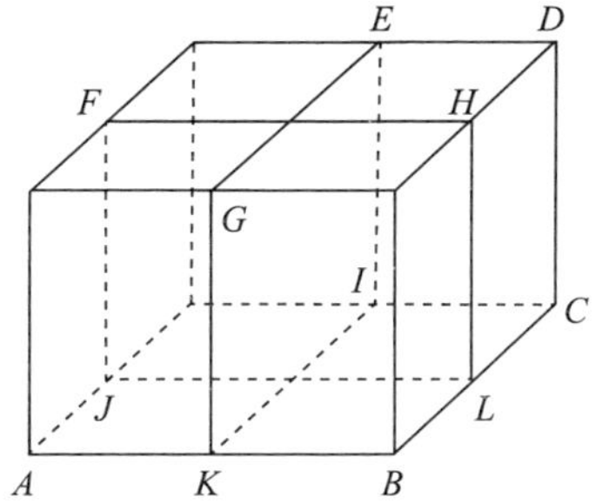 | | |
| 教学环节 3 | （4）已知青岛到凉山大约 2400 千米，经调查，全程用火车运输比全程用汽车运输少 8 个小时。已知火车的平均行驶速度是汽车的 4 倍，问用火车运输的话几小时到青岛？<br>如果设用汽车运输到青岛用 $x$ 小时，可列方程 $\frac{2400}{x}-\frac{2400}{4x}=8$（⑤）。 | | |

（续表）

| 教学环节 | 教师活动 | 学生活动 | 设计意图 |
|---|---|---|---|
| | （5）水果运到青岛某超市后，张阿姨和李阿姨两人都到这家超市买水果，张阿姨买了 3 千克粑粑柑和 2 千克丑橘，共花了 56 元；李阿姨买了 1 千克粑粑柑和 3 千克丑橘，共花了 42 元。问粑粑柑和丑橘的售价各是多少元？如果设每千克粑粑柑为 $x$ 元，每千克丑橘为 $y$ 元，则可列方程 $x+3y=42$（⑥），$3x+2y=56$（⑦）。<br>（6）过了一段时间，某大型超市发现粑粑柑卖得很好，决定再次购买这种水果。果农为了答谢老客户，决定给予优惠，调低进价。某大型超市在进价的基础上提高 40% 后定价为 9.8 元，问粑粑柑的进价为多少元？如果设每千克粑粑柑进价为 $x$ 元，则可列方程 $(1+40\%)x=9.8$（⑧）。<br>果农决定扩大种植规模，再种植二个果园。已知第二块果园的面积比第一块的面积的 3 倍还多 $100\text{m}^2$，这两块果园的总面积为 $3300\text{m}^2$，问两块新种的果园的面积分别是多少？<br>如果设第一个果园的面积是 $x\text{m}^2$，则可列方程 $x+3x+100=3300$（⑨）。<br>2. 用 PPT 出示问题要求<br>（1）请同学们按某一个标准对以上方程进行分类，说出你们的分类标准和分类结果。<br>分类方法有很多种，只要合理即可。教师要对结果进行分析和引导，选出适合课堂设计的方案进行课堂分析。 | 通过自主观察，师生互动、生生互动，经历三次分类，概括归纳出一元一次方程的定义 | 通过概括出一元一次方程的定义，培养学生树立分类的数学思想和归纳概括的能力；同时，也要让学生意识到，方程种类繁多，为后续学习二元一次方程（组）、一元二次方程、分式方程等做好铺垫 |

（续表）

| 教学环节 | 教师活动 | 学生活动 | 设计意图 |
| --- | --- | --- | --- |
| | 预设答案：按方程两边的代数式是不是整式分类：方程①②③④⑥⑦⑧⑨是一类，方程两边的代数式都是整式；方程⑤是一类，方程左边的代数式不是整式。<br>（2）请同学们再按某一个标准对方程①②③④⑥⑦⑧⑨进行分类，说出你们的分类标准和分类结果。<br>分类方法还是有很多种，教师对结果进行分析和引导，选出适合课堂设计的方案进行分析。<br>预设答案：按方程中未知数的个数来分类：方程①②③④⑧⑨是一类，方程中只有一个未知数；方程⑥⑦是一类，方程中有两个未知数。<br>（3）请同学们再按某个标准对方程①②③④⑧⑨进行分类，说出你的分类标准和分类结果。<br>这次的分类比较简单，学生很容易就看出②④⑧⑨是一类，方程中未知数的最高次数是一次的；方程①③是一类，方程中未知数的最高次数不是一次的。<br>（4）根据这三种分类标准，你们能归纳总结出②④⑧这类方程的特征吗？<br>预设答案：概括归纳出一元一次方程定义的关键特征：第一，方程两边的代数式是整式（即是整式方程）；第二，含有一个未知数；第三，未知数的最高次数是1。<br>归纳一元一次方程定义：在一个方程中，只含有一个未知数，且未知数的次数是1，这样的方程叫作一元一次方程。 | 独立思考，回答问题；若有疑问，小组内解决或寻求教师帮助 | 通过举例，进一步体会相关概念，利用概念解决问题 |

（续表）

| 教学环节 | 教师活动 | 学生活动 | 设计意图 |
| --- | --- | --- | --- |
| | 使方程左右两边的值相等的未知数的值，叫做方程的解。<br>注意：任何一个一元一次方程都可以化为 $ax+b=0$（$a$，$b$ 为常数，且 $a\neq0$）的形式 | | |
| 教学环节 4 | 应用举例<br>例 1：下列选项中是一元一次方程的是（　）。<br>A. $9x+2$　　B. $3a+6=4a$<br>C. $3x+5=3x-2$　　D. $2x+y=8$<br>例 2：若关于 $x$ 的方程 $2xm-3+4=7$ 是一元一次方程，求 $m$ 的值。<br>例 3：若关于 $x$ 的方程 $2x+a-9=0$ 的解是 $x=2$，则 $a$ 的值为（　）。<br>A. 2　B. 3　C. 4　D. 5<br>注意：教师应尽量让学生自己解决，对学生的表现给予及时恰当的评价 | | |
| 教学环节 5 | 1. 随堂练习<br>（1）判断下列各式是不是一元一次方程。<br>① $2x^2-5=4$；　② $-m+8=1$；　③ $x=1$；<br>④ $x+y=1$；　⑤ $x+3>0$；<br>⑥ $2x^2-2(x^2-x)=1$；　⑦ $\frac{2}{x}-7=4$；<br>⑧ $\pi x=12$<br>（2）若 $8xa-1+5=0$ 是关于 $x$ 的一元一次方程，则 $a$ 的值为______。<br>（3）下列方程中，解为 $x=-2$ 的是（　）。<br>A. $3x-2=2x$　　B. $4x-1=2x+3$<br>C. $3x+1=2x-1$　　D. $5x-3=6x-2$<br>（4）若 $x=4$ 是关于 $x$ 的方程 $ax=8$ 的解，则 $a$ 的值为______。 | 独立完成练习和检测 | 巩固新知，检测课堂学习效果，对学生进行激励性评价 |

（续表）

| 教学环节 | 教师活动 | 学生活动 | 设计意图 |
| --- | --- | --- | --- |
| | （5）若关于 $x$ 的方程 $x-2015=0$ 的解也是方程 $x-2k=2015$ 的解，则 $k=$______。<br>2. 课堂检测<br>（1）判断下列各式是不是一元一次方程，是的打“√”，不是的打“×”。<br>① $\frac{22}{x}-\frac{22}{x+1}=\frac{1}{5}$；　② $-m+8=1$；<br>③ $x=1$；　④ $x+y=1$；　⑤ $x+3>0$；<br>⑥ $2x^2-2(x^2-x)=1$；　⑦ $-3-5=18$；<br>⑧ $\pi x=12$<br>（2）判断下列各数是不是方程 $5x-2=7+2x$ 的解，然后写出检验过程。<br>① $x=2$；　② $x=3$；<br>③已知 $2xk-1=3$ 是关于 $x$ 的一元一次方程，则 $k$ 的值为（　）。<br>变式：已知 $(2-k)x^{\|k-1\|}$ 是关于 $x$ 的一元一次方程，求 $k$ 的值 | | |
| 教学环节 6 | 一、课堂小结<br>引导学生小结<br>二、巩固新知布置作业<br>（1）必做作业。<br>①家业本：课本第 132 页第 1、3 题。<br>②同步练习册本课时基础练习。<br>（2）选做作业。<br>《同步练习》能力提升部分的练习题 | 讨论交流，自由发言 | 通过课外作业，给学生留下学习的空间和兴趣，及时获知学生对本节课知识的掌握情况，适当调整教学进度和教学方法，并对学习有困难的学生给予指导 |

（续表）

<table>
<tr><td>板书<br>设计</td><td>5.1　认识一元一次方程<br>一、知识点<br>1. 一元一次方程的定义　　　学生练习区域<br>2. 方程的根<br>二、数学思想<br>分类的数学思想。<br>三、小结</td></tr>
<tr><td>学生<br>反思<br>评价<br>设计</td><td><table><tr><td></td><td>积极参与课堂活动</td><td>乐意与同学交流沟通</td><td>原有基础知识掌握情况</td><td>应用新知解决问题的能力</td></tr><tr><td>自我评价</td><td></td><td></td><td></td><td></td></tr><tr><td>感想和体会</td><td></td><td></td><td></td><td></td></tr></table></td></tr>
</table>

## 六、单元教学实践反思

由一个情境引出一系列问题，学生通过“合作学习”，从中抽象出方程模型，利用分类、归纳等数学思想和方法，概括出一元一次方程的概念。根据等式的基本性质，探究出一元一次方程的解法，并用一元一次方程来解决实际问题。这种学习方程的方法为后续学习其他多元、高次方程提供了思路，是学习其他方程的基础，起到承上启下的作用。

# “数据分析”单元教学设计

八年级数学　王　佳

## 一、指导思想及其依据

本套教科书主要有四个领域：“数与代数”“图形与几何”“统计与概率”“综合与实践”。

义务教育课程应使学生通过数学的学习，形成和发展面向未来社会和个人发展所需要的核心素养。核心素养是在数学学习的过程中逐渐发展和形成的。所以，课程的设计应该以核心素养为导向，进一步强调学生获得基础知识，基本技能、基本思想和基本活动经验能力，以及运用数学的知识与方法提出、分析和解决问题的能力。

本单元以影响心跳的因素为实际背景，提出问题，引导学生发现其中的数学问题，运用数学的眼光看世界，研究实际情境中的数学规律。同时，建立“数据统计”的大概念，通过项目式学习的方法，引导学生独立探索生活中影响心跳的因素，引导学生理解数据分析的必要性。另外，要知道根据研究问题的需要，选择恰当的方法收集数据；会用简单的方法抽样，引导学生通过对实际问题中的数据的整理与分析，认识数据的数字特征的意义与功能。理解平均数、中位数、众数如何刻画数据的集中趋势，理解方差如何刻画数据的离散程度。引导学生通过实际问题中的数据分类，了解数据分类的意义和简单的数据分类的方法。知道各种统计图的功能，能选择恰当的统计图表描述和表达数据，让学生感悟数据分析的必要性，形成和发展数据观念和建模观念。

在这一过程中，学生积累了实际的活动经验，经历了用数学的思维观察现实世界的过程，形成了重论据、有条理、合乎逻辑的思维方式，培养了运算能力与推理意识。

## 二、单元教学内容规划

本章调整了原本的课时安排，将统计概念前置，然后鼓励学生自主探索、收集数据，根据自己的感受先制作统计表，然后再通过比较和教师的指导，感受不同统计表之间的区别，选择合适的统计表反映小组结论，经历数学“再发现”的过程，发展质疑问难的批判性思维，形成实事求是的科学态度。学生汇报项目式学习结果时，应形成一份研究性学习报告，让学生形成数据意识和数据观念，并在交流的过程中有意识地运用数学语言表达现实生活与其他学科的联系，感悟数据的意义与价值。同时，让经历数据收集整理的过程，用真实的数据表达、解释与分析现实世界中的不确定现象，养成用数学语言表达和交流的习惯。

## 三、单元教学目标设计

进一步参与数据的收集、整理、描述、分析活动，了解数据处理的过程；会制作不同的统计图，直观有效地描述数据；理解平均数、众数、中位数的意义，能计算平均数、中位数、众数、加权平均数，知道它们是对数据集中趋势的描述；体会刻画数据离散程度的意义，会计算一组简单数据的极差、方差、标准差；能解释数据分析的结果，能根据结果做出简单的判断和预测，并进行交流；结合实际情境，理解数据分析的大概念，掌握用统计的方法分析问题，并对结果进行预测，为现实生活提出有效的建议。

## 四、单元课时任务安排

数据的集中趋势：一课时。

数据的离散程度：二课时。

成立项目式学习：三课时。

整理实验数据，制作统计图：一课时。

最终成果展示：一课时。

## 五、单元教学过程设计

本节先利用两个课时学习分析数据的集中趋势和数据的离散趋势，然后确定课题；成立项目式学习小组，每个小组确定自己的研究方向，制订计划，展开调研收集信息并加以分析。接下来，用一个课时的时间进行第一次汇报，汇报中感受不同统计图表的区别，选择适合的表格，最后完成汇报展示。

表 42“数据的集中趋势”教学设计

| 第一课时　数据的集中趋势教学设计 | |
|---|---|
| 课题 | 数据的集中趋势 |
| 课型 | 新授课 ☑　章 / 单元复习课 □　专题复习课 □<br>习题 / 试卷讲评课 □　学科实践活动课 □　其他 □ |
| 教学内容分析 | 数据的集中趋势是本单元的第一节课，学生要学会用平均数、加权平均数、中位数和众数四个统计量，来描述数据的集中趋势 |
| 学习者分析 | 学生已经在七年级学习过数据的收集、整理、分析的内容。根据之前的经验，进一步感受平均数和加权平均数的区别，通过中位数和众数的学习，感受不同的描述数据集中趋势的方法，并对各种方法加以区别 |
| 学习目标确定 | 根据“新课标”和学生实际，学习目标应指向学科核心内容、学科思想方法、学科核心素养的发展进阶，描述学生经历学习过程后应达成的目标和学生应能够做到的事情，可分条表述。<br>理解平均数、中位数、众数的意义，能计算平均数、中位数、众数，知道它们是对数据集中趋势的描述；引导学生通过对实际问题中数据的整理与分析，发展数据观念和建模意识 |
| 学习重点难点 | 重点：加权平均数、中位数、众数的基本概念。<br>难点：分析数据的集中趋势 |
| 学习评价设计 | 从知识获得、能力提升、学习态度、学习方法、思维发展、价值观念培育等方面设计过程性评价的内容、方式与工具等，通过评价持续促进课堂学习深入，突出诊断性、表现性、激励性，体现学科核心素养发展的进阶。课时的学习评价是单元学习过程性评价的细化，要适量、适度。评价不应中断学生的学习活动，要通过学生的行为表现判断学习目标的达成度 |

（续表）

| 具体评价指标 | |
|---|---|
| 评价指标 | 评价等级 |
| 理解算术平均数、加权平均数、中位数和众数的概念 | A、B、C（形成性评价） |
| 会用统计数据描述数据的集中趋势 | A、B、C（形成性评价） |
| 在小组活动中积极参与，大胆发言 | A、B、C（过程性评价） |
| 根据问题背景选择合适的量来描述问题的集中趋势 | A、B、C（形成性评价） |
| 用本节课学习的内容解决一些实际问题，完成课后练习 | A、B、C（终结性评价） |

| 学习活动设计 | | | |
|---|---|---|---|
| 学习环节 | 教师活动 | 学生活动 | 活动意图 |
| 环节一：创设情景：应该录取谁？ | 某广告公司欲招聘广告策划人一名，A、B、C三名候选人参加了三项素质测试，他们各自成绩如表所示（教师出示表格），根据平均分，应该录取谁？<br>根据实际需要，需要一名擅长创新的综合型人才，应该录取谁？<br>如果三项得分按照4∶3∶1的比例，根据最终成绩，此时谁应该被录取？<br>在日常学习中，这种计算方法还能用在什么时候 | 小组讨论：学生在真实问题情境中开展学习活动；围绕三个问题选择录取人，并分享这么做的理由 | 通过实际问题激发学生的学习兴趣，引入加权平均数的概念；联系生活实际加深学生印象 |
| 环节二：数量最多的人 | 班里要购买小白鞋，如果你是鞋店老板，你怎么选择尺码进货？此时我们需要计算班级学生鞋码的平均数吗 | 此时平均数不能提供帮助，我们需要关注哪种尺码更多 | 根据实际情况，发现平均数不好用了，引入众数的概念 |

（续表）

| 学习环节 | 教师活动 | 学生活动 | 活动意图 |
|---|---|---|---|
| 环节三：谁在中间? | 小明所在班级一共30人，一次考试中5人100分，5人90分，15人80分，小明75分，4人1分，小明说自己处于班级的中等水平，你觉得对吗?<br>平均数、中位数、众数都是描述数据集中趋势的统计量，你觉得它们之间有什么区别和联系 | 小明的描述不符合实际情况，所以我们需要一个描述数据中间水平的统计量。学生小组讨论，比较三个描述数据集中趋势的统计量之间的区别和联系。<br>举例说明在实际生活中不同的情境下需要选择不同的统计量 | 制造矛盾引发学生学习兴趣，引出中位数的概念 |
| 板书设计 | 数据的集中趋势<br>1. 平均数、加权平均数　2. 众数　3. 中位数 | | |
| 作业与拓展学习 | 完成练习册中关于集中趋势的内容。<br>从生活中各找一个情境，用不同的统计量进行描述 | | |
| 教学反思与改进 | 本节课，我们在平均数的基础上学习了加权平均数、中位数、众数，初步感知了数据的集中趋势，为后续数据分析整理的开展打下了基础。同时，应鼓励学生大胆发言，联系生活实际，找出生活中使用不同统计量的情境 | | |

表 43“数据的离散程度”教学设计

| 第二课时　数据的离散程度教学设计 | |
|---|---|
| 课题 | 数据的离散程度 |
| 课型 | 新授课 ☑　章 / 单元复习课 □　专题复习课 □<br>习题 / 试卷讲评课 □　学科实践活动课 □　其他 □ |
| 教学内容分析 | 数据的离散程度是本单元的第二节课，学生会学习方差、标准差、极差刻画数据的离散程度，发展数据分析观念 |
| 学习者分析 | 学生已经研究过数据的集中趋势，具备了一定的数据分析能力。但是，仅用数据的集中趋势还难以准确刻画一组数据，需要进一步研究数据的离散趋势，通过丰富的例子让学生感受数据离散程度的意义和影响 |
| 学习目标确定 | 体会刻画数据离散程度的意义，会计算一组数据的方差、标准差、极差 |
| 学习重点难点 | 重点：极差、方差、标准差的概念。<br>难点：描述数据的离散程度 |
| 学习评价设计 | 知识获得、能力提升、学习态度、学习方法、思维发展、价值观念培育等方面设计过程性评价的内容、方式与工具等，通过评价持续促进课堂学习深入，突出诊断性、表现性、激励性，体现学科核心素养发展的进阶。课时的学习评价是单元学习过程性评价的细化，要适量、适度。同时，评价不应中断学生学习活动，要通过学生的行为表现判断学习目标的达成度 |

| 具体评价指标 | |
|---|---|
| 评价指标 | 评价等级 |
| 理解方差、标准差、极差的概念 | A、B、C（形成性评价） |
| 会用统计数据描述数据的离散程度 | A、B、C（形成性评价） |
| 在小组活动中积极参与，大胆发言 | A、B、C（过程性评价） |
| 根据问题背景选择合适的量描述问题的离散程度 | A、B、C（形成性评价） |
| 用本节课学习的内容解决一些实际问题，完成课后练习 | A、B、C（终结性评价） |

（续表）

| 学习活动设计 | | | |
|---|---|---|---|
| 学习环节 | 教师活动 | 学生活动 | 活动意图 |
| 环节一：最大的鸡腿 | 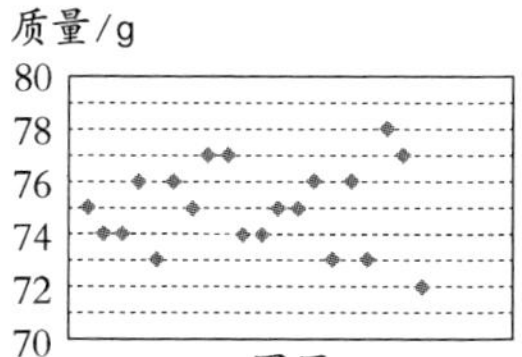<br>甲厂<br>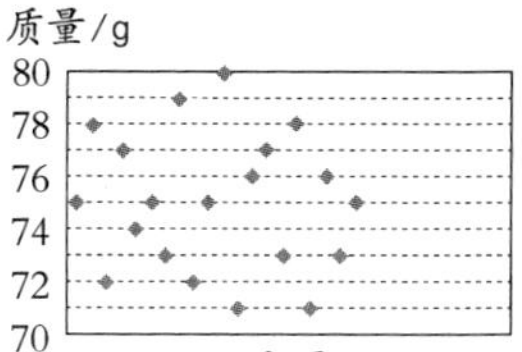<br>乙厂<br>这是两个厂出产的鸡腿质量的统计图，你能估计出两厂鸡腿的平均质量吗？<br>两厂鸡腿质量的最大值和最小值分别是多少？<br>如果你是进货商，你愿意从哪个厂进货呢 | 小组讨论：如何不计算就能估计出鸡腿的平均质量<br><br>引导学生分析只有平均数的话能否直接选择厂家<br><br>对于集中趋势的偏离情况怎么描述？ | 引入极差的概念，描述数据的最大值和最小值的差 |
| 环节二：数据的离散趋势 | 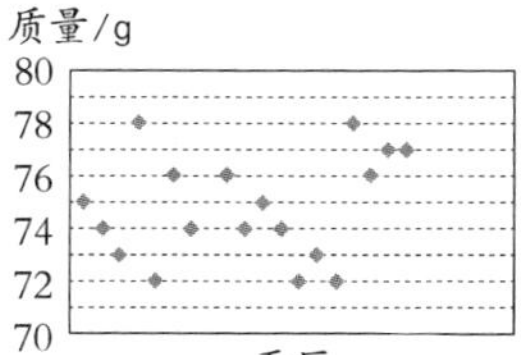<br>丙厂<br>丙厂也参与了竞争，现在应该如何选择？<br>引入方差和标准差的概念 | 根据现有统计量，无法比较出优劣，所以需要进一步描述离散程度。<br>计算三个厂的方差和标准差，感受数据的离散程度 | 进一步感受数据的离散程度 |
| 板书设计 | 数据的离散程度<br>1. 极差　2. 方差　3. 标准差 | | |

（续表）

| | |
|---|---|
| 作业与拓展学习设计 | 完成练习册中关于离散程度的内容。<br>找出一个生活实例 |
| 教学反思与改进 | 本节课，我们学习了数据的离散程度，进一步感受了数据能带给我们的信息，为后续开展数据分析整理打下了基础。应鼓励学生大胆发言，联系生活实际，找出生活中使用不同统计量的情境 |

**表 44　成立项目式学习的教学设计**

| 第三、四、五课时　成立项目式学习的教学设计 | |
|---|---|
| 课题 | 成立项目式学习 |
| 课型 | 新授课 □　章 / 单元复习课 □　专题复习课 □<br>习题 / 试卷讲评课 □　学科实践活动课 ☑　其他 □ |
| 教学内容分析 | 数据分析的教学应该紧密联系生活实际，知道要根据研究问题的需要选择恰当的方法收集数据，并根据需要整理数据，选择合适的统计量描述数据。通过对实际问题中的数据分类，了解数据分类的意义，推断数据的集中趋势和离散程度，在这个过程中提高学生的统计能力、运算能力、逻辑推理能力，形成数据观念，发展模型观念 |
| 学习者分析 | 学生已经学习了有关描述数据集中趋势和离散程度的统计量，能够初步描述数据的集中趋势和离散程度，并根据实际情况选择合适的统计量。同时，学生能简单分析数据，得出自己的结论 |
| 学习目标确定 | 组建学习小组，确定每人的分工，选定小组研究方向，设计统计方案，分配小组任务；根据小组研究方案收集数据，整理数据；根据所得数据描述自己的结论，进行汇报 |
| 学习重点难点 | 重点：组建小组，开展研究。<br>难点：设计统计方案，分析数据，得到结论 |
| 学习评价设计 | |
| 评价指标 | 评价等级 |
| 成功组建小组 | A、B、C（形成性评价） |

（续表）

<table>
<tr><th colspan="2">评价指标</th><th colspan="2">评价等级</th></tr>
<tr><td colspan="2">合理分工，各司其职</td><td colspan="2">A、B、C（形成性评价）</td></tr>
<tr><td colspan="2">在小组活动中积极参与，大胆发言</td><td colspan="2">A、B、C（过程性评价）</td></tr>
<tr><td colspan="2">根据问题背景设计合理的统计方案</td><td colspan="2">A、B、C（形成性评价）</td></tr>
<tr><td colspan="2">通过实验得到有效数据</td><td colspan="2">A、B、C（终结性评价）</td></tr>
<tr><th colspan="4">学习活动设计</th></tr>
<tr><th>学习环节</th><th>教师活动</th><th>学生活动</th><th>设计意图</th></tr>
<tr><td>课时三：组建小组</td><td>教师指导学生组建小组，教师确定组长，组长自行找组员组建小组</td><td>小组长自行组建小组。<br>组长带领组员确定自己小组的研究方向，合作制订小组的调查目标，设计收集数据的方案，并对小组成员进行分工</td><td>确定小组成员，以小组为单位开展项目式学习</td></tr>
<tr><td>课时四：收集数据</td><td>根据小组研究方向，教师指导各个小组制订合理的调查方案，收集有效数据</td><td>通过调查、实验、咨询相关人士等方式完善调查方案并收集数据。<br>对数据进行整理，根据掌握的知识选择合适的统计量描述小组数据，得到初步结论</td><td>培养学生收集数据、整理数据的能力</td></tr>
<tr><td>课时五：初次汇报</td><td>教师对各小组收集的数据给出指导意见。<br>完善各小组的方案和结论，对其中的问题给出指导性意见</td><td>运用统计知识分析得到的数据，得出本组的结论，形成报告</td><td>提高学生的统计能力、运算能力、逻辑推理能力，形成数据观念，发展模型观念</td></tr>
<tr><td colspan="2">作业与拓展学习设计</td><td colspan="2">根据本次汇报结果，完善本组报告</td></tr>
</table>

**表 45 选择合适的统计图教学设计**

| 第六课时 选择合适的统计图教学设计 | |
|---|---|
| 课题 | 选择合适的统计 |
| 课型 | 新授课 □ 章 / 单元复习课 □ 专题复习课 □<br>习题 / 试卷讲评课 □ 学科实践活动课 ☑ 其他 □ |
| 教学内容分析 | 前面学习的平均数、中位数、众数基本上都是以表格或者文字的描述呈现的，学习离散程度这一节我们接触了统计图。不同的统计图有不同的优势，为了更好地呈现统计结果，更直观地反映数据的离散程度和集中趋势，我们需要选择合适的统计图。根据这些统计图的特点和所呈现的直观信息，快速分析数据的集中趋势或者离散程度，并通过计算验证自己的判断 |
| 学习者分析 | 学生已经掌握了有关图标的制作，能够初步运用统计图描述数据，简单分析数据。前面我们又学习了刻画数据集中趋势的相关统计量和离散程度的统计量，为这节的学习积累了经验知识 |
| 学习目标确定 | 知道各种统计图的功能，会选择恰当的统计图表描述和表达数据。能根据图表中的变化趋势推断总体的变化趋势 |
| 学习重点难点 | 重点：制作统计图。<br>难点：选择合适的统计图 |
| 学习评价设计 | |
| 评价指标 | 评价等级 |
| 会制作条形统计图、折线统计图和扇形统计图 | A、B、C（形成性评价） |
| 明确各种统计图的优劣 | A、B、C（形成性评价） |
| 在小组活动中积极参与，大胆发言 | A、B、C（过程性评价） |
| 根据统计图预计数据的发展趋势 | A、B、C（形成性评价） |
| 根据实际问题选择合适的统计图 | A、B、C（终结性评价） |

（续表）

| 学习活动设计 | | | |
|---|---|---|---|
| 学习环节 | 教师活动 | 学生活动 | 活动意图 |
| 环节一：制作统计图 | 教师指导学生制作不同的统计图 | 根据教师的指导制作统计图，感受制作统计图的过程，小组间交流不同统计图的特点 | 通过制作统计图，进一步感受不同统计图之间的区别 |
| 环节二：选择合适的统计图 | 教师根据每个小组前期收集整理的数据，指导选择合适的统计图 | 各小组讨论每组数据想呈现的结论，选择适合的统计图 | 培养学生的建模能力，发展数据观念 |
| 环节三：统计图的美化 | 教师利用电脑快速制作统计图，让学生比较，进一步感受不同统计图之间的区别 | 通过教师的演示，总结不同统计图的区别 | 完成教学目标，让学生熟练掌握知识点 |
| 作业与拓展学习设计 | 利用软件制作合适的统计图 | | |

**表 46　项目式学习结果汇报教学设计**

| 第七课时　项目式学习结果汇报教学设计 | |
|---|---|
| 课题 | 心跳研究所 |
| 课型 | 新授课 □　　章 / 单元复习课 □　专题复习课 □<br>习题 / 试卷讲评课 □　学科实践活动课 ☑　其他 □ |
| 教学内容分析 | 学生运用统计知识，研究在不同情境中的心跳变化以及不同的因素对心跳的影响。完成这个项目，需要深入分析问题，用数学的眼光发现其中蕴含的数学模型，用数学的思维去思考问题，并应用数学知识形成设计方案，进行科学的解释和表达；充分发挥创造力，小组合作，得到最佳结论。我们主要应用统计中的中位数、平均数、众数等知识对大量的数据进行整理，综合应用排列组合、轴对称、圆、抽样调查等知识辅助完成统计，得出自己的结论 |

（续表）

| | |
|---|---|
| 学习者分析 | 学生具有一定的认知能力和初步的借助数学语言来表达和交流的能力，具备一定的统计知识，但认知水平有限，综合运用所学内容分析和解决问题的能力不强。本节课采用合作交流的方式，进一步理解中位数、众数和数据的离散情况的实际意义，并学会如何去求一组数据的众数、中位数。通过实际问题，强化教学内容，也体现了对学生未来生存能力和研究性学习能力的培养 |
| 学习目标确定 | 初中阶段，综合与实践领域可采用项目式学习的方式，以问题解决为导向，整合数学与其他学科的知识和思想方法，让学生从数学的角度观察与分析、思考与表达，解决与阐释社会生活以及科学技术中遇到的现实问题，感受数学与科学技术、经济、艺术等学科领域的融合，积累数学活动经验。同时，体会数学的科学价值，提高学生发现与提出问题、分析与解决问题的能力，发展其应用意识、创新意识和实践能力 |
| 学习重点难点 | 重点：经历完整的项目式学习过程，得到研究结论。<br>难点：经历完整的项目式学习过程，得到研究结论 |

| 学习评价设计 | |
|---|---|
| 评价指标 | 评价等级 |
| 课题汇报表现 | A、B、C（形成性评价） |
| 是否得出结论 | A、B、C（形成性评价） |
| 在小组活动中分工明确，人人参与 | A、B、C（过程性评价） |
| 统计数据分析是否正确 | A、B、C（形成性评价） |
| 是否选择了合适的统计图 | A、B、C（过程性评价） |
| 项目的实际意义 | A、B、C（终结性评价） |

（续表）

| 学习活动设计 | | | |
|---|---|---|---|
| 学习环节 | 教师活动 | 学生活动 | 设计意图 |
| 环节一：小组汇报 | 教师根据小组汇报，依次打分总结 | 各小组展示研究成果，阐述前期研究中的发现，分享小组在研究过程中遇到的困难和解决方法，并且根据自己的研究，对同学们日常生活中遇到的问题提出建议 | 各小组展示研究结果 |
| 环节二：小组评分 | 教师进行指导 | 按照评分标准，进行打分 | 小组间评分，选出最佳小组 |
| 环节三：总结 | 教师进行总结 | 学生进行分享 | 学生分享项目式学习过程中遇到的问题和解决方法，为后续学习积累经验 |
| 作业与拓展学习设计 | | 各小组完成研究性学习报告 | |

## 六、单元教学实践反思

大单元教学不再局限于教材中已有的内容，而是需要将单元目标、单元大概念、大主题、大任务以及真实情境、知识点、教师指导和学生活动评价反思等内容整合成一个相对独立的学习活动的过程。大单元教学是课程改革进入素养时代的必然要求，传统的单元学习已经无法满足学生的学习需求，对学生核心素养和能力的培养更为重要。

数学是自然科学的重要基础，在社会科学中发挥着重要的作用，数学应该渗透到现代社会的方方面面，直接为社会创造价值，推动社会生产力的发展。随着大数据分析与人工智能的发展，数学研究与应用领域也会不断扩展。

数学素养是当代教师、学生都必须具备的基本素养，通过数学课程的学习，能够让学生掌握基本的数学知识和技能、思想。在日常生活中，也要注意激发学生的数学兴趣，帮助他们养成独立思考的习惯和合作交流的意愿，发展其实践能力和创新精神，形成和发展其核心素养。

# “I’m more outgoing than my sister”单元教学设计

八年级英语　刘欢

## 一、指导思想及其依据

《义务教育英语课程标准（2022年）》明确指出，教师在设计教学活动时，应紧密围绕语篇主题意义，构建逻辑连贯的语言实践环节。这些活动应涵盖体验、模仿、理解和应用等多个层面，确保学生在参与过程中能够基于主题构建结构化的知识体系。这一要求强调了语言知识与主题意义探究的有机结合，反对将两者割裂开来。

“课程标”进一步指出，教学内容的组织应以主题为核心，依托不同类型的语篇，融入语言知识、文化知识、语言技能以及学习策略等要求，并以单元为单位进行呈现。因此，教师在进行教学设计时，应整合单元内的各项学习内容，提炼出明确的主题，实施整体性的教学设计。在此过程中，教师应充分考虑主题意义的预设性和生成性。预设性主题意义源于单元或教材编写者的预先设定，而生成性主题意义则是在学生学习单元内容后形成的思想或观念。

在制订教学目标时，教师应确保学生在完成单元学习后，能够运用所学语言阐释并表达对单元主题的认知、态度和价值判断。通过这种方式，学生将形成结构化、可迁移的主题思想，并能将这些思想和观念应用于不同情境，解决实际生活中的问题。

语言知识学习为阅读和写作技能的培养奠定了基础。鉴于本单元主题意义与众多英语原著的核心思想相契合，且整本书因其内容的完整性、丰富性和情境性优势，为实施深入和全面的阅读提供了有效途径。然而，对于大多数文学名著的整本书阅读来说，存在周期长、难度大、主题多元等问题。在英语大单元教学的背景下，根据每单元主题进行书目的选择以及主题方向的确定，有助于聚焦整本书阅读的核心问题，提高实际教学中的可行性。

本文以 *The Wizard of Oz* 整本书阅读与人教版英语教材八年级上册第三单元话题相结合的教学实践为例，探讨整本书阅读与课内大单元教学整合的可能性，以期为相关教学实践提供有益的参考和启示。

## 二、单元教学内容规划

表 47“I'm more outgoing than my sister”单元教学内容规划

| 基本信息 | | 学科 | 年级 | 学期 | 教材版本 | 单元名称 |
|---|---|---|---|---|---|---|
| | | 英语 | 八年级 | 第一学期 | 人教版新目标 *Go for it* | Unit3 I'm more outgoing than my sister |
| 单元组织方式 | | 自然单元 | | | | |
| 课时信息 | 序号 | 教学内容 | | | 课型 | 课时 |
| | 1 | Section A（1a–2d） | | | 听说 | 第一课时 |
| | 2 | Section A（3a–3c） | | | 语法 | 第二课时 |
| | 3 | Section B（1a– 1e） | | | 听说 | 第三课时 |
| | 4 | Section B（2a–2e） | | | 阅读 | 第四课时 |
| | 5 | Section B（3b–self check） | | | 写作 | 第五课时 |
| | 6 | Extended reading: *The Wizard of Oz* | | | 阅读 | 第六课时 |

## 三、单元教学目标设计

本单元的核心目标围绕“描述个性特征并比较人物”这一主题展开，通过一系列教学活动，帮助学生从外表和性格两方面深入比较不同人物间的异同。教材精选了多样化的文本类型，包括对话、听力材料、语法解析、阅读篇章、信息沟通和写作练习等。

根据“新课标”的指导原则，本单元的课程目标从以下几个方面进行详细分析。

1. 语言能力

学生能够熟练运用形容词和副词的比较级，对人物的外貌和性格特征进行比较和描述。学生需理解并掌握比较级的语法规则，并能够在实际应用中正确运用，进而将所学词汇和语法结构融入写作和阅读中，提升语言表达和应用能力。

2. 语言知识

学生需要掌握本单元的重点词汇和词组，理解并掌握形容词和副词比较级的变形规则。通过积累描述人物外貌和性格的词汇，学生能够进行准确的比较和描述。同时，学生需要正确掌握句型的表达方式，并能够灵活运用所学知识理解人物性格，表达人物间的异同。

3. 学习能力

学生将通过比较级的特征，如“than”和“as...as”，从听力材料中提取相关信息。他们应采用归类学习法，掌握形容词和副词比较级的构成。通过分析例句，学生能够习得句型和语法规则。通过讨论人物的个性特征、比较人物间的差异，激发学生对英语学习的兴趣。同时，通过听、说、读、看、写等技能策略的感悟、体验和学习，学生将形成良好的学习习惯，提高学习效率。他们应能够合理、有效地利用现代技术，如多媒体搜集学习资料，并有意识地训练自己的英语思维，以实现善学和乐学的目标。此外，学生还应从语篇中自主挖掘人物特征、理解人物性格，并做出辨析。

4. 思维品质

通过听说读写等训练，学生能够准确获取关于人物个性特征等方面的信息。他们应学会与人探讨、交流和比较人物间的相同点与不同点，并在此基础上联系自身实际，有逻辑地、辩证地、创新性地表达个人看法，实现知识与思维能力的迁移。

5. 文化意识

学生应能够通过了解中外青少年对待友谊的态度和看法以拓宽视野。他们应运用所学结构和句式向他人介绍自己和朋友的异同，从而结识新朋友、了解新朋友，形成一个学习集体并互相帮助。在介绍朋友时，学生应尊重朋友，实事求是地评价朋友和自己，培养和珍惜朋友之间真实而美好的友谊。此外，他们还应深刻理解和学会与朋友共同经历事情，面对困难时寻求合作共赢，利用各自的优势共同解决问题。

表 48 “ I'm more outgoing than my sister ” 单元教学目标设计

| 单元学习目标 | 课时 | 课时学习目标 |
| --- | --- | --- |
| （1）熟练掌握本单元所规定的“四会”单词和词组，深入理解并掌握比较级的变形规则。<br>（2）准确理解目标语言，并完成相应的听力练习任务 | 第一课时 | （1）能够对不同人物的特征和个性进行深入比对和分析。<br>（2）深入理解并熟练掌握形容词和副词比较级的概念及其在实际语言中的应用，进而扩充形容词和副词词汇量。<br>（3）能够准确理解和运用涉及比较级的各种句型，建立起扎实的语言结构意识 |
| 掌握形容词和副词的比较级形式，并能够在实际语境中准确运用 | 第二课时 | （1）通过聚焦语法句型，深化对“than”及“as...as”的理解与应用。<br>（2）借助 Grammar focus 及 3a–3c 活动，系统归纳形容词与副词比较级的构成方法，巩固语言知识。同时，掌握形容词与副词的比较级及其基本句型结构 |
| 能够准确理解 sectionA 2d 对话和sectionB 2b 大阅读的内容 | 第三、四课时 | （1）通过将自身与好友进行比较，积累丰富的形容词比较级用法，学习和掌握相关短语和句型。<br>（2）树立正确的交友观念，以更好地理解和处理人际关系。<br>（3）通过对三个小语篇的阅读，能够识别出三对好朋友之间的相似性和差异性。阅读后，能够判断相关陈述的正确性，并完成一系列开放性的读后任务 |

（续表）

| 单元学习目标 | 课时 | 课时学习目标 |
|---|---|---|
| 能够运用比较级句型描述自己的朋友，完成写作练习 | 第五课时 | （1）在丰富多样的实际语言交流场景中，能够使用“比较人物外貌和性格”的表达技巧，全面提升综合运用语言的能力。<br>（2）熟练掌握并运用比较级句型，精准描述自己与朋友间的相似与差异。<br>（3）通过引导学生介绍自己的好朋友，激发学生树立正确的价值观念和健康的交友观念 |
| 能够阅读英文名著，理解人物性格，比较异同。分析人物性格与事件发展之间的关系，理解友谊和合作的重要性 | 第六课时 | 能够在阅读中捕捉人物描写的语句，理解分析人物的性格特点；运用所学句式比较人物性格；深刻理解友谊的重要性，以及与朋友合作的重要性 |

## 四、单元课时任务安排

表 49 “ I'm more outgoing than my sister ” 单元课时任务安排

| 课时 | 核心人物 | 具体任务 |
|---|---|---|
| 第一课时 | 了解形容词、副词 | 从对人物的特征、个性对比入手，向学生介绍形容词和副词比较级的概念及用法；拓展形容词和副词词汇，形成语言结构意识。能对人物的外表进行描绘，个性进行比较 |
| 第二课时 | 比较级句式 | 语法学习侧重比较级的变形和重难点句型的介绍，特别是同级比较。分别突破形容词比较级句型和副词比较级句型两个知识点 |
| 第三、四课时 | 比较人物 | 阅读内容深入到比较自己和朋友的相同与不同之处，并提出如何“选择朋友 ”这个话题， 引导学生正确评价朋友， 结识真正的好朋友 |

（续表）

| 课时 | 核心人物 | 具体任务 |
|---|---|---|
| 第五课时 | 珍视友情 | 通过语言输入及对话题的讨论达到对词汇、短语及句型等新语言知识初步学习的目的，综合运用 section A 部分所学的内容，进而过渡到语篇阅读和书面写作的训练 |
| 第六课时 | 阅读名著 | 通过了解背景，拉近阅读距离，激发学生兴趣；通过师生共读第一部分，了解故事背景并熟悉人物故事。通过自读，理解故事脉络，梳理故事情节；剖析人物形象，理解人物性格；悟读朋友、友谊和合作的重要性。培养阅读理解能力，领悟小说主题，升华感悟。进行多主题探究，与现实联结，创造性地整合故事文本，帮助学生树立正确的价值观，培养表达输出能力 |

## 五、单元教学过程设计

### （一）单元教学整体思路

本单元主题紧密围绕学生日常生活，致力于通过多样化的教学活动，深入探索并表达个性特征，进行人物特征之间的比较。作为七年级下册 Unit 9 “What does he look like？”的拓展与深化，它为八年级上册 Unit 4 形容词最高级的学习奠定了坚实基础，起到了教学上的承上启下作用。整体课堂氛围设计得既轻松又愉悦，确保学生能够学以致用。

具体而言，第一课时将进行听说训练，借助校园演唱会的情境，引导学生观察并讨论表演者的外貌特征。随后，通过对话练习来巩固所学的目标语言。第二课时为语法聚焦，通过学生间关于好友的真实比较，撰写句子，并在小组讨论中学习和巩固比较级句式。第三、四课时为阅读环节，围绕交友话题，探讨和对比不同的交友标准。通过三个青少年的择友观念，进一步强化句式，并激发学生的自我思考。第五课时致力于写作训练，遵循初中英语活动观的写作设计理念，通过展示学生及其朋友的照片和视频，激发学生的学习兴趣，并引导他们根据课本提供的信息，运用本单元所学的句式来描述相似点和差异。接着，指导学生将句子按外貌、性格、爱好进行分类，形成写作框架，并通过小组讨论完善思维导图，最终完成文章。随后，组织组内和组间的互评与总结。第六课时则是对整本书阅读成果的展示，学生将通过绘画、情景剧、故事梳理等方式，展现他们对人物性格及故事主旨的理解。

### （二）课时教学设计案例剖析

表 50 Extended reading——以 *The Wizard of Oz* 为例

| 设计项目 | 具体设计 |
|---|---|
| 文本分析 | *The Wizard of Oz* 是《书虫·牛津英汉双语读物（山东专版）》一级中的经典童话故事。全书精心构建，分为六个章节。第一章为读者揭示了故事发生的背景以及主人公 Dorothy 的成长环境。第二章至第五章详细描绘了 Dorothy 踏入神秘奥兹王国的奇幻旅程，期间她结识了三位性格迥异的好友。第六章中 Dorothy 不忘初心，终于回到了她心心念念的家园。<br>本书的语言风格既简练又自然，难度适中，情节跌宕起伏，引人入胜。它通过生动的故事情节，有效激发了学生的阅读兴趣，帮助他们建立阅读的信心，培养良好的阅读习惯。<br>*The Wizard of Oz* 是一部典型的成长小说。主人公 Dorothy 原是一个生活在乡下的普通女孩，与叔叔婶婶为伴，生活单调。然而，经过一段奇幻的旅程，她逐渐成长，学会了独立面对困难。在奥兹王国，她面临着巨大的挑战，没有亲人可以求助，只能依靠自己的智慧和勇气。她不仅结交了稻草人、锡人和胆小的狮子三位特别的朋友，还与他们一同战胜了种种困难。<br>本书也强调了友谊和帮助他人的重要性。Dorothy 与稻草人、锡人的友谊始于她对他们的帮助，这向读者传达了一个深刻的道理：如果你想拥有真挚的友谊，首先要以友善和关爱对待他人。<br>此外，本书对于初中生来说具有重要的教育意义。他们正处于自我探索的关键时期，时常会对自己产生怀疑。通过与 Dorothy 和她的朋友们的经历相对比，他们可以学会勇敢面对自己的不足，发现身边的朋友和亲人都是他们成长道路上的宝贵财富。<br>本书按照经典的故事脉络书写，情节曲折，引人入胜。在时态运用上，主要使用过去时态描述故事情节，而在人物对话中则巧妙地穿插了多种时态，这有助于引导学生关注时态的正确使用。同时，简练自然的语言风格使得本书具有很高的阅读价值 |

（续表）

| 设计项目 | 具体设计 |
|---|---|
| 课时总览 | 课时 1：通过介绍背景信息，拉近学生与阅读材料之间的距离，引发学生的阅读兴趣。在师生的共同阅读下，了解故事的基本背景，并熟悉其中的主要人物及其故事线索。<br>课时 2：要求学生自主阅读，全面理解故事的发展脉络，并梳理故事情节。同时，深入剖析人物形象，理解人物的性格特点。通过阅读，让学生深刻体会到朋友、友谊和合作的重要性。此外，本课时还将着重培养学生的阅读理解能力，引导学生领悟小说的主题，并促使他们进行深层次的感悟。<br>课时 3：开展多主题探究活动，将故事文本与现实生活相结合，创造性地整合故事内容。通过这一过程，帮助学生树立正确的价值观，培养他们的表达输出能力 |
| 总体教学目标 | （1）Language competence：To summarize and retell the key plot of the story.<br>（2）Thinking quality：To express their own opinions about the character of different people.<br>（3）Cultural awareness：To notice the importance of friendship and solving problems with friends when they meet problems next time.<br>（4）Learning ability：To improve the ability of reading and build the confidence to read other books |
| 教学重点难点 | Teaching important points：Students will learn to analyze the character of different people deeply and compare them.<br>Teaching difficult points：Based on the plot and the character analysis，students will know more about and improve themselves and value friendship more |
| 教学方法 | Teaching approaches：Activity-based approach，situational approach and Communicative approach.<br>Teaching aids： Multimedia，Blackboard and Learning sheets |

（续表）

| 具体教学目标 | 教学活动及步骤 | 效果评价 | 核心素养提升点 | 设计意图 |
|---|---|---|---|---|
| 帮助学生回忆全书核心情节。切入本节课核心主题 | Step I Lead–in Greet all the students<br>Recall the plots together.<br>Students act out the core plot.<br>Dorothy met her three friends: the Scarecrow, the Tin Man and the Lion.<br>Ask the following question:<br>What did they want to get ? | 学生能够通过情景剧展示，回忆起主人公相遇的情境，并能整理出故事脉络 | 语言能力：对于真实对话情节的真实演绎，提升语音语调与表现力 | 利用学生情景剧展示导入本节课，激发学生兴趣。引导学生关注本节课要深入探讨的核心情节——friend and friendship |
| 利用“五指故事法”梳理故事脉络，抓住人物性格，增强概括能力 | Step II Plots<br>Present the following questions:<br>Do you remember what did they experience during the way ?<br>Can you tell me the name of the four main characters ? | 学生能够根据问题回忆故事情节、概括故事脉络，熟悉主人公的愿望 | 语言能力：总结概括复数故事。<br>学习能力：归纳四位主人公的愿望 | 通过故事线梳理，让学生回忆起关键故事情节，利用表格梳理四位主人公的愿望，通过主人公共同经历的困难，为人物性格的分析做铺垫 |

（续表）

<table>
<tr><th>具体教学目标</th><th>教学活动及步骤</th><th>效果评价</th><th>核心素养提升点</th><th>设计意图</th></tr>
<tr>
<td>阅读关键文段，了解文章内容与写作脉络，分析人物故事</td>
<td>StepIII Main Characters Analysis<br>Task1 According to the plot, finish the chart.<br>Express your answers like:<br>... wants ... Finally she/he...
<table>
<tr><th>Main Characters</th><th>What are their wishes</th><th>What do they get</th></tr>
<tr><td>Dorothy</td><td></td><td></td></tr>
<tr><td>The scarecrow</td><td></td><td></td></tr>
<tr><td>The Tin Woodman</td><td></td><td></td></tr>
<tr><td>The Lion</td><td></td><td></td></tr>
</table>
Task2 Read Chapter 2（Page11~20）<br>Discuss in the group and answer:<br>· What do they think of themselves？<br>· What do you think of them？<br>· How do you know？<br>（use sentences structure like: than.../as...as）
<table>
<tr><td rowspan="4">Scarecrow</td><td>He thinks</td></tr>
<tr><td>because</td></tr>
<tr><td>I think</td></tr>
<tr><td>because</td></tr>
</table>
Task3 Which part do you think is the most important to highlight the character？（Page18~20）<br>Choose some students to role play this part.<br>Can you find other passages to support your idea？</td>
<td>学生能够阅读文本并找到关键信息，根据掌握的信息进行归纳总结。当开放性问题被抛出，学生能够根据自己的实际情况，有创造力且批判性地表达不同的观点</td>
<td>语言能力：运用阅读技巧，识别和提取文本信息，再对信息进行归纳和表达。<br>思维品质：理解和分析人物的情感与性格，批判且有创造力地表达自己的观点。<br>学习能力：正确使用阅读策略，提高阅读水平，并对阅读文本进行归纳总结。<br>文化意识：在小组讨论与答案互评中培养学生的团结协作能力</td>
<td>利用独立文本阅读，分角色、有感情地朗读、观看视频，采用小组讨论、归纳分析等方法，帮助学生更深刻地理解四位主人公的性格特点。通过人物之间的性格异同的比较，夯实本单元所学比较级的知识</td>
</tr>
</table>

（续表）

| 具体教学目标 | 教学活动及步骤 | 效果评价 | 核心素养提升点 | 设计意图 |
| --- | --- | --- | --- | --- |
| | Give an example to conclude（Page 32）and answer the question：<br>Is Dorothy the same as before？<br>What changes does she have | | | |
| 归纳总结人物性格特点，回扣课程开始的主题，讨论相关话题，并完成主题升华 | Step IV<br>Watch a video and answer：<br>Does the Wizard make their wishes come true？<br>Role-play the passage on Page 40.<br>Encourage students to think about this question：<br>· Who makes their wishes come true finally？<br>Fill in the blanks：<br>· The Scarecrow is always _____ from the very beginning.<br>· The Tin Woodman is always _____ and full of love.<br>· They make their wishes ___ by themselves.<br>· Dorothy always has ___ to help her back home.<br>· You always have something you want，but you should find it by yourself | 学生能够根据前面的阅读任务归纳总结出文章的主题 | 语言能力：根据前面的阅读内容，运用与本节课话题相关的语言知识，积极参与讨论。<br>思维品质：能根据话题进行独立思考，分析问题并归纳总结。<br>学习能力：将已知的文本结构迁移并创新地运用于新的阅读任务中 | 通过观看视频、分角色朗读，进一步理解主人公的性格特点，帮助学生了解自身性格的特点，发现自身的优势，懂得朋友之间是会互相成就的 |

（续表）

| 具体教学目标 | 教学活动及步骤 | 效果评价 | 核心素养提升点 | 设计意图 |
|---|---|---|---|---|
| 总结本节课内容并点明主题 | Summary<br>（1）Help students summary what they have learned in this class.<br>（2）Make a Conclusion：The best friends always bring out the best in us.<br>（3）Share：the same stories in the real life | 学生能够根据所学内容，明白如何去认识自我、珍惜友谊 | 文化意识：能够学会更好地认识自己，自我成长。珍惜友谊，与朋友共同进步 | 总结归纳、深化理解本节课的主题 |
| 布置作业，帮助学生课后深化学习内容 | Homework（Choose one）<br>（1）Write a biography（传记）of your favorite characters.<br>（2）Continue writing the story about Dorothy and her friends.<br>（3）Write a story about your friend and you，especially how do you work together to solve problems | 学生能够在课后通过对人物故事的深入挖掘，更深刻地理解主题，并结合自身进行写作 | 语言能力：运用本单元句式，实现从阅读到写作。<br>思维品质：探究自身突破成长的路程 | 通过写传记或者续写故事，加深对本课主题的认识。通过写自身的故事，做到所学知识在实际生活中的迁移应用 |

## 六、单元教学实践反思

本单元的核心任务是探究人物的个性特征，通过对比外表和性格，辨识并阐述人与人之间的相同点和差异点。在此过程中，将引出诸如“taller”“shorter”“thinner”“longer”“heavier”“quieter”“more popular”“more outgoing”等形容词的比较级，以及强调句型结构“S + be + adj. 比较级 + than + 被比较对象”的运用。学生在已经掌握形容词和副词的基础上，通过本单元的学习，将能够熟练运用形容词和副词的比较级进行人物对比。本单元话题贴近学生生活实际，以谈论自身与朋友间的个性特质及差异为核心，内容为学生所熟知，且相关表达在小学阶段已有涉及。因此，学生在讨论时能够言之有物，积极参与，展现出较高的学习兴趣和热情。

通过直观的对比，引导学生从性格、外貌等角度与朋友进行比较，同时提醒学生在交流时要顾及对方感受，践行“三思而后言”的原则，从而帮助学生塑造正确的价值观和道德情感，培养尊重他人的优秀品质。

经过深入探究，*The Wizard of Oz* 这部经典名著中的人物分析与主题意义，与本单元的核心议题高度契合。在教学过程中，学生在阅读后的讨论环节中，积极运用本单元所学的丰富词汇和句式结构，这不仅是对所学知识的有效应用，更是对其的巩固和加深理解。

本次对大单元设计与整本书阅读整合的深入探索，是一次具有创新意义的尝试。它不仅成功整合了一个完整单元的学习模块，更为学生在实际阅读中的知识应用与拓展提供了宝贵的机会。此举明显突破了以往“学”与“用”相互脱节的局限，为未来的教学发展提供了新的视角和思考方向。

在今后的教育教学实践中，我们需要认真思考和探索如何有效利用课后任务来补充和强化课堂学习目标，使课后成为课堂的有机延伸。同时，我们还应关注如何引导学生将所学知识转化为实际应用，以实现立德树人的教育目标。这些问题对于提升教学质量和效果具有重要意义，值得我们深入探讨和研究。

# “未来的生活”单元教学设计

八年级英语　代玉红

## 一、指导思想及其依据

根据《义务教育英语课程标准（2022 年版）》的规定，本单元的主题为“人与社会”，讨论的核心话题为“未来展望”。教材收录了各类多模态篇章，包括对话、议论文、图示、音频、视频等。依据“新课标”的要求，教师需要从语言能力、学习能力、思维品质以及文化意识等多元维度对课程内容进行深入剖析。在本单元的教学过程中，学生将通过听说读看写等多方面的训练，精准获取关于未来展望的相关信息，学会与他人就未来预测展开探讨、交流，并能够表达自身观点和看法。此外，通过了解机器人的起源、演变以及对人类生活带来的深远影响等内容，学生将关注生活现实，对未来充满信心和期待；崇尚科学精神，积极探究和创造未来；树立远大理想，培养科学探索精神。

## 二、单元教学内容规划

本单元的话题是“未来的生活”，功能为“预测未来”。本单元的教学要引导学生掌握重点句式“What will the future be like？”“Cities will be more polluted. And there will be fewer trees.”“Will there be world peace？”“Yes，I hope so.”“Will people use money in 100 years？”“No，they won't.”学会运用这些句型来谈论自己或别人未来的生活，并学会根据现状对未来做出合理的预测，增强环境保护的意识，确立为人类未来负责的精神。

表 51“未来的生活”单元教学内容规划

| 课时 | 教学规划 |
|---|---|
| 第一课时 | 本课时主要采用听说教学法，重点学习“There will be”句型结构。在活动 2c中，学生需根据听力材料中的信息展开对话，并就未来发展趋势表达个人观点，通过口头练习掌握一般将来时表达预测的用法。活动 2d 为学生提供了完整的对话篇章，让他们在真实语境中体验目标语言的运用，对未来的世界进行预测 |
| 第二课时 | 本课时为语法课，帮助学生巩固和熟练运用本单元目标语言：用 will 及 there will be 表示一般将来时，并注意 more、less、fewer 的使用 |
| 第三课时 | 介绍自己现在和过去的工作、交通方式和居住地，并预测未来的生活，对比三种时态 |
| 第四课时 | 探讨未来机器人发展的文章中，阐述了机器人过去与现今的状况，主要介绍了两大阵营的科学家对未来机器人发展的迥异预测。在课文内容的基础上发挥想象，对机器人的未来发展进行预测，并与同学共享见解 |
| 第五课时 | 引导学生填补一篇关于“预测个人未来生活”的短文，要求学生根据自身实际状况，采用表格形式梳理信息，接着参照短文进行仿写。运用本单元目标语言，将表格中所整理的内容撰写成一篇篇文章。学生需与同学探讨并预测未来机器人将如何助力学生学习，随后整合团队成员的观点，设计出未来机器人的形象 |

## 三、单元教学目标设计

表 52“未来的生活”单元教学目标设计

| 单元整体教学目标 | 课时 | 课时目标 |
|---|---|---|
| 首先，学习掌握目标词汇、句型和语法，以便更好地表达自己的思想和理解他人的观点。通过学习各种句型和语法规则，我们可以使自己的英语表达更加准确、地道。 | 1 | （1）学习掌握一般将来时态的意义和结构。<br>（2）情态动词 will + 动词原形来表达一般将来时态。<br>（3）掌握 more/fewer 与 more/less 的用法。<br>（4）灵活使用 There be 句型的一般将来时态的结构。<br>（5）能够表达自己对未来的看法并谈论自己未来的打算 |

（续表）

| 单元整体教学目标 | 课时 | 课时目标 |
| --- | --- | --- |
| 其次，学会正确使用一般将来时来谈论自己或别人未来的生活，是我们应当关注的一个重要方面。一般将来时是英语中的一种时态，掌握它有助于我们更准确地预见和规划未来。通过运用一般将来时，我们可以清晰地表达出自己或他人的未来计划、愿望和预期，从而增进沟通和理解。<br>此外，学会使用 more、less、fewer 等词汇来表示数量，也是英语学习中不可或缺的一部分。这些词汇可以帮助我们更精确地描述事物的数量和程度，使我们的表达更加丰富和生动。<br>最后，增强环境保护的意识，努力学习，确立为人类未来负责的精神。在全球环境日益严峻的背景下，我们要关注自然界的平衡，保护地球家园。通过努力学习，我们可以为人类的未来发展做出更多贡献 | 2 | （1）能够运用“ There will be...”句型结构对未来进行预测，同时准确使用 more、less、fewer 等词来修饰可数和不可数名词。<br>（2）能够运用目标语言介绍自己想象中的未来城市 |
| | 3 | （1）掌握本课时出现的生词及表达方式。<br>（2）进行听力训练，提高综合听说能力。<br>（3）阅读短文，获得相关信息，提高学生的综合阅读能力 |
| | 4 | （1）掌握下列生词：probably，during，holiday，word。<br>（2）复习用 will 表达一般将来时态的用法。结合机器人这一话题表达自己的想法 |
| | 5 | （1）能够综合运用一般将来时谈论对未来的预测。<br>（2）通过描述自己未来生活的情况达到熟练运用所学知识的目的 |

## 四、单元课时任务安排

表 53“未来的生活”单元课时任务安排

| 序号 | 教学内容 | 课型 | 课时 |
|---|---|---|---|
| 1 | Section A（1a–2d） | 听说课 | 第一课时 |
| 2 | Section A（Grammar Focus–3c） | 语法课 | 第二课时 |
| 3 | Section B（1a–1e） | 听说课 | 第三课时 |
| 4 | Section B（2a–2e） | 阅读课 | 第四课时 |
| 5 | Section B（3a–4）–self check | 写作应用 | 第五课时 |

## 五、单元教学过程设计

### （一）单元教学整体思路分析

本单元的主题是探讨“未来的生活”，核心目的是培养学生对未来的预测能力。在教学过程中，我们将引导学生深入学习和理解关键的句式结构，如“What will the future be like？”并能够灵活地将其运用到实际对话中。例如，我们可以引导学生这样表达：“Cities will be more polluted and there will be fewer trees.”这样的句型不仅能够帮助他们表达对未来的担忧，也能够让他们学会如何描述可能的未来景象。

此外，我们还将教授学生如何使用疑问句来表达对未来的好奇，如“Will there be world peace？”并学会以肯定的态度去回应，如“Yes，I hope so.”这样的句型和表达方式，可以帮助学生建立积极向上的未来观。

同样，我们也会教授学生如何谈论关于金钱的使用，例如，“Will people use money in 100 years？”并引导学生理解未来社会可能不再依赖金钱，如“No，they won't.”这样的句型能够帮助学生思考和预测未来的生活方式。

通过本单元的学习，我们期望学生能够掌握这些句型，并能够用它们来谈论自己或他人的未来生活。同时，我们也希望学生能够学会根据目前的状况对未来做出合理的预测，并增强自身的环境保护意识，确立一种为人类未来负责的精神。我们相信，通过这样的教学，学生不仅能够提高语言能力，也能增强未来思维和责任感。

**表 54 “未来的生活”单元教学过程设计**

| 课时 | 主要内容（What to learn） | 教学意图（Why to learn） | 语篇特点（How to learn） |
|---|---|---|---|
| 第一课时 | 本课强调听说教学，学习“There will be”句型 | （1）借助 1a 和 1b 的听力对话，将学生巧妙地带入本单元“探讨未来预测”的话题语境，引导他们深入学习核心语法句型。<br>（2）通过聆听师生对未来生活的预测讨论，学生将掌握 There be 结构在一般将来时态中的应用，并明确区分 more、less、fewer 三者之间的用法差异。<br>（3）结合所呈现的生活情境，激发学生的环保意识，促使他们更加热爱自己的家乡 | 语篇结构：两人对话、多人对话结构；个人对未来生活预测。对比未来和现在生活的变化。<br>语言功能：学习含有 will 的一般将来时的肯定句、否定句及一般疑问句。<br>学习 There be 结构在一般将来时中的用法以及 more、less、fewer 的区别 |
| | 活动 2c 鼓励学生用听力信息对话，预测未来，练习将来时句型。2d 提供口语示范，在真实语境中展现目标语言的使用 | | |
| 第二课时 | 本课时为语法课，帮助学生巩固和熟练运用本单元目标语言：用 will 及 There will be 表示一般将来时，并注意 more、less、fewer 的使用 | （1）该活动让学生体会一般现在时和一般将来时的差别，并能够激发学生的想象力。<br>（2）口语活动让学生灵活运用所学语言，建造自己的梦想，并努力实现它 | 语篇结构：开放型试题结构。每道小题给出简单的语境，均是运用一般将来时谈论对未来的预测。<br>语言功能：more、less、fewer 的区别和使用 |
| 第三课时 | 介绍自己现在和过去的工作、交通方式和居住地，并预测未来的生活，对比三种时态 | （1）听力材料分现在、过去和将来三段，旨在让学生复习一般过去时和一般现在时，并通过对比的方式进一步学习一般将来时的运用。 | 语篇结构：两人对话结构。介绍自己现在和过去的生活，并预测未来的生活。 |

（续表）

| 课时 | 主要内容（What to learn） | 教学意图（Why to learn） | 语篇特点（How to learn） |
| --- | --- | --- | --- |
| | | （2）听后进行口语输出，要求学生两人一组分角色表演听力对话，将三种时态的问句和答语融会贯通，达到灵活运用。<br>（3）引导学生对未来生活进行畅想，树立通过努力学习来实现梦想的态度 | 语言功能：<br>I live...<br>I lived...<br>I will live...<br>运用一般过去时和一般现在时，并通过对比的方式进一步学习一般将来时的使用 |
| 第四课时 | 本篇阅读深入研读未来机器人的发展，文中不仅回溯了机器人技术的发展脉络，详尽描述了其当前的发展态势，更着重呈现了两位科学家对未来机器人发展截然不同的预测。基于课文所提供的知识背景和启发，我们对机器人充满了无限遐想 | （1）读前活动，通过问题激活学生的背景知识。<br>（2）通过略读判断各段落大意，以获得对文章的整体理解。通过细读，摘取文中有关机器人当前发展态势的细节信息。<br>（3）对阅读语篇进行缩写，通过填词帮助学生转换文章信息，加深对文章的理解，在已经熟悉的语境中练习。<br>（4）读后讨论拓展，让学生在课文内容的基础上发挥自己的想象，对机器人的未来发展情况进行预测，培养学生对人工智能的兴趣 | 语篇结构：语篇主要介绍 4 部分，电影中机器人的状况；目前机器人所能做的事；辩论机器人是否像人类一样思考；未来机器人的样子。引导学生对机器人进行预测。<br>语言功能：Do you think...？<br>...will be able to do... |

（续表）

| 课时 | 主要内容（What to learn） | 教学意图（Why to learn） | 语篇特点（How to learn） |
|---|---|---|---|
| 第五课时 | 让学生补全“预测个人未来生活”的短文，结合自身实际情况，用表格的方式整理信息，再让学生仿照短文，使用本单元目标语言，将表格中的信息写成一篇短文。学生与同伴讨论并预测未来机器人将如何帮助学生学习，然后综合组员的观点设计出未来机器人的样子 | （1）通过仿写，让学生使用一般将来时完成对自己20年后生活进行预测的短文。（2）通过与一般现在时、一般过去时的对比，加深对一般将来时表意功能和句子结构的理解，最终能够在语篇中理解一般将来时的使用，并尝试使用该时态谈论自己对未来生活的预测，提升综合语言运用能力。（3）增强学生对机器人、人工智能的兴趣，让学生树立为人类更好地生活而努力学习的意识 | 语篇结构：展望个人生活<br>语言功能。<br>After 20 years，I think I will be...<br>I will live...<br>I will have...<br>There will be... |

本单元的课程内容是环环相扣的，彼此间有着紧密的联系。整个单元都是围绕着“人与社会”这一核心主题展开，具体话题则是“对未来的预测”。为了让学生从多个角度理解和掌握这一主题，教材精心挑选并编排了多种模态的语篇资源，这些资源种类丰富，包括各类对话、议论文、图示、音频、视频等。

在本单元的教学设计中，我们巧妙地利用了五个课时的教学时间，分别设计了一系列具有高度综合性和关联性的语言学习和思维活动，目的是让学生深入探索和理解其主题意义。在第一个课时中，我们主要通过听力和口语的方式，让学生初步感知本单元的重点语法内容。在第二个课时中，我们重点讲解并让学生熟练掌握了含有“will”的一般将来时语法规则。通过各种教学活动和实例，让学生在实际的语言环境中去运用和理解这一语法知识。在第三个课时中，通过听说课的形式，让学生对比和区分一般过去时、一般现在时和一般将来时的使用情境和用法，从而进一步加深学生对一般将来时的理解和掌握。在第四和第五个课时中，我们引导学生通过阅读不同的语篇，模仿并实践写作，对未来的机器人、未来的生活进行预测。这样的教学设计旨在让学生在理解和学习的基础上，能够将所学的知识运用到实际的写作和预测活动中，从而提高他们的语言运用能力和思维能力。

### （二）课时教学设计案例剖析

表 55　第四课时教学设计

| 课题 | Unit 7 Will people have robots ? | 课时 | Section B　Reading |
|---|---|---|---|
| 教学目标 | 1. 语言知识与技能<br>（1）Be able to pronounce and master the new words and phrases in this unit：human，servant，dangerous，already，factory，simple，over and over again，believe，hundreds of，inside，disagree，shape，fall，fall down，look for，possible，impossible.<br>（2）Be able to use the three different tenses to depict the past，present and future actions or states.<br>（3）Be able to talk about the usages and advantages of robots<br>2. 学习能力<br>（1）Let the students talk about what will happen in the future by reading and speaking.<br>（2）Learn the Simple Future Tense by reading the passages.<br>（3）Learn how to talk about the future life by working in pairs and in groups.<br>3. 思维品质<br>Widen students' thinking and foster their creativity. They will be our inventors in the future and that will make our life better.<br>4. 文化意识<br>Be able to make a reasonable predictions about the future based on the present situations. Arouse students' awareness of environmental protections and help students build the responsibility of humans' development | | |

（续表）

| 课题 | Unit 7 Will people have robots？ | 课时 | Section B Reading |
|---|---|---|---|
| 重点 | （1）掌握本课时出现的生词及表达方式。<br>（2）阅读短文，获得相关信息，提高学生们的综合阅读能力 | | |
| 难点 | （1）阅读 2b 部分的短文并完成思维导图。<br>（2）阅读 2b 并能根据阅读内容展开机器人对人类生活影响的讨论 | | |
| 学法 | 合作竞争，自主预习，小组分层合作探究 | | |
| 教学准备 | （1）学生：手工制作机器人并准备机器人的广告语。<br>（2）教师：阅读与机器人有关的儿童英文书籍，获取可以在课堂上融合的相关知识；准备单词卡为课前热身活动做准备；准备支持、反对手牌和抢答木铃，在课堂辩论环节使用；制作课堂使用的 PPT 并配上合适的音乐 | | |

| 教学过程 | | |
|---|---|---|
| 教师活动 | 学生活动 | 设计意图 |
| Step Ⅰ Warming-up<br>Play the Game：“Who’s the best spy？”<br>Teachers make up a sentence about the contents on the card. When the game starts，teachers have to play the music and ask students to pass the cards on their tables. When the music stops，the teacher will say a description of the word card and ask the students to find the card | There is a word card on everyone’s table. The card will be covered on the table. They will not see the words and pictures on it. When the music starts，students have to pass the card to the student next to them. When the music stops，they have to uncover the card in front of them and say the word if the teacher says the description of the word | Arouse the students’ interest and get all the students into an English world. Create a relaxing learning atmosphere so that students can be free to talk in English in this class |

（续表）

| 教师活动 | 学生活动 | 设计意图 |
|---|---|---|
| Step Ⅱ Lead In<br>Introduction to the robots.<br>The teacher plays a record from a friend and ask students to guess what it is. Then，show a clip of video of robots | Students listen to the introduction to a teacher's friend and guess what it is. After it，they will watch a video about robots | To get students closer to the topic and think about the robots in life. Students will be free to talk about what they know about robots in the next activity |
| Step Ⅲ Before Reading<br>The teacher shows students a mind map about robots and encourages students to talk about what they know | Students can say anything they know about robots according to the mind map. They can offer information about shapes，kinds，abilities and development | To personalize the target language and prepare students for the subsequent reading activity |
| Step Ⅳ<br>（1）While Reading-Skimming<br>The teacher has students first identify the main ideas for each paragraph and consider what questions are answered by each paragraph.<br>（2）While Reading-Scanning<br>The teacher asks students to read paragraph by paragraph and answer questions：<br>What are robots like in the movies？<br>What can they do？<br>Where do robots work today？<br>What do they look like today？<br>What will robots be like in the future？<br>What can they do in the future？ | Students read the topic and look at the picture to help them get the main idea.<br>Students have to read fast to get the main idea with the help of the fist and last sentence.<br>Students scan the passage and try to get the answer to the question | To provide practice identifying the main ideas.<br>To provide reading practice with the target language |

（续表）

| 教师活动 | 学生活动 | 设计意图 |
|---|---|---|
| StepⅤ：<br>（1）Post Reading–Discussion<br>After reading, the teacher can asks students to think about a question: Is it a good idea to have robots ? And ask students to choose their answer to this question and try to debate.<br>（2）Post reading–World Robot Expo.<br>The teacher has students to show their special robots for the future and make others choose it for their needs | Students can discuss with others to make up their mind towards this topic. They can make up two teams to have a debate about this topic and the others will be the judge to decide the winner.<br>Students show their design about different robots and try to convince others their robots are the best | To make students think critically towards this topic. Everything has two sides. Robots can bring us some convenience, at the same time, they can also cause some trouble in some fields. To make students see things from different points of view and learn to embrace different opinions.<br>Students can make full use of their imagination to create their future.To make students use more target language to communicate with others |
| Step Ⅵ: Summary and Homework | Introduce a famous saying from Einstein about creativity and hard work.<br>Homework:<br>For all, students can read National Geography for kids.<br>For some students, they can share robot designs with their families | To make a summary about what have learned in this period and students can enlarge their knowledge by reading some helpful after-school reading books |

（续表）

| 板书设计 |
|---|

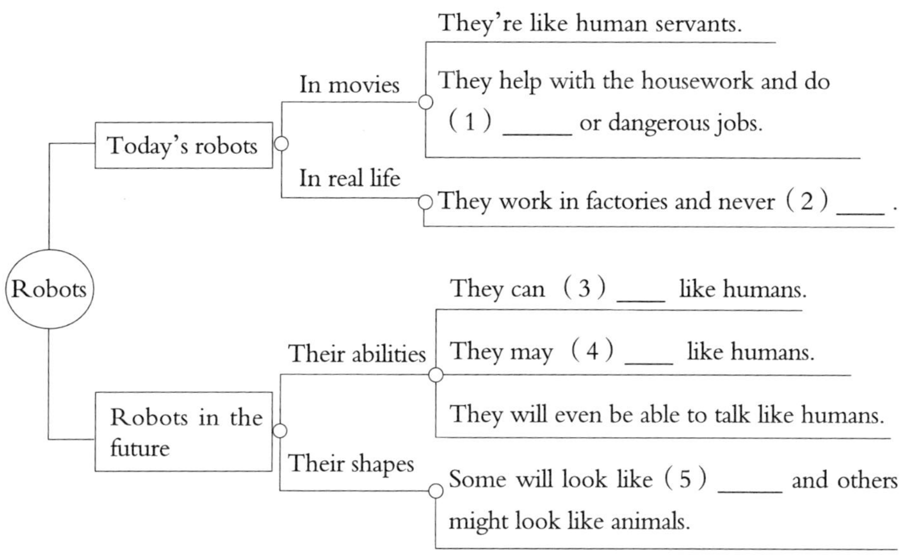


## 六、单元教学实践反思

### （一）收获与成效

本单元属于人与社会话题。在教学过程中，通过不同语篇的内容呈现和课堂活动的组织，引发了学生很多有关于未来的预测和相关话题的探讨。通过本单元教学实践，我深刻认识到了单元教学的重要性和优势。首先，单元教学有助于提高学生的参与度和学习效果。通过将教学内容划分为若干个相对独立但又相互联系的单元，可以降低学习难度，激发学生的学习兴趣和积极性。我作为本课堂的主导者，肢体语言比较丰富，可以灵活应对各项活动。例如，让学生在课堂上扮演机器人可以激发学生的活跃思维，有了丰富的肢体语言和活跃的课堂氛围，学生的思维才能被进一步的打开。其次，单元教学有助于培养学生的自主学习能力和思维能力。尤其是阅读课，有关机器人的描述和对未来机器人的社会地位的探讨不仅让学生获得了良好的英语阅读技巧，还引发了深入的思考。通过引导学生参与课堂互动和讨论，可以帮助学生更好地理解和掌握所学知识，提高他们的自主学习能力和思维能力。

最后，单元教学有助于实现教学目标和提高教学质量。通过明确每个单元的教学目标和重点难点，可以确保学生在学习的过程中逐步掌握知识和技能，为了引导基础薄弱的学生也能大胆地表达自己的观点，教师可以给予语言框架或语言结构的指导，以方便学生表达自己的个人观点，实现教学目标并提高教学质量。

（二）不足与改进

然而，在单元教学实践中，我也遇到了一些问题和不足。首先，部分学生对单元教学的适应程度不同，需要针对不同学生的实际情况进行差异化教学。其次，部分单元之间的衔接不够紧密，需要加强单元之间的联系和整合。最后，对部分教学方法和手段的运用还不够熟练和灵活，需要进一步加强教学技能。

针对这些问题和不足，我将采取以下措施进行改进：首先，加强对学生实际情况的了解和分析，针对不同学生的需求进行差异化教学；其次，加强单元之间的衔接和整合，确保教学内容的逻辑性和连贯性；最后，增强教学技能，积累实践经验，提高教学水平和质量。

# “电与磁”单元教学设计

九年级物理　田维德

## 一、指导思想及其依据

《义务教育物理课程标准（2022年版）》指出，“物理课程旨在促进学生核心素养的养成和发展，引导学生学会学习、学会合作、学会生活，为学生的终身发展奠定基础”。

通过义务教育物理课程的学习，学生应达到如下目标：认识电和磁，能将所学物理知识与实际情境联系起来，能从物理学视角观察周围事物，解释有关现象，解决简单的实际问题；会用所学模型分析常见的物理问题；能对相关问题和信息进行分析并得出结论，具有初步的科学推理能力；有利用证据对所研究的问题进行分析和解释的意识，能使用简单和直接的证据表达自己的观点，具有初步的科学论证能力；能独立思考，对相关信息、方案和结论提出自己的见解，具有创新意识；有科学探究的意识，能发现问题、提出问题，形成猜想，具备初步的观察能力和提出问题的能力；能制订简单的科学探究方案，有控制实验条件的意识，会通过实践、操作等方式收集信息，初步具有获取证据的能力；能分析、处理信息，得出结论，具有对科学探究过程和结果作出解释的能力；能书面或口头表述自己的观点，能自我反思和听取他人意见，具有与他人交流的能力。

初三学生已具备一定的动手实验能力和运用所学知识解决实际问题的能力，能够运用观察、分析、归纳、比较等科学方法来探求新知识。学生在生活中经常接触到摩擦起电现象，也略知导体和绝缘体的相关知识，由于本节课内容较为抽象，因此教学过程中设计了许多与生活联系密切的事例，可以由此引起学生探究的兴趣和学习新知识的积极性。日常生活中，学生对磁现象已经有了丰富的感性认识，但对于抽象的磁场概念却很难理解，需要用对比、转化的方法把看不见的转化成可以感知的现象，让学生能够理解看不见、摸不到的磁场。同时，会利用小磁针来分析磁场的特点，描绘磁感线。学生虽然对磁场有了一个初步的认识，但对于电流周围也存在磁场和电流产生的磁场的性质等知识还不是很熟悉，所以在教学中最重要的一点就是要让学生自己动手做实验，自己归纳探究结论。因此，鼓励学生参加实验、引导学生成功完成实验尤为重要。

学生对电流的磁效应已经有了一定的认识，在研究电学问题时对控制变量的研究方法也有所了解，所以学习电磁铁的特性和工作原理并不困难，可以放手让学生用控制变量法去探究电磁铁磁性的强弱与什么因素有关，让学生在观察、思考后，利用已有的知识和生活经验，归纳、总结出影响电磁铁磁性强弱的因素。在知识上，能扎实掌握磁场、电路、电路图的基本知识；在能力上，学生通过长期的训练已具备初步的设计探究、实际操作、小组合作和分析归纳能力。磁生电的内容主要通过实验引入、设计探究、实际操作和小组合作展开，让学生在动手过程中获取大量的直接经验，再分析归纳得出结论，从而培养学生自主学习的能力。

## 二、单元教学内容规划

1. 静电现象

让学生利用常见的物品做实验，体验摩擦起电现象，激发学生的学习兴趣。

2. 磁场

引导学生从磁场的基本性质出发认识磁场的存在；从磁体周围放置的小磁针的指向，认识磁场的方向性。用铁屑形象地显示出条形磁铁、蹄形磁铁周围的磁场，从而引导学生建立磁感线的概念。

3. 电流的磁场

让学生分组探究电流周围的磁场，亲身经历奥斯特实验，帮助学生加深对知识的理解，初步认识电与磁之间存在的某种关系。同时，让学生体验发现的乐趣，激发学生的探究兴趣。

探究“通电螺线管的磁场”可分为两步进行。

（1）让学生用撒铁屑的方法探究通电螺线管周围和内部的磁感线分布情况，得出通电螺线管的磁场形状，并与条形磁铁的磁场进行对比加深认识。

（2）通过探究通电螺线管周围和内部小磁针的偏转情况，让学生用自己的语言表述出通电螺线管的极性与电流方向之间的关系。

4. 磁场对通电导线的作用力

探究磁场对通电导线的作用是对前面知识的延伸，也是连接前后知识的纽带。同时，可以让学生进行探究式学习，从现象中发现问题、提出问题、做出猜想，然后设计方案进行实验探究。

5. 电磁感应现象

引导学生复习奥斯特实验，在此基础上提出“电可以产生磁，那么磁能否产生电”的问题以激发学生的思考。让学生探究产生电磁感应现象的条件，培养学生的逆向思维能力，从而培养其创新精神。通过探究实验，让学生讨论归纳，总结得出产生感应电流的条件和感应电流方向的影响因素。同时，让学生用所学物理知识分析动圈式话筒的工作原理、工作过程，理论联系实际。

6. 电磁波

可以充分利用多媒体，使学生能通过视觉、听觉等各种感觉器官来体验电磁波。介绍电磁波的传播时，可以与声音的传播作对比。对于波长、频率和波速的关系，可以利用一些有形的波，如水波，使学生形成感性认识，引导学生认识波的基本特征。这一部分内容从学生身边的事物讲起，让学生体会到了物理确实与我们的生活息息相关，充分展示物理的实用性、趣味性、实验性和科学性，进而激发学生的求知欲，引起学生的思考。当今时代，信息技术飞速发展，渗透于人们生活中的各个领域。虽然学生对信息传递的工具较为熟悉，但对信息传递的技术却知之甚少，让学生对电磁波有了解，为学习无线电知识做好铺垫，体现出“从生活到物理、从物理到生活”的思想。

7. 整合练习

进行大单元知识点总结，再次建立电与磁各知识点间的关系网，帮助学生进行梳理。同时，进行相关知识与技能测试，检验学习效果，及时反馈。

## 三、单元教学目标设计

通过对电与磁的探究性学习，将电与磁联系起来，每个知识点之间互相渗透。培养学生对电与磁之间的相互转化过程中的感性认识，亲身经历探究过程，加深学生对知识的理解，激发学生的探究兴趣。同时，在教育教学活动中对学生进行物理学史教育和民族自豪感教育。聚焦学生发展核心素养，培养学生适应未来发展的关键能力，遵循学生身心发展规律。加强大单元一体化设置，增强课程的指导性和可操作性。培养学生的物理观念、科学思维、科学探究、科学态度与责任。引导学生学会学习、学会合作、学会生活，为学生的终身发展奠定基础。

（1）观察摩擦起电现象，了解静电现象；了解生产生活中关于静电防止和利用的技术。

（2）通过实验，认识磁场；知道地磁场。

（3）通过实验，了解电流周围存在磁场；探究并了解通电螺线管外部磁场的方向；了解电磁铁在生产生活中的应用。

（4）通过实验，了解通电导线在磁场中受到力的作用；知道磁场对通电导线作用力的方向与哪些因素有关。

（5）探究并了解导体在磁场中运动时产生感应电流的条件；了解电磁感应在实际生产生活中的应用。

（6）知道电磁波，知道电磁波在真空中的传播速度；知道波长、频率和波速；了解电磁波的应用以及对人类生活和社会发展带来的影响。

## 四、单元课时任务安排

（1）摩擦起电：1 课时。

（2）磁场：1 课时。

（3）电生磁：1 课时。

（4）电动机：2 课时。

（5）磁生电：1 课时。

（6）电磁波：0.5 课时。

（7）大单元整合练习：1课时。

## 五、单元教学过程设计

### （一）单元教学整体思路

（1）观察摩擦起电现象，了解静电现象；了解生产生活中关于防止和利用静电的技术。

通过观察，让学生动手实验，观察、分析静电现象。在教学中要注意结合实例，让学生了解生产生活中关于静电防止和利用的技术。查阅资料，了解静电防止和利用的常用方法。

（2）通过实验，认识磁场；知道地磁场。

学生通过实验，认识磁场。磁场是电磁学中的一个比较抽象的概念，因此教学中结合学校的实际条件，用一些生动直观的实验让学生认识磁场，建立磁场的概念。同时，要求学生知道地磁场及磁极的分布情况；知道地理北极的极性与小磁针 N 极是相反的。查阅资料，了解我国古代指南针的发明对人类社会发展的贡献。

（3）通过实验，了解电流周围存在磁场；探究并了解通电螺线管外部磁场的方向；了解电磁铁在生产生活中的应用。

通过实验，了解电流周围存在磁场，介绍奥斯特发现电流磁效应的历史意义。同时，要求用实验探究的方法了解通电螺线管外部磁场方向，不必深究磁感线分布和螺线管内部磁场的情况，结合具体实例了解电磁铁在生产生活中的应用。

（4）通过实验，了解通电导线在磁场中会受到力的作用；知道磁场对通电导线作用力的方向与哪些因素有关。

通过实验了解通电导线在磁场中的受力情况，注意渗透科学研究的方法。引导学生充分讨论，分析实验现象，知道力的方向与磁场、电流方向的关系。不要求根据“左手定则”判断安培力的方向。

（5）探究并了解导体在磁场中运动时产生感应电流的条件；了解电磁感应在实际生产生活中的应用。

学生通过实验探究，了解导体在磁场中运动时产生感应电流的条件，一是闭合回路，二是导体切割磁感线。学生了解电磁感应现象的应用对人类生活和社会发展起着巨大的促进作用。教师应让学生更多地了解物理学与生产生活的关系，了解物理学与社会发展的关系，让学生了解发电机的工作原理。

（6）知道电磁波，知道电磁波在真空中的传播速度；知道波长、频率和波速；了解电磁波的应用以及对人类生活和社会发展带来的影响。

学生要知道电磁波，明确伽马射线、X射线、紫外线、可见光、红外线、微波和无线电波都是电磁波。学生知道电磁波在真空中的传播速度，强调电磁波的速度等于光速。学生知道波长、频率和波速的概念。例如，了解广播电台节目的发射频率和波长。学生了解电磁波的应用以及对人类生活和社会发展带来的影响。同时，可以开设相关主题讨论，让学生通过上网收集材料，了解现代信息记录及传播的多样性。例如，了解电磁波在通信中的应用，包括移动通信和卫星通信等。

### （二）课时教学设计案例剖析

1. 课题

电生磁。

2. 课型

新授课＋实验课（演示＋学生）。

3. 教学内容分析

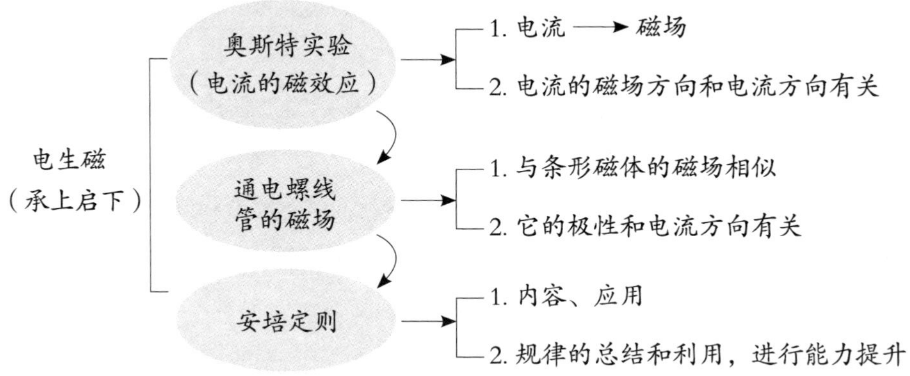


图9 电生磁教学内容分析

4. 学情分析

这节课之前，学生已经学习了电学的基础知识和磁场的基本概念，对磁现象和磁场有了一定的了解。通过整个大单元教学计划，学生已经打下了有关磁场的知识基础，此时学习心态较为轻松。要抓住学生这个心理特点，以更简洁的方式引入本节课程内容，给学生建立学习自信，让学生利用已学过的知识来学习新知识，培养知识整合能力、合作探究能力、观察能力等。同时，本节课的课堂导入涉及电磁波，也为后续的学习埋下了“种子”，再次为整个大单元教学的知识点间建立联系。

5. 学习目标确定

（1）知道电流周围存在着磁场。

（2）知道通电螺线管外部的磁场与条形磁铁相像。

（3）会用安培定则判断相应磁体的磁极和通电螺线管的电流方向。

6. 学习评价设计

（1）当堂检测：回归落实。

（2）书后习题：夯实基础。

（3）联系实际：交流拓展。

（4）课后作业：能力提升。

7. 学习活动设计

（1）环节一：课题引入。

教师活动 1：在打开的收音机旁取一根导线，并将其两端与一节干电池两端接触，导线与正极来回摩擦，使它们时断时续地接触，这时你能从收音机里听到什么？猜想一下原因。

学生活动 1：听见“吡吡啦啦”的响声、噪声、干扰声。

活动意图：从日常生活角度了解学生对电与磁关系的了解程度，做到心中有数，为后续学习做铺垫。同时，加深学生电与磁关系的理解，呼应大单元教学主题。

（2）环节二：出示目标。

①知道电流周围存在着磁场。

②知道通电螺线管外部的磁场与条形磁铁相像。

③会用安培定则判断相应磁体的磁极和通电螺线管的电流方向。

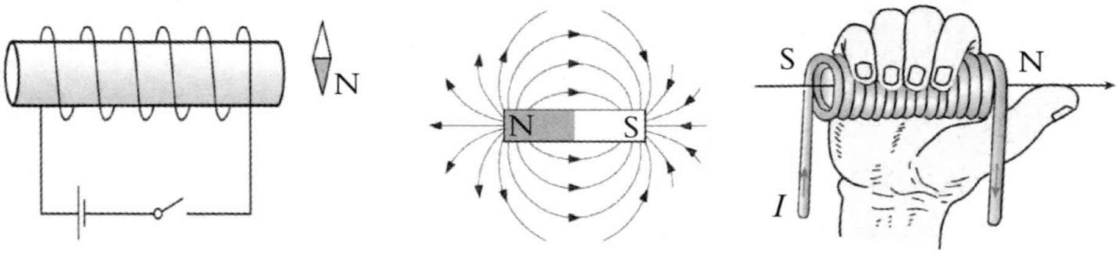


图 10　环节二活动图示

活动意图：让学生明确目标，做到心中有数，有目的地去学习，实现大单元教学分目标。

（3）环节三：新授、自学。

教师活动 2：教师介绍奥斯特，让学生了解相关物理学史，演示奥斯特实验。

学生活动 2：学生根据教师的演示与提示进行学生实验。将一个小磁针平行放在接入电路的直导线下方，开关闭合的瞬间观察小磁针指向的变化，对电流方向和周围磁场方向进行分析，小组讨论。通过实验讨论得出结论：通电导线周围存在与磁场方向有关的磁场。

图 11　奥斯特实验图示

活动意图：通过实验帮助学生加深对知识的理解，让学生初步认识电与磁之间的关系。在实验过程中，培养学生的观察能力、实验能力和合作探究能力，体现“新课标”的要求。

教师活动 3：介绍通电螺线管，组织学生探究通电螺线管周围磁场的分布情况，探究如何改变该磁场方向。

学生活动 3：学生按照教师提供的实验器材分成多个小组进行实验。先利

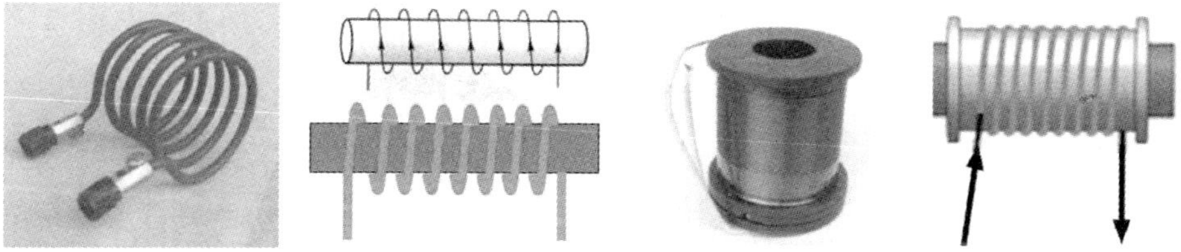

图 12　教师活动 3 图示

用碎铁屑探究通电螺线管周围磁场分布情况，然后利用多个小磁针探究磁场方向与电流方向的关系。

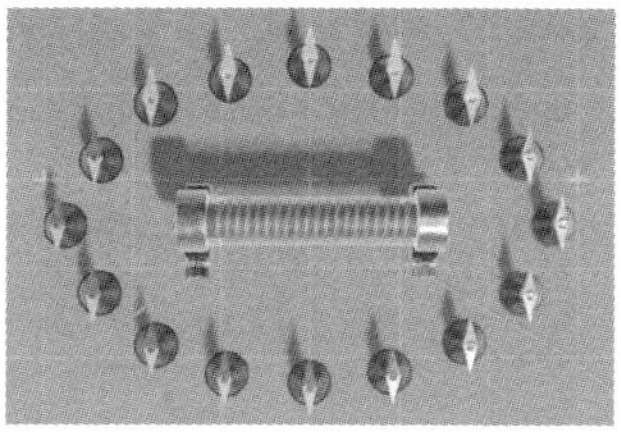

通电前

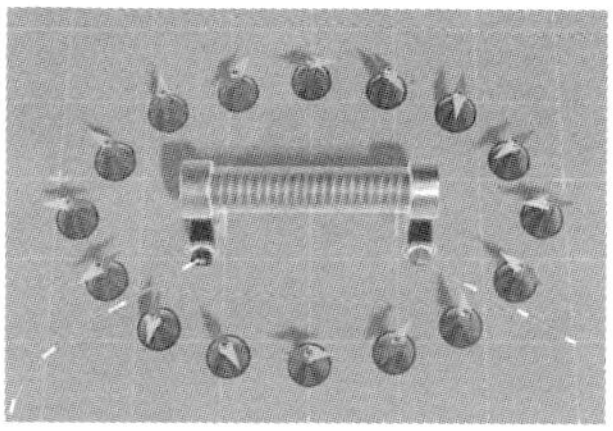

通电后

图 13　学生活动 3 图示

通过实验讨论得出结论：通电螺线管外部的磁场与条形磁体的磁场相似，当电流方向改变时磁场的方向也改变。

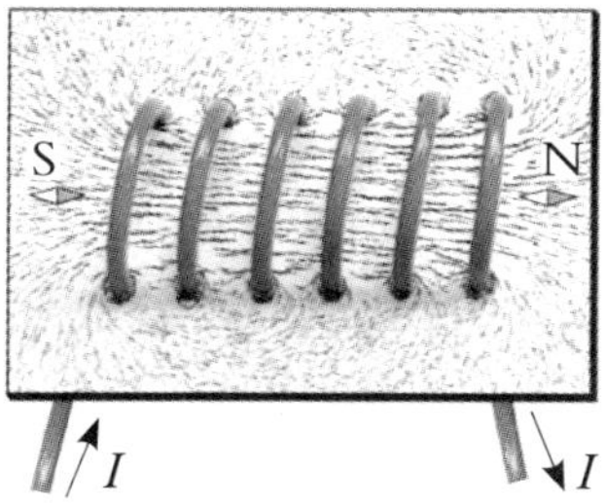


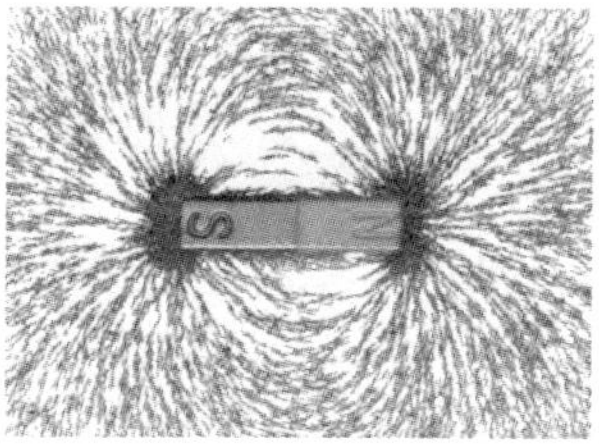


图 14　实验结论图示

活动意图：在探究过程中激发学生的学习兴趣，提高其探究能力，培养其合作精神，加深学生的认知。通过电生磁实验，为学生后续学习磁生电打下基础。学生有了本次实验的经验，在接下来的关于磁生电的学习过程会更容易找到联想、类比的探究思路，完成大单元教学中“学习目标和素养目标”的有效对接。

教师活动 4：将不同方向的电流在不同方式缠绕的螺线管上的示意图进行展示，引导学生正确使用安培定则判断电流方向和通电螺线管的磁场方向。

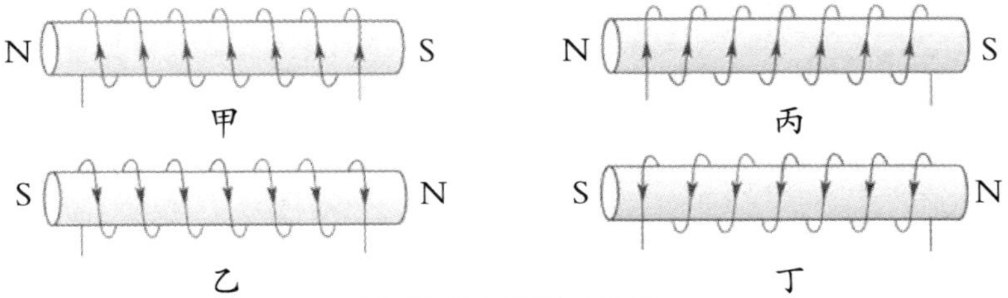

图 15　教师活动 4 图示

学生活动 4：学生按照教师的引导，分别用画图以及动手体验的方式，加深对安培定则的理解与应用。

活动意图：练习使用安培定则解决相关电与磁的问题，培养学生应用所学知识的能力，对学生进行提高训练。

图 16　学生活动 4 图示

（4）环节四：总结归纳，以学定教。

教师活动 5：请同学们总结一下今天学到了什么？你们完成本节课的学习目标了吗？

预设回答：科学家的伟大成就

①奥斯特——电流的磁效应（电生磁）。

②安培——安培定则。

学生活动 5：总结归纳，目标检验。

活动意图：对新学知识进行总结，建立与之前知识的联系，这对之前的知识点也有巩固复习的作用。

（5）环节五：当堂练习。

①奥斯特实验如图 17 所示，有关分析正确的是（　　）。

A. 通电导线周围磁场方向由小磁针的指向决定

B. 发生偏转的小磁针对通电导线有力的作用

C. 移去小磁针后的通电导线周围不存在磁场

D. 通电导线周围的磁场方向与电流方向无关

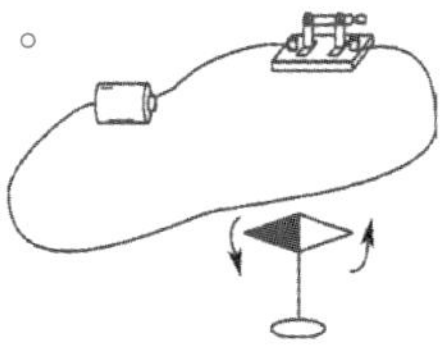

图 17　当堂练习①

②小磁针静止时的位置如图 18 所示，由此可以判断出通电螺线管的 B 端是________（填“北极”或“南极”），接线柱 *a* 连接的是电源的______（填“正极”或“负极”）。

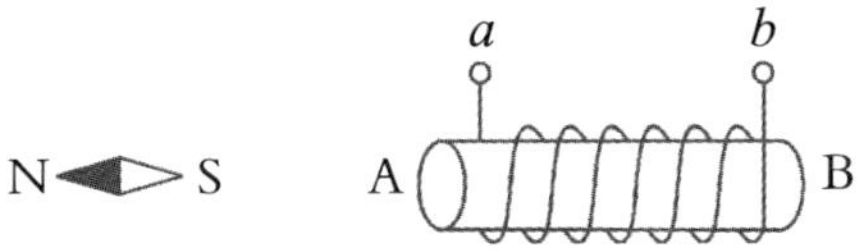


图 18　当堂练习②

③如图 19 所示，根据静止小磁针的指向标出螺线管的 N 极，并画出螺线管的绕线。

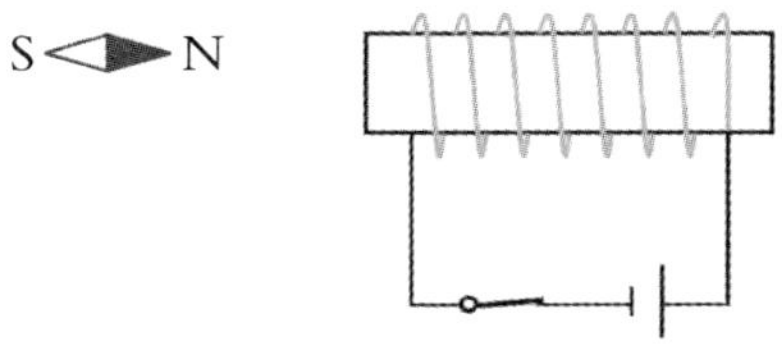


图 19　当堂练习③

④如图 20 所示，开关闭合后，位于螺线管右侧的小磁针的指向将怎样变化？

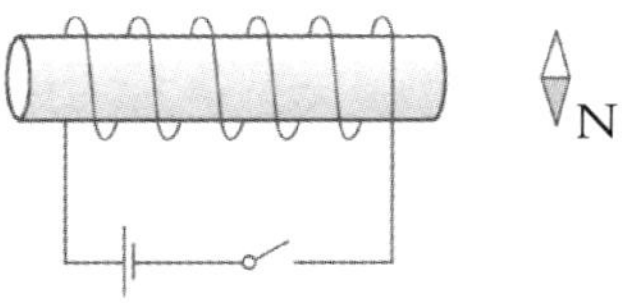


图 20　当堂练习④

⑤ 1820 年，安培在科学院的例会上做的一个小实验引起到会科学家的兴趣：把螺线管水平悬挂起来，然后给导线通电。想一想会发生什么现象？

教师、学生活动6：师生共同做数学书上的习题，进行初步的应用练习及能力提升。

①请你根据图21，画出通电螺线管中的电流方向并判定螺线管的极性。

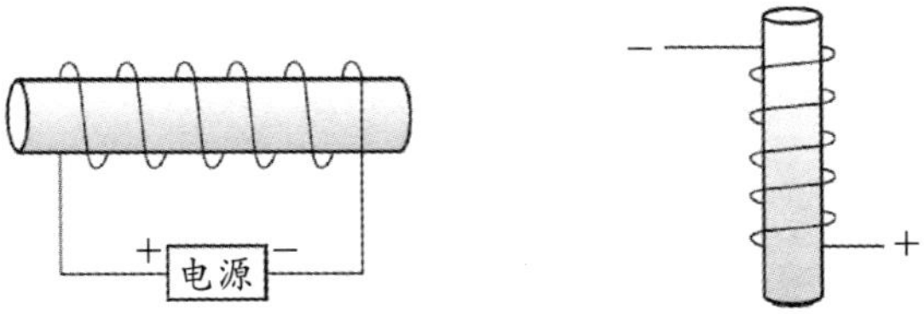


图21 师生活动6①图示

②如图22所示，按小磁针的指向判定螺线管的极性、电流的方向和电源的正、负极。

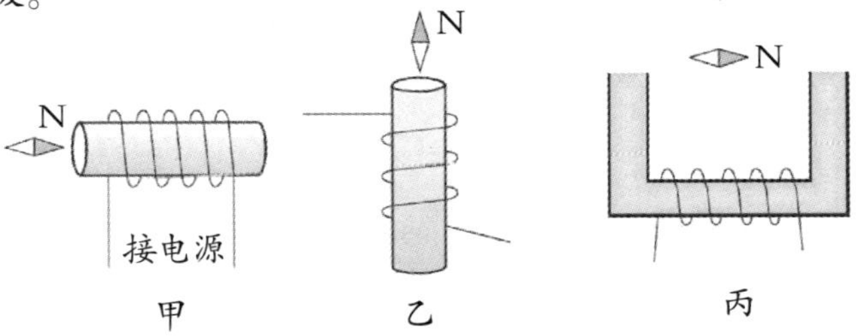


图22 师生活动6②图示

活动意图：通过书后习题帮助学生加强对本课知识点的理解、记忆和应用，强化其对相关生产生活现象的理解。

（6）环节六：当堂检测。

教师、学生活动7：当堂检测，检验基础知识的掌握情况。

①如图23所示，通电螺线管（箭头表示电流方向）附近放置的小磁针（黑端为N极），静止时其指向正确的是（　　）。

②如图24所示，以下两个通电螺线管一定互相 ________（填“吸引”或“排斥”）。

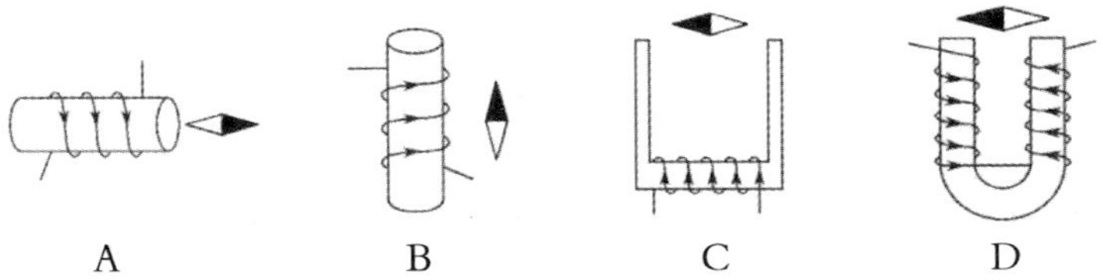


图23 师生活动7①图示

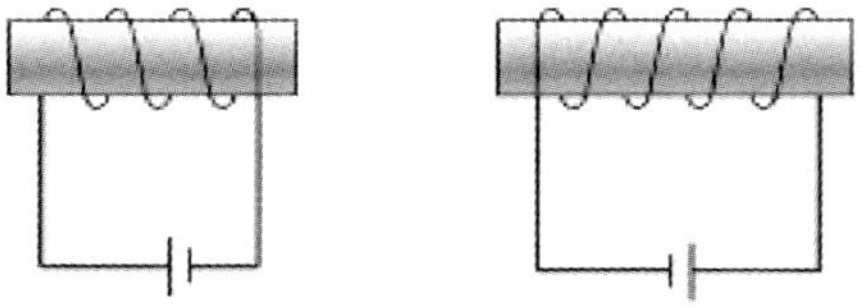

图 24　师生活动 7 ②图示

③如图 25 所示，通电螺线管附近有甲、乙、丙、丁四个小磁针，静止时它们的磁极是（　　）。

A. 甲右端为 S 极

B. 乙左端为 N 极

C. 丙右端为 S 极

D. 丁右端为 N 极

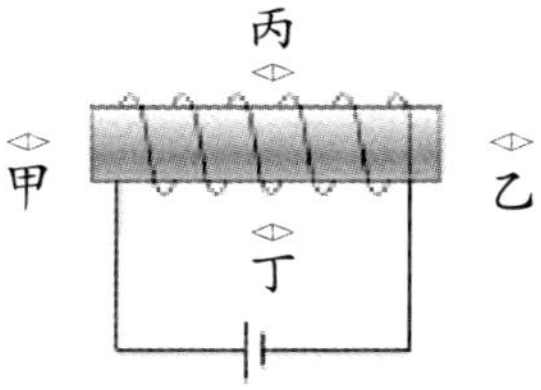


图 25　师生活动 7 ③图示

活动意图：趁热打铁，检测学生对基础知识的掌握情况，打好基础。

（7）环节七：及时反馈。

教师根据检测情况，给予学生及时、到位的结果反馈，帮助学生查缺补漏。

活动意图：及时反馈、查缺补漏，补充说明、联系实际。基于整个大单元进行三维目标的落实，体现“从整体到部分，再从部分到整体”的大单元知识点结构，最终实现“整体大于部分之和”。

8. 板书设计

电生磁
- 电流的磁效应
  - 1. 奥斯特实验
  - 2. 探究电流的磁效应
- 通电螺线管
  - 1. 通电螺线管周围磁场的分布与条形磁铁相像
  - 2. 通电螺线管周围磁场方向与电流方向有关
- 安培定则：右手螺旋定则

图 26　“电与磁”板书设计

9. 作业与拓展学习设计

（1）基础知识填空。

（2）能力提升练习。

（3）发散思维训练。

（4）家庭动手实验：以个人或小组的形式，利用身边的物体进行二次实验创新。

（5）联系生活实际：观察身边有关电与磁的现象。

10. 技术手段

多媒体课件、网络视频、自制实验视频、演示实验、学生实验。

## 六、单元教学实践反思

作为一名青年教师，我深知自己还有很大的提升空间，在今后的教育教学活动中，我一定会认真备课，向有经验的教师认真学习教学经验，选择先进、适当的信息技术完善自己的课堂。

总之，在以后的教育教学活动中要注重教学，引导学生学会学习，培养学生的各项学习能力，让学生爱学、会学。同时，加强物理知识点的联系以及跨学科应用的能力，让学生认识到每个物理知识都不是单独存在的，用旧知识引导新知识，让新知识回馈旧知识，做到知识点间的融会贯通，实现大单元教学的大目标。此外，每节课在教学过程中都要时刻呼应教学目标，引导学生完成任务。大单元教学的宗旨是贯彻新课程理念，提高学生的综合素质，以更大、更广的视角构建新的教学系统。

# “物态变化”单元教学设计

八年级物理　尹付东

## 一、指导思想及其依据

《义务教育物理课程标准（2022年版）》中明确了课程目标为核心素养的培养，具体体现在物理观念、科学思维、科学探究、科学态度与责任方面。

物态变化部分是一级主题物质下的重要课程内容，体现了物理与生产生活实际的联系，彰显了从生活走向物理、从物理走向社会的课程理念。该部分重视强化实验，注重发展科学思维和科学探究能力。在物态变化特点规律的实验教学中，引导学生基于证据进行归纳、总结、解释及交流，促进学生科学思维和科学探究能力的发展。

基于教材的分析和整合，我们将物态变化定为大单元的主题。让学生从基本的物理概念出发，通过实验总结物态变化之间的规律，培养科学思维和科学探究的能力。在认识学科本质、了解其与社会关系的基础上，建立正确的科学态度与责任意识。

## 二、单元教学内容规划

“新课标”对本节课的要求：经历物态变化的实验探究过程，知道物质的熔点、凝固点和沸点，了解物态变化过程中的吸热和放热现象，用物态变化的知识说明自然界和生活中的有关现象。

对“新课标”进行分析，本节课必须基于实验教学，注重理论联系生活，让学生通过实验加深对知识的理解，培养学生的动手操作、推理、归纳总结能力。

## 三、单元教学目标设计

本单元是一级主题“物质”所包含的二级主题“物质的形态和变化”的相关内容，与日常生活、自然现象及科技发展前沿密切相关。该部分内容旨在引导学生从物理学角度认识物质世界，了解物质属性，初步形成物质观念；引导学生学习科学研究方法，提升科学探究能力，体会科学、技术、社会、环境之间的关系，形成辩证唯物主义世界观和关心环境、保护环境的责任感。

## 四、单元课时任务安排

本单元从物态变化角度研究物质相关属性，共分为四个章节。

表 56“物态变化”单元课时任务安排

| 章节安排 | 章节任务 | 课时数 |
|---|---|---|
| 第一节 温度 | 了解温度概念单位、测量温度工具及使用方法 | 1 |
| 第二节 熔化和凝固 | 了解物质三态，物态变化时温度的变化规律，实验操作，晶体与非晶体的分类 | 2 |
| 第三节 汽化和液化 | 了解汽化的两种方式，汽化和液化的条件和特点 | 2 |
| 第四节 升华和凝华 | 了解升华和凝华的吸放热关系 | 1 |

## 五、单元教学过程设计

### （一）单元教学整体思路

根据本章节的核心概念物态变化，基于教材和学情分析，按照大单元设计思路，将本单元的内容分成了四个模块。

第一节“温度”作为物态变化热学部分的基础知识，应从基本物理量和单位出发，让学生对日常生活中的物态变化有一个初步了解，并且落实到知识层面上，通过所学知识，对于生活中的物态变化进行科学的认证和分析。温度计的使用也能够让学生体验到学习物态变化的乐趣，同时也可以从温度这一角度对物态变化进行分析，为大单元学习打下基础。

第二节到第四节则是按照两两对照的顺序，对于物态变化进行详细的分析和对比。其主要是通过实验的方式，让学生自己动手操作，培养实验探究的能力和总结对比的思维。第二讲内容为熔化和凝固，其中涉及重点实验——

固体熔化时温度的变化规律和实验数据图像分析。

### （二）课时教学设计案例剖析——熔化和凝固

熔化和凝固选自人教版物理教材八年级上册第三章第二节的内容。本节课正式开启了物态变化的相关内容，在这之前，学生已经学习了温度和温度计的使用，对于热学有了初步认知。融化和凝固这一章节将从物态种类和什么是物态变化出发，让学生先了解物态变化的定义，再根据之前所学温度的相关内容对熔化过程中的温度变化规律进行探究。物态变化这一章节作为大单元教学，将在温度与温度计的基础上探索物质发生物态变化时温度的变化规律。

（1）了解物质的三态，知晓物态间可以转化。

（2）知道熔化的条件与特点。

（3）知道物质的熔点，了解晶体和非晶体的区别。

利用对比思维，学习冰与石蜡熔化的过程，探究不同物质的熔化特点。

探究物质熔化的特点，观察实验现象，采用数形结合的方式分析实验数据，初步培养学生的实验操作技能，使学生学会有目的的观察，提高动手能力和概括能力。

通过实验培养学生严谨求真的科学态度，激发学生的学习兴趣，形成正确的科学态度与责任意识。

**表 57“熔化与凝固”课时教学设计**

| 教学流程 | 教学内容及教师活动 | 学生活动 | 设计依据 |
|---|---|---|---|
| 1. 大单元引领物态变化（10分钟） | （1）教师提问：在开启我们今天的内容之前，请同学们先回忆一下上节课所学的主要内容。（温度）那么大家还记得我们这一单元的主题是什么吗？（物态变化）接下来老师就要考考大家了，在生活中我们最常见的物态都有哪些？ | 学生回答：生活中常见的物态有固态、液态和气态。将视频中的场景与物理知识联系起来，得出结论：物态变化便是物态之间的转化，是物质从一种状态变为另一种状态 | 激发学生的学习兴趣，引入物态概念并解释物态变化，总结章节的学习内容。将物理知识与生活实际相联系，让学生明白物理来源于生活，应用于生活 |

（续表）

| 教学流程 | 教学内容及教师活动 | 学生活动 | 设计依据 |
| --- | --- | --- | --- |
| | （2）视频展示：接下来，我们看一个小视频，了解在我们广袤的中华大地上，会发生哪些令人惊奇的关于物态变化的现象。<br>（3）教师提问：刚才的视频中哪个场景令你们印象最深刻？其中又有哪些物态呢？<br>这些物态间的相互转化，便是我们所要学习的物态变化（板书） | | |
| 2. 熔化（5分钟） | 刚才的视频中令大家印象深刻的打铁花场景，铁的物态是否发生了变化呢？<br>教师根据学生的回答，引用教室当中的例子：铁架台也是铁，它为什么打不出来铁花？所以我们打的时候铁已经不再是固态，而变成了液态。<br>烧铁过程将固态的铁加热为液态的铁水，1600℃高温的铁水在落下时，为什么没有烫伤打铁花的人呢？这些铁水在空中又发生了什么变化？<br>打铁花时将铁水打到空中，变成了固态的铁花，这两个过程涉及两种物态之间的变化，这便是我们这一大节所要学习的熔化和凝固，今天我们先来好好探究一下熔化的秘密。<br>教师提问：哪位同学能给我总结一下熔化的定义？ | 引起学生的思考，回忆物态是否发生了改变<br>铁架台不能打铁花，是因为它还是固态<br>在教师的引导下，学生举手回答问题，解释原因 | 通过对生活中常见事物的类比加深感知，体验物态变化的过程<br>比较打铁花过程中的两类物态变化，引起学生的对比思考 |

（续表）

| 教学流程 | 教学内容及教师活动 | 学生活动 | 设计依据 |
|---|---|---|---|
| | 联系生活实际，对生活中的熔化现象提问。解释PPT中所呈现的熔化现象，尤其是学生不太理解的焊接。<br>问题提出：教室中有一块冰，会不熔化？那一块铁会不会熔化？怎样才能让铁熔化呢？所以，熔化的过程也是一个从外界吸热的过程（学生答） | 物质从固态变为液态的过程（学生做笔记）。<br>开火车回答问题<br>冰块会熔化，铁块不会熔化，需要加热铁块才会熔化。同时，得出熔化需要吸热的结论 | 培养学生的归纳总结能力<br>引导学生进行科学的思维演绎推理过程 |
| 3. 实验：固体熔化时温度的变化规律（15分钟） | 根据你的生活经验判断，冰和巧克力融化时有哪些不同？不同物质在熔化过程中温度变化的规律是否相同？<br>本次实验老师准备了一些“神秘”的物质，我们稍后再揭秘它的名字。我们要探究的是它在熔化过程中温度的变化规律，接下来，请大家充分利用你们面前所有的装置来思考以下问题：实验需要使用什么器材？如何操作？步骤是什么？要观察记录什么？小组讨论一分钟时间。<br>明确实验器材、加热方式（水浴法）及其优点（受热均匀）、器材组装（自下而上）、实验需要处理的数据表格。强调数字不够直观，所以用图形将数据呈现出来。 | 猜测不同物质熔化过程中温度的变化不同<br>小组进行讨论<br>以提问的方式呈现小组讨论的结果。用启发式提问，引导学生说出特殊的加热方法——水浴法及其优势 | 这部分是学生在初中阶段物理第一次接触到比较科学的实验探究，该部分教师提出问题，学生做出假设<br>该部分属于设计实验，应将主动权交给学生，培养科学探究的思维与意识 |

（续表）

| 教学流程 | 教学内容及教师活动 | 学生活动 | 设计依据 |
|---|---|---|---|
| | 四人一个小组，一人读数，一人观察状态，一人记录温度，一人画出温度变化图。教师强调实验安全，如酒精灯的使用。<br>实验结束后，找小组上台展示其数据处理及图像分析，解释出现不同实验结论的原因：本实验所使用的物质不同。一部分学生使用的是石蜡，另一部分学生使用的是海波，简单介绍什么是海波及其在生活中的应用 | 学生分小组进行关于海波和石蜡的熔化实验，但学生并不知道当前所用物质是什么，这有助于学生总结当前实验中物质熔化的规律及现象。教师在实验中予以指导。<br>不同小组的图像分析和结论各不同 | 亲自动手实验，感知实验过程，有助于学生体验物理联系实际的意义。<br>利用学生对不了解的新物质的好奇心，增强其在进行数据颇多的实验时的课堂关注度 |
| 4. 晶体与非晶体（7分钟） | 实验总结（晶体）：人们根据物质在熔化时有没有固定不变的温度，将物质分成了两类，即晶体和非晶体。晶体的定义便是熔化时吸热温度不变的固体。<br>生活中常见的冰、海波、所有金属以及工业上所用的萘都是晶体（解释萘的作用）。<br>在熔化时保持不变的那个温度，我们称之为熔点。所以大家可以想想，晶体熔化的条件是什么？（如学生回答不上来，依然可以举教室中铁块的例子。）<br>简介生活中常见物质的熔点。在金属的熔点处，可做拓展提问，室温中呈现液态的金属有什么？熔点最高的金属是什么？有何用处？ | 学生做笔记<br>启发式提问引导学生<br>室温下的液态金属是汞，因为其熔点是 −39℃。<br>熔点最高的金属是钨，可用作灯丝，因为其熔点高，不易被烧断 | 增加课堂新鲜感，帮助学生将对新事物的了解和学习应用到日常生活中 |

（续表）

| 教学流程 | 教学内容及教师活动 | 学生活动 | 设计依据 |
|---|---|---|---|
| | 实验总结（非晶体）：非晶体无固定熔化温度，熔化时吸热温度升高。<br>举例生活中常见的非晶体：玻璃，橡胶，塑料，石蜡，松香，沥青。在生活中，我们如果要去判断一个物质是晶体还是非晶体，一定要去加热一下吗？有没有更简单的办法？<br>试想一下，嘴里含着一块巧克力，它在融化的过程中会有什么样的变化？如果含一块冰，会是什么样的？<br>简介松香和与之类似的琥珀蜜蜡的异同 | 学生做笔记<br>通过生活经验得出，非晶体在熔化时有变软、变黏稠、变稀的过程。例如，放在口袋里热化了的巧克力<br>完成反馈练习 | 物理知识联系生活实际<br>启发式提问，思考分析得出简单的判断非晶体的方法<br>及时反馈，巩固知识 |
| 5. 归纳总结（2分钟） | 教师提问：这节课我们学了哪些知识？哪些知识点让你印象深刻 | 学生回顾所学知识点，回答问题 | 巩固知识，加深印象 |
| 6. 知识拓展（3分钟） | 教师提问：在东北有一则传说：冬天的铁栏杆是甜的，但是家长们总会劝告我们不要舔铁，这是为什么？<br>简单介绍分子间的作用力，即固体之间的作用力最大，最难分开。感兴趣的同学可以课后阅读学案后的相关小材料 | 学生思考后回答问题：嘴里的唾液由液态到固态的变化过程 | 通过问题串的形式，促进学生思考 |
| 7. 课堂训练（2分钟） | 教师展示题目，进行本节课的练习 | 学生练习 | 巩固知识，训练技能 |

（续表）

| 教学流程 | 教学内容及教师活动 | 学生活动 | 设计依据 |
|---|---|---|---|
| 8. 作业布置（1分钟） | 教师布置作业：必做：同步本讲相关内容；选做：阅读影响熔点的因素的相关资料并完成习题 | 学生记作业 | 巩固知识，训练技能 |
| 板书设计<br>3.2 熔化和凝固（1）<br>一、物态变化<br>二、熔化<br>1. 定义：固→液<br>2. 晶体：熔化时吸热温度不变的固体<br>熔化条件：达到熔点；持续吸热。<br>3. 非晶体：无固定熔化温度，熔化时吸热温度升高的固体 | | | |

## 六、单元教学实践反思

本节课内容，对于基本物态的理解和物态变化中需要关注的点，如温度变化特点和物态变化规律，进行了学习。同时，该部分内容与生活实际相联系，让学生将物理这门学科的相关知识点应用到生活实际中，并对其进行分析，使知识点不再停留在表面，而是渗透到生活中的方方面面。

# “燃料燃烧与灭火”单元教学设计

九年级化学　何云云

## 一、指导思想及其依据

“新课标”要求教学应注重启发式、互动式、探究式，引导学生自主学习，开展以化学实验为主的多样化探究活动，创设真实问题情景，倡导“做中学”“用中学”“创中学”，加强课程内容与学生经验、社会生活的联系，强化学科内知识的整合，统筹设计综合课程和跨学科主题的学习。

本单元从学生熟悉的民用燃料入手，从学生已有的生活经验出发，使学生从化学的角度认识燃烧；通过探究燃烧在生活中的用途及引发的一系列问题，体会到化学就在身边，激发学习化学的兴趣和愿望，自然而然地进入化学的学习。

在探究之前，学生已经具备一定的科学知识，对未知的世界充满好奇，同时，学生也没有被中学学科学习结论性知识的思维所禁锢，有极强的参与活动和动手探究欲望；对实验室的基本安全要求和基本实验操作有所了解，能够完成简单的实验项目。学生具备一定的信息技术素养，能够利用 PPT 展示自己的设计方案，能够借助常用软件加工处理图片、利用绘图软件设计实验装置草图，能借助视频剪辑软件加工处理实验演示视频。

从古至今，民用燃料在不断推陈出新，其根本原因是人们环保意识逐渐增强。化石燃料燃烧的主要产物二氧化碳逐年增加会不会破坏自然界中的平衡？如何维持平衡？学生需先了解二氧化碳在自然界中的循环过程，结合二氧化碳的物化性质，借助网络查询等技术手段获取和加工信息，才能提出减少二氧化碳排放的有效措施。

除温室效应外，燃烧还可能引发火灾、爆炸，遇到不同火情该如何灭火和逃生？学生需了解灭火的原理及正确的逃生方法。处理火灾最常用的是灭火器，灭火器有哪些种类？每种灭火器的反应原理是否相同？设计灭火器时又该注意哪些问题？本单元设计了一系列探究活动，引导学生站在比生活经验更高的层次上，认识燃烧与灭火，体会二氧化碳这种物质的制取、性质及其与生活之间的联系。

在动手设计灭火器的探究过程中，学生会经历设计方案—改进方案—反思问题—评价设计—再改进方案—制出成品的历程，教师要帮助学生逐步形成严谨求实的科学态度，敢于提出并坚持自己的见解、勇于修正或放弃错误观点、反对伪科学等。同时，在小组合作中感受与他人分工协作、沟通交流、合作解决问题的愉悦。经历整个单元的学习后，学生不仅获取了知识，也提高了化学核心素养。

## 二、单元教学内容规划

1. 导引课（一课时）：家用燃料的发展历程

重点：了解家用燃料的演变过程，知道燃烧的三个条件，灵活运用促进燃烧的两个方法解决生活中的实际问题。

2. 探究课（四课时）：燃料燃烧与灭火

（1）化石燃料燃烧产物的利和弊（第一课时）。

重点：知道二氧化碳的性质和制备方法，了解自然界中的碳循环，运用多种方法促进二氧化碳的吸收。

（2）生活中的灭火常识（第二课时）。

重点：知道三种灭火方法，了解常见灭火器的种类及适用范围。

（3）自制灭火器反应原理探究（第三课时）。

重点：了解各类灭火器中灭火剂的反应原理，选择合适的灭火原理并改进反应条件。

（4）设计自制灭火器装置（第四课时）。

重点：设计实验室制取二氧化碳的装置，设计并绘制灭火器构造。

3. 成果展示课（一课时）：制作灭火器

重点：组内互评，优化设计。

## 三、单元教学目标设计

（1）通过对民用燃料发展史进行梳理，对比各种燃料燃烧时的优缺点，知道物质燃烧的条件，体会促进可燃物燃烧的必要性，体会燃料燃烧对生产生活的重要意义以及对环境的影响。

（2）通过设计实验方案验证并消除化石燃料燃烧产生的二氧化碳，知道二氧化碳的性质，了解自然界中碳循环的过程以及二氧化碳含量的增加对环境可能造成的影响，使学生自觉树立环境意识和资源意识，懂得保护自然平衡、人与自然和谐相处的重要性。

（3）通过探究不同灭火方法的适用范围和遇到火灾时应当采取的自救方法，培养学生树立安全意识，学习事故发生时的基本逃生能力。

（4）通过查阅网络文献、小组讨论研究的方式，了解现有灭火器的种类和适用范围，培养学生通过网络查询等手段获取和加工信息的自主学习能力。

（5）通过搜集现有灭火器的反应原理和装置特点，综合考虑操作简便、安全、灭火效果高效、灭火器材环保等方面来考虑，设计简易灭火器。同时，具备运用简单的技术与工程方法设计、制作与使用相关模型和作品的能力。

## 四、单元课时任务安排

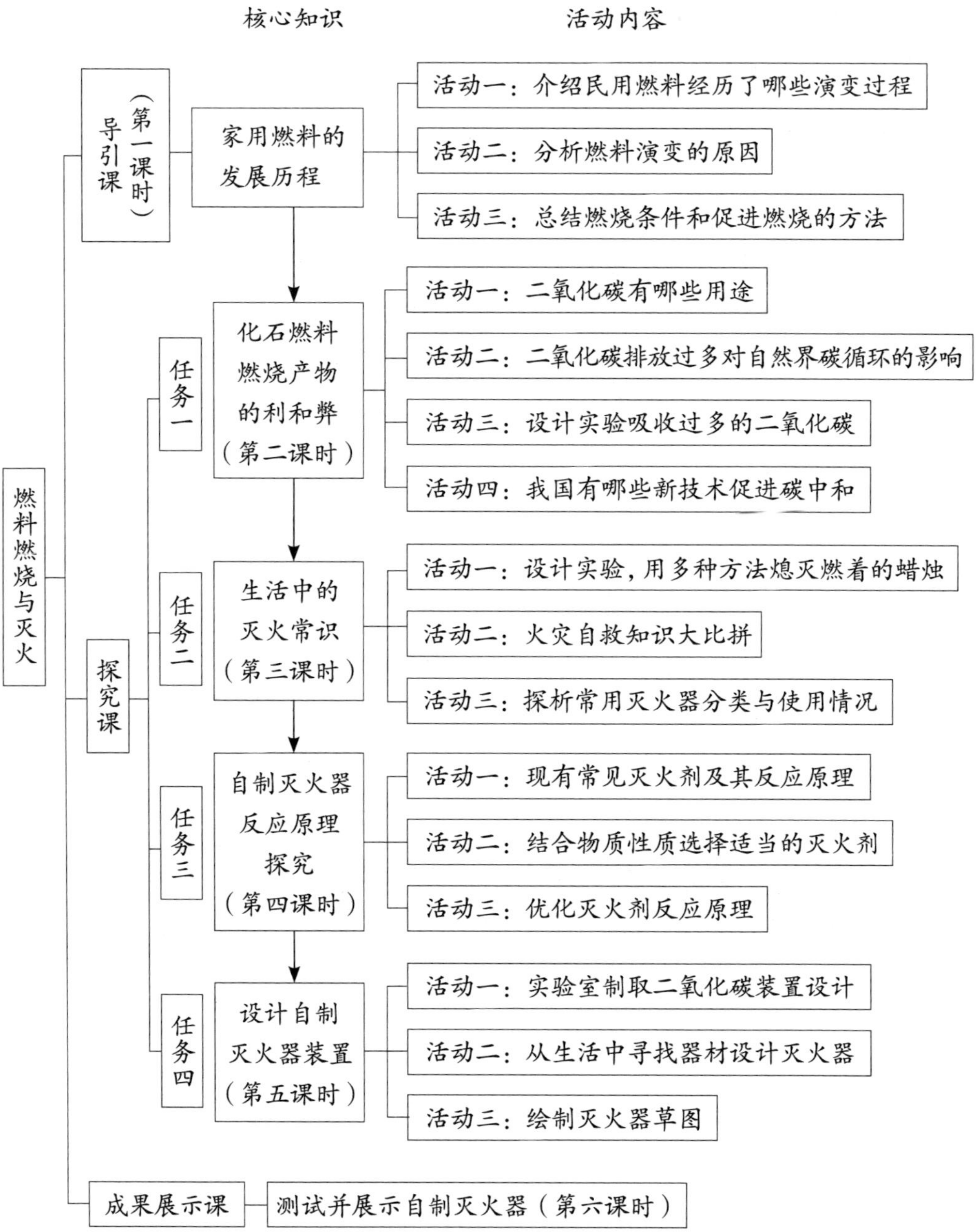


**图 27“燃料燃烧与灭火”单元课时任务安排**

## 五、单元教学过程设计

### （一）单元教学过程整体设计

表 58 “燃料燃烧与灭火”单元教学过程整体设计

| 课时 | 教学内容 | 学生活动 | 评价与反馈方式 |
| --- | --- | --- | --- |
| 导引课（第一课时） | 家用燃料的发展历程探索。<br>（1）是否能借助书籍、询问长者、互联网搜集资料等方式，梳理出 20 世纪 50 年代以来民用燃料的演变历程。（20 世纪 50～60 年代：柴草；20 世纪 60～70 年代：煤炭；20 世纪 70～90 年代：液化气；现今：煤气与天然气）<br>（2）能够从时代特征、我国在相应年代的能源和资源情况、燃料燃烧产物对环境的影响情况、能源利用率高低、燃料成本、燃料产热值等方面分析燃料演变的原因。<br>（3）依据储存不同燃料的方式方法、对比引燃不同燃料的难易程度、燃料演变过程等，全面分析燃料燃烧的条件和促进燃烧的方法 | （1）查阅资料，以思维导图的形式展示民用燃料的演变历程。<br>（2）从多维度分析民用燃料演变的原因。<br>（3）结合事实全面分析燃烧的三个条件及促进燃烧的两个方法 | 通过小组讨论、交流、展示，进行过程性评价<br>通过小组讨论，梳理燃烧条件和促燃烧的方法 |

（续表）

| 课时 | 教学内容 | 学生活动 | 评价与反馈方式 |
|---|---|---|---|
| 探究课　任务一（第二课时） | 化石燃料燃烧产物的利和弊:<br>（1）知道化石燃料燃烧的主要产物是二氧化碳，能说出它在工业生产和生活中的用途（如做植物肥料、制汽水、灭火、干冰升华制冷）。<br>（2）阅读自然界中二氧化碳循环图，分析产生和消耗二氧化碳的途径，说出二氧化碳排放过多对自然界中碳循环产生的影响。<br>（3）结合已有知识找出能与二氧化碳发生化学反应的物质，准确描述这些物质与二氧化碳混合后的实验现象。设计实验验证这些变化是化学变化。<br>（4）介绍课前搜集的我国为实现碳中和所研发的新技术 | （1）列举二氧化碳在工业、农业、生活、医疗等领域的用途。<br>（2）推测二氧化碳与水、石灰水等物质可能发生化学反应，从验证反应物消失和产生新物质两个角度设计对比实验，验证水与二氧化碳发生化学反应。用恰当的语言描述石灰水与二氧化碳的反应现象，正确书写反应原理。<br>（3）指出产生二氧化碳的主要途径有燃烧化石燃料、动植物呼吸作用，吸收二氧化碳的主要途径有植物光合作用和海水吸收。知道过多排放二氧化碳会引发温室效益，从而引发一系列社会问题。<br>（4）设计 PPT 介绍一种碳中和新技术 | 通过小组讨论、交流、展示实验方案、演示PPT碳中和新技术，对学生进行评价。<br>通过小组总结产生和吸收二氧化碳的途径、梳理二氧化碳的用途及危害，对学生进行评价 |
| 探究课　任务二（第三课时） | 生活中的灭火常识：<br>（1）借助烧杯、书本、剪刀、湿布熄灭蜡烛，总结灭火原理（移走可燃物、隔绝氧气、降低温度到可燃物着火点以下）。<br>（2）知道遇火灾时正确的逃生方式（贴地爬行、走楼梯、不乘电梯、尽量暴露、扑灭火苗、等待消防队员实施营救等），了解因不同物质燃烧引发的火灾分别该如何处置，在不同场所遇到火灾该如何自救等。 | （1）设计实验，用多种方法熄灭蜡烛，总结出灭火的三个方法。<br>（2）小组间交流遇到不同原因火灾时的处理办法和火灾自救注意事项。<br>（3）画化学漫画展示不同种类的灭火器及其使用方法和适用范围。 | 通过小组讨论、交流、展示实验方案和漫画，对学生进行评价。<br>通过小组总结灭火方法和火灾逃生方法、注意事项，对学生进行评价 |

（续表）

| 课时 | 教学内容 | 学生活动 | 评价与反馈方式 |
| --- | --- | --- | --- |
| | （3）介绍课前搜集的各类灭火器（干粉灭火器、泡沫灭火器、二氧化碳灭火器、水基灭火器、卤代烷灭火器）及其适用范围和使用方法 | | |
| 探究课 任务三（第四课时） | 自制灭火器反应原理探究：<br>（1）搜集现有灭火器中的灭火原理。（泡沫灭火器：硫酸铝和碳酸氢钠；二氧化碳灭火器：液态二氧化碳；水基灭火器：碳氢表面活性剂；卤代烷灭火器：卤代烷。）<br>（2）结合实际情况筛选合适的反应原理（制作泡沫灭火剂或二氧化碳灭火剂）。<br>（3）优化灭火剂成分（从安全、环保、操作简单、灭火效率、试剂易得、试剂成本等方面考虑） | （1）交流展示搜集到的灭火剂反应原理（介绍反应物、生成物、用到的灭火方法）。<br>（2）能用多种方法来制取二氧化碳或设计实验方案制作适用于灭火的泡沫。<br>（3）确定灭火剂的反应原理 | 通过小组讨论、交流、方案对学生进行评价。通过小组总结二氧化碳或可灭火泡沫的制取原理，对学生进行评价 |
| 探究课 任务四（第五课时） | 设计自制灭火器装置：<br>（1）设计并优化实验室制取二氧化碳的装置（方便添加药品、控制液体流速、控制反应的发生和停止等）。<br>（2）从生活用品中寻找器材替代实验室制取气体装置（更环保、更方便操控）。<br>（3）借助绘图软件或手绘灭火器装置草图 | （1）设计并优化制取二氧化碳的装置并动手制取一瓶二氧化碳。<br>（2）结合组内选择的灭火剂成分，利用生活用品中的一些废弃物当作容器来制作灭火器。<br>（3）绘制灭火器草图 | 通过小组讨论、交流、方案对学生进行评价。通过小组总结实验室制取气体装置的设计思路，对学生进行评价 |

（续表）

| 课时 | 教学内容 | 学生活动 | 评价与反馈方式 |
|---|---|---|---|
| 成果展示课（第六课时） | 测试并改进自制灭火器：<br>（1）测试灭火剂的反应速度，调控反应物配比。<br>（2）测试灭火装置的气密性、操作简易程度，寻找装置问题并改进。<br>（3）进行灭火实验。<br>（4）评价灭火器的设计 | （1）按照适当的反应物配比和反应条件来制作灭火剂。<br>（2）优化改进灭火器装置，达到预期灭火效果。<br>（3）动手灭火，展示灭火现场。<br>（4）完成个人评价和小组评价 | 通过小组讨论、交流方案，对学生进行评价 |

### （二）课时教学设计案例剖析

表 59 测试自制灭火器（第六课时）教学设计

| 实施过程 | 活动内容 | 学生活动 | 活动意图 |
|---|---|---|---|
| 课前准备 | 课前，每个小组根据自己小组灭火器的制作历程、灭火效果分析等制作课堂展示PPT | | 探查学生在灭火器制作知识和灭火方法方面的学习效果 |
| 课上活动 | 【环节一】引入课题<br>大家在消防演练中已经学习了灭火器的使用方法，是否可以综合利用各学科知识制作一个简易灭火器？<br>回顾整个探究过程，学生经历了发布任务、组内分工、设计方案、成果发布各个环节。 | 【汇报分享】<br>各小组派代表按照下面的顺序进行方案汇报：灭火原理选择—灭火装置设计和改进历程—展示本组灭火器灭火效果—介绍本组灭火器优势。 | 以社会问题引发思考，感受化学与生活的密切联系 |

（续表）

| 实施过程 | 活动内容 | 学生活动 | 活动意图 |
| --- | --- | --- | --- |
| | 【环节二】交流、展示成果<br>每组派代表汇报项目成果，每组汇报结束后，教师加以肯定和点评，提炼其中的化学知识，其他组记录收获和想要提出的问题。<br>【环节三】改进方案<br>交流改进意见后选择条件允许的小组改进装置并现场演示改进后的效果。<br>【环节四】项目评价<br>结合整个项目探究中的表现情况，完成个人评价，选出最佳设计组。<br>能力提升：测算学校灭火器配备情况，思考选择干粉灭火器或二氧化碳灭火器，却不选泡沫灭火器的原因。<br>【环节五】总结提升<br>介绍灭火器的生产背景和发展历程，展望未来发展趋势。<br>提问：在本次设计过程中运用了哪些化学知识？<br>谈谈本节课的收获和体会 | 汇报的主要内容：包括灭火器方案设计、与同伴的合作情况、项目作品的改进过程、项目设计过程中遇到的问题及解决方式、项目设计的收获等。<br>展示过程中交流互问，回忆用到的物理、化学、生物等学科知识。<br>现场测试灭火器灭火效果，针对其他组的意见，改进灭火器。同时，展示改进方案。<br>【项目评价】<br>自我评价：组内讨论，组间相互评价。<br>对学校实际面积进行测算，从实用性、成本等角度分析学校配备干粉灭火器或二氧化碳灭火器的原因。<br>【思考交流】<br>回忆整个设计过程中用到的各学科知识。<br>探究过程中的收获和体会 | 学习其他组的灭火器方案设计中的新知识、新思路。认识各种灭火器的灭火原理。<br>学生经历设计方案—改进方案—反思问题—评价设计—再改进方案，才能制作出较完善的作品，才能体会科学探究的不易。<br>通过评价自己的表现，反思作品的不足和优势。<br>体会科技不断发展给人们生活带来的便利。<br>回顾各学科知识，体会跨学科应用的好处 |
| 课后作业 | 优化设计特殊人群使用的灭火器 | | |

## 六、单元教学实践反思

反思本次学习的整个过程，可以说收获满满，教师与学生共同成长、相互促进，较好地达成了设计的教学目标，主要有以下三点体会。

### （一）教师应给学生创造自主探究的机会，激发学生潜能

在这次探究过程中，每位学生都有自己的想法和主意，在经历失败后依然反复尝试，学生的表现远远超出了预期。可见，只要给学生合适的探究机会、充足的时间和展示场所，他们就能够设计创造出非常优秀的产品。这样的学习机会可以提高学生的创新能力和实践能力，激发学生对学习和研究的热爱。

### （二）借助小组合作让学生聚到一起，在合作中进步

这次的探究，各个小组都完成得非常不错。小组成员之间相互促进，经历不断地质疑、优化，不仅生成了优秀的作品，还增强了合作精神。借助本次探究的机会，让学生们聚到一起，让大家在实践中感受集体的力量，小组成员取长补短、互相帮助，大家共同探索燃料和灭火的方法，在互助中培养各种优秀品质。学生不仅从所学的知识中获益，也从集体中获益。

### （三）教师要不断学习提升自己，设计更多优秀课题

探究式学习确实能够让学生获益，提升学生的科学素养。想要为学生创造更多、更好的学习机会，教师要先学会用化学的眼光观察现实世界，才能从中发掘好的课题。因此，教师要不断学习相关理论知识和优秀的项目式设计，继续发掘生活中的素材，为学生打造更多优秀的课题。

教师应在“新课标”的要求下，开展项目式教学、跨学科教学，提高自我能力，挖掘学生潜质，培养学生适应生活、适应未来发展的关键能力。

# “中华传统武术”单元教学设计

七年级体育与健康　卢彭彭

## 一、指导思想及其依据

教学立足“新课标”，以“健康第一”为指导思想。在设计的过程中，教学遵循“以学生为主体，教师为主导”的教学原则，同时落实“教会、勤练、常赛”的一体化课程理念，以培养学生的生理健康、心理健康、社会健康三维观为德育目标，优化教学方法，构建规范完善、丰富创新的单元教学设计。

以《义务教育体育与健康课程标准（2022 版）》为理论依据，采用“学、练、赛、评”一体化课堂结构，融合生活元素，创设情境化教学活动，以传统文化为撬动点，激发学生的求知欲和热情，发展学生的一般体能和专项体能。同时，积极响应课程方案总要求和修订精神，以学校为阵地，以课堂为载体，弘扬中华优秀传统体育文化，促进传统武术在校园中的体系化传承与创新。

## 二、单元教学内容规划

依据“新课标”的要求，鉴于中华传统武术项目独特的现代民族特色及实用价值，将传统武术套路融入学校体育教育、体育竞赛等教学内容。7~9年级可针对传统武术进行相对灵活的项目式学习，将传统武术单元教学划分为三个项目类别：拳术套路、器械套路、拓展延伸。在实际教学中，可根据学生所处技能水平阶段，灵活选择、灵活组合、灵活运用。

**表 60“中华传统武术”单元教学内容规划表**

| 教学内容 | 教学项目 | | |
|---|---|---|---|
| | 拳术套路（两项） | 器械套路（两项） | 拓展套路（两项） |
| 基础知识与基本技能 | （1）武德、武礼文化。<br>（2）中华传统武术项目的由来与历史渊源。<br>（3）武术基本功的练习方式及运用。<br>（4）基本步法、手型等基础技术动作及运用。<br>（5）套路动作的分解与完整习练以及竞赛展示 | | |
| 技战术运用 | （1）结合武术基本功进行有效练习和运用。<br>（2）在教学实践练习与拓展游戏中，探究思考所学技战术动作，如何有效运用到攻防中或发挥强身健体的功效 | | |
| 体能 | （1）发展一般体能：稳定性、柔韧性、平衡性、灵敏反应、力量耐力等体能练习。<br>（2）发展专项能力：站功、桩功、蹲功、五项步法，拳掌勾转换、呼吸调节、精气神等 | | |
| 竞赛展示 | （1）冠军赛、擂台争霸赛、交流赛。<br>（2）小组挑战赛。<br>（3）耐力、反应、躲闪专项游戏。<br>（4）小组创意展示比赛。<br>（5）综合技术演练与展示。<br>（6）小组情景剧创编赛 | | |
| 规则与裁判法 | （1）学习器械套路、拳术套路、健身气功所涉及的基本比赛规则和裁判方法，并能够在比赛中灵活运用。<br>（2）协助承担班级内各项竞赛展示比赛的部分裁判工作 | | |
| 观赏与评价 | 观看和参与小组内、班级内、校级竞赛展示以及其他级别的竞赛；能够对参与展示或比赛的运动员技战术水平或赛况做出独立分析与评价 | | |

## 三、单元教学目标设计

以“新课标”和学生核心素养培养为指导，通过中国传统武术项目的集中学习、分组合作学练，充分发散学生思维，调动学生的自主探究学习能力，了解所学知识技能的深层含义。能够在竞赛展示或比赛中灵活运用传统武术项目的基本功、动作技术、组合动作技术和套路动作，最终通过技术动作的学练，激发学生的学习热情，培养兴趣，提高其柔韧性、协调性、灵敏性以及平衡能力，发展其核心力量，调动学生自主学习、合作学习、探究学习的能力，全面发展核心素养。

学生在学习过程中表现出对中国优秀传统体育文化的求知欲和乐学精神，充分展现传统武术具备的“精、气、神”内蕴品质。教师要培养学生克服困难、平心静气、脚踏实地的优秀意志品格，培养学生的自尊、自信，与同伴团结协作的友好精神，提高其环境适应能力。学生能结合所学描述中华传统武术项目的历史文化，解释所学动作的基本原理，了解和遵守竞赛、裁判规则，形成正确的竞赛胜负观、责任意识、安全意识。

教师应组织观看不少于八次有关传统武术项目的专业竞赛或表演，引导学生对高水平比赛做出分析与评价。教学评价贯穿学、练、赛各环节，教师应激发学生主动参与的意识，培养学生的互帮互助和团体协作精神，提高学生理论技能与应用技能的综合能力。

## 四、单元课时任务安排

表 61“中华传统武术”单元教学课时任务设计表

| 主题类型 | | 学习任务 | 课时 |
|---|---|---|---|
| 项目一<br>拳术套路 | 五步拳 | （1）武德及武礼。<br>（2）武术基本功及运用：正踢腿、压肩、压腿、腰功、腕功、肩功等。<br>（3）步型及其运用：弓、马、仆、歇、虚五种步法及转换。<br>（4）手型及其运用：拳、掌、勾及手型转换。<br>五步拳套路技能动作及竞赛展示 | 六课时 |
| | 十步拳 | | |

（续表）

<table>
<tr><th colspan="2">主题类型</th><th>学习任务</th><th>课时</th></tr>
<tr><td rowspan="2">项目二<br>器械套路</td><td>功夫扇：<br>组合动作</td><td rowspan="2">（1）武德及武礼。<br>（2）功夫扇基本功及柔韧：弓、马、仆、歇、虚五种步法及拳掌勾手型转换。<br>（3）常用开扇方式及运用：持扇、亮扇、劈扇、抱扇、摆扇、收扇等。<br>（4）功夫扇套路动作展示及竞赛</td><td rowspan="2">六课时</td></tr>
<tr><td>功夫扇：<br>套路动作</td></tr>
<tr><td rowspan="2">项目三<br>拓展延伸</td><td>健身气功：<br>五禽戏</td><td rowspan="2">（1）武德及武礼。<br>（2）健身气功基本功及应用：身体拉伸、站功、蹲功、马步、仆步、腰功等。<br>（3）呼吸吐纳：胸式呼吸、腹式呼吸、逆腹式呼吸、气息转换调节等。<br>（4）五禽戏、八段锦单节动作、套路动作及竞赛展示</td><td rowspan="2">六课时</td></tr>
<tr><td>健身气功：<br>八段锦</td></tr>
</table>

## 五、单元教学过程设计

教学过程设计板块以项目三拓展延伸中的“健身气功：五禽戏”为课例，进行详细教学设计展示，具体如图 28 所示。

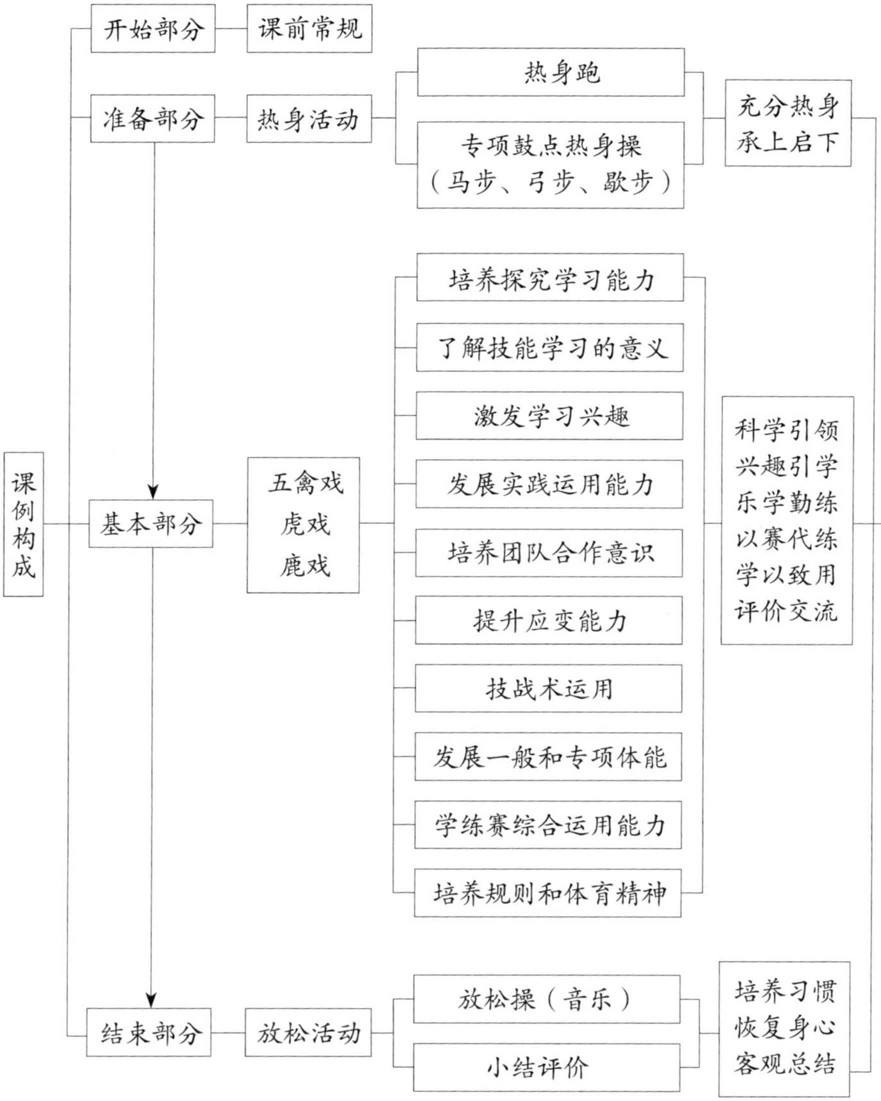
课例构成
开始部分
课前常规
准备部分
热身活动
热身跑
专项鼓点热身操（马步、弓步、歇步）
充分热身 承上启下
基本部分
五禽戏 虎戏 鹿戏
培养探究学习能力
了解技能学习的意义
激发学习兴趣
发展实践运用能力
培养团队合作意识
提升应变能力
技战术运用
发展一般和专项体能
学练赛综合运用能力
培养规则和体育精神
科学引领 兴趣引学 乐学勤练 以赛代练 学以致用 评价交流
反思提升
结束部分
放松活动
放松操（音乐）
小结评价
培养习惯 恢复身心 客观总结

图 28　课例框架

（一）开始部分

（1）课前常规：做好课前准备，包括核对人数、提出上课要求、介绍上课内容、安全教育、安排见习生等常规事项。

（2）核查场地、器材、服装等准备情况。组织小组长分发任务单、学习材料和道具器材。

表 62 开始部分教学设计

| 课题 | 文化的传承——民俗体育：健身气功五禽戏之虎戏、鹿戏 |
|---|---|
| 学习目标 | （1）运动能力：通过学、练、赛，充分理解五禽戏之虎戏、鹿戏的技术动作要领，基本掌握预备式、虎举、虎扑、鹿抵、鹿奔五大核心技术动作要点，通过积极学、练，发展一般体能和专项体能，最终做出完整竞赛展示。<br>（2）健康行为：学生能够通过五禽戏动作的学练，激发对武术的学习热情，培养兴趣；提高柔韧性、协调性、灵敏性以及平衡能力，发展核心力量；调动学生自主学习、合作学习、探究学习的能力，全面发展核心素养。<br>（3）体育品德：学生在学习过程中表现出对中国优秀传统体育文化的求知欲和乐学精神，充分展现健身气功“精、气、神”的内蕴品质；培养学生克服困难、平心静气、脚踏实地的优秀意志品格，培养学生的自尊、自信以及与同伴团结协作的友好精神，提高环境适应能力 |
| 主要教学内容 | （1）中国优秀传统传承文化——五禽戏的由来和演变。<br>（2）学习五禽戏前两节：虎戏、鹿戏技术动作，包括预备式、虎举、虎扑、鹿抵、鹿奔。<br>（3）学习入静、气与力、精气神等内蕴要求的体会与掌握技巧。<br>（4）积极展示所学技能，将其与生活巧妙融合 |
| 重点难点 | 重点：虎戏、鹿戏涵盖的预备式、虎举、虎扑、鹿抵、鹿奔五项技术动作的正确姿势和衔接转换，以及肢体间的协调配合。<br>难点：“精、气、神”内在要求的体现，入静的掌握以及呼吸的配合，动作蕴涵虎之威猛、鹿之安舒神韵 |

表63 开始部分具体教学设计

| 课程结构与时间 | 教学内容 | 学生活动 | 教师活动 | 组织形式 | 运动负荷 |
| --- | --- | --- | --- | --- | --- |
| 开始部分（2分钟） | 课堂常规<br>（1）检查场地、器材准备、学生服装穿戴。<br>（2）集合队伍，检查考勤。<br>（3）师生问好，宣布上课。<br>（4）宣布授课内容，提出课堂要求。<br>（5）安全提醒，安排见习生 | （1）学生呈四路纵队在篮球场中圈位置列队（两路纵队入场，左转进入教学场地，两路纵队变四路纵队）。<br>（2）上课认真听讲，明确本节课的学习目标。<br>（3）精神饱满，注意力集中，队列变换迅速有序。<br>（4）提前检查服装穿戴，树立安全意识 | （1）做好各项安全检查、准备工作。<br>（2）口令明确，令行禁止。<br>（3）讲明本节课的学习内容，提出课程目标，并讲明课堂要求。<br>（4）做好课前激励，激发学生的学习动力和热情 | 课堂常规<br>队列<br>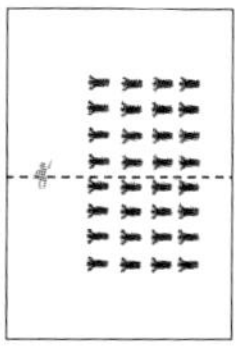 | 低 |

（二）准备部分

（1）队列口令、四面转法：快速调整学生上课的身心状态，提升学生的注意力。

（2）跑步热身：围绕场地进行变速跑动，配合音乐，速度逐步加快。

（3）鼓点热身操（专项热身）：马步队形变换，弓步转马步点跳，虚步点跳，开合跳，变速小碎步。衔接上节课所学步伐，加强脚步练习，为上课做好充足准备。

**表 64　准备部分教学设计**

| 课程结构与时间 | 教学内容 | 学生活动 | 教师活动 | 组织形式 | 运动负荷 |
|---|---|---|---|---|---|
| 准备部分（8分钟） | 1. 常规热身活动<br>（1）四面转法。<br>（2）绕场慢跑热身（两路纵队，按照路线完成慢跑）。<br>2. 专项热身活动<br>（1）三大常用步法。<br>（2）鼓点热身操（马步移动—弓步绕肩—弓步转马步—虚步点跳—小碎步收尾） | （1）认真听讲。注意教师讲解的热身跑行进路线和要求。<br>（2）进行合作练习，按照动作规范要求做好练习转换。<br>（3）动作到位，保持节奏感。注意力集中，防止受伤。<br>（4）中等强度热身：绕场慢跑。<br>专项热身：鼓点热身操（4分钟） | （1）组织好队列队形，有序进行集体热身。<br>（2）热身练习指令明确，全程监督，及时做出过程性、完成度评价。<br>（3）教法：讲解法和简单示范。讲明热身活动的行进路线和要求。<br>（4）语言鼓励，强调安全，注意沟通、指导 | 专项热身队列<br>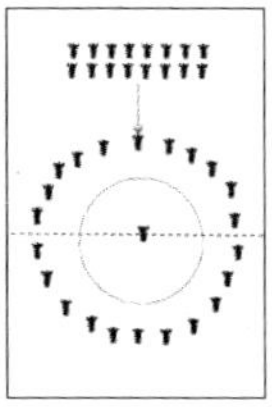 | 中低 |

（三）基本部分

1. 微视频导入，增趣促学

通过设置的微视频场景，激发学生的学习兴趣，懂得学习健身气功五禽戏的实践意义。教师展示父母日常辛苦劳作的场景、奶奶年事已高面临身体健康问题的场景，思考自己所学知识能否给身边的亲人带来帮助。让学生带着求知欲投入本节课的学习。以课程为媒介，巧妙植入德育教育。

2. 承上启下，课前知识拓展

前后课程衔接，介绍五禽戏的历史由来、功用。创设情境，通过探究学习，调动学生学习积极性。一方面从单元和课时内容整体视角出发，使学生了解本课的主旨与内涵；另一方面承上启下，为接下来的套路技能学习和竞赛展示奠定基础。

3. 讲解示范，强化直观感知

运用启发式教学，让学生带着问题观察教师的动作，同时进行模仿学习。将问答贯穿整个环节，以问题为导向，触发学生的主动思考，增进其对动作的理解。

4. 分组练习，学重点破难点

采用小组合作学习方式，教师进行精准指导和个性指导。通过任务驱动，层层推进，以全组同学完成任务为目标，同伴之间协同合作，相互促进，共享成功的喜悦。发挥小组长作用，结合评价让学生学习更加高效，培训学生自我管理能力。

5. 擂台比武，共评价再提升

设置比武擂台，“抢”位置参加竞赛。评价全员参与，设置标准，对照视频，提高评价的准确性。以赛代练，建立多维度评价机制，增强学生获得感。

表 65　基本部分教学设计

| 课程结构与时间 | 教学内容 | 学生活动 | 教师活动 | 组织形式 | 运动负荷 |
|---|---|---|---|---|---|
| 基本部分（30分钟） | 1. 任务一<br>（1）课前视频导入。创设生活情境微视频，让学生带着思考和对学习内容的憧憬进入课堂。 | （1）对任务二、任务三学习内容进行简明扼要的讲解，并进行动作示范，分层分组，组织学生模仿练习。 | （1）有序组织分组，鼓励学生积极展示。 | 任务一示意图<br>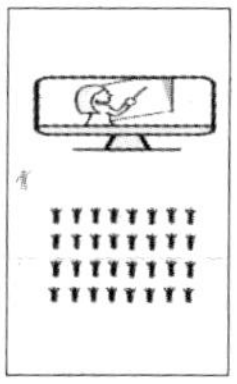 | 中等 |

（续表）

| 课程结构与时间 | 教学内容 | 学生活动 | 教师活动 | 组织形式 | 运动负荷 |
|---|---|---|---|---|---|
| | （2）情景 1：学生看到妈妈每天的辛苦劳作，萌生想法：我还可以做些什么？<br>（3）情景 2：学生看到年事已高的姥姥肩背不适，萌生想法：我还能为姥姥做些什么？<br>2. 任务二<br>（1）正式授课前，积极鼓励学生进行虎、鹿动作的模仿展示，活跃课堂，营造良好上课氛围。<br>（2）分解讲解五禽戏预备式、虎戏、鹿戏的动作构成和要领，分别进行动作示范，指导学生进行模仿练习。<br>（3）进行分节动作的完整学习 | （2）动作到位，保持练习氛围。注意力集中，防止受伤。<br>（3）鼓励学生积极参与，营造良好、生动有趣的课堂氛围<br>（1）学生注意听讲，根据教师指导要求，进行及时的模仿练习。<br>（2）要求队列转换快速有序，迅速到达指定练习位置。<br>（3）调动学生的参与热情，勇于展示自我 | （2）按照任务单要求，提出明确的学习要求，强调注意事项<br>（1）各组设置小组长，参与小组管理。教师巡回指导，参与练习，及时提示点评。<br>（2）引导学生合作学习，互帮互助，掌握要领 | 任务二示意图<br>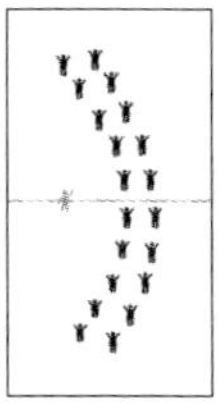 | |

（续表）

| 课程结构与时间 | 教学内容 | 学生活动 | 教师活动 | 组织形式 | 运动负荷 |
|---|---|---|---|---|---|
|  | 3. 任务三<br>（1）第一次分组练习：第一组完成预备式及第一戏虎戏的分解动作和完整动作的组内练习。<br>（2）集合。在背景音乐的指导下完成第一戏的完整集中练习，检查练习成果。<br>（3）第二次分组练习：第二戏鹿戏的分解动作和完整动作的组内练习。<br>（4）集合，在背景音乐指导下完成第二戏以及预备式 + 第一戏 + 第二戏的完整集中练习，检查练习成果 | （1）中 / 高等强度练习。<br>（2）按照分组迅速到达指定位置，进行分组转换练习。<br>（3）注意规范完成所学动作，注意体会“精、气、神”内在意蕴，入静的掌握以及呼吸的配合，动作蕴涵虎之威猛、鹿之安舒神韵。注意上下肢的协调配合 | （1）提醒学生集中注意力，调整呼吸，做到意静体动意蕴。<br>（2）设置小组长，协助管理。注意观察，发现常见错误，并及时向教师做出反馈。<br>（3）教师巡回指导，针对本节课核心练习内容，提高动作要求，加强巡视，及时进行集体指导或个别单独指导。<br>（4）引导学生合作学习，互帮互助掌握要领 | 任务三示意图<br>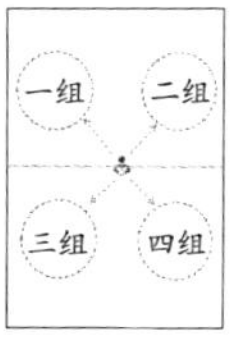 |  |

（续表）

| 课程结构与时间 | 教学内容 | 学生活动 | 教师活动 | 组织形式 | 运动负荷 |
|---|---|---|---|---|---|
| | 4. 任务四<br>竞赛展示擂台争霸赛（每组获得的头像贴数量前两名的同学，获得最终技术奖励） | （1）强调任务四规则，要求按照规则进行竞赛展示。<br>（2）队列转换快速有序，迅速到达指定位置。<br>（3）调动学生的参与热情，勇于展示自我。<br>（4）互相鼓励，团结合作。<br>（5）强调安全注意事项，禁止强行完成高难度动作，防止运动损伤的发生 | （1）示范、讲解竞赛游戏方法，提出明确要求。<br>（2）组织学生分成两个组，进行竞赛展示。<br>（3）语言鼓励，强调安全。<br>（4）总结评价 | 任务四示意图<br>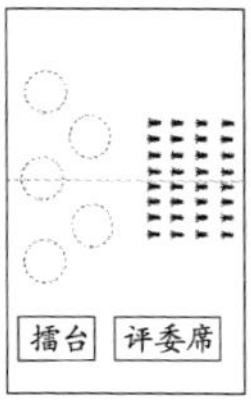 | |
| | 5. 任务五<br>（1）跟随音乐，完成体能提升。<br>（2）体能竞赛：接力拼单词。<br>（虎：tiger；鹿：deer。）<br>学练总结，德育微视频导入收尾（将所学知识技能融入生活，学以致用，知行合一） | （1）队列转换迅速，认真观看微视频，并进行自我反思：今天所学内容如何融入日常生活？做到学以致用。<br>（2）提升体能，认真完成，高效练习，提升一般体能和专项体能 | （1）积极组织学生完成体能提升，规范体能各项动作，高效有序。<br>（2）在德育微视频导入部分，适当进行语言引导，让学生带着问题观看和思考，引导学生发散思维，自主思考 | 任务五示意图<br>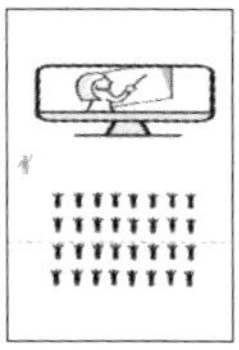 | |

（四）结束部分

放松操巧妙融入中华传统武术音乐元素，促进学生身心放松，自然过渡。总结评价简洁高效，引导学生进行自评和互评。作业分层次、重实效，有效利用信息化手段，有要求、有反馈，有评价，确保作业的有效实施。

表 66　结束部分教学设计

| 课程结构与时间 | 教学内容 | 学生活动 | 教师活动 | 组织形式 | 运动负荷 |
| --- | --- | --- | --- | --- | --- |
| 结束部分（5分钟） | （1）集合整队，跟随音乐完成放松操。<br>（2）课程小结，布置作业。<br>（3）规划器材，整理场地。<br>（4）师生告别，宣布下课 | （1）男、女生按照要求呈双圆队形集合，按照要求完成放松。<br>（2）友好合作，互相协助。协助教师整理归还器材，检查场地卫生。<br>（3）礼貌道别，两路纵队有序离开教学场地 | （1）讲解示范，明确游戏规则和放松活动要求。<br>（2）与学生交流沟通，做好课程小结。<br>（3）组织整理和归还器材。<br>（4）主动道别，宣布下课 | 放松部分示意图<br> | 低 |
| 预计负荷 | 平均心率 | 120 次 / 分钟 | | | |
| | 运动密度 | 中等运动强度；群体运动密度不低于 75%；个体运动版密度不低于 50% | | | |

## 六、单元教学实践反思

该单元教学设计以“增强核心素养，弘扬武术国粹”为主旨目标，“学、练、赛、评”一体化思想贯穿单元教学，引导学生以传统武术项目为撬动点，发展一般运动能力，指导学生掌握器械、拳术、健身气功套路动作和竞赛展示，提高学生对中华优秀传统武术文化学习的兴趣，促进学生热爱民族传统体育文化，激发民族自豪感、认同感。

单元设计主要有以下几个亮点：第一，以弘扬国粹——传统武术项目为学习资源，遵循“新课标”提倡的“学科知识+核心素养”双导向的设计理念，通过学、练、赛、评”一体化设计，引导学生融会贯通，在日常生活中善于发现问题，将所学知识技能融入生活，做到学以致用，知行合一。第二，凸显“新课标”中关于深入挖掘课程一体化设计核心导向素养的要求，对学习内容进行单元一体化的分析、整合、重组和创新设计，完善主题设计、目标导向、情景创设、实践活动、评价反思等要素。

对单元设计存在的不足和需改进之处，进行项目式讨论、集备。例如，在学会和掌握好基础动作的基础上，对套路动作蕴涵的攻防实战、健身强体深层次内涵，要更加细致地进行分析和引导，给学生更多的时间去习练和感受。

# “足球小将养成记”单元教学设计

七年级体育与健康　宋鹏

## 一、指导思想及其依据

1. 健康第一，全面育人

重视学生身心健康，既要提高学生的足球技能，也要关注他们的身体素质发展和心理素质培养，确保他们在安全的前提下享受足球带来的快乐和挑战。

2. 课程内容整合，突出实践应用

教学内容涵盖足球基本技术（如传球、接球、射门、防守）、基本战术理解与应用（如阵型选择、位置职责、攻防转换）、体能训练（如速度、力量、耐力、灵敏性）、规则解读与裁判实践以及足球文化和体育道德教育。

3. 体现学生主体地位，提倡自主、合作、探究学习

创设丰富的学习情境，通过示范、练习、讨论、比赛等多种教学方式，引导学生积极参与，自主学习和探索，学会在团队中协作和竞争。

4. 多样化教学评价，持续改进教学质量

采用多元化的评价体系，包括过程性评价（如日常表现、技术动作完成质量、团队协作能力）和终结性评价（如技能测试、比赛表现、战术理解报告），及时提供反馈，帮助学生明确自身优势和改进方向。

## 二、单元教学内容规划

足球是水平四专项运动技能大单元教学内容选项中重要的内容之一，也是青少年学生喜爱的球类项目之一，本单元包括各种踢球技术、个人及局部战术、动作多元组合、防守与进攻战术、射门及比赛等内容。学生掌握了本

单元的内容，就能够在课外参与各类足球比赛与游戏，并能够在比赛中合理运用相关技术组合，为掌握一项专项运动技能提供可能。

本单元教学内容主要包含足球规则、球性练习、运球技术、传球技术、射门技术、体能、比赛。

**表 67 “足球小将养成记”单元教学内容规划**

| 课时 | 主要教学内容 |
|---|---|
| 1 | （1）足球比赛观摩 。（2）足球裁判规则 |
| 2 | （1）足球颠球。（2）体能练习 |
| 3 | （1）脚内侧踢球：定位球；地滚球。（2）球性练习。（3）辅助练习 |
| 4 | （1）脚内侧停球。（2）游戏：两人互抛接球 |
| 5 | （1）熟悉球性。（2）传、接球练习 |
| 6 | （1）脚内侧运球。（2）辅助性练习 |
| 7 | （1）脚背正面直线运球。（2）游戏：夹足球跳跃 |
| 8 | （1）复习脚背正面直线运球。（2）足球综合练习 |
| 9 | （1）复习停球练习 。（2）盘带球练习 |
| 10 | （1）脚弓推球。（2）脚内侧踢球 |
| 11 | （1）巩固传接球。（2）素质练习 |
| 12 | （1）运球综合练习。（2）直传斜插传、接球。（3）斜传直插传、接球 |
| 13 | （1）射门练习：尝试性射门练习；分组射门练习；调整球门的射门练习。（2）体能练习 |
| 14 | （1）跑动中传球射门。（2）体能练习 |
| 15 | （1）跑动中传球射门（选择性考试）。（2）素质练习 |
| 16 | （1）复习脚内侧踢球。（2）学习脚背正面运球 |
| 17 | （1）足球基本技术复习 。（2）教学比赛 |
| 18 | （1）足球教学考核。（2）足球教学比赛 |

## 三、学情分析

本次授课对象为七年级学生，这个年龄段的学生具有较强的表现欲和较好的观察模仿能力。他们正处于身心发展的敏感期，这时的学生精力充沛、求知欲强，具有一定的竞争、合作意识与分组竞赛活动能力，但是稳定性稍差，需要教师在教学中进行积极的引导，创设适合这一时期学生性格特点的内容进行教学。在生理上，他们的身体发育处于高峰阶段，发育指标的增长出现第二高峰，肌肉力量迅速增加。部分学生也许有一定的足球技术能力，但是要做到技术动作正确流畅，还要在不同情境中运用，还需要练习。足球技术动作较多，教学需要循序渐进。因此应结合本学段的教材，抓住重难点部分，有针对性地强化教学，为学生今后掌握该项技能和拓展延伸打好基础。

## 四、单元教学目标设计

1. 运动能力

通过足球教学（水平四），培养学生积极参与体育活动的兴趣和爱好，用科学的方法参与体育锻炼。了解和初步掌握基本的足球运球技术（颠球、踢球、接球、运球等），初步学会简单的攻防战术和简单的比赛规则。通过学习足球运球，使学生能够积极、主动、快乐地参与运动。

2. 健康行为

通过练习，激发学生对足球活动的兴趣，发展学生的速度、力量（下肢力量）、灵敏性、柔韧以及耐力素质等身体素质，增强个体各个系统的生理功能，增进身心健康，积极适应外部环境。同时，养成良好的运动习惯、树立安全意识，控制体重；远离不良嗜好，预防运动损伤和疾病，消除运动疲劳，保持良好心态，适应不同的运动环境。

3. 体育品德

在运动中遵守规则，形成良好的精神风貌。积极参与学练赛，敢于尝试挑战，能够鼓励队友、赞美同伴、尊重裁判、尊重对手，形成良好的进取精神和团队协作意识，树立正确的胜负观。同时，培养学生勇敢顽强、机智果断、吃苦耐劳、自尊自信、拼搏向上的优良品质和团结友爱的集体主义精神。

表 68 “足球小将养成记”单元教学目标设计

| 课时 | 学习目标 |
| --- | --- |
| 1 | （1）通过本节课使学生知道如何正确地欣赏一场足球比赛，了解一些简单的足球知识。<br>（2）通过本节课使学生知道足球练习可以增强个人的身体素质，培养学生独立思考问题的能力。<br>（3）培养学生团结合作的精神 |
| 2 | （1）学习足球运球方法，熟悉球性，提高运球的稳定性。<br>（2）发展学生的灵活性、协调性等身体素质。<br>（3）培养学生自主学习、团结互助、刻苦锻炼的优良品质 |
| 3 | （1）初步掌握脚内侧踢球的动作方法。<br>（2）发展学生的灵活性和协调性。<br>（3）培养学生顽强、刻苦、积极进取的优良品质 |
| 4 | （1）了解掌握脚内侧停球的动作方法。<br>（2）发展学生的速度、灵活性和协调性。<br>（3）培养学生机智勇敢、团结协作的精神和竞争意识 |
| 5 | （1）理解脚内侧传接球动作概念。<br>（2）巩固提高运球、脚内侧传接球以及对球的控制和支配能力，提高灵活性、速度、协调性等身体素质。<br>（3）培养学生勇敢、机智、果断的品格，胜不骄、败不馁的优良品质。树立团结一致、密切配合的集体主义精神 |
| 6 | （1）进一步培养学生对足球运动的兴趣。<br>（2）掌握运球的速度变化，发展运球突破能力。<br>（3）培养学生克服困难、争取胜利的意志品质 |
| 7 | （1）知道脚背正面运球的方法，掌握运球技能，并学会行进中运球。<br>（2）培养合作与竞争意识。<br>（3）提高身体综合素质 |
| 8 | （1）复习脚背正面运球的方法，掌握运球技能。<br>（2）培养合作与竞争意识。<br>（3）通过丰富多样的教学内容，提高学生的综合素质，培养学生对足球的兴趣和爱好 |

（续表）

| 课时 | 学习目标 |
| --- | --- |
| 9 | （1）初步掌握脚内侧停球的动作方法，对脚内侧停球有感性上的认识，体验用不同的部位停球。<br>（2）通过多种形式的盘带球练习，提高学生的控球能力，发展学生的灵敏性。<br>（3）培养学生独立思考问题、解决问题的能力，树立团队合作的精神 |
| 10 | （1）学习用脚弓、脚背正面停球的基本知识和技术，学习正确用力和选择触球部位。<br>（2）发展下肢力量和身体协调性。<br>（3）培养学生自主学习、探究学习的能力和团结协作、勇敢果断、勇于展示自我的优良品质 |
| 11 | （1）较熟练地掌握原地传接球和带球，尝试跑动中传接球。<br>（2）进一步提高学生的协调性、速度、力量等身体素质。<br>（3）使学生建立团结协作、相互帮助的和谐人际关系 |
| 12 | （1）进一步激发学生对足球的兴趣，感受传、接球的力量变化，提高准确度。<br>（2）发展学生的速度、灵活性和协调性。<br>（3）培养学生树立团结协作的精神和竞争意识 |
| 13 | （1）了解并掌握射门的基本技术，提高学生踢足球的兴趣。<br>（2）培养学生勇于拼搏的精神，提高学生的自信心。<br>（3）培养学生机智、勇敢的精神和综合反应能力 |
| 14 | （1）反复练习跑动中传接球，学习跑动中传接球射门的技术动作，提高踢球的连贯性与协调性。<br>（2）发展学生的速度、力量、灵活性等身体素质。<br>（3）培养学生积极进取、坚强不屈的精神品质 |
| 15 | （1）反复练习跑动中传接球，学习跑动中传接球射门的技术动作，提高踢球的连贯性和协调性。<br>（2）发展学生的速度、力量、灵活性等身体素质。<br>（3）培养学生积极进取、坚强不屈的精神品质 |

（续表）

| 课时 | 学习目标 |
|---|---|
| 16 | （1）使大多数学生认识足球、了解足球，知道脚背正面运球的动作要领并能正确运球。<br>（2）使大多数学生的“球性”得到提高，基本掌握脚背正面运球的动作方法。<br>（3）培养学生对足球的兴趣以及需要相互配合的集体项目的兴趣 |
| 17 | （1）学生能够掌握前几节课所学的技术，能比较熟练地运用到实践中。<br>（2）大部分学生能掌握脚内侧踢球、颠球、传接球、射门等技术，发展学生的下肢力量、灵活性、速度、协调性等素质。<br>（3）提高学生的合作能力，培养学生互帮互学、团结协作的优良品质，增强学生的团队意识 |
| 18 | （1）理解足球基本技术在比赛中的重要作用，争取在比赛中能合理运用运球、传球（脚、头）、停球（脚、大腿、胸）、射门等技术，达到进一步掌握足球技术的目的。<br>（2）通过比赛发展学生奔跑和跳跃的能力。<br>（3）树立正确的学习态度，建立相互帮助、相互合作、相互学习的人际关系 |

## 五、单元教学方法与策略

### （一）单元教学整体思路

（1）使用直观演示、分解示范、分层递进等教学方法。

（2）结合信息化教学工具，如视频解析、动态捕捉技术，助力学生准确理解并改正动作。

（3）开展小组合作学习，设置多元化的体育游戏和竞赛活动，激发学生的学习兴趣和动力。

（4）实践操作与反馈矫正：鼓励学生亲身实践，教师及时给予技术指导和动作修正。

（5）强化安全教育，预防运动损伤，保证教学活动的安全有序。

### （二）各课时教学组织设计

表 69 “足球小将养成记”各课时教学组织设计

| 课时 | 主要教学内容 | 重点与难点 | 教学组织与方法（教学策略） |
| --- | --- | --- | --- |
| 1 | 1. 足球比赛观摩<br>2. 足球裁判规则 | 重点：<br>（1）学会如何欣赏足球比赛。<br>（2）激发学生对足球的兴趣。<br>难点：足球规则——越位 | 集体讲解规则，集体练习与小组学习相结合。教师巡视指导、引领 |
| 2 | 1. 足球颠球<br>2. 体能练习 | 重点：触球位置。<br>难点：发力方法 | 集体讲解规则，集体练习与小组学习相结合。教师巡视指导、引领 |
| 3 | 1. 脚内侧踢球<br>（1）定位球。<br>（2）地滚球。<br>2. 球性练习<br>3. 辅助练习 | 重点：支撑脚的站位，踢球腿的摆动和脚触球的部位。<br>难点：准确判断击球时间 | （1）创设情景，使学生积极主动地练习。<br>（2）加强有球练习，左右脚交替进行 |
| 4 | 1. 脚内侧停球<br>2. 游戏：两人互抛接球 | 重点：中心适当、动作连贯。<br>难点：力量适度 | （1）转换练习方式，让学生积极主动地练习。<br>（2）强化练习效果，巩固动作效果 |
| 5 | 1. 熟悉球性<br>2. 传、接球练习 | 重点：脚内侧传接球技术动作、对球的控制和支配能力。<br>难点：脚内侧传接球动作的正确性、传球的方向性和力量 | 集体讲解规则，集体练习与小组学习相结合。教师巡视指导、引领 |
| 6 | 1. 脚内侧运球<br>2. 辅助性练习 | 重点：脚触球的部位和身体姿势。<br>难点：用力适当，脚背内侧推拨球 | （1）转换练习方式，让学生积极主动地进行练习。<br>（2）通过小场地比赛，学习使用运球突破的技术 |

（续表）

| 课时 | 主要教学内容 | 重点与难点 | 教学组织与方法（教学策略） |
|---|---|---|---|
| 7 | 1. 脚背正面直线运球<br>2. 游戏：夹足球跳 | 重点：踢球的部位。<br>难点：踢球时全身的协调配合 | （1）教师讲解夹足球跳的方法规则。<br>（2）教师做示范动作。<br>（3）组织学生练习和比赛 |
| 8 | 1. 复习脚背正面直线运球<br>2. 足球综合练习 | 重点：对球的控制能力。<br>难点：传停球的力度和准确性 | （1）教师讲解示范动作要领及方法。<br>（2）教师做示范动作。<br>（3）组织学生练习。<br>（4）教师巡回指导，发现错误及时纠正 |
| 9 | 1. 复习停球练习<br>2. 盘带球练习 | 重点：停球时膝关节外转、身体重心稳定。<br>难点：盘球时球绕障碍物 | 集体讲解规则，集体练习与小组学习相结合。教师巡视指导、引领 |
| 10 | 1. 脚弓推球<br>2. 脚内侧踢球 | 重点：支撑脚站位。<br>难点：发力方法 | 集体讲解规则，集体练习与小组学习相结合。教师巡视指导、引领 |
| 11 | 1. 巩固传接球<br>2. 素质练习 | 重点：传球准确性。<br>难点：力量控制 | 集体讲解规则，集体练习与小组学习相结合。教师巡视指导、引领 |
| 12 | 1. 运球综合练习<br>2. 直传斜插传、接球<br>3. 斜传直插传、接球 | 重点：斜插要快、人球兼顾。<br>难点：配合默契、动作连贯流畅 | （1）灵活运用多种练习方式，提高学生学练的积极性。<br>（2）通过比赛巩固练习效果，激发学生的兴趣 |
| 13 | 1. 射门练习<br>（1）尝试性射门练习。<br>（2）分组射门练习。<br>（3）调整球门的射门练习。<br>2. 体能练习 | 重点：支撑脚的站位、摆动腿的力量。<br>难点：动作流畅、连贯 | （1）教师提出问题：足球比赛的最终目标是什么？如何将足球射进球门？启发学生的思路。<br>（2）通过多增设球门，增加学生的射门机会和次数，提高学生的兴趣 |

（续表）

| 课时 | 主要教学内容 | 重点与难点 | 教学组织与方法（教学策略） |
| --- | --- | --- | --- |
| 14 | 1. 跑动中传球射门<br>2. 体能练习 | 重点：动作协调。<br>难点：迅速发力 | （1）教师演示足球射门技术动作，重点强调射门角度和力度。<br>（2）指导学生反复进行射门练习，练习跑动中射门 |
| 15 | 1. 跑动中传球射门（选择性考试）<br>2. 素质练习 | 重点：提高连贯性。<br>难点：熟练度 | （1）教师向学生说明考试的流程、标准、方法及要求。<br>（2）学生可以根据动作完成情况自主选择是否记录成绩。<br>（3）再次强调动作要领，练习中不断指导、提示动作技术难点。<br>（4）安排考核结果较好的学生辅助其他同学练习 |
| 16 | 1. 复习脚内侧踢球<br>2. 学习脚背正面运球 | 重点：提足跟、立脚背。<br>难点：脚背正面拨球 | 集体讲解规则，集体练习与小组学相结合。教师巡视指导、引领 |
| 17 | 1. 足球基本技术复习<br>2. 教学比赛 | 重点：教学比赛中熟练运用脚内侧踢球、传接球、射门等技术。<br>难点：动作流畅、连贯、协调 | 集体讲解规则，集体练习与小组学习相结合。教师巡视指导、引领 |
| 18 | 1. 足球教学考核<br>2. 足球教学比赛 | 重点：在比赛中更合理地运用自己的技术。<br>难点：团队合作比赛 | 集体讲解规则，集体练习与小组学习相结合。教师巡视指导、引领 |

### （三）单元教学评价设计

表 70 “足球小将养成记”单元教学评价设计

<table>
<tr><td colspan="2">单元评价考核内容</td><td>学生的综合能力</td></tr>
<tr><td colspan="2">评价和考核方式</td><td>（1）学生自评。<br>（2）学生互评。<br>（3）教师讲评。<br>考核方式：比赛</td></tr>
<tr><td colspan="3">评价标准</td></tr>
<tr><td>等级</td><td>分值</td><td>能力要求</td></tr>
<tr><td>优</td><td>8.6~10</td><td>战术能力强，意识好；技术动作规范，运用合理；心理状态稳定</td></tr>
<tr><td>良</td><td>7.6~8.5</td><td>战术能力较好，意识较强；技术动作规范，运用基本合理；心理状态稳定</td></tr>
<tr><td>合格</td><td>6~7.5</td><td>战术能力一般，意识一般；技术动作基本规范；运用基本合理，心理状态较稳定</td></tr>
<tr><td>不合格</td><td>5.9 以下</td><td>战术能力一般，意识一般；技术动作不规范，运用不够合理；心理状态不稳定</td></tr>
</table>

## 六、单元教学实践反思

（1）在进行单元教学前，要进行摸底测试，对学生当前的足球技能情况进行学情分析，从而帮助其进行后续教学方法的选择。

（2）为了提高教学效果和效率，应进行分层教学。

（3）要在相应内容的教学中穿插规则的讲解，有利于学生全面了解该技术动作，并能掌握和运用。

（4）游戏教学法有利于提高学生参与的积极性，学练效果好。

（5）教学比赛可以激发学生学好技能的决心，教师要引导学生树立正确的胜负观，提升体育品德。

（6）足球是一项有身体对抗、竞争激烈的体育运动，在教学中一定要多向学生强调运动安全问题；在比赛中要结合规则，掌握好防守的方法和对抗强度。

# “青春魅力健美操”单元教学设计

七年级体育与健康　孙健哲

## 一、指导思想及其依据

根据《义务教育体育与健康课程标准（2022年版）》，健美操课程应以“健康第一，学生发展为本”为指导思想，以学生发展为中心，体现学生的主体地位。通过健美操运动，可以发展学生的律动感及表现力，提高其灵敏度、速度、力量、耐力等身体素质和动作的准确性、协调性，增强内脏器官的功能。同时，倡导自主合作学习，转变教师的教学行为和学生的学习方式，体现教师与学生的互动效能教学，努力营造一种探究、合作、互帮互学的学习氛围。在教学中运用多种教学方法，启发学生自创、自学、自练、合作练习，发展学生的学习能力，培养其合作意识和社会适应能力，形成积极主动的学习与生活态度。

健美操课程是“新课标”中体操类运动的一项，是具有鲜明节奏韵律感的身体运动，动作多变、刚健有力、舒展协调。学生跟随伴奏，完成各种健美操动作，突出力度的有机变化，体现出男生的阳刚之气、女生的刚柔之美。本单元教学内容是校园青春健美操《青春魅力》组合动作，同时让学生进行自我创编队形，对学生的协调性以及创造力提出了较高要求。

初中生的知觉发育出现了许多新的特点。首先，知觉的有意性和目的性有了较大提高，能自觉地根据教学要求去感知有关事物。其次，知觉的精确性、概括性进一步发展，出现了逻辑性知觉。再次，在观察力发展上，初中生观察的目的性、持久性、精确性和概括性都比小学阶段有了显著的发展。初中阶段是一个重要阶段，学生在认知发展上处于一种懵懂的状态，即各种认知过程都在发展而又都发展得不完善。因而，在教育中，我们要向他们提出具体的、可行的要求。

本单元主要采用探究法和启发法，通过观看教师的示范模仿练习，初步了解健美操基本组合动作，然后由教师引导学生一起探究学习。全单元主要以自主探究创新练习为目标，教学内容力求合理、紧凑、流畅、新颖。整个单元遵循循序渐进、分解组合的原则，用自我创编的方式进行教学。

**二、单元教学内容规划**

《青春魅力》健美操共有九个组合、36个八拍动作，将这些组合动作根据七年级学生的特点合理安排在每课时中教授，使学生能够快速掌握动作。在单元课程当中要锻炼学生的创编能力，以小组为单位进行所学动作的队形创编。同时，在课程中加入健美操基础的难度动作，为学生的创编提供更多的选择。

**三、单元教学目标设计**

1. 运动能力

学生在音乐的伴奏下，熟练掌握健美操《青春魅力》的动作组合，能够充分发挥其创造力，在成套的动作组合中加入基础难度动作进行队形创编。

2. 健康行为

通过大单元教学发展学生的节奏感、灵敏性、身体协调性、有氧心肺耐力等身体素质。

3. 体育品德

培养学生的表现力、创造力以及团队协作、合作沟通、互帮互助与良性竞争的意识。

**四、单元课时任务安排**

（1）第一节课通过学习《青春魅力》前两个组合动作和Tabata高强度间歇训练，了解健美操运动中的动作发力技巧与多变的步伐，增强学生的模仿能力和自主学习能力，发展其身体协调性、灵敏性、力量等素质。

（2）第二节课复习《青春魅力》前两个组合动作，学习《青春魅力》第三、四个组合动作，进行游戏“快速摸背”，使学生记住《青春魅力》前四个组合动作，并能与伴奏完美配合。同时，增强学生的模仿能力和自主学习能力，发展其身体协调性、灵敏性、力量等素质。

（3）第三节课复习《青春魅力》前四个组合动作，进行前四个组合动作的队形创编，使学生了解健美操基本队形的创编包含哪些队形。本节课对动作进行了复习，学习了队形创编，让学生能根据音乐与组合动作选择正确的队形进行创编。通过学练培养学生善思考、准判断、勤实践的能力，同时发展其身体协调性、灵敏性、力量等素质。

（4）第四节课复习《青春魅力》前四个组合动作，学习《青春魅力》第五、六个组合动作与《龙拳》体能操。学生能记住《青春魅力》前六个组合动作，并能与音乐完美配合，增强学生的模仿能力和自主学习能力，发展其身体协调性、灵敏性、力量等素质。

（5）第五节课复习《青春魅力》前六个组合动作，进行《青春魅力》前六个组合动作的队形创编，使学生具备健美操队形创编的能力，发展学生对健美操动作的感知能力及身体协调性、灵敏性等素质；同时，让学生体验健美操的乐趣，培养学生团结协作的意识。

（6）第六节课复习《青春魅力》前六个组合动作，学习《青春魅力》第七、八个组合动作，进行游戏“撒网捞鱼”。让学生记住《青春魅力》前八个组合动作，并与音乐完美配合；增强学生的模仿能力和自主学习能力，发展其身体协调性、灵敏性、力量等素质。

（7）第七节课复习《青春魅力》前八个组合动作，进行《青春魅力》前八个组合动作的队形创编。使学生熟练掌握健美操队形创编的方法；发展学生对健美操动作的感知能力及身体协调性、灵敏性等素质；培养学生的创造力与创新思维；使学生体验健美操的乐趣，培养学生团结协作的意识。

（8）第八节课复习《青春魅力》前八个组合动作，学习《青春魅力》第九个组合动作并进行游戏“体能接力赛”。让学生记住《青春魅力》全部组合动作，并与音乐完美配合；增强学生的模仿能力和自主学习能力，发展其身体协调性、灵敏性、力量等素质；培养学生顽强拼搏、团结协作、勇于挑战的精神。

（9）第九节课复习《青春魅力》全部组合动作并学习基础旋转类、跳跃类难度动作，使学生了解健美操中的基本难度动作，增强学生的模仿能力和自主学习能力，发展其身体协调性、灵敏性、力量等素质。同时，促使学生积极参与练习、敢于挑战，能够鼓励队友、赞美同伴，形成良好的学习意识和团队协作意识。

（10）第十节课进行《青春魅力》全部组合动作的队形创编并加入基础难度动作，练习之后进行小组展示，使学生学习并熟练掌握健美操队形创编的方法；发展学生对健美操动作的感知能力及身体协调性、灵敏性、力量等素质；培养学生的创造力与创新思维。

## 五、单元教学过程设计

### （一）单元教学设计整体思路

表 71“青春魅力健美操”单元教学设计

| 课时 | 课时目标 | 教学内容 | 学习策略 |
|---|---|---|---|
| 1 | （1）了解健美操运动中的动作发力与多变的步伐。<br>（2）增强其模仿能力和自主学习能力，发展其身体协调性、灵敏性、力量等素质。<br>（3）积极参与练习、敢于挑战，能够鼓励队友、赞美同伴，形成良好的学习意识和团队协作意识 | （1）《青春魅力》前两个组合动作。<br>（2）Tabata 高强度间歇训练 | （1）学生自主体验，合作探究。<br>（2）以“超级团队”模式分组练习，组内合作，每位同学作为小老师进行教学。<br>（3）运用展示竞赛法促进学练。<br>（4）教师巡回指导，纠正易犯错误 |
| 2 | （1）学生能记住《青春魅力》前四个组合动作，并与音乐完美配合。<br>（2）增强其模仿能力和自主学习能力，发展其身体协调性、灵敏性、力量等素质。<br>（3）学生愉快地接受教师的指导，自觉主动地学练，快乐地与同伴配合 | （1）复习《青春魅力》前两个组合动作。<br>（2）学习《青春魅力》第三、四个组合动作。<br>（3）进行游戏“快速摸背” | （1）学生自主体验，合作探究。<br>（2）以“超级团队”模式分组练习，组内合作，每位同学当小老师进行教学。<br>（3）运用展示竞赛法促进学练。<br>（4）教师巡回指导，纠正易犯的错误 |

（续表）

| 课时 | 课时目标 | 教学内容 | 学习策略 |
|---|---|---|---|
| 3 | （1）了解健美操中基本队形的创编包含哪些队形，使学生充分发挥创造力。<br>（2）通过本节课对动作的复习以及在已学动作上的队形创编，让学生根据音乐和动作选择正确的队形进行创编。<br>（3）通过学练培养学生善思考、准判断、勤实践的能力，同时发展其身体协调性、灵敏性、力量等素质。<br>（4）通过小组比赛提高学生的抗压能力、协作能力、拼搏精神以及赛场表现力，培养学生自信勇敢的品质 | （1）复习《青春魅力》前四个组合动作。<br>（2）《青春魅力》前四个组合动作的队形创编 | （1）学生自主体验，合作探究。<br>（2）分配组长，分组练习，组内合作创编。<br>（3）运用展示竞赛法促进学练。<br>（4）教师巡回指导，纠正易犯错误 |
| 4 | （1）学生能记住《青春魅力》前六个组合动作，并与音乐完美配合。<br>（2）增强其模仿能力和自主学习能力，发展其身体协调性、灵敏性、力量等体能<br>（3）学生愉快地接受教师的指导，自觉主动地学练，快乐地与同伴配合。<br>（4）培养学生顽强拼搏、团结协作、勇于挑战的精神 | （1）复习《青春魅力》前四个组合动作。<br>（2）学习《青春魅力》第五、六个组合动作<br>（3）《龙拳》体能操 | （1）学生自主体验，合作探究。<br>（2）以“超级团队”模式分组练习，组内合作，每位同学作为小老师进行教学。<br>（3）运用展示竞赛法促能学练。<br>（4）教师巡回指导，纠正易犯错误 |
| 5 | （1）学习并掌握健美操队形创编的方法。<br>（2）发展学生对健美操动作的感知能力及身体协调、灵敏性等素质。 | （1）复习《青春魅力》前六个组合动作。<br>（2）《青春魅力》前六个组合动作队形创编 | （1）学生自主体验，合作探究。<br>（2）分配组长，分组练习，组内合作创编。 |

（续表）

| 课时 | 课时目标 | 教学内容 | 学习策略 |
| --- | --- | --- | --- |
|  | （3）让使学生体验健美操的乐趣，培养学生团结协作的意识 |  | （3）运用展示竞赛法促进学练。<br>（4）教师巡回指导，纠正易犯错误 |
| 6 | （1）学生能记住《青春魅力》前八个组合动作，并与音乐完美配合。<br>（2）增强其模仿能力和自主学习能力，发展其身体协调性、灵敏性、力量等素质。<br>（3）学生愉快地接受教师的指导，自觉主动地学练，快乐地与同伴配合。<br>（4）培养学生顽强拼搏、团结协作、勇于挑战的精神 | （1）复习《青春魅力》前六个组合动作。<br>（2）学习《青春魅力》第七、八个组合动作。<br>（3）游戏“撒网捞鱼” | （1）学生自主体验，合作探究。<br>（2）以“超级团队”模式分组练习，组内合作，每位同学作为小老师进行教学。<br>（3）运用展示竞赛法促进学练。<br>（4）教师巡回指导，纠正易犯错误 |
| 7 | （1）学习并熟练掌握健美操队形的创编方法。<br>（2）发展学生对健美操动作的感知能力及身体协调性、灵敏性等素质；培养学生的创造力与创新思维。<br>（3）让学生体验健美操的乐趣，培养学生团结协作的意识。<br>（4）培养学生与同伴友好交流、团结协作的集体主义观念 | （1）复习《青春魅力》前八个组合动作。<br>（2）《青春魅力》前八个组合动作队形创编 | （1）学生自主体验，合作探究。<br>（2）分配组长，分组练习，组内合作创编。<br>（3）展示竞赛法促进学练。<br>（4）教师巡回指导，纠正易犯错误 |
| 8 | （1）学生能记住《青春魅力》全部组合动作，并与音乐完美配合。<br>（2）增强其模仿能力和自主学习能力，发展其身体协调性、灵敏性、力量等素质。 | （1）复习《青春魅力》前八个组合动作。<br>（2）学习《青春魅力》第九个组合动作。 | （1）学生自主体验，合作探究。<br>（2）以“超级团队”模式分组练习，组内合作，每位同学作为小老师进行教学。 |

（续表）

| 课时 | 课时目标 | 教学内容 | 学习策略 |
|---|---|---|---|
| | （3）学生愉快地接受教师的指导，自觉主动地学练，快乐地与同伴配合。<br>（4）培养学生顽强拼搏、团结协作、勇于挑战的精神 | （3）游戏“体能接力赛” | （3）运用展示竞赛法促进学练。<br>（4）教师巡回指导，纠正易犯错误 |
| 9 | （1）了解健美操运动中的基本难度动作。<br>（2）增强其模仿能力和自主学习能力，发展其身体协调性、灵敏性、力量等素质。<br>（3）积极参与练习、敢于挑战，能够鼓励队友、赞美同伴，形成良好的学习意识和团队协作意识 | （1）复习《青春魅力》全部组合动作。<br>（2）学习基础旋转类、跳跃类动作 | （1）学生自主体验，合作探究。<br>（2）分组练习，组内合作。<br>（3）游戏竞赛法促进学练。<br>（4）教师巡回指导，纠正易犯错误 |
| 10 | （1）学习并熟练掌握健美操队形创编的能力。<br>（2）发展学生对健美操动作的感知能力及身体协调性、灵敏性、力量等素质；培养学生的创造力与创新思维。<br>（3）让学生体验健美操的乐趣，培养学生团结协作的意识。<br>（4）培养学生与同伴友好交流、团结协作的集体主义观念 | （1）《青春魅力》全部组合动作队形创编并加入基础难度动作。<br>（2）小组展示比赛 | （1）学生自主体验，合作探究。<br>（2）分配组长，分组练习，组内合作创编。<br>（3）运用展示竞赛法促进学练。<br>（4）教师巡回指导，纠正易犯错误 |

### （二）课时教学设计案例剖析

表 72 《青春魅力》前两个组合动作教学设计

| 课题 | 校园青春健美操《青春魅力》前两个组合动作 | 单元课次 | 10−1 | 年级 | 七年级 | 人数 | 44 人 |
|---|---|---|---|---|---|---|---|
| 学习目标 | （1）运动能力：学生在音乐的伴奏下，熟练掌握校园青春健美操《青春魅力》前两个动作组合。<br>（2）健康行为：通过练习发展学生的节奏感、灵敏性、身体协调性、心肺耐力等素质。<br>（3）体育品德：培养学生的表现力以及团队协作、合作沟通的意识 | | | | | | |
| 主要教学内容 | （1）前两个动作组合的熟练度和力度。<br>（2）跟随音乐完成所学动作 | | | | | | |
| 重点难点 | 重点：动作的熟练度和力度。<br>难点：上下肢的协调配合以及动作的控制、与音乐的配合 | | | | | | |

| 课程结构与时间 | 教学内容 | 学生活动 | 教师活动 | 组织形式 | 运动负荷 |
|---|---|---|---|---|---|
| 开始部分（2分钟） | 课堂常规：<br>（1）体委整队，报告人数，师生问好。<br>（2）情境导课。<br>（3）强调安全 | （1）认真听讲，明确目标。<br>（2）振奋情绪，提高兴趣 | （1）介绍本课主要内容，并讲明要求。<br>（2）语言激励学生，激发学生的上课兴趣 | ☺☺☺<br>☺☺☺<br>☺☺☺<br>☺☺☺<br>△ | 低 |
| 准备部分（8分钟） | 科学热身：<br>1. 徒手操拉伸<br>2. 健美操基本步伐组合<br>（1）并腿跳。<br>（2）开合跳。 | （1）认真听教师讲解。<br>（2）听口令跟教师一起做徒手操和健美操基本步伐组合。 | （1）示范动作正确、规范。<br>（2）领做热身操。 | ☺☺☺<br>☺☺☺<br>☺☺☺<br>☺☺☺<br>△ | 中 |

（续表）

| 课程结构与时间 | 教学内容 | 学生活动 | 教师活动 | 组织形式 | 运动负荷 |
|---|---|---|---|---|---|
| | （3）弓步跳。<br>（4）吸腿跳。<br>（5）后踢腿跳。<br>（6）弹踢腿跳。<br>（7）踢腿跳 | （3）动作规范，标准到位。<br>（4）脚踝锁紧，避免受伤，保持脚部的弹动 | （3）语言提示学生动作。<br>（4）适时评价 | 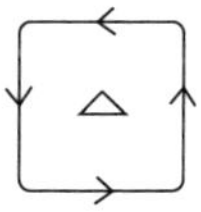 | |
| 基本部分（30分钟） | 学练内容：<br>整体感知并巩固《青春魅力》前两个动作组合。<br>方式一：直观感受。<br>方式二：跟随模仿 | （1）自主体验，跟随模仿。<br>（2）跟随教师认真练习动作，听清动作要点。<br>（3）互相鼓励，团结协作，共同参与。<br>（4）注意安全 | （1）教师带领，及时提示启发并组织学生分组。<br>（2）提出学习要求，强调要点。<br>（3）巡回指导，及时评价。<br>（4）组织学生展示，引导学生相互学习、鼓励 |  | 低 |
| | 目标任务引领下的自主合作学习：<br>（1）分配各小组学习任务，各小组练习并完成各个任务单。<br>（2）通过学生之间的教与学，使每组学生掌握《青春魅力》前两个动作组合 | （1）小组成员在组长带领下根据任务单讨论、认真练习。<br>（2）合作交流，相互提示并纠正。<br>（3）积极参与，勇于展示自己 | （1）巡回指导，针对学生出现的问题及时纠正指导。<br>（2）组织学生展示。<br>（3）语言鼓励，提前提示。<br>（4）师生同步，阶段评价 | 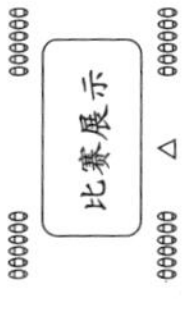 | 低 |

（续表）

| 课程结构与时间 | 教学内容 | 学生活动 | 教师活动 | 组织形式 | 运动负荷 |
|---|---|---|---|---|---|
| | 比赛内容：“展示大舞台” | （1）组内合作，组间竞争。<br>（2）同学之间互相鼓励，团结协作，共同参与。<br>（3）注意自身安全 | （1）讲解提示，语言激励。<br>（2）及时评价反馈。<br>（3）师生同步 | | 低 |
| | 体能内容：Tabata高强度间歇训练 | （1）认真听教师下达的任务指示。<br>（2）动作完成标准。<br>（3）保证自身安全，注意保护踝关节 | （1）提出动作要求，强调要点。<br>（2）语言鼓励，提前提示。<br>（3）适时评价 | | 高 |
| 结束部分（5分钟） | （1）《青花瓷》放松操。<br>（2）师生总结，互评。<br>（3）布置作业。<br>（4）宣布下课。<br>（5）收回器材 | （1）身心放松，心情舒畅。<br>（2）相互交流，畅谈合作的快乐并分享经验。<br>（3）协助教师整理器材 | （1）语言提示领操。<br>（2）交流本课体会。<br>（3）鼓励进步，提出建议。<br>（4）宣布下课 | | 低 |
| 预计负荷 | 平均心率 | 140~155 次 / 分 | | | |
| | 运动密度 | 群体运动密度 75±5%，个体运动密度 50±5% | | | |

## 六、单元教学实践反思

在进行整个单元教学的实践过程中，我发现了一些优点和缺点。在课堂复习当中，小组相互比拼的复习方式更能激起学生的兴趣。此阶段，学生普遍有着较强的竞争意识，可以利用这一点进行课程安排。“超级团队”教学模式极大地发挥了学生的主动性，使每位学生都能做课堂的主人，都能当小老师。

在分组练习中，教师无法时刻关注所有学生，有部分学生不认真练习、交头接耳，可能是课程安排没有顾及所有学生的兴趣所向。在今后的课程设计当中，教师需要充分听取学生意见，提高每位学生的课堂积极性，减少学生不认真练习与交头接耳的情况。

# “田径”单元教学设计

八年级 体育与健康 苏萌

## 一、指导思想及其依据

体育与健康课程基于体育与健康学科的性质和学生发展核心素养的要求，建构运动能力、健康行为、体育品三个方面的核心素养，落实立德树人根本任务和“健康第一”的指导思想。在此基础上，确立课程目标、课程内容、教学方法与学习评价体系。体育与健康课程要求教师创设各种应用场景，学习活动的设计将“学、练、赛”有机结合。

## 二、单元教学内容规划

八年级田径大单元课程设计针对的是学生在中学阶段田径运动中的快速跑技术和耐久跑技术，同时关注田径比赛中的接力跑技术，实现学生在生活实践中对障碍跑技术和相关运动技能、身体素质、反应能力的综合运用。

表 73 “田径”单元教学内容规划

| | |
|---|---|
| 单元学习重点难点 | 重点：跑动过程中的步幅与步频。<br>难点：跑动过程中蹬地与摆臂协同配合 |
| 单元主要教学内容 | 通过快速跑、耐久跑的学习，掌握跑的系统练习方法，发展学生的心肺功能，培养学生良好的体育品格。通过合作跑、障碍跑、接力跑的学习，丰富学生跑的相关知识，从而提高学生在不同运动场景下合理运用跑动技术的能力 |

## 三、单元教学目标设计

1. 运动能力

学生通过学练，掌握跑的技术要领，同时发展速度、耐力、力量等素质，掌握体能训练方法。

2. 健康行为

了解跑类运动的锻炼价值，掌握跑类运动的锻炼方法，增强学生体育锻炼的习惯与能力，提高学生安全运动的意识。

3. 体育品德

通过学练，培养学生果敢顽强的品质以及勇于尝试、坚韧不拔的精神。

## 四、单元课时任务安排

表 74 “田径”单元课时任务安排

| 课次 | 学习目标 | 主要教学内容 | 教学组织与方法（教学策略） |
| --- | --- | --- | --- |
| 1 | （1）通过学习，了解短跑的相关理论知识。<br>（2）了解短跑运动的锻炼价值，掌握训练方法，增强运动能力。<br>（3）通过优秀运动员实例，调动学生运动的积极性 | 室内课：快速跑综合知识一 | （1）讲解法：讲解快速跑的技术环节、规则以及练习方法。<br>（2）直观教学：通过多媒体展示优秀运动员的跑动姿态，激发学生的学习兴趣。<br>（3）德育渗透：通过优秀运动员实例，调动学生学习的积极性，培养学生的良好品质 |
| 2 | （1）通过学习，了解途中跑的技术要领。<br>（2）掌握跑的专项练习方式，提高运动能力。<br>（3）培养学生灵活的思维 | 快速跑：跑的专项练习＋直道的途中跑练习 | （1）游戏法：通过游戏调动学生积极性。<br>（2）微视频、任务单学习模式。<br>（3）学生自主分组练习。<br>（4）师生互动，完成学习目标。<br>（5）分层拔高学习并展示。<br>（6）体能练习 |

（续表）

| 课次 | 学习目标 | 主要教学内容 | 教学组织与方法（教学策略） |
|---|---|---|---|
| 3 | （1）通过学习在头脑中建立起正确的起跑动作。<br>（2）体验蹲踞式起跑时身体失衡的体感，提高学生的肢体控制力。<br>（3）培养学生勇于尝试的品格 | 快速跑：起跑＋起跑后加速跑 | （1）游戏法：通过游戏调动学生的积极性。<br>（2）微视频、任务单学习模式。<br>（3）学生自主分组练习。<br>（4）师生互动，完成学习目标。<br>（5）分层拔高学习并展示。<br>（6）体能练习 |
| 4 | （1）通过学习在头脑中建立正确的跑的动作。<br>（2）体验弯道跑时身体倾斜、内外侧摆臂幅度等动作要领，提高学生的肢体控制力。<br>（3）培养学生勇于尝试的品格 | 快速跑：冲刺跑＋弯道跑技术 | （1）游戏法：通过游戏调动学生的积极性。<br>（2）微视频、任务单学习模式。<br>（3）教师讲解示范冲刺跑、弯道跑技术。<br>（4）师生互动，完成学习目标。<br>（5）学生自主分组练习，分层拔高学习并展示。<br>（6）体能练习 |
| 5 | （1）通过学习在头脑中建立正确的跑的动作。<br>（2）体验全程跑，提高学生下肢力量及上下肢协调性。<br>（3）培养学生勇于尝试的品格 | 快速跑：改进和提高全程跑技术 | （1）复习快速跑技术。<br>（2）采用轮换分组学习方法。<br>（3）游戏竞赛法贯穿全程。<br>（4）讲解并示范学生掌握不扎实的技术环节。<br>（5）分层教学，因材施教。<br>（6）体能练习 |
| 6 | （1）通过学习，使学生了解接力跑的相关理论知识。<br>（2）使学生了解接力运动的锻炼价值，掌握训练方法，增强运动能力。<br>（3）培养学生团结协作、勇于奉献的品格 | 室内课：快速跑综合知识二 | （1）讲解法：讲解接力跑交接棒的动作要领、规则以及练习方法。<br>（2）直观教学：通过多媒体展示优秀运动员的跑动姿态，激发学习兴趣。<br>（3）德育渗透：通过优秀运动员实例，调动学生的学习积极性，培养其良好品质 |

（续表）

| 课次 | 学习目标 | 主要教学内容 | 教学组织与方法（教学策略） |
|---|---|---|---|
| 7 | （1）通过学习在头脑中建立正确的上挑式/下压式交接棒动作。<br>（2）体验交接棒过程，提高学生的肢体控制力。<br>（3）培养学生团结协作的品格 | 快速跑：4×100m接力交接棒技术 | （1）小组合作探究交接棒技术。<br>（2）用游戏竞赛法提高学生的交接棒技术与跑动能力。<br>（3）分组展示4×100m接力跑 |
| 8 | （1）通过学习在头脑中建立正确的交接棒动作。<br>（2）体验交接棒过程，提高学生的肢体控制力。<br>（3）培养学生团结协作的品格 | 快速跑：4×400m接力交接棒技术 | （1）小组合作探究交接棒技术。<br>（2）用游戏竞赛法提高学生的交接棒技术与跑动能力。<br>（3）分组展示4×100m接力跑 |
| 9 | （1）通过考核强化正确的跑的动作。<br>（2）体验全程跑，提高学生下肢力量及上下肢协调性。<br>（3）培养学生勇于尝试的品格 | 快速跑：考核 | （1）讲解考核规则及要求。<br>（2）分组进行测试。<br>（3）总结归纳学生在跑动中存在的问题，提出解决方法 |
| 10 | （1）通过学习，了解长跑的相关理论知识。<br>（2）使学生了解长跑运动的锻炼价值，掌握训练方法，增强运动能力。<br>（3）通过优秀运动员实例，调动学生的学习积极性，培养学生吃苦耐劳的品格 | 室内课：耐久跑综合知识 | （1）讲解法：讲解耐久跑的技术环节、规则以及练习方法。<br>（2）直观教学：通过多媒体展示优秀运动员的跑动姿态，激发学生的学习兴趣。<br>（3）德育渗透：通过优秀运动员实例，调动学生的学习积极性，培养学生的良好品质 |

（续表）

| 课次 | 学习目标 | 主要教学内容 | 教学组织与方法（教学策略） |
|---|---|---|---|
| 11 | （1）通过学习在头脑中建立正确的站立式起跑动作。<br>（2）体验计时跑，培养学生在跑的过程中对时间的把控。<br>（3）培养学生勇于尝试的品格 | 耐久跑：站立式起跑+5分钟计时跑 | （1）讲解并示范站立式起跑，学生跟随模仿。<br>（2）微视频、任务单学习模式。<br>（3）学生自主分组练习。<br>（4）师生互动，完成学习目标。<br>（5）分层拔高学习并展示。<br>（6）体能练习 |
| 12 | （1）通过学习在头脑中建立正确的动作。<br>（2）体验弯道跑时身体倾斜、内外侧摆臂幅度，提高学生的肢体控制力。<br>（3）培养学生勇于尝试的品格 | 耐久跑：弯道跑技术＋冲刺跑 | （1）游戏法：通过游戏调动学生的积极性。<br>（2）微视频、任务单学习模式。<br>（3）教师讲解示范冲刺跑、弯道跑技术。<br>（4）师生互动，完成学习目标。<br>（5）学生自主分组练习，分层拔高学习并展示。<br>（6）体能练习 |
| 13 | （1）通过学习，了解途中跑的技术要领。<br>（2）培养学生控制速度配速跑的能力，提高运动能力。<br>（3）培养学生灵活的思维 | 耐久跑：途中跑＋中速定时跑 | （1）游戏法：通过游戏调动学生积极性。<br>（2）微视频、任务单学习模式。<br>（3）师生互动，完成学习目标。<br>（4）学生自主分组练习，分层拔高学习并展示。<br>（5）体能练习 |
| 14 | （1）通过学习在头脑中建立正确的动作。<br>（2）体验六分钟计时跑，培养学生在跑的过程中对时间的把控。<br>（3）培养学生坚韧不拔的品格 | 耐久跑：全程跑+6分钟计时跑 | （1）游戏法：通过游戏调动学生积极性。<br>（2）微视频、任务单学习模式。<br>（3）师生互动，完成学习目标。<br>（4）学生自主分组练习，分层拔高学习并展示。<br>（5）体能练习 |

（续表）

| 课次 | 学习目标 | 主要教学内容 | 教学组织与方法（教学策略） |
|---|---|---|---|
| 15 | （1）通过学习，了解运动时正确的呼吸方式。<br>（2）体验变速跑，培养学生在跑的过程中对自身体能的把控。<br>（3）培养学生吃苦耐劳的品格 | 耐久跑：跑走交替＋变速跑 | （1）游戏法：通过游戏调动学生的积极性。<br>（2）微视频、任务单学习模式。<br>（3）师生互动，完成学习目标。<br>（4）鼓励激励学生完成练习任务。<br>（5）体能练习 |
| 16 | （1）通过学习，了解障碍跑的规则及技术要领。<br>（2）体验障碍跑，培养学生在跑的过程中对自身体能的把控能力。<br>（3）培养学生敢于拼搏、勇于尝试的品格 | 耐久跑：障碍跑 | （1）游戏法：通过游戏调动学生积极性。<br>（2）讲解示范障碍跑跳跃、跨越障碍的技术动作。<br>（3）师生互动，完成学习目标。<br>（4）鼓励激励学生完成练习任务。<br>（5）体能练习 |
| 17 | （1）通过学习在头脑中建立正确跑的动作。<br>（2）体验全程跑，提高学生下肢力量及上下肢协调性。<br>（3）培养学生持之以恒的品格 | 耐久跑：改进和提高全程跑技术 | （1）采用轮换分组学习方法。<br>（2）游戏竞赛法贯穿课堂。<br>（3）讲解并示范学生掌握不扎实的技术环节。<br>（4）分层教学，因材施教。<br>（5）体能练习 |
| 18 | （1）通过本堂课的学习，提高学生自主学习和锻炼的能力，培养学生积极参与体育锻炼的态度。知道如何在不同的运动场景中运用各种跑动及跳跃姿势完成练习内容。 | （1）综合运用快速跑、障碍跑、接力跑、耐久跑等跑的技术。 | 任务目标：<br>（1）引领学生自主讨论练习。<br>（2）下发任务单和定向跑动地图，学生自主完成任务。<br>（3）师生互动，完成学习目标 |

（续表）

| 课次 | 学习目标 | 主要教学内容 | 教学组织与方法（教学策略） |
|---|---|---|---|
| | （2）学生在团队中要发挥自己的作用完成所有练习内容，锻炼和发展个人的速度、耐力、力量、灵敏、柔韧等素质。<br>（3）使学生在自我感受、自我激励和相互合作中积极参与练习。勇于探索、大胆尝试，使每个学生都能体验成功的乐趣，培养他们勇敢、机智、自信的优良品质和集体主义精神，建立和谐的人际关系 | (2) 发展身体速度、力量、灵敏度、柔韧性、耐力、协调性等素质 | |
| 19 | （1）通过考核强化跑的过程中各个动作要领。<br>（2）体验全程跑，提高学生下肢力量及上下肢协调性。<br>（3）培养学生坚韧不拔的品格 | 单元考核 | （1）讲解考核规则及要求。<br>（2）分组进行测试。<br>（3）总结归纳学生在跑动中存在的问题及解决方法 |

| 性别 | 测试项目 | 评定等级 | | |
|---|---|---|---|---|
| | | 优秀 | 良好 | 及格 |
| 男 | 50 米 | 7.8 秒 | 8.2 秒 | 10.2 秒 |
| | 1000 米 | 4 分 15 秒 | 4 分 30 秒 | 5 分 20 秒 |
| 女 | 50 米 | 8.1 秒 | 8.9 秒 | 10.9 秒 |
| | 800 米 | 3 分 49 秒 | 4 分 05 秒 | 4 分 55 秒 |

## 五、单元教学过程设计

### （一）单元教学设计整体思路

本单元教学设计注重基础知识与基本技能，帮助学生理解、掌握短跑、耐久跑的基本原理和相关知识，并能使用于日常健身，学、练、悟跑的动作要领。在技战术运用方面，要求学生在练习、比赛及生活实际中运用所学基本动作技术和组合动作技术，如在50米跑的学练中，反复强化起跑、加速、冲刺等技术动作。

以本单元的核心综合练习课为例，将所有本单元学习的内容集中起来，以定向任务比赛的形式进行考查。将快速跑、接力跑、耐久跑、接力跑、障碍跑、合作跑、体能、跳跃能力综合起来练习，加上爱国主义教育的内容，使学生在本单元能够学练有收获、有效果、有传承。

### （二）教学设计案例剖析

表75　案例设计

| 课题 | 任务目标引领下自主合作学习 | 单元课次 | 19−18 | 年级 | 八年级 | 人数 | 42人 |
|---|---|---|---|---|---|---|---|
| 学习目标 | （1）运动能力：通过本堂课的学习，提高学生自主学习和锻炼的能力，使学生具备积极参与体育锻炼的态度。知道如何在不同的运动场景中运用各种跑动及跳跃姿态完成练习内容。<br>（2）健康行为：所有学生在团队中要发挥自己的作用完成所有练习内容，锻炼和发展个人的速度、耐力、力量、灵敏度、柔韧性等素质。<br>（3）体育品德：使学生在自我感受、自我激励和相互合作中积极参与练习，勇于探索、大胆尝试，使每位学生都能体验到成功的乐趣，培养勇敢、机智、自信的优良品质和集体主义精神，建立和谐的人际关系 | | | | | | |
| 主要教学内容 | 综合运用快速跑、障碍跑、接力跑、耐久跑等跑的技术。<br>发展身体速度、力量、灵敏、柔韧、耐力、协调等素质 | | | | | | |
| 重点难点 | 重点：合理运用本单元所学运动技能完成学习任务。<br>难点：个人和团队协调配合完成练习内容的能力 | | | | | | |

（续表）

| 课程结构与时间 | 教学内容 | 学生活动 | 教师活动 | 组织形式 | 运动负荷 |
|---|---|---|---|---|---|
| 开始部分（2分钟） | 课堂常规：体育班长整队，报告人数，师生问好。教师宣布本节课内容 | （1）认真听讲，积极互动，明确目标。<br>（2）情绪振奋，兴趣饱满 | （1）提出本课目标，讲明要求。<br>（2）导课语言生动，激发学生兴趣 | 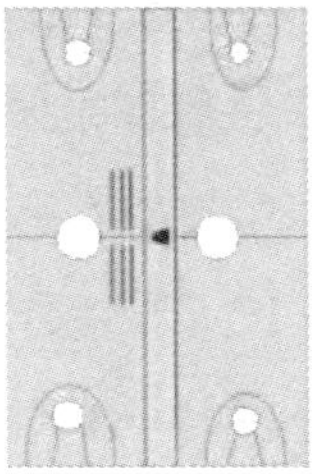 | 低 |
| 准备部分（8分钟） | 队列练习：四面转法。<br>热身活动：学生按要求在指定场地慢跑、做热身操 | 认真听教师讲解热身内容及跑动路线。<br>听口令跟教师一起做准备活动，动作到位 | （1）组织学生集体练习，提醒学生注意力集中。<br>（2）讲解跑动路线和要求，带领学生进行热身活动 | 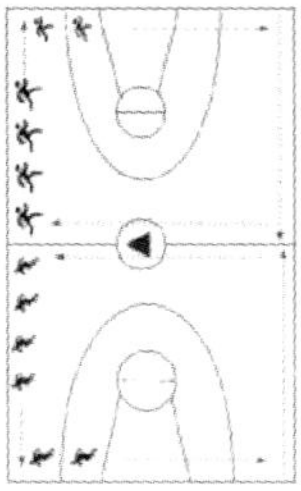 | 中 |
| 基本部分（30分钟） | 活动一：每组七名同学，在组长的带领下合理安排出发顺序，听到出发口令后，第一名同学迅速跑过绳梯到达跳绳区域，完成20次跳绳。同时，第二名同学出发，以平板支撑姿势等待。 | （1）每组根据教师下发的地图到指定任务场地集合。<br>（2）在组长的带领下，根据任务单讨论交流。<br>（3）积极参与，勇于展示自己。 | （1）下发定向地图和任务单，提出学习要求，强调要点。<br>（2）巡回观察、指导。<br>（3）参与活动，提示点拨。<br>（4）强调安全。 | 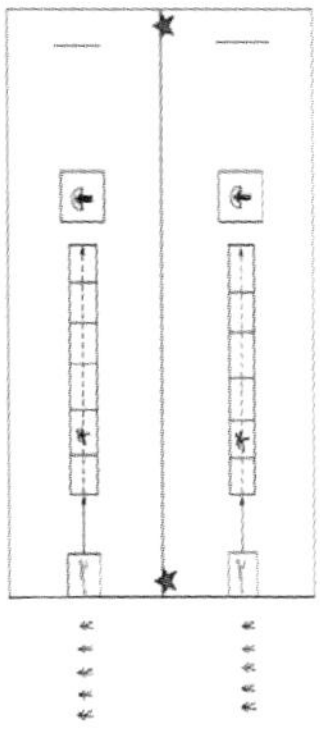 | 中 |

（续表）

| 课程结构与时间 | 教学内容 | 学生活动 | 教师活动 | 组织形式 | 运动负荷 |
|---|---|---|---|---|---|
| | 第一名同学完成 20 次跳绳后举手示意，第二名同学再出发。所有同学都通过桥面后，在等待区集结，手拉手集体冲刺过线，举手向教师示意，完成任务 | （4）自主学习后共进行两次练习，第一次练习后组长带领总结，第二次计入成绩 | （5）组织学生集中讲评，引导学生相互学习、鼓励。<br>（6）阶段评价 | | |
| | 活动二：听到出发指令后，同学双手抱起实心球，快速依次绕过标志桶到达底线，将实心球放在底线后绕标志桶返回。当所有人完成后，全体同学从起点处排队，依次快速绕过标志桶到达指定区域，抱团深蹲十次完成开会任务，集体举手向教师示意完成任务 | （1）组长带领本组同学认真讨论练习内容。<br>（2）逐项体验本任务的内容后，找出能够完成练习的要点。<br>（3）组内讨论，根据每位同学的能力大小，合理安排出发顺序。 | （1）巡回指导，多用语言引导学生。<br>（2）针对学生出现的问题及时纠正指导。<br>（3）在学生竞赛完成任务时语言鼓励，调节气氛。<br>（4）强调练习安全 | 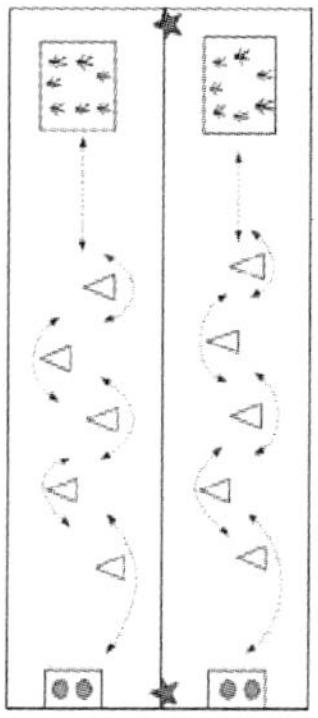 | 中 |

（续表）

| 课程结构与时间 | 教学内容 | 学生活动 | 教师活动 | 组织形式 | 运动负荷 |
|---|---|---|---|---|---|
| | 活动三：第一名同学在出发点原地俯身登山跑20次，起身依次跨过小栏架、跳方格，冲刺到底线，背手鸭子步返回，第二名同学出发。七名同学依次完成比赛，集体向教师举手示意，练习完成 | （4）自主学习后进行两次练习，首次练习后组长总结，可调整每位同学的出发顺序，第二次计入成绩 | | 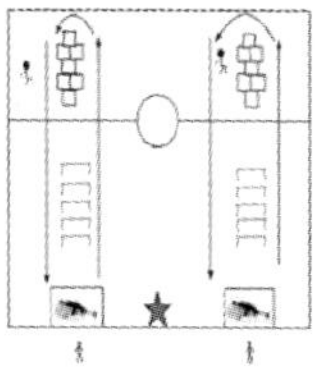 | |
| | 活动四：组长从教师手中拿到与长征有关的诗词后，带领本组的六名同学在出发点集结。听到出发指令后，每组第一名同学按要求依次跑过各个标志点，到达终点后填写相应诗词，所有同学完成诗词填写后，集体从出发点跑到终点，举手示意教师完成练习 | 小组讨论任务内容，制定合理的战术安排，争取以最快的速度完成练习。组内要相互鼓励、相互提示，特别是最后的鸭子步冲刺环节。<br>自主学习后进行两次练习，首次练习后组长总结，可调整每位同学的出发顺序，第二次计入成绩 | （1）教师在场地中引导学生的同时还要及时与学生互动。<br>（2）强调练习安全。<br>（3）阶段评鉴。<br>教法：集中讲解各任务的注意事项，预防和纠正错误做法 | | 中 |

（续表）

| 课程结构与时间 | 教学内容 | 学生活动 | 教师活动 | 组织形式 | 运动负荷 |
| --- | --- | --- | --- | --- | --- |
| | | （1）根据任务要求进行比赛。<br>（2）相互鼓励，团结协作，良性竞争。<br>（3）注意安全 | （1）组织学生进行练习，提出要求。<br>（2）强调安全。<br>（3）阶段评价 | | 高 |
| 结束部分（5分钟） | 整理放松：师生总结，安排值日生收拾器材 | 相互交流，畅谈交流合作的感悟。<br>协助教师整理器材 | 教师同学生一起做放松操，交流本课体会，带领学生集体诵读《七律·长征》，提升学生的爱国主义情怀。<br>宣布下课 | | 低 |
| 预计负荷 | 平均心率 | 130～140 次 / 分 | | | |
| | 运动密度 | 35%～45% | | | |

## 六、单元教学实践反思

本单元的教学设计是针对中学阶段学生需掌握的运动能力和运动技术进行设计。在这个单元中，教师尝试了各种不同的教学方法，希望能更好地激发学生的学习兴趣和积极性。在教学过程中，我发现学生对田径运动的兴趣和热情都很高，他们积极参与各项练习，认真听讲，这让组内的老师非常欣慰。但是，也有一些学生在练习时表现得比较吃力，需要更多的指导和帮助。另外，我也发现自己在教学中存在一些不足之处。有时候讲解不够清晰，对于重点和难点技术动作要多讲解、多示范，否则有些学生理解起来会有困难；有时候没有及时给予学生足够的鼓励和反馈，会让他们有些失落。所以，我还需要在教学技巧和方法上继续努力，提升自己的教学水平。

# “篮球”单元教学设计

九年级体育与健康　王志成

## 一、指导思想及其依据

依据《义务教育体育与健康课程标准（2022 年版）》的要求，坚持“健康第一”的课程理念，以“新课标”核心素养为引领，基于篮球大单元教学模式在教学中的应用，以篮球多种方式的传接球教学为载体，引导学生在合作互助学练中，增强分析问题、解决问题的能力。在防守之下去观察与判断，选择正确的传球方式，从而提高实战教学的实效性。通过比赛来激发学生对篮球的热情，实现“学、练、赛、评”一体化；采用小组学练的方式，使学生在与同伴的配合中提升团队协作的能力。

初中生正处于青春期，精力旺盛，思维能力和模仿能力较强，具有一定的临场应变和独立判断的能力，但缺少与同伴合作的意识和方法。初中生心理发育不成熟、心理状态不稳定，意志力还较为薄弱，持续探究能力和良好的运动习惯还没有完全形成。

## 二、单元教学内容规划

教学涉及以下几个方面。

### （一）原地练习

（1）基立姿势和持球方法。

（2）原地运球。

（3）原地双手胸前传、接球。

（4）原地双手胸前投篮。

**（二）行进间练习**

（1）行进间直线运球。

（2）行进间曲线运球，包括半转身、全转身、胯下、身后等动作。

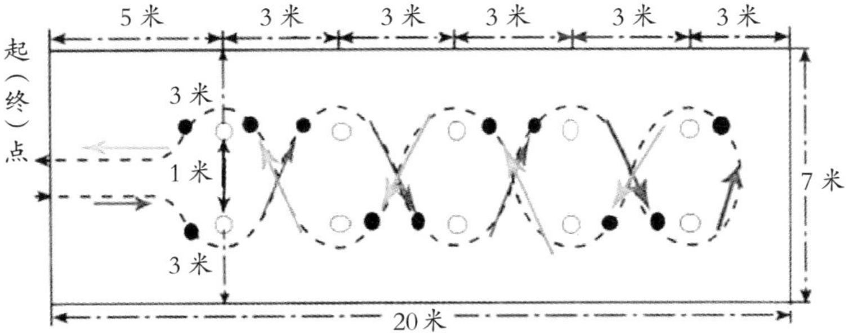


图 29　行进间曲线运球示意图*

（3）移动、起动、侧身跑、变向变速跑、滑步。

（4）后退跑的移步练习。

（5）急停。

①一步急停。

②二步急停。

③多步急停。

（6）行进间互传球。

①两人一组互传上篮。

②弹板互传上篮。

③三人一组“8”字形互传上篮。

**（三）篮球战术练习**

（1）一打一、二打一、二打二。

（2）插中，掩护。

（3）返身跑（二打一、二打二）。

---

* 空心圆点代表障碍杆，实心圆点即为 11 次落球点，深色的箭头为前半程球的轨迹，浅色箭头为后半程球的轨迹。

**（四）篮球活动、竞赛游戏**

（1）圆周运球（二字接力）。

（2）直线运球接力。

（3）互传球接力。

（4）拦截空中球。

（5）定点投篮比赛。

（6）运球上篮比赛。

（7）五对五篮球对抗赛。

## 三、单元教学目标设计

（1）通过篮球教学，使学生全面理解篮球运动的基本技术和战术，了解中考对篮球考试的要求，进一步提高学生对篮球运动的兴趣，学会观看篮球运动。

（2）让学生掌握篮球运动及锻炼身体的方法和手段，增强学生身体素质，特别是力量、耐力、柔韧性及灵敏性，同时提高学生的团队协作能力。

（3）磨炼学生意志，培养其吃苦耐劳的精神，增强其自觉锻炼的意识，为终身运动奠定基础。

## 四、单元课时任务安排

表 76 “篮球”单元课时任务安排

| 学段 | 水平四 | 年级 | 九年级 | 课时 | 12 课时 |
|---|---|---|---|---|---|
| 单元目标 | （1）通过篮球教学，使学生全面理解篮球运动的基本技术和战术，进一步提高学生对篮球运动的兴趣，学会观看篮球运动。<br>（2）让学生掌握篮球运动及锻炼身体的方法和手段，增强学生身体素质，特别是力量、耐力、柔韧性及灵敏性，同时提高学生的团队协作能力。<br>（3）磨炼学生意志，培养其吃苦耐劳的精神，增强其自觉锻炼的意识，为终身运动奠定基础 | | | | |

（续表）

| 课时 | 课时目标 | 教学内容 | 教学重点难点 | 学习策略 |
|---|---|---|---|---|
| 1 | （1）了解篮球规则中的走步违例，学练不同方式的传接球技术并能够在游戏比赛中与不同的队友完成配合。<br>（2）增强快速反应能力和灵活应变能力，发展灵敏、速度、力量等素质。<br>（3）积极参与练习，敢于尝试挑战，能够鼓励队友、赞美同伴，形成良好的进攻意识和团队协作意识 | （1）五人抛接球接龙。<br>（2）四角移动传接球。<br>（3）五角移动传接球 | （1）重点：行进间上步接球和迈步传球的动作技术。<br>（2）难点：上下肢的协调配合及传球落点 | （1）学生自主体验，合作探究。<br>（2）分组练习，组内合作。<br>（3）游戏竞赛法促进技能提升。<br>（4）教师巡回指导，纠正易犯错误 |
| 2 | （1）学生能记住双手胸前传、接球的动作要点和方法，并在游戏中合理运用。<br>（2）学生能体验并掌握防守下传接球技术并使球传得远、传得准。<br>（3）学生愉快地接受教师的指导，自觉主动地学练，快乐地与同伴配合 | （1）球性练习。<br>（2）复习双手胸前传接球。<br>（3）游戏：拦截飞毛腿 | （1）重点：传接球方法。<br>（2）难点：持球手法，接球手法 | （1）学生自主体验，合作探究。<br>（2）分组练习，组内合作。<br>（3）游戏竞赛法促进技能提升。<br>（4）教师巡回指导，纠正易犯错误 |
| 3 | （1）学生初步建立行进间传运球的动作概念。 | （1）趣味游戏。<br>（2）行进间运球技术。 | （1）重点：身体重心降低，抬头、护球及传接球的准确性。 | （1）学生自主体验，合作探究。<br>（2）分组练习，组内合作。 |

（续表）

| 课时 | 课时目标 | 教学内容 | 教学重点难点 | 学习策略 |
|---|---|---|---|---|
| | （2）学生能基本掌握行进间运球时手臂与身体的协调配合，双手胸前传接球的八字持球和两肘下沉动作，在此基础上，部分学生行进间传球时能连贯协调地做到伸臂、翻腕、提前量。<br>（3）激发学生对篮球运动的兴趣，自觉主动地学练，快乐地与同伴配合 | （3）行进间传接球技术。<br>（4）快乐向前冲：曲线运球接力 | （2）难点：身体、手脚、篮球之间的协调配合 | （3）游戏竞赛法促进技能提升。<br>（4）教师巡回指导，纠正易犯错误 |
| 4 | （1）初步掌握篮球急停与急起运球及行进间体前变向运球的动作方法，了解两种行进间运球时手触球部位的区别，并能在比赛中运用。<br>（2）发展学生的上下肢协调运动能力、奔跑能力、弹跳力、灵敏性、协调性等素质。<br>（3）培养学生顽强拼搏、团结协作、勇于挑战的精神 | （1）篮球直线急停、急起运球。<br>（2）学习篮球体前变向运球。<br>（3）体能练习：“U”形脚步移动比赛 | （1）重点：手指控制球的部位与运球方向以及按拍球的力量。<br>（2）难点：跑动与运球的协调配合 | （1）学生自主体验，合作探究。<br>（2）分组练习，组内合作。<br>（3）游戏竞赛法促进技能学练。<br>（4）教师巡回指导，纠正易犯错误 |
| 5 | （1）熟练掌握传运球结合的技术。<br>（2）发展学生对球的控制能力及协调性、灵敏性等身体素质。<br>（3）让学生体验篮球的乐趣，培养学生团结协作的竞争意识 | （1）双手胸前传、接球。<br>（2）游戏：传运比赛。<br>（3）游戏：角篮球 | （1）重点：传运球的准确性。<br>（2）难点：传接球时身体上下肢的协调性 | （1）学生自主体验，合作探究。<br>（2）分组练习，组内合作。<br>（3）游戏竞赛法促进技能提升。 |

（续表）

| 课时 | 课时目标 | 教学内容 | 教学重点难点 | 学习策略 |
| --- | --- | --- | --- | --- |
| | | | | （4）教师巡回指导，纠正易犯错误 |
| 6 | （1）熟练掌握行进间运球的基本动作和练习方法。<br>（2）发展学生的身体灵敏性、协调性。<br>（3）培养学生的团队合作与竞争的意识 | （1）行进间运球<br>（2）游戏：篮球大明星 | （1）重点：运球部位、落点及对球的控制能力。<br>（2）难点：全身协调、运球与脚步相协调、人球同速 | （1）学生自主体验，合作探究。<br>（2）分组练习，组内合作。<br>（3）游戏竞赛法促进技能提升。<br>（4）教师巡回指导，纠正易犯错误 |
| 7 | （1）使学生掌握篮球行进间曲线运球的基本动作。<br>（2）发展学生身体协调能力，提高学生身体的灵敏性和手对球的控制能力。<br>（3）培养学生与同伴友好交流、合作的学习习惯以及团结协作的集体主义观念 | （1）小篮球：行进间曲线运球（体前变向换手运球）。<br>（2）游戏：曲线运球接龙 | （1）重点：在曲线运球中体前变向换手运球的方法。<br>（2）难点：在曲线运球中能左右手控制好篮球 | （1）学生自主体验，合作探究。<br>（2）分组练习，组内合作。<br>（3）游戏竞赛法促进技能提升。<br>（4）教师巡回指导，纠正易犯错误 |

（续表）

| 课时 | 课时目标 | 教学内容 | 教学重点难点 | 学习策略 |
|---|---|---|---|---|
| 8 | （1）学生能复述单手肩上投篮和变方向运球的要点。<br>（2）学生投篮时能做出蹬地、伸臂、屈腕、拔指的动作，在跑动中能体前变向换手运球。<br>（3）提高学生在比赛中的团队合作能力 | （1）篮球（原地单手肩上投篮、变方向运球）。<br>（2）游戏“端线篮球赛” | （1）重点：强调变向运球横拍球与跨步动作及时一致。<br>（2）难点：原地单手肩上投篮瞄准点和用力大小 | （1）学生自主体验，合作探究。<br>（2）分组练习，组内合作。<br>（3）游戏竞赛法促进技能提升。<br>（4）教师巡回指导，纠正易犯错误 |
| 9 | （1）学生能够掌握单手肩上投篮和变方向运球的要点。<br>（2）学生投篮时能做出蹬地、伸臂、屈腕、拔指的动作，在跑动中能体前变向换手运球。<br>（3）提高学生在比赛中的团队合作能力 | （1）复习原地单手肩上投篮。<br>（2）行进间变向运球＋投篮。<br>（3）游戏“端线篮球赛” | （1）重点：强调变向运球横拍球与跨步动作一致。<br>（2）难点：原地单手肩上投篮瞄准点和用力大小 | （1）学生自主体验，合作探究。<br>（2）分组练习，组内合作。<br>（3）游戏竞赛法促进技能提升。<br>（4）教师巡回指导，纠正易犯错误 |
| 10 | （1）学生能够掌握多种技术组合，并且能投篮得分。<br>（2）学生投篮时能做出蹬地、伸臂、屈腕、拔指的动作，运球过人时身体协调，人球配合默契。<br>（3）提高学生在比赛中的团队合作能力 | （1）行进间变向运球＋投篮。<br>（2）行进间运球过人＋投篮。<br>（3）半场篮球教学比赛 | （1）重点：行进间变向运球＋投篮。<br>（2）难点：行进间运球过人＋投篮 | （1）学生自主体验，合作探究。<br>（2）分组练习，组内合作。<br>（3）游戏竞赛法促进技能提升。 |

（续表）

| 课时 | 课时目标 | 教学内容 | 教学重点难点 | 学习策略 |
|---|---|---|---|---|
| | | | | （4）教师巡回指导，纠正易犯错误 |
| 11 | （1）80%学生可以掌握行进间变向运球及方法。<br>（2）发展学生的协调性、灵敏性等素质以及对球的控制能力。<br>（3）使学生体验篮球的乐趣，培养学生团结协作的精神以及安全意识与规则意识 | （1）复习直线行进间运球技术。<br>（2）篮球行进间变向运球技术。<br>（3）游戏竞赛：迎面行进间变向运球接力 | （1）重点：运球时手对球的控制能力。<br>（2）难点：步伐与球协调一致 | （1）学生自主体验，合作探究。<br>（2）分组练习，组内合作。<br>（3）游戏竞赛法促进技能提升。<br>（4）教师巡回指导，纠正易犯错误 |
| 12 | （1）积极参与篮球运动，能够掌握快、慢运球的动作要领，并且能够说明两点以上的区别。<br>（2）培养学生对球的控制能力，发展灵敏、速度、力量等体能。<br>（3）同学间能相互鼓励，进行协作练习，培养合作精神，增强集体荣誉感 | （1）行进间“8”字形运球。<br>（2）行进间曲线运球（中考内容）。<br>（3）游戏：曲线运球接力赛 | （1）重点：运球中对球的控制。<br>（2）难点：手脚协调，跑速与球速同步 | （1）学生自主体验，合作探究。<br>（2）分组练习，组内合作。<br>（3）游戏竞赛法促进技能提升。<br>（4）教师巡回指导，纠正易犯错误 |

## 五、单元教学设计案例分析

表 77　教学案例设计

<table>
<tr><td>课题</td><td>在防守压力下，多种方式传接球的运用及比赛</td><td>单元课次</td><td>12–3</td><td>年级</td><td>九年级</td><td>人数</td><td>32 人</td></tr>
<tr><td>学习目标</td><td colspan="7">（1）运动能力：通过本节课对篮球多种传接球、移动跑位的学练，让学生学会在防守压力下选择正确的传球方式，并且能够在比赛中合理运用。<br>（2）健康行为：通过学练，培养学生会观察、善思考、准判断、勤移动的能力，同时发展快速位移速度、身体爆发力、协调性和灵敏性等素质。<br>（3）体育品德：通过实战比赛提高学生的应变能力、协作能力和拼搏精神，培养学生遵守规则、自信勇敢的品质</td></tr>
<tr><td>主要教学内容</td><td colspan="7">1. 多种方式的传接球<br>2. 多打少传接球比赛<br>3. 体能练习</td></tr>
<tr><td>重点难点</td><td colspan="7">重点：正确的传接球方法、时机和跑位。<br>难点：防守压力下技术的运用</td></tr>
</table>

| 课的结构与时间 | 教学内容 | 学生活动 | 教师活动 | 组织形式 | 运动负荷 |
|---|---|---|---|---|---|
| 开始部分（2 分钟） | 课堂常规：<br>（1）集合整队，清点人数。<br>（2）检查服装，安排见习生。<br>（3）导入本课学习内容。<br>（4）安全教育，提出要求 | （1）学生做到快、静、齐，迅速站好队。<br>（2）体育委员迅速整队报人数。<br>（3）自行整理着装，检查鞋带。<br>（4）见习生随堂听课 | （1）检查学生服装是否规范。<br>（2）师生相互问好。<br>（3）宣布本节课内容并导入情景 | 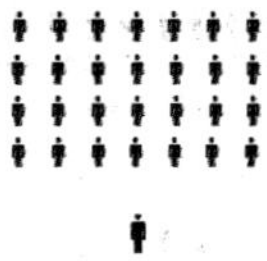 | 低 |

（续表）

| 课的结构与时间 | 教学内容 | 学生活动 | 教师活动 | 组织形式 | 运动负荷 |
|---|---|---|---|---|---|
| 准备部分<br>（8分钟） | 科学热身：<br>（1）传接球游戏。移动中运用多种传球方式、护球方法，确定中枢脚。<br>（2）自编热身操。跟着音乐节奏，做常规热身和专项热身的篮球韵律操 | （1）听清要求，认真完成老师布置的任务。<br>（2）听清指令，随时变换动作或队形。<br>（3）跟着老师认真做练习 | （1）教师提出方法和要求。<br>（2）教师提醒安全事项。<br>（3）做好示范 |  | 中 |
| 基本部分<br>（30分钟） | 1. 多种方式的移动传接球<br>（1）击地传球。<br>（2）跨步传球。<br>（3）头上传球。<br>（4）假动作传球。每组队员如图30所示站立，①传球给③，②传球给④，①②移动换位再接③④的回传球，然后对面的③④再移动换位接①②的回传球，运用四种传球技术依次进行。 | （1）小组合作练习。<br>（2）互相学习，积极学练。<br>（3）听清要求，认真完成老师布置的任务。 | （1）教师示范讲解。<br>（2）练习连贯动作。<br>（3）讲解不同传球方式要领。<br>（4）教师巡视，指导纠错 | 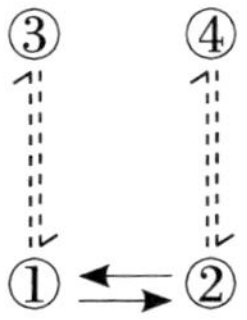<br>**图30 多种方式的移动传接球练习站位**<br>备注：以同样的站位进行四种传球动作的切换练习 | 高 |

（续表）

| 课的结构与时间 | 教学内容 | 学生活动 | 教师活动 | 组织形式 | 运动负荷 |
|---|---|---|---|---|---|
| | 2. 防守下的传球练习<br>（1）“一防一”战术下的多种传球技术。<br>每组队员如图 31 所示站立，①传球给③，①迅速跑到③面前进行防守，③运用多种传球方式将球传给②或④，假设传给②，③迅速跑到②面前进行防守，依次进行。 | | （1）教师示范，讲解。<br>（2）指导完整技术要领。<br>（3）强调传球的机动性。<br>（4）教师巡视，指导纠错 | 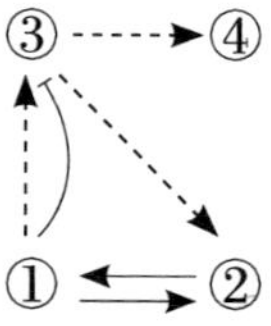<br>图 31 “一防一”战术下的多种传球技术练习站位 | |
| | （2）“一防三”战术下的多种传球技术。<br>每组队员如图32所示站立，①在中间进行防守，③要传球给②④，②④通过判断移动来接到③的传球，碰到球即为抢断成功，攻防转换，依次进行。 | | （1）教师示范，讲解。<br>（2）指导完整技术要领。<br>（3）强调传球的机动性。<br>（4）教师巡视，指导纠错 | 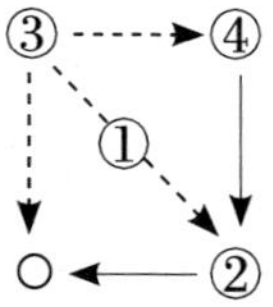<br>图 32 “一防三”战术下的多种传球技术练习站位 | |

（续表）

| 课的结构与时间 | 教学内容 | 学生活动 | 教师活动 | 组织形式 | 运动负荷 |
|---|---|---|---|---|---|
| | (3)不均衡篮球赛。<br>进攻多打少，禁止运球，达阵得分。<br><br>（4）TABATA 体能训练 | （1）组内商量战术，积极思考。<br>（2）学生自主探究，记录比分。听清要求，完成老师布置的任务<br><br>认真完成任务，达到心率峰值 | （1）教师讲解比赛规则。<br>（2）教师建议练习方法。<br>（3）教师巡视，指导纠错。<br>（4）点评优秀小组<br><br>（1）教师示范。<br>（2）教师建议比赛方法。<br>（3）教师巡视指导 | 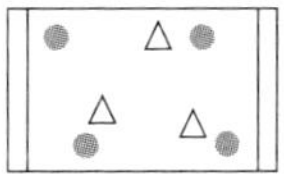<br><br> | |
| 结束部分（5 分钟） | 自编放松操 | （1）跟着老师认真拉伸。<br>（2）回收器材。<br>（3）下课，师生再见 | （1）教师示范拉伸动作。<br>（2）教师巡视指导。<br>（3）小结交流。<br>（4）下课，师生再见 | | 低 |
| 预计负荷 | 平均心率 | 140~160 / 分 | | | |
| | 运动密度 | 40%~50% | | | |

## 六、单元教学实践反思

在练习安排上，必须从易到难、循序渐进，既面向全体，又注重个性发展，注意运动安全，并采用小组互助的形式来保证课程教学目标的实现，即通过本单元的教学使学生基本了解篮球的起源与发展等知识，对篮球运动从熟悉到能参与实战；提高动作的协调性，发展学生灵敏、协调、柔韧等素质。同时，通过本单元的学习，培养学生不怕困难、勇敢顽强的品质，使学生体验成功的乐趣，激发学生学习的兴趣，体现团队协作精神。另外，通过降低难度来吸引学生参与篮球运动，消除部分学生对篮球的恐惧感。

# “花样跳绳”单元教学设计

九年级体育与健康　潘建荣

## 一、指导思想及其依据

本单元以《义务教育体育与健康课程标准（2022年版）》为依据，落实“立德树人”的根本任务，树立“健康第一”的指导思想，以体育与健康课程核心素养为引领，努力构建“育体与育人一体、体育与健康融合”的单元体系。建构“学、练、赛、评”一体化教学体系，要坚持以学生发展为中心，关注学生的主体地位。同时，努力营造一种互帮互助的学习氛围，关注教学效果和教学效率，使学生掌握一定的体育与健康知识、技能和方法；运用运动教育模式，建立“超级团队”，落实合作竞争的教学理念，形成团队内合作学习、团队间竞争的组织形式，让学生有尽可能多的时间参与活动，营造积极向上的学习环境，创设民主、平等的师生关系。以花样跳绳为载体，使学生知道有效合作的意义及准确判断移动的重要性。关注学生的差异性和评价的激励作用，注重学生个体和“超级团队”的纵向评价，使每个学生和团队都能获得成功和快乐。注重跨学科融合，培养学生运用多学科的知识和方法解决体育与健康课程中的实际问题，提高其综合实践能力，为学生的终身运动打下基础。

## （一）教材分析

表 78 “花样跳绳”单元教材分析

| 功能与结构分析 | 要点分析 | 课时安排说明 |
| --- | --- | --- |
| 花样跳绳运动是一项颇有趣味和吸引力的新兴体育运动。花样跳绳运动可以根据动作的繁简程度和速度快慢来调节运动量。强度大时可使人大汗淋漓，心率迅速上升；强度小时可当作其他剧烈运动的准备和放松活动。<br>花样跳绳对提高人的灵敏性、速度、弹跳、耐力等身体素质有良好的促进作用。<br>花样跳绳可以增进人体的新陈代谢，强化心肺功能，增强骨骼、肌肉的力量。<br>本单元以新课程标准为依据，结合《花样跳绳》校本教材进行设计。根据初中生的身心特点，降低花样的难度，以游戏和比赛的形式，提高学生的学习兴趣，让更多的学生能够积极地参与其中，爱上花样跳绳运动。<br>在单元教学中，将 18 课时的大单元分解成基础体能、健康与安全教育、专项运动技能、花样跳绳赛事学习四个部分。 | 水平四大单元教学内容要点设计的目标是使学生了解花样跳绳运动的发展，了解花样跳绳运动对身心健康发展的益处，了解游戏与比赛的基本规则和要求，敢于展示所学技能，并参与小型花样跳绳比赛或展示。懂得花样跳绳比赛中的互相保护与行为礼仪，对比赛过程有一定的观赏和评价能力。通过花样跳绳运动的学习、练习、比赛，提高身体素质，提高团队协作能力。 | 课程内容的设置遵循学以致用的原则，将“赛”作为“运用”的载体和“学、练”成果的呈现，这一理念不仅在课时中得以体现，在单元设计中也有赛事设置。为了让学生能够顺利进行比赛，课程安排了比赛所需要的体能、技术、组合、套路等内容。18 课时的大单元教学过程科学安排了基本步伐、甩绳步伐、交叉类动作、双人单绳、两人车轮、长绳、交互绳等内容，明确了不同年级应该掌握的技能水平。随着年级的升高，技能及组合的呈现由易到难、由简单到复杂 |

（续表）

| 功能与结构分析 | 要点分析 | 课时安排说明 |
|---|---|---|
| 1. 基础体能<br>课堂教学中注重发展学生的心肺耐力、肌肉力量、肌肉耐力、柔韧性、反应能力、位移速度、协调性、灵敏性、爆发力、平衡能力等身体素质，为学生学练花样跳绳专项运动技能奠定良好的体能基础。<br>2. 健康与安全教育<br>课堂教学中注重学生的健康行为与生活方式、生长发育与青春期保健、心理健康、疾病预防、安全应急与避险等内容，帮助学生逐渐养成健康与安全的行为习惯和生活态度。<br>3. 专项运动技能<br>课堂教学中针对个人花样跳、车轮跳、长绳花样等花样跳绳的不同跳法进行学练，并将单一技术动作进行组合，通过游戏、创编和比赛让学生学以致用。<br>4. 花样跳绳赛事学习<br>在一个学期大单元教学的最后，通过各种不同形式的计数跳、花样跳比赛，让学生体验花样跳绳运动的魅力。其目的是让学生在经过一学期的学习后，在最后阶段有一个完整的体验 | （1）基础体能是以花样跳绳运动中的基本身体素质需求为依据设计的，强调良好的体能在花样跳绳运动中的重要性。<br>（2）健康与安全教育可以帮助学生养成良好的健康行为和生活方式，避免运动损伤，提高情绪控制能力，学会与同伴积极地交流与合作。<br>（3）专项运动技能是花样跳绳运动的核心内容，不同水平阶段有不同的目标要求，水平四阶段强调学生能够将花样跳绳的基本动作和简单组合动作运用到游戏和比赛中。<br>（4）花样跳绳赛事学习是在体能、技能学练之后，通过不同形式的计数赛、花样赛、表演赛等比赛，提高学生对花样跳绳的整体认知和鉴赏能力，并能将所学技能在对抗情境下灵活运用，帮助学生学会团队配合 | 根据这样的逻辑顺序，在水平四阶段需要掌握的核心能力包括良好的体能、熟练的单一技能、不同的技能组合、良好的团队配合能力、简单的合作创编能力 |

## （二）学情分析

表 79 “花样跳绳”单元学情分析

| 教学对象 | 认知水平 | 生理发展特点 | 能力水平 |
| --- | --- | --- | --- |
| 七年级学生 | 处于青春期的七年级学生，生长发育非常迅速。在提高体能与技能提高的同时，其认知能力，特别是观察力、注意力、思维能力也不断增强，具有一定的临场应变和独立判断能力；但其心理状态不成熟、不稳定，特别是意志力还较为薄弱，表现为持续探究能力和良好的学习习惯还没有完全形成。学生虽然具备了一定的能力基础和运动技能，但组织教学环节仍不可放松，既要突出学生学练的自主性，又要重视对多人配合的引领，使学生的技术水平和分析探究能力不断提高 | 七年级学生正处于青少年时期，身体发育处于相对平稳的阶段。骨骼处于快速发育期，可塑性较强，富有弹性，坚固性较差，易骨折，且容易弯曲变形、脱臼和损伤，因此，要特别注意身体姿态。七年级学生肌肉中的含水率由高降低，肌肉细长而柔韧，因此，要多安排中度、较大强度的练习活动，安排静力性或爆发类训练。<br>七年级学生的感知觉明显从无意性和情绪性向有意性和目的性转变。练习时容易被新颖的内容所吸引，经常忘记练习的主要目的。他们的兴趣十分广泛，几乎所有体育项目都喜欢。感知动作的要领比较笼统，容易混淆相近的动作，时间和空间感较差。注意力不稳定、不持久，有意注意虽然有所发展，但还不完善，集中注意力的能力较差。情感容易外露，自制力差，愿意依靠老师，由老师来评价动作好坏和裁判胜负。男女生在一起活动受性别的限制，集体意识开始形成，由个人活动逐渐转至集体而有组织的活动。特别愿意选择合得来的同学组队练习 | 小学阶段的跳绳教学已经使学生具备了一定的跳绳基础知识与技能，因此七年级的学生已具备良好的个人跳绳技术和简单的花样跳绳动作，能够积极地在跳绳游戏及比赛中运用。但学生个体能力差异仍比较明显。例如，有的学生能够顺利完成单脚交替和连续双摇跳，有的学生却还不能流畅地完成双脚交换跳。本单元的教学，在巩固学生已有知识技能的同时，将单一运动技能进行组合，通过竞赛的形式学以致用，有效提高学生的能力水平 |

## 二、单元教学内容规划

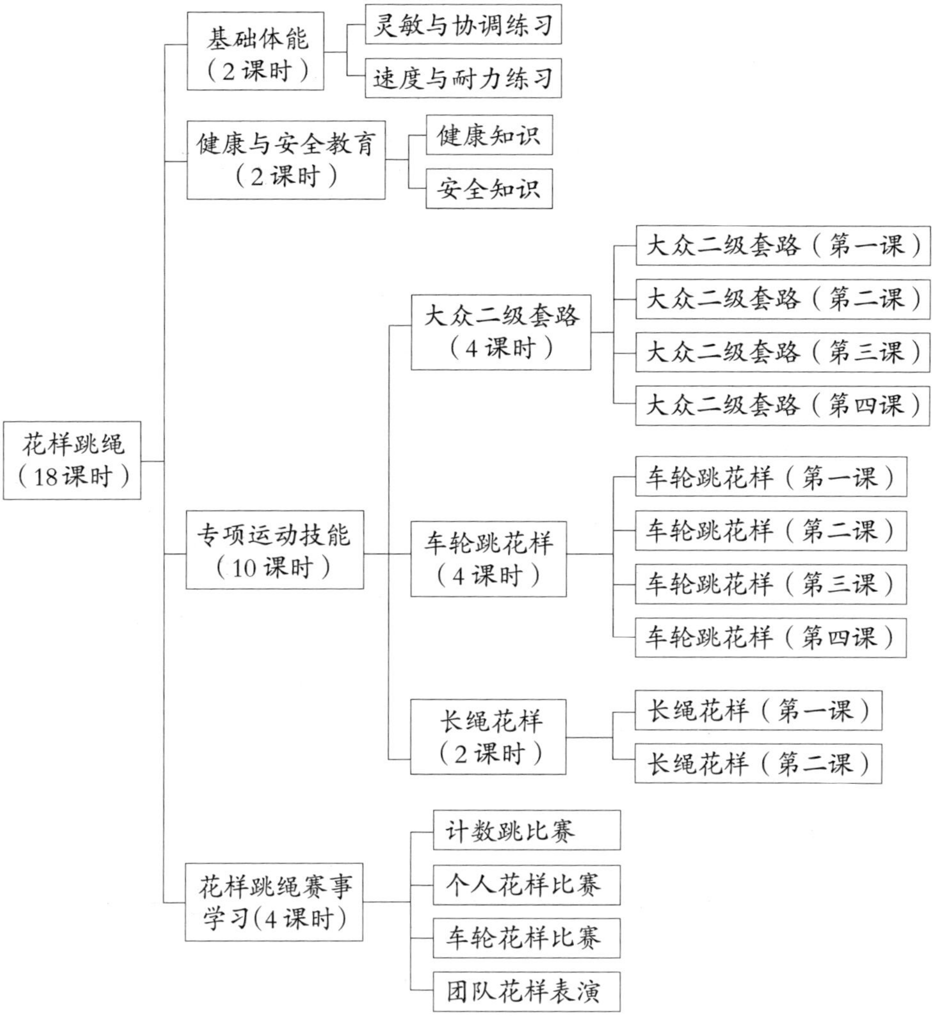


图 33 “花样跳绳”单元教学内容规划

## 三、单元教学目标设计

（1）学练单人基本类、交叉类、多摇类、配合类、单人绳组合动作及高级动作、车轮跳基本动作、长绳花样等基本动作和简单组合动作，了解花样跳绳的基本术语，知道花样跳绳运动的起源与发展、健身价值、安全防护等基础知识。

（2）能在花样跳绳运动中运用所学的基本动作和简单的组合动作，如1分钟双脚交换跳、4人跳绳计时/计数接力、10~20秒4人不同跳法接力、1分钟“8”字跳长绳。

（3）掌握简单的体能学练方法，乐于参与体能游戏，如通过各种方式的慢跑提高心肺耐力，通过并脚跳、开合跳、弓步跳以及利用短绳和长绳的单脚跳、双脚跳、转体跳练习提高灵敏性和下肢肌肉力量。

（4）在花样跳绳游戏中敢于展示所学的运动技能，积极参与小型花样跳绳比赛，如在班级内配合音乐或有节奏地展示花样跳绳动作；在规定的时间、地点，小组间自选动作计数。同时，懂得花样跳绳比赛中的相互保护与行为礼仪。

（5）知道花样跳绳游戏与比赛的基本规则和要求、裁判的基本术语以及简单的判断动作优劣的标准与准确计时、计数的裁判方法；能指出花样跳绳游戏与比赛中违反规则的行为，并尝试进行判罚。

（6）知道花样跳绳比赛的观看方式和途径，通过现场、网络或电视，每学期观看不少于4次花样跳绳比赛。

## 四、单元课时任务安排

表80“花样跳绳”单元课时任务安排

| 课次 | 教学内容 | 学习目标 | 重点难点 |
|---|---|---|---|
| 1 | 灵敏与协调练习 | （1）了解灵敏与协调的练习方法，掌握练习技巧并合理运用。<br>（2）理解身体灵敏性和协调性对身体健康的重要性，并能将其运用于日常生活中。<br>（3）充分发挥学生的主观能动性，通过练习掌握灵敏性核心素质的练习方法 | 重点：综合发展学生的反应、协调性、平衡性等与灵敏性运动能力相关的核心体能。<br>难点：控制身体的协调性与平衡性 |

（续表）

| 课次 | 教学内容 | 学习目标 | 重点难点 |
|---|---|---|---|
| 2 | 速度与耐力练习 | （1）了解速度与耐力的练习方法，掌握练习技巧并合理运用。<br>（2）积极参加学练，形成体育锻炼的意识和习惯，找到合适的耐力练习节奏，保证心肺功能得到合理锻炼。<br>（3）提高学生参与体育活动的兴趣，培养学生的合作意识以及积极进取的团队精神 | 重点：掌握正确的呼吸方法与节奏。<br>难点：呼吸节奏与动作的协调配合 |
| 3 | 健康知识 | （1）了解参与体育锻炼、充足睡眠、合理膳食对生长发育和身心健康的益处。<br>（2）了解青春期身体的各种变化，知道运动和日常交往中的身体边界，学会保护自己。<br>（3）清楚自身身体状况，能参加适合的体育锻炼，选择合理的运动负荷 | 重点：各种理论知识的学习。<br>难点：将单一、枯燥的理论学习转化为学生感兴趣的内容 |
| 4 | 安全知识 | （1）了解体育锻炼时进行自我监控的重要性，避免因运动而受伤。<br>（2）养成良好的卫生习惯，建立公共卫生意识；定期参加常规体检，劳逸结合，形成健康的生活方式。<br>（3）在各类自然灾害和公共安全事件中能保护自我、逃生和求助，提高应变能力 | 重点：各类险情的应对方法。<br>难点：应变能力的培养 |
| 5 | 大众二级套路（第一课） | （1）了解花样跳绳的行为礼仪，学会大众二级套路中的基本动作、名称。<br>（2）提高对脚部位置、重心分配、头部和躯体等基本姿势的认知，增强对身体的控制能力，提高安全意识。<br>（3）培养学生自主学习的意识和勇于挑战的精神 | 重点：学会正确的跳绳姿势，落地轻巧。<br>难点：有节奏地跳跃 |

（续表）

| 课次 | 教学内容 | 学习目标 | 重点难点 |
|---|---|---|---|
| 6 | 大众二级套路（第二课） | （1）了解大众二级套路的基本动作和名称，能根据名称做出相应动作。<br>（2）提升交往与合作能力，关注自己的情绪变化，能够积极与他人交流。<br>（3）培养学生自主学习的意识和勇于挑战的精神 | 重点：学会正确的跳绳姿势，落地轻巧。<br>难点：有节奏地跳跃 |
| 7 | 大众二级套路（第三课） | （1）了解音乐对把控节奏的重要性，掌握大众二级套路的跳绳节奏。<br>（2）增强情绪调控能力，心态良好、充满活力，能积极参与学练。<br>（3）培养学生自主探究、乐于学习的优良品质 | 重点：动作之间的衔接连贯。<br>难点：有节奏地跳跃 |
| 8 | 大众二级套路（第四课） | （1）了解每个动作的细节要求，可以跟随音乐跳出标准的、完整的大众二级套路。<br>（2）理解体育锻炼对健康的重要性，能够主动与同学结伴参与校内外花跳练习。<br>（3）培养学生自主探究、乐于学习的优良品质 | 重点：动作之间的衔接连贯<br>难点：有节奏地跳跃 |
| 9 | 车轮跳花样（第一课） | （1）了解两弹两摇分解跳的动作要领，基本掌握车轮跳的控绳节奏。<br>（2）提升交往与合作能力，关注自己的情绪变化，能够积极与他人交流。<br>（3）激发学生的创新意识，增强学生的自信心，培养学生科学锻炼的意识及合作竞争的良好品质 | 重点：摇绳时使绳子依次打地，一根绳子在最高点，一根绳子在最低点。<br>难点：上下肢的协调配合 |

（续表）

| 课次 | 教学内容 | 学习目标 | 重点难点 |
|---|---|---|---|
| 10 | 车轮跳花样（第二课） | （1）了解相互配合的重要性，掌握转身角度的控制技术，能较好地完成车轮跳的转身动作。<br>（2）提高沟通与合作能力，能够运用健康与安全知识和技能进行健康管理。<br>（3）培养学生科学锻炼的意识及与人合作的良好品质 | 重点：转身角度的控制。<br>难点：两人配合下的节奏把握 |
| 11 | 车轮跳花样（第三课） | （1）了解车轮跳中位置的变换时机，能够在八拍口令中进行换位。<br>（2）了解安全避险的知识与方法，并将其运用于日常。<br>（3）培养学生互帮互助的合作意识与勇于进取的精神 | 重点：换位的位置及时机。<br>难点：两人配合下的节奏把握 |
| 12 | 车轮跳花样（第四课） | （1）掌握车轮跳的节奏，并在音乐的辅助下找到两人配合的节奏及串联动作。<br>（2）关注自己与队友的情绪变化，积极配合，提高队友间的沟通与合作能力。<br>（3）培养学生敢于表现、勇于创新的意识，培养学生相互合作的良好品质 | 重点：动作的正确性。<br>难点：收放自如 |
| 13 | 长绳花样（第一课） | （1）了解长绳花跳中的摇绳技巧和移动路线，掌握移动节奏，依次整齐通过。<br>（2）关注自己的情绪变化，积极参与长绳花样练习，提高与队友沟通、合作的能力。<br>（3）树立正确的竞争意识，培养规则意识、团队协作意识 | 重点：明确跳长绳的移动轨迹。<br>难点：练习过程中做到整齐有序 |

（续表）

| 课次 | 教学内容 | 学习目标 | 重点难点 |
| --- | --- | --- | --- |
| 14 | 长绳花样（第二课） | （1）了解入绳和出绳的时机，掌握入绳的基本步伐，并能大胆灵活地运用到入绳练习中。<br>（2）提升交往与合作的能力，能够积极地与组内成员进行交流。<br>（3）学会克服困难、相互鼓励，培养团结合作的精神 | 重点：进绳的时间及两步一跳。<br>难点：根据摇绳的速度调整入绳步伐的节奏 |
| 15 | 计数跳比赛 | （1）了解计数跳比赛的规则，激发学生参与的兴趣。<br>（2）增强情绪调控的能力，在比赛中能保持良好的心态，充满活力，具有良好的自我保护意识。<br>（3）通过小组合作学习，提高学生勇于尝试的优良品质，体验跳绳的乐趣 | 重点：让学生乐于参与活动，在活动中勇于展示自我。<br>难点：自主学练，探究创新 |
| 16 | 个人花样比赛 | （1）了解个人花样比赛的规则，激发学生的创造性。<br>（2）增强情绪调控的能力，在比赛中能保持良好的心态，充满活力，并具有良好的自我保护意识。<br>（3）树立正确的竞争意识，培养规则意识和创新意识 | 重点：掌握花样跳绳的基本技巧和动作。<br>难点：如何在跳绳中表现出创造性和个性 |
| 17 | 车轮花样比赛 | （1）了解车轮花样比赛的规则，激发学生的兴趣，能够编排出不同的车轮花样跳套路。<br>（2）增强情绪调控的能力，在比赛中能保持良好的心态，充满活力，并具有良好的自我保护意识。<br>（3）培养学生敢于表现、勇于创新的意识，培养学生相互合作的良好品质 | 重点：动作的正确性。<br>难点：动作有创意性，敢于表现 |

（续表）

| 课次 | 教学内容 | 学习目标 | 重点难点 |
|---|---|---|---|
| 18 | 团队花样比赛 | （1）了解团队花样比赛的规则，能够让团队中的每位同学都发挥想象，编排不同的团队花跳套路。<br>（2）增强情绪调控的能力，在比赛中能保持良好的心态，充满活力，并具有良好的自我保护意识。<br>（3）培养学生敢于表现、相互合作、团队配合的良好品质 | 重点：多人配合动作的整齐性。<br>难点：编排出不同的组合套路 |
| 安全保障 | | （1）器材摆放合理，教师组织合理。<br>（2）加强常规要求，分散练习时注意活动场地的空间 | |
| 教学资源 | | 长短跳绳、标志帽、标志杆、音响 1 套 | |

## 五、单元教学过程设计

### （一）课时教学设计

1. 第 1~2 课时（身体基本素质导入阶段）

第 1 课时：灵敏与协调练习。通过快速位移、快速反应、协调性训练，提高学生基本的身体素质，刺激学生的神经系统发育，为接下来的跳绳学习做铺垫。

第 2 课时：速度与耐力练习。通过绝对速度、折返速耐、折返变速、耐久跑训练，提高学生的身体素质，为接下来的跳绳学习提供体能保障。

2. 第 3~4 课时（理论学习阶段）

第 3 课时：健康知识。跳绳运动是一项普及性强、参与度广、不受场地器材制约的项目，通过学习丰富学生跳绳的方法和手段，了解体育锻炼、充足睡眠、合理膳食对生长发育和身心健康的益处；清楚自身身体状况，能参加适合的体育锻炼，选择合理的运动负荷。

第 4 课时：安全知识。通过对跳绳运动的学练，掌握多种热身方法，有针对性地活动身体的各部位。了解体育锻炼时进行自我监控的重要性，避免因运动而受伤，养成良好的卫生习惯，建立公共卫生意识；定期参加常规体检，劳逸结合，形成健康的生活方式。

3. 第 5~8 课时（技能教授阶段）

第 5 课时：大众二级套路（第一课）。了解花样跳绳的行为礼仪，学会二级套路中的基本动作、名称，提高对脚部位置、重心分配、头部和躯体等基本姿势的认知，增强对身体的控制能力，提高安全意识。

第 6 课时：大众二级套路（第二课）。了解大众二级套路中的基本动作和名称，并能根据名称做出相应的动作；组建“超级团队”提升交往与合作能力，合理分配学生角色，发挥学生间的传帮带作用；关注自己的情绪变化，能够积极与他人交流。

第 7 课时：大众二级套路（第三课）。了解音乐对把控节奏的重要性，掌握大众二级套路中的跳绳节奏，可以通过音乐，也可以通过学生间的呼喊节拍，强化动作与节奏的配合；在展示中可以加入队形的变化，在自创队形中也要注重对节奏的把控。

第 8 课时：大众二级套路（第四课）。了解每个动作的细节要求，可以跟随音乐跳出标准、完整的大众二级套路。本节课以组内合作、组间展示为主，为学生搭建“展示大舞台”；发挥想象力进行队形动作的编排；组间客观、理性地相互评价。课后要求能够主动与同学结伴参与校内外花样跳绳练习。

4. 第 9~12 课时（实践应用阶段）

第 9 课时：车轮跳花样（第一课）。在掌握大众二级套路的基础上向多人合作跳过渡，了解两弹两摇分解跳的动作要领，基本掌握车轮跳的控绳节奏；提升学生的交往与合作能力，教师可通过视频先分解示范，再整合练习，让学生知道在团队中每个人的重要性。激发学生的创新意识，增强学生的自信心，培养学生科学锻炼的意识及合作竞争的良好品质。

第 10 课时：车轮跳花样（第二课）。了解相互配合的重要性；掌握转身角度的控制技术，能较好地完成车轮跳的转身动作。培养学习骨干，鼓励其帮助其他同学，提高沟通与合作的能力；再通过“游戏竞技场”的形式检验学生的完成度，并给予多元评价。

第 11 课时：车轮跳花样（第三课）。首先对个人跳进行基本配合动作教学，再了解车轮跳中位置的变换时机，能够在八拍口令中进行换位，对之前所学的基础和进阶跳绳技巧进行强化训练。

第 12 课时：车轮跳花样（第四课）。掌握车轮跳的节奏，并在音乐的辅助下找到两人配合的节奏及串联动作；课上、课后要求学生继续合作练习，小组间交流，发现易犯错误，寻求解决方法。

5. 第 13~14 课时（巩固提高阶段）

第 13 课时：长绳花样（第一课）。了解长绳花跳中的摇绳技巧和移动路线，掌握移动节奏，依次整齐通过。可从四人、五人逐渐过渡到多人，也可两人之间进出跳，找准节奏与时机。

第 14 课时：长绳花样（第二课）。了解入绳和出绳的时机，掌握入绳的基本步伐，并大胆灵活地运用到入绳练习中；提升交往与合作的能力，能够积极与组内成员进行交流。

6. 第 15~18 课时（展示与竞赛阶段）

第 15 课时：计数跳比赛。了解计数跳比赛的规则，激发学生参与的兴趣。比赛可以是单摇计数赛，也可以是双摇计数赛，评选出每个组的“跳绳王”，组织擂台挑战赛及跳绳耐力赛等。

第 16 课时：个人花样比赛。了解个人花样比赛的规则，激发学生的创造性，让学生在所学的大众二级套路中或者平时积累的跳绳动作中发挥创造力和想象力，自由组合和编排，更自信、更有表现力地展现出来。

第 17 课时：车轮花样比赛。了解车轮花样比赛的规则，激发学生的兴趣，能够编排出不同的车轮花样跳套路。小组在课间组织练习，群策群力，提高学生的跳绳能力和身体素质。组织学生进行个人或小组形式的跳绳学习心得分享，互相学习和借鉴，教师点评并提出针对性建议。

第 18 课时：团队花样比赛。了解团队花样比赛的规则，让团队的每位同学都发挥想象，编排不同的团队花跳套路。这是学校跳绳活动嘉年华，也是跳绳大单元学习成果的集中展示，评选出优秀团队及个人登上光荣榜，在学校大型展示活动中进行表演。

### （二）单元评价设计

从动作技术标准检测技能学习的达成情况，采用自评、师评、互评方式。

表 81“花样跳绳”单元评价设计

<table>
<tr><td colspan="2">学生姓名：</td><td colspan="4">日期：</td></tr>
<tr><td rowspan="2">评价内容</td><td rowspan="2">评价指标</td><td rowspan="2">评价形式</td><td colspan="3">评价等级</td></tr>
<tr><td>精彩<br>3分</td><td>一般<br>2分</td><td>差<br>1分</td></tr>
<tr><td>自主创新动作</td><td>除教师教授动作之外的创新花样</td><td>自评</td><td>A</td><td>B</td><td>C</td></tr>
<tr><td>表现力</td><td>完成成套动作时是否表现出朝气蓬勃的、自信的精神面貌，是否有感染力</td><td rowspan="2">互评</td><td>A</td><td>B</td><td>C</td></tr>
<tr><td>完成动作的质量</td><td>在完成动作的同时是否有失误；动作的力度、幅度、准确性、熟练性、稳定性、节奏性、一致性如何</td><td>A</td><td>B</td><td>C</td></tr>
<tr><td rowspan="2">平时表现</td><td>学习过程中积极参与</td><td rowspan="2">师评</td><td>A</td><td>B</td><td>C</td></tr>
<tr><td>学习态度、合作学习情况</td><td>A</td><td>B</td><td>C</td></tr>
</table>

### （三）课后作业设计

表 82“花样跳绳”单元课后作业设计

<table>
<tr><td>课题</td><td colspan="2">1 分钟竞速跳绳</td></tr>
<tr><td rowspan="2">体育课后月作业</td><td>建议练习内容</td><td>阶段</td></tr>
<tr><td>（1）模拟跳绳，每组 1 分钟，共 5 组。<br>（2）定时跳绳，每组 1 分钟，共 5 组。<br>（3）定数跳，每组 200 个，共 5 组。<br>（4）前后跳绳，每组 1 分钟，共 5 组<br>（5）左右跳绳，每组 1 分钟，共 5 组。<br>（6）开合跳绳，每组 1 分钟，共 5 组。<br>（7）花样跳绳，每组 1 分钟，共 5 组。<br>（8）分段增次跳绳，150 个起，每次增加 10 个。<br>（9）分段增时跳绳，1 分钟起，每次增加 15 秒</td><td>水平四<br>（七年级）</td></tr>
</table>

（续表）

<table>
<tr><td colspan="2">课题</td><td colspan="7">1分钟竞速跳绳</td></tr>
<tr><td rowspan="5"></td><td rowspan="2">作业设计</td><td>项目</td><td>对应课时目标</td><td>使用时间</td><td>题型</td><td>难度</td><td>预设时长</td><td>来源</td></tr>
<tr><td>具体内容</td><td>激发学生的学习兴趣，培养其全身协调能力，提高其心肺功能</td><td>花样跳绳大单元教学课后</td><td>实践操作</td><td>中高等</td><td>10~20分钟</td><td>原创</td></tr>
<tr><td>参考答案及评价标准</td><td colspan="7">（1）对测试标准的评价。<br>（2）对规则的评价。是否掌握1分钟竞速跳绳规则，如手腕摇绳、跳起高度、屈膝情况、呼吸节奏；是否有诚信问题。<br>（3）对心理的评价。是否能消除逆反心理或畏惧感等不良心理状态。<br>（4）对方法的评价。是否能有效分配体能及合理运用技术特点；是否学会呼吸与节奏的配合；是否学会自测心率，控制运动量；是否能克服“极点”，是否发挥了团队配合的作用。<br>（5）对情感态度的评价。是否发扬了吃苦耐劳的作风和必胜的信念，坚持跑完规定的路程。<br>（6）对参与度的评价。是否积极主动地参与锻炼，是否带动身边的家长、同学参与体育锻炼</td></tr>
<tr><td>设计说明</td><td colspan="7">跳绳这项运动作为一项民间传统体育项目，不但有强身健体的功效，还有较强的娱乐性、观赏性。新颖有效的跳绳方式，不但在提高学生身体协调能力、耐力、灵敏等方面有良好效果，还能充分提高学生学习的兴趣和积极性。<br>根据调查，跳绳训练的肌群非常多，几乎可以用到所有下肢的肌肉，加上甩绳时手臂的摆动，整个上肢也都能一并活动到。跳绳可以在非常短的时间内达到运动功效，广大教师在教学实践中应该深有体会</td></tr>
</table>

## 六、单元教学实践反思

“花样跳绳”的大单元设计旨在系统地传授花样跳绳技能，同时注重学生的实践操作、团队合作和创新能力培养，每个课时都有明确的目标和任务，确保学生能在18课时内循序渐进地掌握花样跳绳的各项技能。

回顾整个教学过程，分析学生在18课时中对花样跳绳基本动作、组合技巧及创新性跳绳玩法的掌握情况，大多数学生能熟练完成基础跳绳动作，如单摇、双摇、交叉跳、大众二级套路动作、多人间的车轮花样跳、长绳花样跳，并能在小组或个人展示中运用所学技巧进行花样表演。教学设计激发了学生对花样跳绳的兴趣，使其能够积极参与课堂活动，主动练习和探索新技巧，课堂氛围、学生互动情况以及课后反馈较好。跳绳教学对学生心肺耐力、协调性、灵敏度等体能素质有显著的提升作用。

结构化、系统化的大单元教学是中学体育教学改革的必然选择，它不仅有教学“点”的设计，还有教学“面”的设计，更有贯穿年级、学期的大单元“线”的设计。结构化、系统化大单元教学中的“学、练、赛、评”一体化，是“以单一动作为学练点从学会到会学，以组合动作为着眼点从会学到会练，以竞赛和游戏为兴趣点从会练到会赛，以评价为落脚点从会赛到会评”。优化、整合教学内容是体育大单元教学的核心，是教学目标达成的主要依据，体育大单元设计是我们今后教学的研究方向，以适应新时代的教学需求，为学生建构系统的技能发展体系，有效促进学生身心健康，为终身体育奠定基础。

# “健美操”单元教学设计

七年级体育与健康　丁宁

## 一、指导思想及其依据

以《义务教育体育与健康课程标准（2022 年版）》为依据，坚持“健康第一”教育理念，以学生发展核心素养为引领，落实“教会、勤练、常赛”一体化教学，注重教学方式改革与综合性学习评价，关注学生个体差异。健美操运动属于艺术性体操，对增强学生的身体控制能力，提高学生的动作准确性、方位意识、时空概念有着不可替代的作用，同时，还能有效提高学生的肌肉力量、耐力和灵敏性，在培养学生自立自强、勇敢坚毅、乐观向上、团结拼搏等优良品质方面具有独特的价值，更有助于培养学生的节奏感、美感、想象力和表现力等。

七年级的学生正处于生长发育的关键期，接受新知识的能力和自学创造能力较强，喜欢模仿，有较强的求知欲和表现欲。部分学生因为身体发育或者其他原因会变得拘谨，教师要尊重个体差异，促进学生的全面发展，同时积极发挥基础好的学生的“传、帮、带”的作用，从而关注到学生的个体差异，分层教学，使学生积极主动地达成学习目标。

## 二、单元教学内容规划

单元教学内容主要包括健美操基本知识、基本动作技术、健美操规定动作、合作创编成套动作以及比赛活动实践能力的培养。单元内容设置循序渐进，由理论走向实践，逐渐向个体创造过渡。整体包含技能、体能、运动智能、创新能力和合作能力的内容。

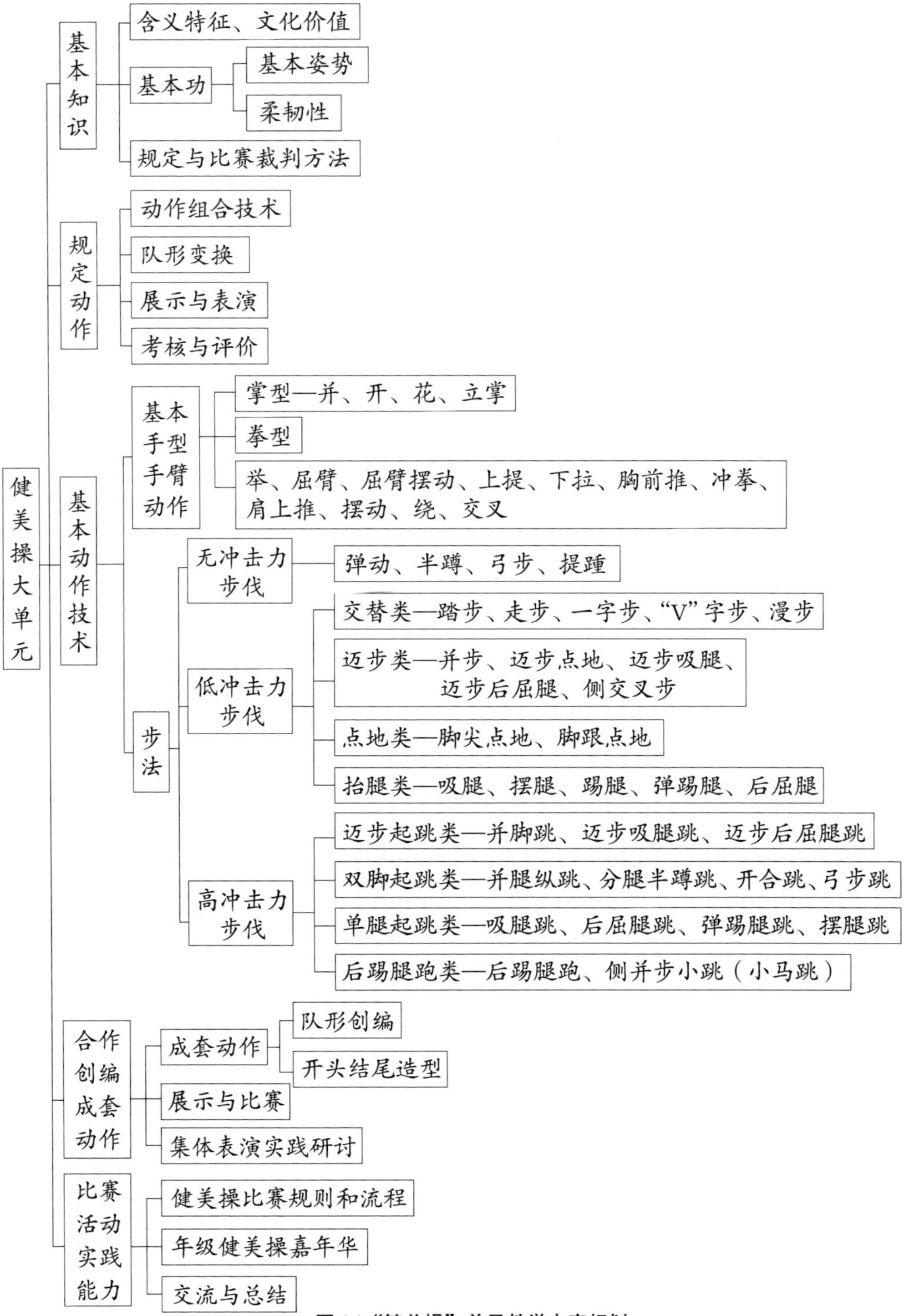


**图 34“健美操”单元教学内容规划**

## 三、单元教学目标设计

- 健美操
  - 学
    - 基本知识
      - 发展、文化、价值、分类
      - 规则与裁判法
    - 基本技术
      - 手形与上肢动作
      - 下肢步法
    - 规定动作
      - 第三套《全国健美操大众锻炼标准》二级
      - 队形变换与创编
  - 赛
    - 小组内展示：单人、双人、多人
    - 各组间比赛
    - 体能挑战赛：速度、力量、弹跳度、耐力、灵敏度、协调性
    - 成套动作表演展示
    - 家庭锻炼视频评比
    - 班级比赛
    - 年级健美操嘉年华
    - 校级比赛
  - 练
    - 基本技术
      - 节奏
      - 手型—攥、并掌、分掌、花掌
      - 手臂动作—举、屈伸、摆动、提拉、绕环、开合、击掌等
      - 步伐—无冲击力步伐、低冲击力步伐、高冲击力步伐
    - 技战术运用
      - 基本动作技术创编单个或组合动作
      - 自编成套动作
        - 队形变换
        - 开头与结尾创编与造型
    - 体能
      - 一般体能
        - 位移速度：快速跑
        - 力量与协调性：俯卧撑、立卧撑、蹲跳起等
        - 心肺耐力：三分钟跳绳
      - 专项体能
        - 柔韧性：肩、胸、腰、腿的柔韧练习
        - 协调性：基本步法与上肢动作协调配合
        - 心肺耐力：5~10分钟的健美有氧练习
        - 弹跳能力：各种跳跃练习

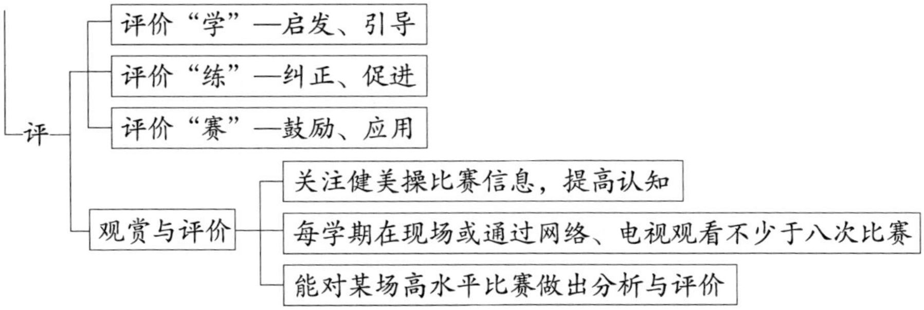


**图 35 “健美操”单元教学目标设计**

1. 运动能力

掌握健美操基本技术和成套动作组合并能够进行创编，发展学生体能和身体协调性等身体素质，同时能够运用所学规则与裁判方法承担健美操比赛任务，并作出相应的分析与评价。

2. 健康行为

能够调控自身情绪，保持良好的心态，树立安全意识，养成体育锻炼的意识和习惯。

3. 体育品德

培养学生顽强拼搏、团结协作、遵守规则、自尊自信、勇于担当的良好体育品德。

## 四、单元课时任务安排

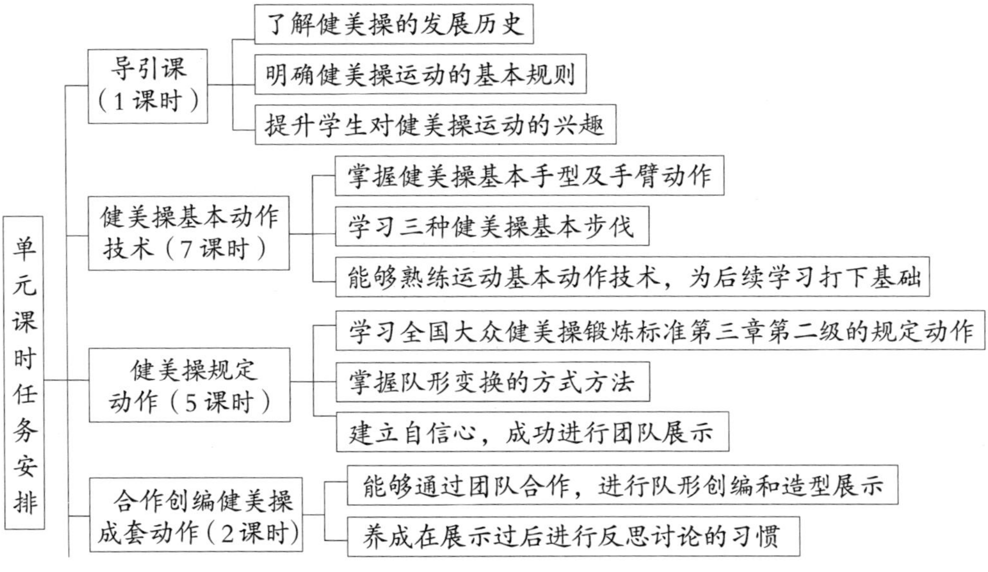

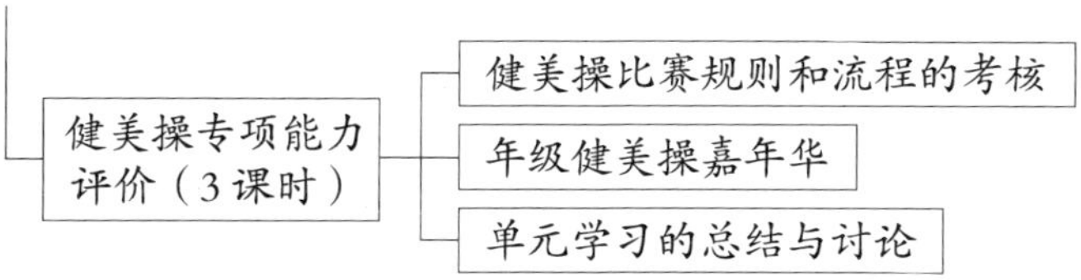


图 36 “健美操”单元课时任务安排

## 五、单元教学过程设计

### （一）单元整体教学思路

单元教学循序渐进、由简至繁的原则。健美操属于体操类运动中的一类（艺术性体操），对于学生的身体控制能力有一定要求，对提高学生的动作准确性、方位意识、时空概念等有着不可替代的作用。本单元设计采用常规教学顺序，以提高学生技能、体能为导向，通过团队展示竞赛设计，达到建立学生团队意识、培养创新能力的目的。通常来说，首先进行基本技术技能学习，然后逐步提高学生自主性，并在展示中呈现学生的创造能力。力求在整个单元学习结束后，学生能够提升对体育运动的兴趣，培养终身体育的意识，并且能够以健美操运动为载体，自觉参与锻炼，提高身体素质。

表 83“健美操”单元整体教学设计

| 阶段课时 | 课次 | 课时主题 | 学习目标 | 重点难点 | 主教材学习策略 | | 评价标准 |
|---|---|---|---|---|---|---|---|
| | | | | | 学、练活动 | 比赛组织 | |
| 导引课 1课时 | 1 | 健美操介绍、基本功练习及节奏感训练 | 充分调动学生学习健美操的积极性并提升节奏感 | 重点：情绪带动和兴趣激发。难点：不同节奏节拍的把握 | （1）学习健美操运动的特征、文化、健身价值，讨论健美操中“健美”的含义。（2）健美操的基本功：柔韧性、基本姿态练习。（3）节奏感训练：根据不同的音乐认识节拍。（4）体能：俯卧撑练习 | （1）健美操知识快速抢答。（2）标准俯卧撑挑战赛 | 注重学生的参与积极性，以及对健美操相关知识了解情况的整体评价 |

（续表）

| 阶段课时 | 课次 | 课时主题 | 学习目标 | 重点难点 | 主教材学习策略 | | 评价标准 |
|---|---|---|---|---|---|---|---|
| | | | | | 学、练活动 | 比赛组织 | |
| 健美操基本动作技术 7课时 | 2 | 无冲击力步法及变换形式+柔韧性练习 | 学习并掌握无冲击力步法及变换形式，能够积极完成各部位的柔韧性练习 | 重点：步法的正确性与变换形式。难点：柔韧性练习完成质量 | （1）无冲击力步法：弹动、半蹲、弓步、提踵）。<br>（2）无冲击力步法的变换形式，屈伸、半蹲、不同方向的重心移动、点地练习。<br>（3）肩、胸、腰、腿的柔韧性练习、俯卧撑练习 | （1）立卧撑挑战赛。<br>（2）60米快速跑比赛 | （1）优秀：步法动作技术熟练，上下肢动作准确连贯，力度和幅度适当，自如流畅，音乐合拍，能充分展现和表现自己。<br>（2）良好：步法动作技术基本准确连贯，能配合音乐完成上下肢动作，不出错。动作有一定的力度，能表现自己。<br>（3）及格：基本能完成步法及上肢动作技术，但有1~2个错误，有明显瑕疵。动作力度一般，不太能表现自己。 |
| | 3 | 低冲击力步法、柔韧性练习及变换形式 | 初步掌握低冲击力各步法技术及变换形式 | 重点：低冲击力步法名称与技术。难点：步法的变换形式 | （1）低冲击力步法。<br>①交替类：踏步、走步、一字步、“V”字步、漫步。<br>②迈步类：并步、迈步点地、迈步吸腿、迈步后屈腿、侧交叉步。<br>③点地类：脚尖点地、脚跟点地。<br>④抬腿类：吸腿、摆腿、踢腿、弹踢腿、后屈腿。<br>（2）肩、胸、腰、腿的柔韧性练习、标准仰卧起坐练习。<br>（3）低冲击力变换形式、弹动技术。<br>（4）腿部柔韧性练习 | （1）仰卧起坐挑战赛。<br>（2）低冲击力步法串联变换表演展示 | |

（续表）

| 阶段课时 | 课次 | 课时主题 | 学习目标 | 重点难点 | 主教材学习策略 | | 评价标准 |
|---|---|---|---|---|---|---|---|
| | | | | | 学、练活动 | 比赛组织 | |
| | 4 | 健美操基本手型和基本手臂动作 | 了解并掌握健美操基本手型和上肢动作，同时配合低冲击力步法的相关练习 | 重点：常用手形与上肢动作的名称与技术要领。难点：基本手臂动作与低冲击力步法的协调配合 | （1）健美操基本手型和基本手臂动作。①常用手型：掌型（并、开、花、立掌）、拳型。②上肢动作：举臂、屈臂、伸臂、屈臂摆动、上提、下拉、胸前推、冲拳、肩上推、摆动、绕、交叉。（2）健美操基本手臂动作配合低冲击力步法。（3）肩、胸、腰、腿的柔韧性练习 | 立位体前屈柔韧性比赛 | （4）待进步：不能顺利完成上下肢动作技术，错误占整体动作一半以上，幅度不到位、动作没力度，不能表现自己 |
| | 5 | 低冲击力步法与基本手臂动作与无冲击力步法的连接 | 熟练掌握低冲击力步法与基本手臂动作，并能够与无冲击力步法进行连接 | 重点：步法与上肢动作的到位程度。难点：上下肢的协调配合 | （1）健美操基本手臂动作灵活搭配低冲击力步法，上下肢协调配合。（2）肩、胸、腰、腿的柔韧性练习。（3）低冲击力、无冲击力步法连接的方法。（4）不同节奏、方向和幅度的并步、“V”字步、交叉步练习。（5）三分钟跳绳 | （1）手臂动作灵活搭配低冲击力步法表演展示。（2）三分钟跳绳计数比赛 | |

（续表）

| 阶段课时 | 课次 | 课时主题 | 学习目标 | 重点难点 | 主教材学习策略 | | 评价标准 |
|---|---|---|---|---|---|---|---|
| | | | | | 学、练活动 | 比赛组织 | |
| | 6 | 高冲击力步法、柔韧性练习及变换形式 | 初步掌握高冲击力各步法技术及变换形式 | 重点：高冲击力步法的名称与技术要领。难点：步法的变换形式 | （1）高冲击力步法。<br>①迈步起跳类：并步跳、迈步吸腿跳、迈步后屈腿跳<br>②双脚起跳类：并腿纵跳、分腿半蹲跳、开合跳、弓步跳。<br>③单腿起跳类：吸腿跳、后屈腿跳、弹踢腿跳、摆腿跳<br>④后踢腿跑类：后踢腿跑、小马跳。<br>（2）高冲击力步法变换形式。<br>（3）高冲击力步法的落地技术。<br>（4）肩、胸、腰、腿的柔韧性练习 | 跳跃能力挑战赛 | |
| | 7 | 高冲击力步法与基本手臂动作 | 熟练掌握高冲击力各步法技术及基本手臂动作的连接 | 重点：步法与上肢动作的力度幅度。难点：上下肢的协调配合 | （1）健美操基本手臂动作灵活搭配高冲击力步法，上下肢协调配合。<br>（2）肩、胸、腰、腿的柔韧性练习 | 手臂动作灵活搭配高冲击力的步法表演展示 | |

（续表）

| 阶段课时 | 课次 | 课时主题 | 学习目标 | 重点难点 | 主教材学习策略 | | 评价标准 |
|---|---|---|---|---|---|---|---|
| | | | | | 学、练活动 | 比赛组织 | |
| | 8 | 低冲击力、无冲击力、高冲击力步法的运用 | 通过学练，能够掌握三种步法的动作要领并能够通过比赛进行展示 | 重点：低冲击力、无冲击力、高冲击力步法的连接。难点：表现力 | （1）低冲击力、无冲击力、高冲击力步法的运用。（2）不同节奏、方向和幅度的步法连接，灵活搭配手臂动作。（3）腰腹肌肉力量练习 | 各种步法的变换连接表演展示 | |
| 健美操规定动作5课时 | 9 | 全国健美操大众锻炼标准第三套二级规定动作第一、二个组合 | 能够掌握第三套二级规定动作的前两个组合 | 重点：动作的熟练度。难点：动作力度与表现力 | （1）第一个组合左边4×8拍的动作。（2）将第一个组合左边4×8拍的动作组合扩展成左右共8×8拍的动作组合。（3）第二个组合左边4×8拍的动作，并完成左右共8×8拍的动作组合。（4）第一个动作组合、第二个动作组合 | （1）第一个组合8×8拍动作表演展示。（2）第二个组合8×8拍动作表演展示 | （1）优秀：规定的动作准确连贯，力度和幅度适当，自如流畅，动作力度强，音乐合拍，创编合理；能充分展现自我，表现自己。 |

（续表）

<table>
<tr><th rowspan="2">阶段课时</th><th rowspan="2">课次</th><th rowspan="2">课时主题</th><th rowspan="2">学习目标</th><th rowspan="2">重点难点</th><th colspan="2">主教材学习策略</th><th rowspan="2">评价标准</th></tr>
<tr><th>学、练活动</th><th>比赛组织</th></tr>
<tr><td></td><td>10</td><td>全国健美操大众锻炼标准第三套二级规定动作第三、四个组合</td><td>能够掌握第三套二级规定动作的后两个组合</td><td>重点：动作的熟练度。<br>难点：动作力度与表现力</td><td>（1）第三个组合左边4×8拍的动作，并完成左右共8×8拍的动作组合。<br>（2）第四个组合左边4×8拍的动作，并完成左右共8×8拍的动作组合。<br>（3）在音乐伴奏下完成第三、四个动作组合</td><td>（1）第三个组合8×8拍动作表演展示。<br>（2）第四个组合8×8拍动作表演展示</td><td rowspan="2">（2）良好：规定动作基本准确连贯，能配合音乐完成动作，不出错，创编基本合理；动作有一定力度，能表现自己。<br>（3）及格：基本能完成规定动作，但有1~2个错误，创编有明显瑕疵；动作力度不明显，不能表现自己。<br>(4)待进步：不能顺利完成动作，错误占整体动作一半以上，创编不合理；动作没力度，不能表现自己</td></tr>
<tr><td></td><td>11</td><td>期中考核：<br>（1）基本步法运用。<br>（2）规定动作四个组合展示</td><td>基本步法的运用与规定动作展示</td><td>重点：考核步法与规定动作的熟练度。<br>难点：展示时上下肢协调配合及表现力</td><td colspan="2">（1）考核内容：基本步法运用、全国健美操大众锻炼标准第三套二级规定动作展示。<br>（2）考核方式：以小组为单位编排各种步法的连接组合（4×8拍），小组间进行比赛；以小组为单位进行规定动作的小组间比赛</td></tr>
</table>

（续表）

| 阶段课时 | 课次 | 课时主题 | 学习目标 | 重点难点 | 主教材学习策略 | | 评价标准 |
|---|---|---|---|---|---|---|---|
| | | | | | 学、练活动 | 比赛组织 | |
| | 12 | 全国健美操大众锻炼标准第三套二级规定动作质量提高＋队形变换 | 提高成套规定动作技术并能够进行队形变换 | 重点：规定动作的技术细节与到位程度。难点：队员的配合及表现力 | （1）规范全国健美操大众锻炼标准第三套二级规定动作，纠正易犯错误。（2）在音乐伴奏下完成成套动作。（3）通过观看视频与任务单，认识健美操队形在健美操成套表演中的重要性。（4）健美操成套队形编排的方法与队形变换 | 全国健美操大众锻炼标准第三套二级动作及队形变化表演展示 | |
| | 13 | 全国健美操大众锻炼标准第三套二级规定动作表演展示 | 复习巩固规定动作的同时能够进行表演展示 | 重点：规定动作的熟练度。难点：表现力与动作幅度 | （1）学生依据造型图练习开头结尾的造型。（2）观看本组视频，学习评价本组动作、队形、表现力等方面的完成情况，提高成套动作的质量 | 全国健美操大众锻炼标准第三套二级动作表演展示 | |

（续表）

| 阶段课时 | 课次 | 课时主题 | 学习目标 | 重点难点 | 主教材学习策略 | | 评价标准 |
|---|---|---|---|---|---|---|---|
| | | | | | 学、练活动 | 比赛组织 | |
| 合作创编健美操成套动作 2课时 | 14 | 小组成套动作＋队形创编＋开头或结尾造型 | 通过学练，学生能够在小组合作中进行成套动作创编并跟随音乐完成动作 | 重点：创编动作的合理性与熟练度。难点：队员之间的配合与表现力 | （1）学习创编的基本原则，以及不同节奏、方向、路线和空间的组合动作的创编技巧，尝试变换4~6个队形。（2）动作左右对称或以重复的方式把4×8拍的动作复制成左右两边或前后共8×8拍的动作组合。（3）各小组在音乐的伴奏下练习已编排的24×8拍的动作组合，体会音乐的节奏。（4）学习成套动作的美化技巧，小组对32×8拍的动作组合进行再加工处理，形成本组的展示作品 | （1）弹跳能力比赛。（2）以自编的健美操动作向小组内其他同学进行展示 | （1）优秀：参与兴趣浓厚；姿态优美有气质；动作掌握快；节奏感强，表现力强烈。（2）良好：喜欢参加练习；练习中能相互观察、分析、纠正动作，并能正确掌握动作；有一定的节奏感，敢于表现自己。（3）及格：在同伴的鼓励下完成活动任务；能基本掌握动作，但配合音乐练习时有一定的困难。(4)待进步：参与度不高，不积极，动作不认真、不规范，不能勇于表现自己 |

（续表）

| 阶段课时 | 课次 | 课时主题 | 学习目标 | 重点难点 | 主教材学习策略 | | 评价标准 |
|---|---|---|---|---|---|---|---|
| | | | | | 学、练活动 | 比赛组织 | |
| | 15 | 小组间成套动作展示比赛＋交流分享创编经验与集体表演实践研讨 | 学生能够熟练进行成套动作展示与比赛并进行经验分享 | 重点：动作结束的表现力。<br>难点：队员之间的配合与表现力 | （1）进一步复习与巩固各组的展示作品。<br>（2）提高的动作表现力练习。<br>（3）总结本组的创编经验并分享。<br>（4）提升健美操成套表演效果的方法手段（表情管理、服装搭配等）并选出优秀作品，代表本班参赛 | 小组间自编健美操成套动作比赛并表演展示 | |
| 健美操专项能力评价 3课时 | 16 | 健美操比赛规则 | 学生能够了解并熟知健美操比赛规则 | 重点：比赛彩排的细节把握。<br>难点：比赛流程 | （1）学习年级健美操比赛的规则。<br>（2）学习欣赏健美操比赛的方法。<br>（3）了解比赛彩排中应注意的问题 | 比赛彩排 | |

（续表）

| 阶段课时 | 课次 | 课时主题 | 学习目标 | 重点难点 | 主教材学习策略 | | 评价标准 |
|---|---|---|---|---|---|---|---|
| | | | | | 学、练活动 | 比赛组织 | |
| | 17 | 年级健美操嘉年华暨期末考核 | 活动目的：展示专项运动能力，学会欣赏运动之美，尊重对手、裁判，学会团结协作等。<br>活动过程：<br>（1）主持人主持健美操嘉年华活动，介绍参会领导和评委。<br>（2）年级团体表演展示。<br>（3）按抽签顺序进行比赛。<br>（4）裁判、评委评分，记录员计分。<br>（5）健美操校队表演。<br>（6）年级健美操比赛。<br>（7）统计比赛结果，宣布成绩。<br>（8）学校领导总结活动，发挥体育的育人功能。<br>（9）通讯员记录报道此次活动，在学校公众号上推送 | | | | |
| | 18 | 健美操学习经验交流、研讨、分享与总结 | 通过学练，总结健美操规定动作与创编成套动作的联系并能够进行及时评价，获得比赛经验 | 重点：经验交流分享与研讨。<br>难点：总结经验教训与需提升之处 | （1）总结健美操学习过程中遇到的问题、解决问题的方法与手段，了解规定动作与创编动作之间的联系以及表演比赛中的经验教训。<br>（2）教师总结评价学生在健美操学习过程中的表现。<br>（3）经验交流汇报 | | |

**（二）单元教学典型课例剖析：第三套大众二级健美操及队形变换**

【指导思想】

本课以《义务教育体育与健康课程标准（2022年版）》为依据，坚持“健康第一”的教育理念，以中国学生发展核心素养为引领，注重“学会、勤练、常赛”一体化教学，以学生发展为本，突出学生的主体地位，充分发挥教师的主导作用。在学习过程中，注重和体现学生的自主和合作意识，让学生的思维与活动相结合，真正创设民主、平等、和谐的师生关系和融洽的学习氛围，关注学生个体差异以及德育课堂在教学过程中的落实与实施，努力营造自主、合作、探究的学习氛围，发挥评价的激励与诊断作用。

【教材分析】

健美操课程是体操类运动的一类（艺术性体操）。健美操是在音乐的伴奏下，通过各种不同类别的动作的组合，将音乐、动作和表现力完美结合，体现创造性。它既是一种健身方式，又是竞技运动的一个项目，是以塑造人体自身健康、健美体形为目标，融体操、舞蹈、音乐为一体的新型体操项目。其特有的风格是动作多变，刚健有力，舒展协调，突出力度的有机变化，体现了男性的阳刚之气、女性的刚柔之美。

【学情分析】

水平四（七年级）的学生正处于生长发育期，具有较强的自学创造能力，在动作技能水平上有一定的模仿能力。学生乐于表现自我，却不勇于展现自我，应积极发挥基础好的骨干学生的“传、帮、带”作用，关注学生的个体差异，分层教学，使学生积极主动地达成学习目标。

【教学特色】

（1）自编集体舞提高学生的学习兴趣。在热身环节，本课通过自编集体舞，让学生初步感知认知两次队形变换带来的愉悦感，同时起到热身、充分调动学生积极性与学习兴趣的作用。

（2）英文提示语的巧妙运用。通过准备活动中跨学科学习这一小环节，让学生在练习的同时学习步法的英文提示词；整节课有音乐伴随，培养学生对音乐节奏感的把握和对动作律动感的感知。

（3）目标驱动、任务引领，提高学生学习的自主性。本课采用任务目标引领下的自主合作学习，将全班学生分成几个小组，根据任务单进行队形变换，体现团队组织能力和沟通能力，让学生真正成为课堂的主人。

（4）自由发挥激发学生的创作活力。规定动作的前两个八拍由每组自由编排动作，发挥学生的创造力，激发学生的学习动机。

【学习流程】

课堂常规→同一热身舞用两种队形展示，热身→专项准备活动→复习成套动作技术→教师纠错讲解→巩固成套动作→小组合作探究练习→根据任务单提示内容练习→教师巡回纠错与指导→“展示大舞台”小组比赛→体能训练→放松恢复→总结→宣布下课。

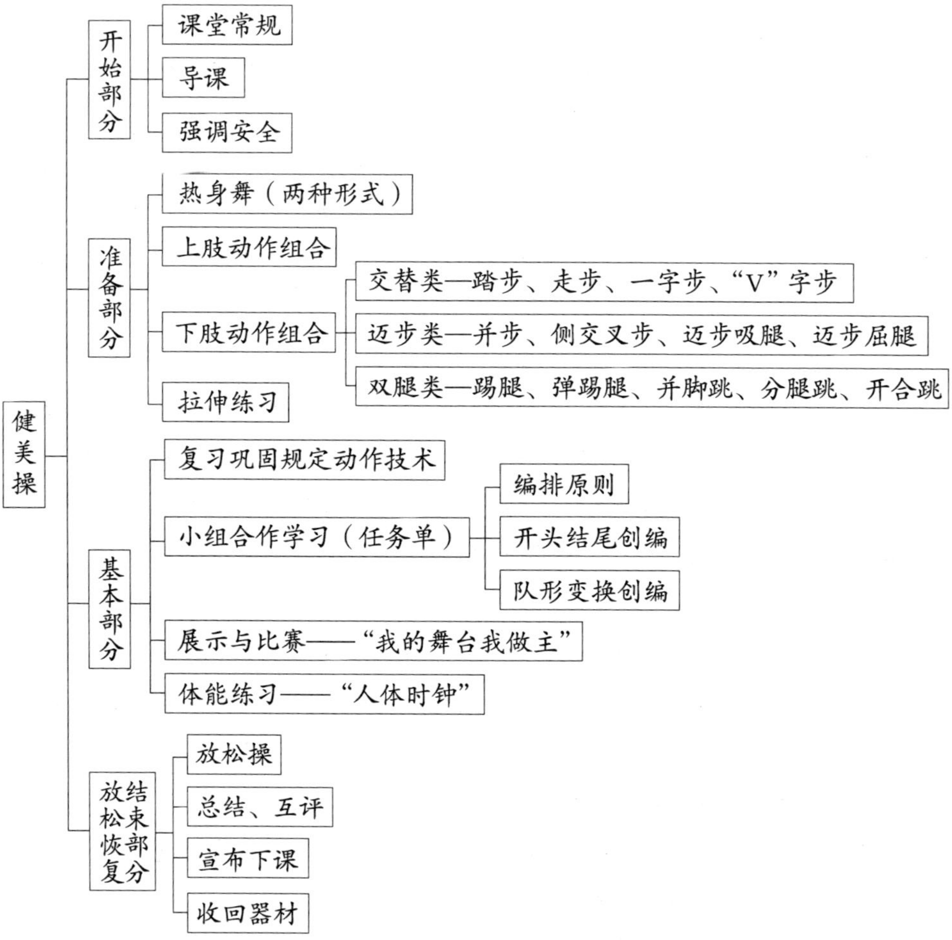


图 37 典型课例学习流程示意图

## 【教学设计】

表 84 典型课例教学设计

<table>
<tr><td>年级</td><td>七年级</td><td>课次</td><td>12</td><td>学生人数</td><td>48</td></tr>
<tr><td>班级</td><td></td><td>日期</td><td></td><td>执教老师</td><td></td></tr>
<tr><td>学习目标</td><td colspan="5">1. 运动能力<br>使 90% 的学生掌握规定动作，同时能够进行队形变换。<br>2. 健康行为<br>能够说出 6~8 个基本步法的英文提示词，在复习规定动作套路和学习队形变换的过程中遇到困难时勇于调控情绪，与同伴积极进行交流，提高动作质量与规则意识。<br>3. 体育品德<br>培养学生勇于表现自我、团结协作、合作沟通、自尊自信的良好品质</td></tr>
<tr><td>内容主题</td><td colspan="5">1. 结构化知识与技能（学）<br>上肢动作组合 + 下肢步法练习 + 成套规定动作复习巩固 + 开场创编 +“就近原则”队形变换。<br>2. 体能练习（练）<br>成套动作 + 队形创编 +“人体时钟”练习。<br>3. 展示或比赛（赛）<br>各小组参加“我的舞台我做主”比赛</td></tr>
<tr><td rowspan="2">学习重点难点</td><td>重点</td><td colspan="4">规定动作的技术细节与到位程度。<br>突破措施：复习巩固语言动作提示，形成对音乐的肌肉记忆</td></tr>
<tr><td>难点</td><td colspan="4">队员的配合及表现力。<br>突破措施：利用任务单解决学生站位与创编存在的问题</td></tr>
</table>

（续表）

| 课程结构 | 时间（分钟） | 具体教学内容 | 教与学的方法 | 组织与队形 | 练习频次 | 活动目标 |
|---|---|---|---|---|---|---|
| 开始部分 | 2 | 课堂常规：<br>（1）体委整队。<br>（2）报告人数。<br>（3）师生问好。<br>（4）情境导课，宣布课的任务，安排见习生。<br>（5）强调安全 | 教师：<br>（1）向学生问好。<br>（2）宣布学习内容、目标，提出要求。<br>（3）用语言与动作激励，激发学生的学习兴趣。<br>学生：<br>（1）做到快、静、齐。<br>（2）向老师问好。<br>（3）明确学习目标与要求，振奋情绪 |  | 1 次 | 通过课堂常规与导课，使学生快速融入课堂，提高学生的学习兴趣，为正式上课做好准备 |
| 准备部分 | 8 | 科学热身：<br>（1）“阿拉伯之夜”练习。<br>（2）上肢动作组合。<br>（3）下肢步法组合及拉伸练习。<br>① 交替类：踏步、走步、一字步、“V”字步。 | 教师：<br>（1）口令洪亮，通过观察、移动，调整队形。<br>（2）示范动作正确、规范。<br>（3）与学生同做热身操。<br>（4）语言提示动作。<br>（5）适时评价 | 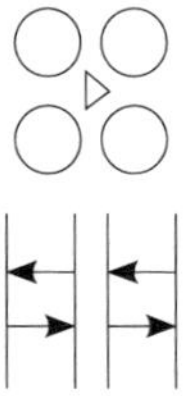 | 1 次 | 通过不同队形的热身舞和上下肢专项的准备活动，使学生初步感知变换队形的乐趣，快速唤醒身体机能，为下面的学习做好准备，防止运动损伤 |

（续表）

| 课程结构 | 时间（分钟） | 具体教学内容 | 教与学的方法 | 组织与队形 | 练习频次 | 活动目标 |
|---|---|---|---|---|---|---|
|  | 8 | ②迈步类：并步、侧交叉步、迈步吸腿、迈步屈腿。<br>③双腿类：踢腿、弹踢腿、并脚跳、分腿跳、开合跳 | 学生：<br>（1）认真听教师讲解。<br>（2）听口令跟教师一起做热身舞和准备活动操。<br>（3）动作规范，标准到位。<br>（4）同时学习步法英语提示词，如march、walk、easy walk等 |  | 1次 |  |
| 基本部分 | 31 | 一、学练内容<br>（一）整体感知、认知并巩固规定动作组合。<br>方式一：直观感受。<br>方式二：跟随模仿。<br>（二）目标任务引领下的自主合作学习<br>（1）给各小组分配队形变换学习任务，各小组练习并完成各个任务单。 | 教师：<br>（1）教师带领，及时提示启发并组织学生分组。<br>（2）提出学习要求，强调要点，巡回指导，及时评价。<br>（3）组织学生进行展示，引导学生相互学习、鼓励。<br>学生：<br>（1）自主体验并模仿。 |  | 学练环节不低于4次，比赛展示环节每小组1至2次 | （1）让学生自主体验，跟随教师整体感知复习需要熟练掌握的规定套路动作组合。<br>（2）学生自主体验并规范练习，注意由易到难、由慢到快，循序渐进地教学。 |

（续表）

| 课程结构 | 时间（分钟） | 具体教学内容 | 教与学的方法 | 组织与队形 | 练习频次 | 活动目标 |
|---|---|---|---|---|---|---|
| | | （2）通过学生之间的教与学，使每组学生掌握规定动作并能进行队形创编。<br>二、展示与比赛内容<br>各小组参加“我的舞台我做主”活动。<br>三、体能内容<br>“人体时钟”练习 | （2）小组成员在组长的带领下根据任务单讨论，认真练习。<br>（3）组内合作交流，相互提示并纠正。<br>（4）积极参与，勇于展示自己。<br>师生同步，互相鼓励，强调安全 | 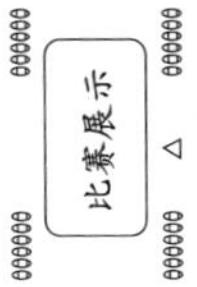 | | （3）目标任务引领下的自主合作学习，小组自主交流任务单上的队形变换并自主创编开头或结尾的动作。<br>（4）设计体能环节，提高学生的运动量 |
| 结束部分 | 4 | （1）“青花瓷”放松操。<br>（2）师生总结，互评。<br>（3）布置作业。<br>（4）宣布下课。<br>（5）收回器材 | （1）身心放松愉快。<br>（2）综合使用师评、生评、互评，相互交流，畅谈合作的快乐并分享经验。<br>（3）协助教师整理器材 | | 1 次 | 身心放松地与老师、同伴交流沟通，增强社会交往能力；放松操能快速让学生的心率降下来，使参与运动的肌肉得到放松；总结本课内容，布置课后任务 |
| 预计负荷 | 平均心率 | | 140~155 次 / 分 | | | |
| | 运动密度 | | 群体运动密度 75±5%，个体运动密度 50±5% | | | |

（续表）

| | | |
|---|---|---|
| 安全措施 | （1）利用画架摆放任务单并后缀重物，保证稳固。<br>（2）利用草坪进行创编教学 | |
| 场地器材 | | 草坪场地、音响、任务单画架 |
| 课后作业 | 进行 2~3 遍成套规定动作的巩固练习，并能进行创编，使学生的身体协调性和创造性思维以及团队协作等能力得以提升，为后期健美操的自主学习与创编打下坚实的基础 | |
| 素养评价 | 通过本节课的学习，80% 的学生能够掌握成套规定动作组合并进行队形变换，并且动作规范；在练习和小组合作展示中，愿意参与活动；在学习过程中积极给同学加油并提供帮助与支持。10% 的学生的表现有待进一步提高，需要增加健美操专项技能的练习次数，提高自身的动作质量和表现力。60% 的学生能够做到自评与互评相结合，提高自身与团队的练习效果 | |
| 教学反思 | 一、反思<br>（1）可以在武术、体操、技巧、跳绳等项目中运用这种教学方式，如超级团队、小组合作等。<br>（2）初中阶段的健美操教学不仅是教会学生步伐或者套路组合，关键是要让学生能够运用；充分发挥团队的作用。<br>（3）教师应着重培养自我表现力和节奏感。在广播操、跑操或者大课间健身操和健身舞中十分重要，如学生的身体姿态、节奏感、韵律感、力度和幅度的美感等。<br>二、情境再现<br>（1）学习情境一。<br>师：请大家跟随老师的英文提示词进行步法的巩固练习。“V” Step，非常好，这是什么意思?<br>生：“V”字步！<br>师：很好，希望同学们不仅掌握步法，同时也能够记住它们的英文提示词。<br>（2）学习情境二。<br>师：请同学们观看各个小组的任务单提示，想一想我们在队形变换的时候首先应该解决什么问题?<br>生：各个小组的学生开始思考问题，然后回答问题，利用任务单的各个点位的队形变换提示，按“就近原则”解决问题。<br>师：我们一起探讨练习，看看大家能不能在掌握动作的同时做到用“就近原则”变换队形 | |

## 六、单元教学实践反思

### （一）教学内容安排的合理性

在教学内容的安排上，我遵循了教育学中的“因材施教”原则，力求根据学生的实际情况和兴趣特点进行有针对性的设计。我注重了健美操基本动作的教授，同时融入趣味性元素，激发学生的学习兴趣。然而，在教学反思中我发现，部分学生对于基础动作的掌握不够熟练，这在一定程度上影响了他们的学习效果。因此，在未来的教学中，我将更加注重基础动作的反复练习，确保学生能够扎实掌握，为后续的深入学习打下坚实基础。

### （二）教学方法的多样性与有效性

在教学方法上，我采用了多种教学手段，如示范教学、分组练习、互动游戏，旨在激发学生的学习兴趣和积极性。这些教学方法的运用在一定程度上取得了良好的效果，体现了教育学中“寓教于乐”的理念。然而，我也意识到，在分组练习时，部分小组的互动不够积极，影响了练习效果。针对这一问题，我将深入学习合作学习理论，加强对学生分组的管理和引导，确保每个学生都能在小组中发挥自己的作用，实现共同进步。

### （三）课堂管理的规范性与严谨性

课堂管理是教学过程中的重要环节，它直接关系到教学效果的好坏。在这次教学中，我发现有时学生的注意力不够集中，这反映出我在课堂管理方面还存在不足，未能及时维护课堂纪律。因此，在未来的教学中，我将深入学习课堂管理理论，加强课堂纪律的维护，确保每个学生都能遵守课堂规则，保持良好的学习状态。

### （四）教学效果的评估与反馈

教学效果的评估与反馈是教学反思的重要组成部分。在这次教学中，大部分学生都取得了明显的进步，但也有一些学生未能达到预期的学习效果。这也提醒我要更加注重对学生的学习情况进行及时评估和反馈。在未来的教学中，我将运用教育测量与评价的理论和方法，制定更加科学、合理的评价标准，及时发现学生的问题并给予有针对性的指导，帮助他们更好地掌握健美操技能。

# 基于项目式学习的“人体生理与健康”单元教学设计

八年级生物　张琪

## 一、指导思想及其依据

本模式以学生为主体，以大单元为整体，强调真实情境下的教学活动，并且根据不同的学情设计不同的、符合新课标精神的课堂教学方案，提升学生的生物学科核心素养。

### （一）大单元课标解读

通过了解人体的八大系统，知道各系统相互协调配合，才能共同完成各项生命活动；了解人体健康是生活质量的重要保障，良好的行为习惯对身体健康至关重要。通过这些基础知识，让学生能够从系统到器官再到细胞、从宏观到微观去认识人体的结构与功能，初步形成结构与功能相适应的生命观念。通过了解传染病的危害，理解人体免疫的基本原理；传染病暴发时，能遵守相关防疫要求，增强社会责任意识。通过对传染病和免疫、医药与急救等知识的学习，认同生物学及医学伦理观念，养成健康的生活态度和行为习惯。

### （二）学生学情分析

七、八年级的学生正处于青春期，本大单元在引导学生学习人体结构和生理活动基础知识的同时，始终将有关人体的内容放在生物圈或生活环境的背景中，引导学生分析和理解人与生物圈或生活环境的关系。教材在各章节的引言中都注意创设贴近学生生活的问题情境，让学生能够从生活经验出发进行学习，这样做更容易激发学生的学习兴趣，也便于引导学生认识到生物学科的真正价值。

### （三）大单元教学策略

（1）结合学生的生活经验，通过模型或实物展示、材料分析、探究实验等活动形式，引导学生识别和推断人体各系统相应结构的功能，帮助其初步形成结构与功能相适应的观念。

（2）结合具体实例，引导学生分析青春期所发生的身体和心理方面的变化。

（3）通过对新型冠状病毒感染等传染病的具体应对举措的分析，引导学生认识有效预防传染病的重要性，帮助学生在实践过程中掌握传染病预防、特定情况下的急救等措施，增强学生的社会责任意识。

（4）针对学生的年龄特点创设学习情境，让学生自己提出探究课题，开展项目式学习活动（如通过调查研究或实验，认识吸烟、酗酒等不良生活习惯和行为对身体健康的伤害），引导学生形成健康的生活习惯。

## 二、单元教学内容规划

1. 大单元概念一

人体的结构与功能相适应，各系统协调统一，共同完成复杂的生命活动。

（1）人体通过消化系统从外界获取生命活动所需的营养物质。

（2）人体通过循环系统进行体内的物质运输。

（3）人体通过呼吸系统与外界进行气体交换。

（4）人体通过泌尿系统排出代谢废物和多余的水。

（5）人体各系统在神经系统和内分泌系统的调节下，相互联系和协调，共同完成各项生命活动，以适应机体内外的环境变化。

2. 大单元概念二

人体将遭受传染病、心血管疾病、癌症及外部伤害的威胁，良好的生活习惯和医疗措施是健康的重要保障。

（1）人体具有免疫功能，计划免疫等措施能够预防传染病。

（2）生活习惯与行为选择能够影响人体的健康。

## 三、单元教学目标设计

（1）描述消化、呼吸、循环、泌尿、神经、内分泌等系统的结构和功能，初步形成结构与功能相适应的观念。能够设计简单的实验，探究有关人体生理与健康的问题。运用食物中的营养成分、消化与吸收、均衡膳食等知识，设计一份合理的食谱。从结构与功能的角度，说明动脉、静脉和毛细血管在形态、结构和功能方面的差别；说明体循环和肺循环的相互联系。

（2）学会根据血常规、尿常规等化验的主要结果，初步判断身体的健康状况。描述眼和耳的结构与功能，阐明视觉和听觉的形成过程；学会科学用眼和用耳，保护眼和耳的健康。结合具体实例，分析人体的神经系统、内分泌系统和免疫功能对机体内外环境变化所做出的反应，阐明其重要意义。

（3）运用结构与功能相适应的观念，分析由于机体特定结构受损可能导致的机体功能障碍或异常行为表现，提出相应的预防措施。说出性激素对第二性征的影响，正确认识青春期生理和心理发生的变化，形成良好的生活卫生习惯，健康度过青春期。关注有关传染病的社会性科学议题，举例说明传染病的危害，辨别信息的科学性和可靠性，做出合理判断，并与他人进行交流讨论，尝试提出可有效预防传染病的方法。

（4）关注常见疾病对人体和社会产生的危害，模拟展示特定情况下的急救方法（如人工呼吸、心肺复苏、包扎止血）；拒绝吸烟、饮酒和毒品；学会科学、合理地用药；养成良好的生活和行为习惯，保证身体健康。

## 四、单元课时任务安排

**表 85 “人体生理与健康”单元课时任务安排**

<table>
<tr><th>课题</th><th colspan="4">“人体生理与健康”</th></tr>
<tr><th>大单元概念</th><th>课时目标</th><th>教学内容</th><th>课时</th><th>教学设计</th></tr>
<tr><td rowspan="6">大单元概念一：人体的结构与功能相适应，各系统协调统一，共同完成复杂的生命活动</td><td rowspan="6">1. 人体通过消化系统获取营养物质</td><td rowspan="6">说出人体需要的主要营养物质，描述人体消化系统的组成。概述食物的消化和营养物质的吸收过程，设计一份营养合理的食谱，关注食品安全</td><td>1.1</td><td>了解人体需要的主要营养物质，描述人体消化系统的组成</td></tr>
<tr><td rowspan="2">1.2</td><td>了解消化系统的构成</td></tr>
<tr><td>了解消化系统的组成和功能</td></tr>
<tr><td>1.3</td><td>了解营养物质如何进入循环系统。<br>教学中应充分利用图解，让学生详细读图</td></tr>
<tr><td>1.4</td><td>关注良好的饮食习惯、平衡膳食和食品卫生，防止出现营养不良与肥胖问题。本课时内容虽然简单，但既包含生物学道理，又与个人生活密切相关。可以让学生自主分析讨论，也可以安排角色扮演帮助学生理解。<br>让学生为家长设计一份午餐食谱，要求学生关注食品包装说明与生活的联系</td></tr>
<tr><td>1.5</td><td>食品安全与人体健康</td></tr>
</table>

（续表）

| 大单元概念 | 课时目标 | 教学内容 | 课时 | 教学设计 |
|---|---|---|---|---|
| | 2. 人体通过循环系统进行体内物质的运输 | 描述人体血液循环系统的组成，概述血液循环。<br>本章讲述循环系统的基础知识，教学中应集中精力讲清楚循环系统的基础知识，探究活动视情况灵活安排 | 2.1 | 血液循环系统构成包括心脏、血管和血液 |
| | | | 2.2 | 列表归纳心脏的结构和功能以及血液循环的途径。体循环、肺循环功能是运输从大气中摄取代谢所需要的氧气、营养物质，代谢废物二氧化碳和激素等 |
| | 3. 人体通过呼吸系统与外界进行气体交换 | 呼吸是人体血液与空气发生物质交换的过程，因此，空气质量的好坏必然影响人体健康，这是本章教材不同于以往教材的地方。本章资料分析、实验和探究较多，教学中应统筹考虑 | 3.1 | 呼吸系统由呼吸道和肺构成，其主要功能是从大气中摄取代谢所需要的氧气，排出代谢产生的二氧化碳 |
| | | | 3.2 | 呼吸运动可以实现肺与外界的气体交换；体验呼吸过程中自身胸廓的变化；进行测量胸围差的实验 |
| | | | 3.3 | 了解肺泡与血液的气体交换。先做资料分析活动，明确呼出的气体中二氧化碳多，再讲述气体交换的过程 |
| | 4. 人体主要通过泌尿系统排出代谢废物和多余的水 | 描述人体泌尿系统的组成，概述尿液的形成和排出过程，描述其他排泄途径 | 4.1 | 了解泌尿系统由四部分构成：肾脏、输尿管、膀胱、尿道 |
| | | | 4.2 | 肾的构成及工作原理 |
| | | | 4.3 | 人体通过汗腺排出部分尿素、无机盐和多余的水 |

（续表）

| 大单元概念 | 课时目标 | 教学内容 | 课时 | 教学设计 |
|---|---|---|---|---|
| | 5. 人体各系统在神经系统和内分泌系统的调节下，相互联系和协调，共同完成各项生命活动，以适应机体内外的环境变化 | 描述人体神经系统的组成，概述人体神经调节的基本方式以及人体通过眼、耳等器官获取信息的方式。举例说明人体激素参与生命活动调节的方式及过程 | 5.1 | 神经系统由脑、脊髓及它们发出的神经构成 |
| | | | 5.2 | 反射是神经调节的基本方式，基本方式是反射，反射的结构基础是反射弧 |
| | | | 5.3 | 人体的运动是在神经系统支配下，由肌肉牵拉着骨绕关节进行的 |
| | | | 5.4 | 人体通过眼、耳等器官获取外界信息，科学地用眼和用耳能够保护眼和耳的健康 |
| | | | 5.5 | 甲状腺激素、胰岛素等激素参与人体生命活动的调节 |
| | | | 5.6 | 性激素能促进生殖器官的发育，对第二性征的出现有影响 |
| | | | 5.7 | 人在青春期会出现一些显著的生理变化，如身高和体重迅速增加、出现第二性征、各项生理功能增强 |
| | | | 5.8 | 青春期的卫生保健和良好的心理状态有利于青少年顺利地度过青春期 |

（续表）

| 大单元概念 | 课时目标 | 教学内容 | 课时 | 教学设计 |
|---|---|---|---|---|
| 大单元概念二：人体健康受传染病、心血管疾病、癌症及外部伤害的威胁，良好的生活习惯和医疗措施是健康的重要保障 | 1. 人体具有免疫功能，通过计划免疫等措施能够预防传染病 | | 1.1 | 人体能够通过特异性免疫和非特异性免疫抵抗病原体的侵袭 |
| | | | 1.2 | 常见的寄生虫病（如血吸虫病、肠道蠕虫病）、细菌性传染病（如淋病）、病毒性传染病（如严重急性呼吸综合征、新型冠状病毒感染、艾滋病、乙型肝炎、丙型肝炎）对人体健康造成威胁 |
| | | | 1.3 | 传染病可通过空气、食物、血液、接触、生物媒介等多种途径传播 |
| | | | 1.4 | 控制传染源、切断传播途径和保护易感人群等措施可以控制传染病的流行 |
| | | | 1.5 | 接种疫苗能够提高人体对特定传染病的免疫力 |
| | | | 1.6 | 某些传染病，如新型冠状病毒感染，会对社会、经济和科技发展产生严重影响 |
| | 2. 生活习惯与行为选择能够影响人体健康 | | 2.1 | 心血管疾病、癌症等疾病严重危害人体健康 |
| | | | 2.2 | 酗酒、吸烟等不良嗜好和吸毒等违法行为对人体健康有很大危害 |

（续表）

| 大单元概念 | 课时目标 | 教学内容 | 课时 | 教学设计 |
| --- | --- | --- | --- | --- |
| | | | 2.3 | 药物分为处方药和非处方药，遵从医嘱、按照药物使用说明合理用药，避免药物误用和滥用 |
| | | | 2.4 | 在特定的情况下，人工呼吸、心肺复苏、包扎止血等一些急救方法能减少伤害或挽救生命 |

## 五、单元教学过程设计

基于“人体的结构与功能相适应，各系统协调统一，共同完成复杂的生命活动；人体将遭受传染病、心血管疾病、癌症及外部伤害的威胁，良好的生活习惯和医疗措施是健康的重要保障”两个主要概念进行单元设计。围绕两个大概念下的七个次要概念进行课时教学设计，注重教学设计的生活化、概念化、整体性、实践性。每节课程设置涵盖五个方面，分别为人体结构的认识、人体功能的学习、生理调节的探讨、健康与卫生的关注、成果展示与评价。

### （一）“设计家庭小药箱——用药与急救一”教学设计

表 86“设计家庭小药箱”教学设计

| 课题 | 设计家庭小药箱 |
| --- | --- |
| 设计项目 | 具体内容 |
| 教学指导思想与理论依据 | 本课教学设计依据学情、课标、课程内容、主题等，确定了基于生活情境的项目式学习探究法。课程围绕主题，通过生活情境问题、知识性问题、评价性问题，以项目式学习、分组合作、问卷调查、视频、图片新闻等为依托，逐步培养学生的生命观念、科学思维、探究实践、态度责任等核心素养 |

（续表）

| 设计项目 | 具体内容 |
| --- | --- |
| 教学背景分析 | （一）课题及教学内容分析<br>本章是从传染病到健康问题的一个过渡部分，起着承上启下的作用，主要包括两个方面内容：一是生活中基本的用药常识，二是基本的急救方法。该部分知识对学生的健康生活有重要的指导作用，也能培养学生收集信息、运用信息解决实际问题的能力。本章教学设计对两节内容进行了整合、重构，以设计“家庭小药箱”为课程项目，引导学生探究“安全用药”内容。<br>（二）学生情况分析<br>八年级的学生经过初一和初二年级上学期的学习，已经初步具备了生物学的思维能力和信息分析能力。学生都经历过生病和吃药，对安全用药也有一定的认识，但却不一定是正确的。围绕这个问题展开讨论，可以帮助学生认识到哪些属于不合理用药，并初步意识到安全用药的重要性。通过项目式学习和小组合作，学生能够更好地分析、归纳知识和观点 |
| 教学目标 | 总体目标：通过学习安全用药和急救的知识，培养学生健康生活的习惯，在危急时刻减少伤害或挽救生命。<br>（1）使用问卷调查、资料搜索等方式，完成小组调查报告，总结处方药和非处方药的区别，识别家庭中不同类型的药物，培养其对医药学的兴趣。<br>（2）学会阅读药品说明书，了解医药的基本知识，掌握安全用药的常识。<br>（3）通过问卷调查、合作探究、动手实践等方式，完成具有针对性的家庭小药箱设计，为家庭健康用药提供指导和帮助 |
| 教学重点难点 | （一）教学重点<br>1. 概述安全用药的常识<br>2. 区分非处方药和处方药<br>教学方法：项目式学习、资料查阅法、小组合作探究。<br>（二）教学难点<br>结合生活实际问题，设计家庭小药箱。<br>教学方法：项目式学习、实验探究法、小组合作 |

（续表）

| 设计项目 | 具体内容 |
|---|---|
| 教学资源和教学方法 | （一）教学资源<br>家庭常用的小药箱、家庭常用药品及说明书、调查问卷、新闻图片、文字材料、视频。<br>（二）教学方法<br>项目式学习、四动教学法、跨学科教学、小组合作探究 |
| 板书设计 | 设计家庭小药箱：<br>药品分类<br>安全用药 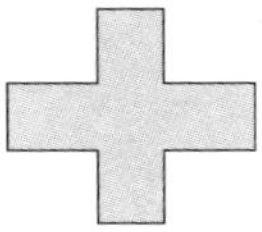 合理用药<br>解读说明书 |

教学过程

| 教学环节 | 教师活动 | 学生活动 | 设计意图 |
|---|---|---|---|
| 导入项目背景 | 1. 创设情境，使学生感受家庭小药箱的重要性<br>小明一家六口人，爸爸、妈妈、奶奶（患有冠心病、激动时会发病）、爷爷和年仅四岁的弟弟。上周五，青岛夜间大雪，弟弟突发高烧，楼下药店已关门，去医院也非常不方便，可以采取什么措施?<br>2. 展示教师做的问卷调查结果<br>本学期有多少同学有过不适或生病的情况？有多少同学能第一时间在家里找到合适的药物？（教师提前对在校 300 名学生进行问卷调查和统计。） | 生活情境引入。围绕问题展开小组讨论，引导学生认识生活中的常备药物和配备家庭小药箱的重要性 | 通过生活情境，引发学生思考。如学生回答可采用物理降温等方式，也是很好的观点<br>切入课题。通过生活中实际调查的数据和统计，直观地呈现准备常用药和家庭小药箱的必要性 |

（续表）

| 教学环节 | 教师活动 | 学生活动 | 设计意图 |
|---|---|---|---|
| | 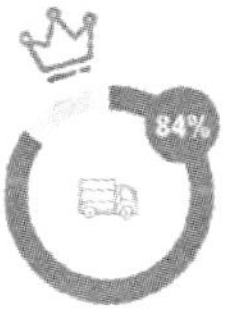**本学期有过发烧感冒等症状的人数占比**<br>张老师随机对学校 300 名学生进行问卷调查，本学期共有 251 名学生曾出现过发烧、咳嗽、感冒等症状<br>**能第一时间在家里找到相关药物的学生占比**<br>本学期出现过发烧等症状的 251 名学生进行调查，能第一时间在家里找到相关药物的学生仅有 87 人<br>过渡：可以在家里准备一些常用药，同时要了解使用药品的基本常识。展示本课课题学习目标 | | |
| 新课讲授 | 一、药品的分类<br>学生素养目标：认识处方药与非处方药。<br>创设情景，使学生体会不同药品的分类。<br>当晚，小明的弟弟因为未及时用药出现了高热惊厥，紧急送医前医生建议可以服用“地西泮”等药物，但药店却说不能对其售卖，这是为什么呢？通过什么途径能得到这些药物呢？<br>**药店常售药的种类调查**<br><br>**“设置对照”组**<br>·组长、PPT 制作：蒋亚霖　刘雅萱<br>·资料收集：姜文萱　朱一诺　程诗妤<br>·场外调查：万优宝　张佳琪　姚俊宇 | 学生思考后小组交流回答：医生、医院开处方后，在药店买的是处方药还是非处方药？<br>研究性学习小组一：走访药店，调查在药店是否可以自行购买调查表中所列的若干药物。如果有的药物不能购买，要了解原因，并填写调查表。 | 通过研究性学习小组一的调查报告，使学生对处方药和非处方药有初步的认识。<br>学生通过课前调查，再运用比较法，能清楚地认识到处方药和非处方药的区别 |

（续表）

<table>
<tr><th>教学环节</th><th>教师活动</th><th>学生活动</th><th>设计意图</th></tr>
<tr><td></td><td>走访多家药店，我们得到以下数据，为什么？<br>
<table>
<tr><td></td><td colspan="6">药品名称 / 药品种类</td></tr>
<tr><td>走访的药店</td><td>青霉素</td><td>阿莫西林</td><td>布洛芬缓释胶囊</td><td>头孢克洛干混悬剂</td><td>思密达（蒙脱石散）</td><td>藿香正气水</td></tr>
<tr><td>海王星辰</td><td>不能</td><td>不能</td><td>能</td><td>不能</td><td>能</td><td>能</td></tr>
<tr><td>丰硕堂大药房</td><td>不能</td><td>不能</td><td>能</td><td>不能</td><td>能</td><td>能</td></tr>
<tr><td>百姓阳光大药房</td><td>不能</td><td>不能</td><td>能</td><td>不能</td><td>能</td><td>能</td></tr>
<tr><td>国风大药房</td><td>不能</td><td>不能</td><td>能</td><td>不能</td><td>能</td><td>能</td></tr>
<tr><td>国泰药业</td><td>不能</td><td>不能</td><td>能</td><td>不能</td><td>能</td><td>能</td></tr>
<tr><td>同方药业</td><td>不能</td><td>不能</td><td>能</td><td>不能</td><td>能</td><td>能</td></tr>
<tr><td>宗昌大药房</td><td>不能</td><td>不能</td><td>能</td><td>不能</td><td>能</td><td>能</td></tr>
<tr><td>李健大药房</td><td>不能</td><td>不能</td><td>能</td><td>不能</td><td>能</td><td>能</td></tr>
</table></td><td></td><td></td></tr>
<tr><td></td><td>调查小组总结提问：在管理和使用上二者有什么区别？<br>处方药必须凭医生处方才能购买，按医嘱服用。<br>非处方药不需处方即可购买，按药物说明书服用。<br>教师引导学生总结、区分处方药和非处方药；从携带的小药箱中寻找一种处方药，一种非处方药给学生辨认。<br>其实药物还有其他的分类方式，如内服药、外用药；化学药、中药。</td><td>研究性学习小组一展示对药店的调查结果：从疾病类型、疾病诊断者、取药凭证、取药地点等方面对比，认识处方药与非处方药的区别。<br>从自己携带的小药箱中分别找出处方药与非处方药</td><td>从生活实际应用的角度辨别处方药与非处方药</td></tr>
<tr><td></td><td>关于中医药，你了解多少？<br><br>“都是帅哥”组<br>·组长、PPT 制作：张采腴　齐佩瑜<br>·搜集资料：张采腴 孙玮骏 王湉润 胡婉清<br>·整理资料：齐佩瑜 高睿泽 王添祎 王映乔<br>·图片搜集：刘思涵 杨子萱 姜懿凌 尹君瑶<br>项目实施研究：<br>（1）中药：我国的传统药物，其有效成分主要是从各种动植物和矿物中提取出来的。</td><td>研究性学习小组二汇报中西药调查结果并展示区别。了解《本草纲目》等传统中药医著作。</td><td>补充中西药的常识，有利于丰富学生的医药卫生知识，激发学生对医学的兴趣，增强学生对中医的了解和文化自信</td></tr>
</table>

（续表）

| 教学环节 | 教师活动 | 学生活动 | 设计意图 |
| --- | --- | --- | --- |
| | （2）中成药：以中药材为原料，在中医理论指导下经加工制成的中药制品。<br>（3）西药：有效成分主要是由化学物质合成的，因此又被称为化学药品制剂。<br>二、解读药品说明书和使用注意事项<br>创设情景，让学生学会解读药品说明书。<br>小明的弟弟及时送至医院得到有效的诊断和治疗，被确诊为支原体肺炎，输液治疗后医生建议可回家自行服用阿奇霉素等药物，请你帮助他解读药品说明书，明确用法和用量。<br>（1）组织“解读药物使用说明”的活动并引导学生分析：说明书中的信息有助于患者对症下药、正确服用、识别过期、假冒与劣质药物。<br>教师强调：处方药要严格按医嘱服用；在使用各种药物前都要认真阅读药物使用说明。<br>（2）设计生活应用场景：小明的弟弟四周岁，体重17千克，请为他服用阿奇霉素提供合理化建议。<br>方法一：连续三天服用，每次服用200mg。<br>方法二：连续五天服用，第一天每次服用200mg，第2~5天每次服用100mg | （1）资料分析：以合作学习小组为单位，阅读课本第82页的内容，讨论分析讨论题，在全班进行交流。<br>（2）各合作学习小组依据情境中提供的药品说明书，根据教师展示的患者症状，分析判断：本组的药物是否适合患者服用？用法用量如何？<br>学生根据阿奇霉素的说明书，小组合作，给出合理的服药方式 | （1）该活动使学生能看懂说明书中的重要信息，在训练了其观察、对比、分析、归纳等能力的同时鼓励学生积极大胆<br>地表达与交流。<br>（2）该活动帮助加深对合理用药的理解，提高运用知识的能力，并增强其对健康负责的意识 |

（续表）

| 教学环节 | 教师活动 | 学生活动 | 设计意图 |
| --- | --- | --- | --- |
| | 三、合理用药<br>创设情景，使学生感受合理用药。<br>两天后，小明的弟弟因为治疗及时，体温恢复了正常，仅有一些轻症。此时奶奶发现家中的药品已经用完，仅剩一盒过期的感冒药，奶奶认为可以继续服用；妈妈认为发烧症状已经消失，“是药三分毒”，想立刻停止所有用药，小明该同意谁的建议呢？<br>第二天，小明的弟弟再次发烧，且服用药物后未能退烧，他是否可以重复服药或再服用其他有退烧作用的药物呢？<br>**关于抗生素及其使用的调查研究**<br><br>**“实验投放”组**<br>· PPT 制作：郑思铭<br>· 资料查询：孙翊恒　徐世闻<br>· 走访调查：其他组员<br>播放过量用药的视频。<br>教师提问：生活中有哪些不合理用药的事例吗？<br>利用“过量用药”的情境，请学生思考过量用药可取吗？为什么？<br>引出安全用药的主题、概念。 | 创设情境，学生思考并回答问题<br>围绕问题展开小组讨论<br>研究性学习小组三上台展示“安全合理用药和抗生素”调查结果<br>观看视频，思考“是药三分毒”的合理性。<br>思考生活中潜在的过量用药行为 | 由于学生都经历过生病吃药，对日常用药也有一定的认识，创设“过期用药”“过量用药”的问题情境，继续激发学生兴趣，引发学生主动思考和小组讨论<br>知识生活化应用的典型事例，引导学生学以致用，真正认识生活中的医学知识 |

（续表）

| 教学环节 | 教师活动 | 学生活动 | 设计意图 |
|---|---|---|---|
| | 四、设计家庭小药箱<br>教师提问：家庭小药箱应该包括哪些医药及工具？<br>创设情景，让学生体会使用药品的注意事项。<br>小明的弟弟康复后，妈妈提出了要在家中准备一个家庭小药箱，针对家庭成员的实际情况，设计一个具有实用价值的小药箱。<br>家庭小药箱中应该包含哪些药品？常用药、特效药、外用药，邀请问卷调查小组进行展示讲解，引导学生感知常用药物。<br>**家庭常用药物调查**<br><br>**“拯救小白鼠”组**<br>· PPT 制作：张凯源<br>· 设计调查问卷并走访：刘子铭<br>· 问卷调查：其他组员<br>（1）根据学生提出的家庭小药箱适用范围，引导学生归纳出家庭小药箱的配备原则，归纳家庭小药箱的常用药品和用品分类。<br>（2）组织学生进行成果展示并点评。<br>（3）教师进行纠正、补充与归纳。<br>（4）展示课前准备好的药箱，起到直观示范的作用 | 以小组为单位，根据小明家庭成员的特点，设计家庭小药箱。<br>（特别关注奶奶、弟弟和爷爷的身体状况。）<br>小组查阅家庭小药箱中已有的药品；<br>学生自主动手设计、操作并填写药品补充清单，上台分享展示。<br>研究性学习小组三调查 100 位学生的家庭中常备的十种药物并进行统计分类。<br>研究性学习小组四调查十家学校或家附近的药店中常卖的十种药品并进行统计。<br>（使用问卷星调查，并为调查对象提供合适的选项和自主补充部分） | 从生活经验入手，通过启发式和合作探究法帮助学生避免设计药箱时的盲目性，降低难度<br><br>通过研究性学习小组四的调查报告，统计出家庭常用药的种类和尝试进行分类<br><br>指导学生合理设计家庭小药箱，没有对错，只有合适与不合适。培养学生建立辩证理性的科学思维，不要一概而论，具体情况具体分析 |

（续表）

| 教学环节 | 教师活动 | 学生活动 | 设计意图 |
|---|---|---|---|
| 课堂评价 | 讲解项目式学习评价量表的使用方法，组织学生根据此次学习的“问卷调查”“研究学习”“课堂表现”等方面进行个人自评和小组互评 | 填写项目式学习评价量表，评定等级，总结梳理自己和小组在本次项目式学习中的不足与改进方式 | 培养学生反思、总结与梳理的能力，能够从本次项目式学习中锻炼科学思维，锻炼解决实际问题的能力 |
| 课堂小结 | 进行了项目式学习评价量表的展示，引导学生总结课堂感受，给予设计评价。<br>个人自评与小组互评结合，上台展示并讲解评价的原因和改进措施。<br>体会生物学的知识和有效研发药物对生活的重要意义 | | |
| 教学反思 | | | |
| （一）优点与经验<br>教学设计聚焦核心素养，实施遵循教学规律。本课运用项目式教学，通过“设计家庭小药箱”项目式学习活动激发学生创新的热情，提高思辨能力，开创真探究、善研究的教学模式。学生在参与项目学习活动的过程中，由个体的被动学习转为小组的主动学习，由表层学习转为深度探究，帮助学生发展生物学核心素养。<br>以“小明生病的弟弟”为情境，设置了一系列问题，引导学生探究药品的分类，学习说明书的解读、安全用药的原则，最终落实本节课的目标：根据家庭成员的具体情况设计家庭小药箱。整节课环环相扣，逻辑清晰，其中穿插了一些细节内容。例如，通过对中医药的介绍，让学生感受中医源远流长的历史，提升文化自信；以阿奇霉素为例，学会计算用药剂量；退烧药不能重复用、用药要关注药品成分，避免相同成分的药物重复服用。这都是生活中真切存在的问题，真正实现了学习从生活中来，到生活中去。<br>本堂课是在我校“科学 +”理念的基础上，以项目式学习的方式，探索新课标要求下培养学生创新能力及核心素养的路径，值得我们进一步探索。 | | | |

（续表）

| 教学反思 |
| --- |
| （二）存在的问题及改进措施<br>（1）问题设置的开放度不够。大多数的问题设计都比较直接或封闭，如果能够更多地提供资料、明确学习任务，让学生自主、开放地探讨问题，那么，课堂就会更加灵动。<br>（2）参与课堂活动的学生数量受限。在合作探究后的成果展示环节，只能由组长一个人代表本组发言，其他同学发言的机会少，参与课堂的积极性受到影响。如果能将这一环节再加以改进，学生的参与度会更高。<br>（3）针对目前生物安全用药教学中存在的问题，采取一些改进措施，如增加实践环节、提供更多的案例分析和实例讲解机会，提高学生的学习效果和实践能力 |

**表 87“设计家庭小药箱”项目式学习评价表**

| 评价内容 | 评价等级及评价标准 | 个人等级评价 | | | 小组等级评价 | | |
| --- | --- | --- | --- | --- | --- | --- | --- |
| | | A | B | C | A | B | C |
| 过程参与 | A：在进行问卷调查、走访和动手设计小药箱的过程中，目标非常明确，有严谨的科学态度，在本次项目式学习过程中积极主动，参与了调查、问卷、访谈等研究性学习内容 | | | | | | |
| | B：在进行问卷调查、走访和动手设计小药箱的过程中，目标较明确，以科学的态度对待此次项目式学习，能在学习中发挥一定的作用 | | | | | | |
| | C：参与了学习，但表现不太积极，还有很大进步空间 | | | | | | |
| 成果设计 | A：设计的家庭小药箱非常科学合理，能根据家庭成员的特点配备药物；对处方药和非处方药有明确的认识，具备安全合理用药的观念和正确看待生命的态度 | | | | | | |

（续表）

| 评价内容 | 评价等级及评价标准 | 个人等级评价 | | | 小组等级评价 | | |
|---|---|---|---|---|---|---|---|
| | | A | B | C | A | B | C |
| | B：设计的家庭小药箱较合理，能根据家庭成员的特点配备药物；能正确区分处方药和非处方药，有用药的意识 | | | | | | |
| | C：参与了家庭小药箱的设计，但合理性有较大改进空间；能区分处方药和非处方药，有基本的用药常识 | | | | | | |
| 分享表达 | A：非常积极主动地分享调查结果和设计，根据讨论和交流，不断优化自己的设计 | | | | | | |
| | B：能分享自己的调查结果和设计，参与课外和课内的讨论 | | | | | | |
| | C：分享调查结果和设计的意愿不强，参与课外和课内的讨论时不太积极 | | | | | | |
| 个人评价及收获 | | | | | | | |
| 教师评价 | | | | | | | |

## （二）项目研究方案

表 88　项目研究方案设计

| 青大附中生物组——项目研究方案 | | | | | |
|---|---|---|---|---|---|
| 项目课题 | 设计家庭小药箱 | 课时 | 三课时（课外二课时） | 编号 | 3 |
| 评价目标 | 总体目标：通过学习安全用药和急救的知识，培养学生健康生活的习惯，在危急时刻减少伤害或挽救生命。<br>（1）使用问卷调查、资料搜索等方式，完成小组调查报告，总结处方药和非处方药的区别，识别家庭中不同类型的药物，培养学生对医药学的兴趣。<br>（2）学会阅读药品说明书，了解医药的基本知识，能概述安全用药的基本原则。<br>（3）通过问卷调查、合作探究、动手实践等方式，完成具有针对性的家庭小药箱设计 | | | | |
| 重点内容 | （1）掌握安全用药的常识。<br>（2）区分处方药和非处方药。<br>教学方法：项目式学习、资料查阅法、小组合作探究 | | | | |
| 难点内容 | 结合生活实际问题，设计家庭小药箱 | | | | |
| 教师教学方法 | 项目式学习、“四动”教学法、跨学科教学、小组合作探究 | | | | |
| 学生探究方法 | 制作 PPT，问卷调查，制作短视频，形成学习汇报材料 | | | | |
| 情境模拟准备 | 根据小明同学最近遇到的困难，探究解决生活问题 | | | | |

（续表）

| 项目探究过程 | 项目笔记 |
| --- | --- |
| 【项目背景研究】<br>任务一：对于小明同学遇到的困难，你们有什么好的建议或方法吗？<br>【项目实施过程】<br>任务二：为什么小明不能直接买到“地西泮”，我们可以通过什么途径获得该类药物呢？（根据研究性学习小组一所做的调查，了解药品分类内容）<br>（1）药物可以分为处方药与非处方药：处方药是指必须凭______或执业助理医师的处方才可以购买，并按______服用的药物；非处方药是指不需要凭医师处方即可购买，按所附说明购买的药物，适用于消费者可以______、自我治疗的小伤小病，简称为______。<br>（2）从疾病诊断者、取药凭证、用药依据等方面对比，处方药和非处方药有什么区别？<br>（3）你们还知道哪些医药分类的方式？<br>根据使用方式分类：______________________________。<br>根据药物成分分类：______________________________。<br>任务三：请你帮助小明同学解读阿奇霉素的说明书。<br>请阅读阿奇霉素的说明书，提取关键信息，并列举五条。<br>小明的弟弟今年四周岁，体重 17 千克，根据药品说明书该怎样服用“阿奇霉素”？<br>任务四：请你对以下情境提出建议。<br>（1）小明该听奶奶的建议，服用过期药物；或是听妈妈的建议，“是药三分毒”，立刻停止用药。你如何选择？理由是什么呢？<br>（2）小明的弟弟发烧后可以重复用药或者吃一些别的退烧药吗？过量用药可取吗？<br>总结：安全用药是指根据病人的________、体质和药物的作用适当选择药物的________，以适当的方法、________和时间准确用药，充分发挥药物的最佳效果，尽量________药物对人体所产生的不良影响和危害，合理用药，不可过量用药。 | |

（续表）

| 项目探究过程 | 项目笔记 |
| --- | --- |
| 任务五：设计家庭小药箱<br>（1）根据小明同学的家庭成员的实际情况和你携带的药品，思考家中该准备哪些类型的药品。<br>（2）帮助小明同学设计一个家庭小药箱，没有的药物可填写在药品补充卡上。设计完成后小组合作讨论，形成小组的最终意见。<br>家中会常备哪些类型的药品？请看研究性学习小组三的调查研究。<br>总结：项目实施评价量表。<br>【项目实施反思】<br>一、反思实践（必做）<br>根据自己家庭成员的情况，设计一个实用的家庭小药箱，为家庭成员的健康保驾护航。<br>二、知识回顾（选做）<br>1. 安全用药是指（　）。<br>A. 减少药物的服用剂量<br>B. 减少药物的服用种类<br>C. 选择价格高的药物<br>D. 根据病情需要选择恰当的药物品种、剂量<br>2. 必须凭执业医师或执业助理医师的处方才可以购买，并需要按医嘱服用的药物是（　）。<br>A. 中药　B. 西药　C. 处方药　D. 非处方药<br>3. 用非处方药时，查看药品使用说明书中的项目应包括（　）。<br>①功能与主治　②用法与用量　③规格<br>④生产日期与有效期　⑤注意事项<br>A. ①②③④　B. ①②④⑤　C. ②③④⑤　D. ①②③④⑤<br>4. 下列哪项不是家庭药箱配备药品应遵循的原则（　）。<br>A. 针对性　B. 急救性　C. 全面性　D. 实用性 | |

## 六、单元教学实践反思

大单元设计教学在激发学生兴趣、培养实践能力方面取得了较好的效果，但也存在一些不足。在课程设置上，部分课时内容较为单一，顶层设计的架构不够全面，部分内容学生参与度不高。教师在引导学生项目式学习活动时，有时过于注重进程，忽视了对学生个体差异的关注。

通过对学生学习成绩、兴趣培养、综合素质等方面的评估，可以看到，大部分学生在学习成绩上有了一定提高，同时对人体科学产生了浓厚兴趣。在综合素质方面，学生通过实践活动展现出了良好的团队协作能力和创新精神。但在评价环节中，也存在一些问题，例如，学习成绩占比过高、评价手段相对单一，未能全面反映学生的综合素质。

针对本次大单元设计和实践过程中的不足，准备实施以下改进措施：一是丰富大单元课程顶层设置，增加实践环节，提高学生的参与度；二是关注学生个体差异，进行针对性指导；三是调整评价方式，充分考虑学生的综合素质；四是加强教师学习，提高个人项目式教学能力。

同时，通过本次教学研究，我也认识到基于项目式学习的大单元教学在初中生物人体教学中的应用具有很大的潜力。在今后的教学中，我将不断探索和改进，为提高学生对人体科学的理解和素养，培养学生的实践和创新能力而努力。

# “健康生活”单元教学设计

八年级生物　郑晓璇

## 一、指导思想及其依据

健康受传染病、心血管疾病、癌症及外部伤害等的威胁，因此，引导学生养成良好的生活习惯、了解最新的医疗知识，是健康的重要保障。其中，生活习惯与行为的选择都能够影响人的健康。以发展核心素养为基础，提升学生解决真实问题的关键能力，主要包括五个方面：思维能力（高阶思维能力）、实践能力（跨学科实践能力）、合作能力、沟通交流能力和创新能力。学生的关键能力只有在真实情境中解决实际问题时才能表现出来，即关键能力是外显的，是学科核心素养的外在表现，并在活动中逐步生成。

学校、家庭都高度重视青少年的健康成长，生物学作为医学、药学和卫生学的基础，其重要价值之一是增进人类的健康。健康是一种身体上、心理上和社会适应方面的良好状态。通过本单元的学习，学生将知道如何健康地生活，同时能够关心和帮助他人健康生活。这些内容的学习可以帮助学生进行高中生物知识的学习。教学过程需要基于生物新课标进行主题融合、项目研究、资源开发、创新实践，注重培养学生建立多元学习方式，并积极开发评价工具，关注多元评价方式，创设发展学生关键能力的课堂新样态，落实发展核心素养的教学目标。

## 二、单元教学内容规划

生物学课程围绕核心素养，体现了课程性质，规划了课程内容。学科所要培养的核心素养，主要是指学生通过本课程的学习而逐步建立的正确的“三观”品格和关键能力。“健康生活”单元围绕“了解自己，选择健康的生活方式”

这一主题来进行，让学生意识到健康的重要性。无论是生命安全意识与健康态度的建立，还是生活方式的选择和习惯的养成，都基于学生对人体各个重要器官、系统结构和功能的认识，基于对人体免疫系统抵抗病原体侵袭的认识，基于对生活方式、行为习惯与人体健康关系的认识。因此，本单元设置了一些必备的安全用药与急救等卫生保健知识和技能，促进学生生理和心理的健康发展，提升学生对传染病的防控能力和应对公共卫生事件的能力。

## 三、单元教学目标设计

（1）生命观念。对观察到的生命现象进行解释并总结归纳。

（2）科学思维。运用生物、物理、化学等知识进行实验设计，进一步增强跨学科思维和逻辑思维能力。

（3）科学探究。针对实验现象进行观察、提问并进行讨论。

（4）社会责任。建立科学态度、健康意识及社会责任，能自主向周围人宣传健康的生活方式。

## 四、单元课时任务安排

表 89“健康生活”单元课时任务安排

| 单元目标 | 关键问题 | 单元任务 | 学习评价 | 课时分配 |
|---|---|---|---|---|
| 分析新型冠状病毒的感染过程，了解传染病的概念以及如何预防传染病 | 新型冠状病毒为何传播这么快？如何进行预防 | 任务一：传染病的概念与特点 | 能够熟练判断一种疾病是否为传染病 | 第一、二课时 |
| | | 任务二：传染病流行的基本环节及预防措施 | 学会区分传染源、传播途径、易感人群。能举例说出具体的预防措施 | |
| | | 任务三：以小组为单位，了解一种传染病的传播情况以及预防措施 | 资料全面，整理和分析有条理性，具备设计调查方案的能力 | |

（续表）

| 单元目标 | 关键问题 | 单元任务 | 学习评价 | 课时分配 |
|---|---|---|---|---|
| 学习人体的免疫系统与免疫功能，体现“结构与功能相适应”的生命观念 | 面对新型冠状病毒感染，人体是如何防御的 | 任务四：说出人体三道防线的组成与功能 | 准确说出人体的三道防线，能够区分特异性免疫和非特异性免疫 | 第三、四课时 |
| | | 任务五：说出免疫功能与免疫调节 | 以小组为单位全面总结免疫的功能，交流接种疫苗的感受 | |
| 学生从新型冠状病毒感染的并发症和常见的治疗药物入手，学会安全用药，了解一些常见的急救知识 | 如何安全用药与急救 | 任务六：区分处方药和非处方药，会读药品说明书 | 整理家庭急救小药箱 | 第五、六课时 |
| | | 任务七：知道急救电话，懂得一些简单的急救方法 | 模拟心肺复苏和包扎方法 | |
| 了解传染病的社会影响与信息的科学性，做出合理判断，并与他人进行交流讨论。设计并完成实验探究——“酒精和烟草对健康的危害”，充分认识酗酒、吸烟的危害 | 哪些生活方式更加健康 | 任务八：评价自己的健康活动 | 提高调节情绪的技能，知道心理健康也是人体健康的重要组成部分 | 第七、八课时 |
| | | 任务九：实验探究“酒精和烟草对健康的危害” | 设计、实施、分析实验数据，得出结论并交流 | |
| | | 任务十：酗酒、吸烟、毒品、心血管疾病对于人体健康的影响 | 评价自己一周的生活习惯，保持良好的生活习惯 | |

## 五、“了解自己，增进健康”教学目标

### （一）单元教学设计整体思路

1. 任务情景

回顾传染病对我们生活和学习的影响，分享诊疗过程中的一些心得体会，

用生物学的知识来解释日常生活中遇到的问题。

2. 任务内容

请你运用所学知识，以小组为单位，选择一种传染病，以海报的形式进行科普宣传。

（1）介绍病原体的分类、结构、繁殖方式，说明它是如何侵袭人体的？

（2）介绍该种传染病的流行环节与预防措施，这些措施的依据是什么？

（3）传染病每年都会发生，而且发病率每年都会发生变化，对此人体的免疫系统是如何应对的？

（4）常见的疾病应使用什么药物治疗？

（5）心脑血管的发病率连年上升，除了遗传因素之外，与我们的生活方式有没有关系？

3. 关键问题

（1）关键问题一。了解传染病的概念，知道传染病流行的三个环节，阐述不同预防措施的必要性。第二课时中，小组汇报自己小组选定的传染病的调查报告，交流不同类型的传染病的传播方式、预防措施有何异同。在面对形形色色的传染病时，人体的免疫系统是如何抵抗的呢？第三课时学习人体的三道防线，区分特异性免疫和非特异性免疫。分析疫苗的研制过程，认识疫苗的作用，意识到国家计划免疫的必要性以及其他的免疫调节，对人体强大的免疫功能有更加直观的印象。

（2）关键问题二。创设情境，让学生了解治疗中会用到哪些药物？例如，抗病毒药物、抗生素、中成药、“小偏方”，有能力的学生可以在家长的帮助下查阅《本草纲目》《伤寒杂病论》，找到我国古代对瘟疫的治疗思路。同时，深刻理解安全用药的重要性，不盲目相信广告宣传，结合自己的病情和基本常识，区分处方药和非处方药，并为家庭设计一个小药箱。联合当地的急救中心，开展模拟急救活动，学习基本的急救方法，包括紧急呼救、出血与止血处理等。

（3）关键问题三。哪些生活方式更健康？什么是健康？让学生关注自身的健康问题，举例说出生活方式对于健康的影响，学会调整生活方式和情绪。开展探究项目“酒精对于玻璃鱼心率的影响”“烟草和电子烟对于健康的危害”，以小组为单位设计并完成实验探究，结合之前学过的呼吸系统和血液循环系统的知识，了解酗酒和吸烟会导致呼吸系统和心血管疾病。结合毒品和癌症相关资料，了解隐形毒品的危害和癌症低龄化现象，知道这些也与不健康的生活方式有关。开展学科实践活动，小组进行讨论和交流，对传染病与免疫有完整的认知，进行“健康生活好习惯”展示活动，提高健康生活的意识，培养良好的生活习惯，帮助他人增进健康。

（二）课时教学设计案例剖析

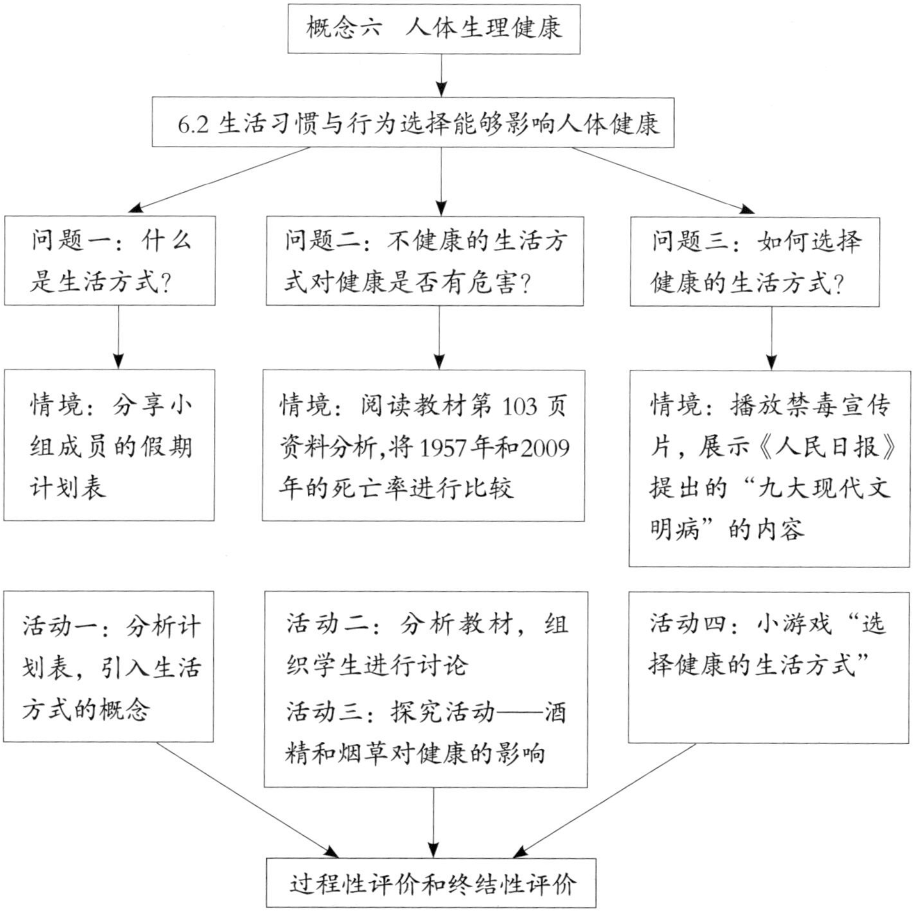


**图 38 “人体生理健康”课时教学设计案例**

**活动一：创设现实生活中的情景，提出核心问题**

展示某位同学的假期计划，引发学生的思考。

8：00 起床

8：00-8：30 锤炼身体

8：30-11：30 看电视

11：30-12：00 午餐

12：00-14：00 写作业

14：00-17：30 阅读

17：30-18：00 晚饭

18：00-24：00 上网

（1）请学生说出在这个计划中，哪些是不符合健康要求的。

（2）引出生活方式的概念。

**活动二：分析讨论、达成共识——生活方式对健康的影响**

展示资料并让学生进行小组讨论。

（1）50多年来，导致我国城市居民死亡的主要疾病种类发生了哪些变化？

（2）哪些疾病死亡率的下降得益于医疗技术和生活水平的提高？

（3）为何有些疾病的死亡率反而上升了？

引导学生回答不健康的生活方式，如饮酒，吸烟。让学生用实验来验证。

**活动三：探究酒精的危害**

1. 提出问题

酒精对红肚玻璃鱼的心率有影响吗？

2. 改进实验

教材中使用的是水蚤，有一定的局限性，因此换成了红肚玻璃鱼。

表90 改进实验对比

| 水蚤 | 红肚玻璃鱼 |
|---|---|
| 体型较小 | 体型较大，长三厘米左右，全身透明 |
| 心率较快，实验误差大 | 心率较慢，可减少实验误差 |
| 在显微镜下难以观察到跳动的心脏 | 不需要显微镜，也可以观察到跳动的心脏 |

3. 实验过程

（1）配置不同浓度的酒精溶液。

（2）在培养皿中加入不同浓度的酒精溶液，放入红肚玻璃鱼。

（3）观察并记录心率。

4. 实验结果

表 91 小鱼平均心率

| 酒精溶液浓度 | 红肚玻璃鱼心率（30 秒） |
| --- | --- |
| 0% | 25 |
| 1.5% | 29 |
| 3% | 20 |
| 5% | 15 |

5. 实验结论

在一定范围内，酒精对于红肚玻璃鱼的心率有抑制作用。

**活动四：探究烟草对健康的影响**

1. 用注射器模拟吸烟

（1）在橡皮塞中放一些消毒棉球，再将香烟插入橡皮塞。

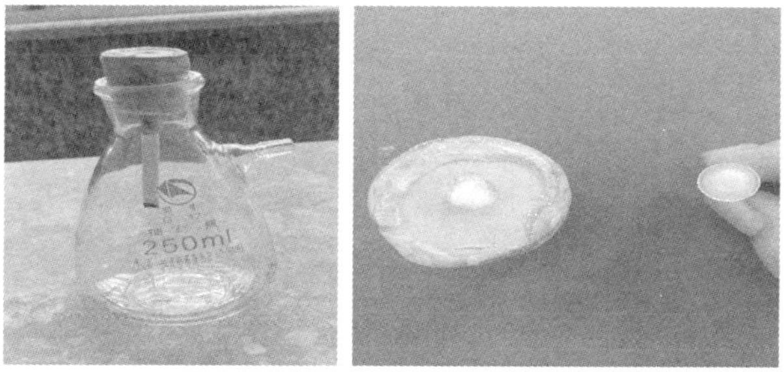


图 39　实验用品

（2）点燃香烟后，如图 39 放置，再用注射器从橡皮塞另一端抽气，模拟肺吸气，同时也模拟主动吸烟的过程，如图 40 所示。将另一个注射器的针头中放一些棉花，再将针头对准过滤嘴抽气，模拟被动吸烟的过程。

图 40 实验操作

（3）注意事项：保持室内通风；老师和学生戴口罩完成实验。

（4）现象与结论。

现象：两个棉球都变黄，模拟主动吸烟的棉花颜色比模拟被动吸烟的棉花颜色更深。

结论：香烟燃烧时会产生焦油，焦油能吸附在肺部，影响呼吸系统的正常功能。无论对吸烟者还是被动吸烟者，都会造成危害。

2. 利用一氧化碳检测仪检测烟气中的一氧化碳

（1）实验原理。使用一氧化碳检测仪检测抽滤瓶中的气体中一氧化碳的浓度，如图 41 所示。

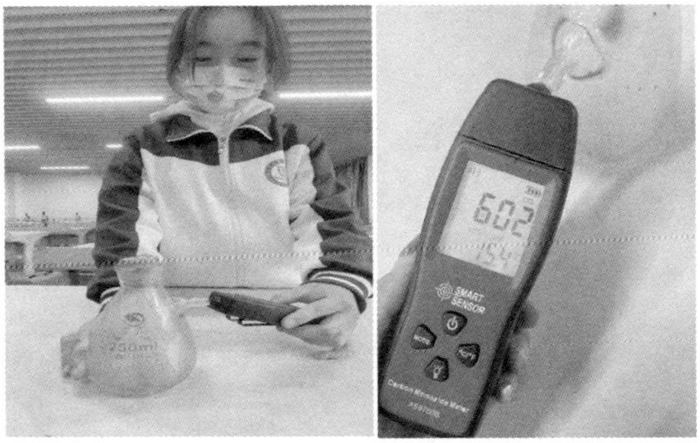


**图 41　用一氧化碳检测仪检测一氧化碳的浓度**

（2）实验结果。人体处于一氧化碳浓度 800ppm 的环境中，会有抽搐、呕吐等症状，而抽滤瓶中的一氧化碳浓度高达 600ppm。

（3）实验结论。一氧化碳会影响红细胞运输氧气。同时，介绍吸烟会影响人体中氧气的运输，进而使学生理解吸烟的危害。

3. 探究电子烟对小鱼生命状态的影响

（1）实验材料。质量分数 0.5%、0.25% 的电子烟油稀释液各 100 毫升，斑马鱼 15 条，500 毫升烧杯 3 个，计时器 1 个。

（2）实验过程。

① 3 个烧杯中分别放置 100 毫升清水、0.5% 的电子烟油稀释液、1% 的电子烟油稀释液。

②每个烧杯中放 5 条小鱼。

③小组合作观察小鱼的活动状态，记录小鱼濒临死亡的时间。

（3）实验现象。电子烟油浓度越高，小鱼濒临死亡就越快。

（4）实验结论。电子烟对生命有危害，浓度越大，危害越大。

**活动五：引发思考，关注健康**

让学生根据所学内容，将这些生活方式进行分类。哪些是健康的生活方式，哪些是不健康的生活方式。

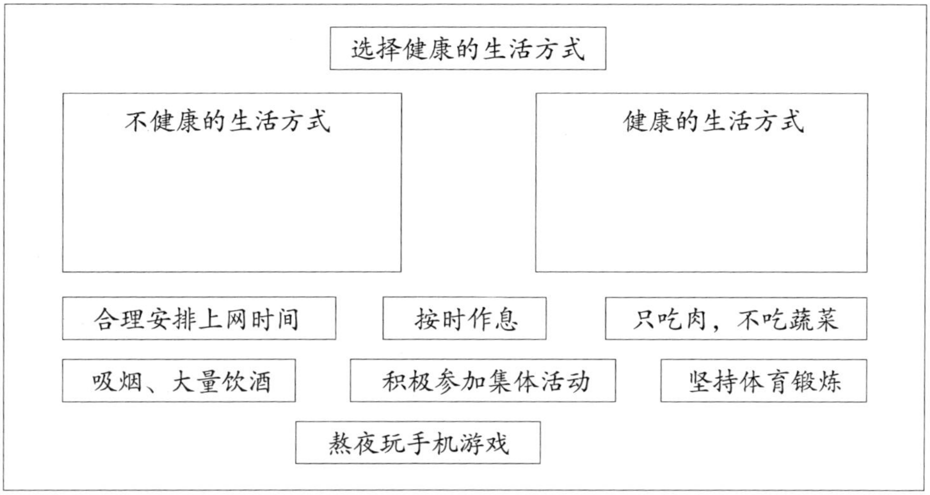


图 42　生活方式分类

学生讨论并总结健康的生活方式。

（1）健康饮食（联系七年级下册“平衡膳食宝塔”的知识）。

（2）坚持体育锻炼（联系八年级上册“锻炼可以增加关节的灵活性和牢固性”的知识）。

（3）有规律的作息。

（4）不吸烟、不饮酒，拒绝毒品。

（5）合理安排上网时间（联系七年级下册“近视的成因及预防”的知识）。

## 六、教学评价及单元教学实践反思

通过对实验材料、方案、装置的改进，使学生了解吸烟、饮酒的危害，使课堂生动有趣，培养了学生的生物学科核心素养。课堂内容融合了生物、物理、化学知识，让学生形成跨学科思维和科学探究能力。

接下来，我们将七年级下册教材和本章内容进行整合，在学习完心脏、血液血环、人体的呼吸之后，设计实验装置让学生体会吸烟和饮酒对于血液循环系统和呼吸系统的影响，加深学生对于这两章内容的理解。

**表 92 课堂过程性评价**

| 学习评价多维量表 | | | | | | |
|---|---|---|---|---|---|---|
| 项目 | A 级 | B 级 | C 级 | 自评 | 互评 | 教师评价 |
| 认真 | 上课认真听讲，参与讨论时态度认真，及时填写学案 | 上课能认真听讲，能参与讨论，能填写学案 | 上课无心听讲，极少参与讨论，几乎不能完成学案 | | | |
| 积极 | 积极举手发言，积极参与讨论交流 | 能举手发言，能参与讨论交流 | 很少举手发言，极少参与讨论交流 | | | |
| 自信 | 大胆提出跟别人不同的问题，大胆尝试并表达自己的想法 | 能提出自己的不同看法，并作出尝试 | 不敢提出跟别人不同的问题，不敢表达自己的想法 | | | |
| 善于与人合作 | 善于与人合作 | 能与人合作 | 缺乏合作精神 | | | |
| 思维条件理性和创造性 | 解决问题的过程中条理清楚，具有创造性思维，能用不同的方法解决问题，能独立思考 | 解决问题的过程中条理一般，能用老师提供的方法解决问题，有一定的独立思考能力和创造性 | 做事缺乏条理性，不能独立解决问题，缺乏创造性 | | | |

## 七、课后研究性学习

### （一）必做

（1）完成总结性评价。

（2）设计实验：探究酒精或者烟草对小鱼血液流动的影响。

要求：设计实验步骤，画出实验装置。

### （二）选做

1. 设计实验装置

合理、高效地收集大量烟气浸出液。

要求：以小组为单位完成；完成时间为一周，共分为两个阶段。

（1）第一阶段：画出实验实验装置，尽量使用现成的实验器材进行组装和改进，小组评估装置的可行性，对装置进行迭代升级。

（2）第二阶段：完成实验装置，组内完成预实验，验证装置是否符合实验要求，得出实验结果。

2. 制作海报和手抄报，各班进行评比

3. 参观禁毒展览并完成实践研究报告

# “被子植物的一生”单元教学设计

七年级生物　刘凯

## 一、指导思想及其依据

1. 整体思路

以“被子植物的一生”这一生物学重要概念为基础，结合《义务教育生物学课程标准（2022年版）》构建单元概念框架；以义务教育生物学核心素养为依据，结合学情分析制定单元教学目标；通过提炼关键问题——“被子植物的一生包括哪些过程”，将关键问题分解成多个子问题，分别制订任务、情境、学生活动以及学习评价，促进大概念的建构和核心素养的达成。

2. 学生学情分析

（1）学生在前期了解了种子的结构及种子萌发的过程，掌握了一定的科学探究的方法。

（2）学生前期自行尝试萌发玉米种子，具备较高的科学热情和兴趣，对生物课的实验期望值较高。

学生具有一定的科学探究兴趣和意识，但是探究能力、科学探究思维有所欠缺。

## 二、单元教学内容规划

本单元属于生物学新课标概念四——“植物有自己的生命周期，可以制造有机物，直接或间接地为其他生物提供食物，参与生物圈中的水循环，维持碳–氧平衡”中的“绿色开花植物的生命周期包括种子萌发、生长、开花、结果与死亡等阶段”的内容。该重要概念包括多个次位概念，如种子的萌发过程，植物根尖的结构以及幼根生长的过程。次位概念是形成重要概念和大概念的基础，常常在一节课的时间里就可以完成；每个次位概念又包含若干个具体知识点，如“根尖结构和功能”“种子萌发的过程”“花的结构”。这些知识点往往比较零碎，但却是解释具体事例及建构概念性知识所必需的。从知识本身来看，整体化意味着“联系”，所以，梳理出知识间的联系是单元教学设计的前提。

## 三、单元教学目标设计

基于生物学新课标的内容要求、学业要求和学业质量水平，围绕学科核心素养及其表现水平，制定本单元教学目标。

（1）掌握种子萌发的环境条件和自身条件，能够设置对照实验。

（2）描述种子萌发的过程。

（3）学会用抽样检测的方法测量种子的发芽率。

（4）通过观察植物根尖永久切片，描述根尖各部分的形态与根毛的特点。

（5）组合根尖细胞结构图，利用结构与功能相适应的观点，说出根尖各部分的功能。

（6）通过学习根的生长，了解身边植物的生长过程，增强爱护植物的意识。

（7）概述花的基本结构。

（8）概述传粉和受精的过程。

（9）阐明花与果实和种子的关系。

## 四、单元课时任务安排

表 93“被子植物的一生”单元课时任务安排

| 课时 | 被子植物的一生 |
|---|---|
| 第一课时 | 种子的萌发 |
| 第二课时 | 植株的生长 |
| 第三课时 | 开花与结果 |

## 五、单元教学过程设计

### （一）单元教学设计整体思路

本单元以“情境—问题—活动”为主线，围绕核心问题“被子植物的一生有哪些过程”整体设计单元学习活动，然后将关键问题分解成相互关联的三个子问题：第一，种子是如何萌发的，需要哪些条件？第二，植物幼体从哪个器官开始生长，幼根具有什么结构？第三，被子植物是如何繁殖的，开花到结果又经历了哪些过程？

单元教学设计是通过设计学习活动，引导学生通过活动建构学科概念，并逐渐发展核心素养。整体化视角下的单元学习活动是由若干个学习活动组成的，它们之间有着内在的逻辑联系。本单元活动设计针对关键问题分解成的子问题分别进行设计。活动一观察玉米种子萌发的过程并探究玉米种子萌发的环境条件；活动二观察玉米幼苗幼根的部分，从宏观上了解根尖的概念及各部分的名称；活动三显微镜观察根尖永久玻片标本，从微观上了解根尖的组成；活动四根据根尖各部分形态结构特点，推测根尖各部分的功能，分析其与幼根生长的关系；活动五解剖花的结构，了解花中最重要的结构是花蕊，学习掌握花的结构组成；活动六观看视频，理解传粉、受精的过程。学生在以上活动的基础上建构重要概念——“绿色开花植物的生命周期包括种子萌发、生长、开花、结果与死亡等阶段”，最终形成“结构与功能相统一”的生命观念。

**（二）教学设计课时案例分析（第二课时）**

**表 94 “小玉米成长记——幼根的生长”教学设计**

| 设计流程 | 学生行为 | 教师行为 | 行为目标 |
| --- | --- | --- | --- |
| 引入新课<br>创设情景<br>明确主线 | 观看视频种子萌发成幼苗的过程，了解单元整体教学核心问题：被子植物一生中要经历那些过程？<br>思考回答老师的引导问题 | （1）从视频中引出单元整体教学核心问题——被子植物一生要经历哪些过程？<br>（2）将单元整体教学核心问题分解为三个子问题：第一，种子萌发经历了怎样的过程？第二，植株的生长从哪里开始？第三，植株发育成熟后，开花结果要经历哪些过程？ | （1）导入视频中种子的萌发过程，展现植株生长是如何开始的。同时，引发学生思考植株生长的全过程，并使学生正确建构单元整体知识体系，明确本节课要学习的目标。 |

（续表）

| 设计流程 | 学生行为 | 教师行为 | 行为目标 |
|---|---|---|---|
|  |  | （3）通过问题串，引出本节课教学目标中要解决的核心问题——“植株的生长从幼根开始”。<br>板书本节课题：小玉米成长记——幼根的生长 | （2）通过学生熟悉的玉米植物，引发学生探究植物体结构的兴趣，并开始新课的学习 |
| 解决问题一：根尖的位置及组成 | （1）学生通过观察实物玉米幼苗中幼根的部分，结合课本第96~97页的内容，完成学案“根尖的定义及组成”。<br>（2）成果展示。学生上台粘贴组合根尖组成图，并用板书磁贴明确根尖各部分的位置及名称 | （1）引导学生明确根尖的概念并了解其组成。<br>（2）通过实物展示、粘贴磁贴板书等多种活动，检测学生对根尖概念及各部分名称的了解情况。<br>（3）及时对学生在活动中的表现做出评价，使学生明确从宏观到微观的研究主线 | 通过对玉米幼苗实物的观察、学生上台标记名称等多种形式，使学生明确本节课研究的分解问题——根尖的位置及组成<br>主线1：宏观→微观 |
| 课堂探究一：根冠的结构与功能 | 用显微镜观察根冠的细胞结构特点，推测根冠的功能并观看视频，理解根冠对根尖的保护作用 | 引导学生理解根冠细胞虽然排列不整齐、细胞壁薄，但是可以分泌液体润滑保护根尖分生区。<br>引导学生理解分生区细胞可以分裂补充根冠细胞 | 通过显微镜的观察发现和课件中的图片及视频，初步形成“结构与功能相适应”的生物学观点 |
| 课堂探究二：分生区的结构与功能 | 用显微镜观察根尖分生区的细胞结构特点，观看细胞分裂过程的图片，分析分生区细胞属于植物的分生组织，能够进行细胞分裂 | 引导学生观察显微镜中分生区细胞的形态结构，分析细胞属于植物的分生组织。<br>引导学生说出分生区的功能 | 深入了解“结构与功能相适应”的生物学观点 |

（续表）

| 设计流程 | 学生行为 | 教师行为 | 行为目标 |
| --- | --- | --- | --- |
| 课堂探究三：伸长区的结构与功能 | 用显微镜观察根尖伸长区从下到上的细胞形态结构，比较细胞形态的区别，思考伸长区细胞的功能 | 引导学生观察显微镜中细胞的形态特点，提出导学问题——根尖生长最快的区域是哪里 | 使学生了解根尖的生长与分生区的细胞分裂以及伸长区的细胞生长有关的知识 |
| 项目式课前探究任务一：探究根尖生长最快的区域 | 学生课前完成实验探究，将根尖分成四个区域，并用笔标记四个区域的位置，观察并测量各区域生长情况，计算长度差值 | 为学生提供实验材料及思路，引导其他同学对展示做出评价 | 提高学生的实验操作能力以及探究实践思维能力。<br>主线 2：理论推测→实验探究 |
| 课堂探究四：成熟区的结构与功能 | 用显微镜观察成熟区细胞的结构特点，观察玉米幼苗根毛的结构，并根据根毛细胞的形态结构推测根毛的意义，进而推测成熟区的功能 | 以成熟区的标志根毛细胞区分成熟区与伸长区，并根据根毛细胞的形态结构特点让学生理解成熟区能吸收水和无机盐这一功能 | 培养学生比较思考的能力，培养学生的科学思维 |
| 项目式课前探究任务二：根毛的意义 | 学生课前完成实验，取两株长势相同的玉米幼苗，一棵除去根毛，一棵不做处理，放到试管中培养一段时间，观察并记录两个试管液面的变化情况 | 通过引导学生比较两个试管的水面变化情况，使学生理解根毛可以增大吸水面积，进而增强植物的吸水能力 | 提升学生实验探究的能力和科学探究的思维 |

（续表）

| 设计流程 | 学生行为 | 教师行为 | 行为目标 |
|---|---|---|---|
| 解决问题二：根尖各部分的细胞结构 | 小组配合，使用显微镜观察根尖永久切片，重点观察根尖细胞形态结构特点 | （1）提示学生研究的主线是“从宏观到微观”，引导学生对根尖各部分的细胞结构特点产生兴趣和疑问。<br>（2）引导学生进行小组合作，完成探究实验，观察根尖永久切片标本。<br>（3）提示学生实验中显微镜操作的核心步骤，并引导学生认真观察各部分细胞的结构特点。<br>（4）巡视检查各组学生在显微镜中看到的细胞结构特点，并及时做出多样性评价 | （1）通过实验过程让学生熟悉使用显微镜观察标本的操作技能。<br>（2）小组分工合作，培养学生的合作意识。<br>（3）学生观察微观细胞结构，与宏观结构进行比较，培养学生的科学思维 |
| 展示、点拨、评价 | （1）学生通过观察根尖各部分的细胞结构特点，完成学案中的表格。<br>（2）根据教师的问题，总结思考根尖各部分细胞结构特点与功能的关系 | （1）引导学生根据显微镜中看到的根尖永久切片中细胞的结构特点完成学案。<br>（2）利用多媒体教学设备与学生一起总结根尖的结构特点。<br>（3）对学生的表现做出评价，并回答学生在探究实验中的发散性问题 | （1）培养学生发现问题、解决问题、总结概括的能力。<br>（2）通过相关问题的解答与评价，让学生反思在小组合作探究活动中的表现并引起学生对下一个问题的兴趣 |
| 解决问题三：根尖各部分结构的功能 | （1）以小组为单位进行讨论，根据根尖每个区域细胞的形态结构特点推测其功能。 | （1）引导学生从根尖各部分细胞结构特点推测根尖各部分的功能。 | （1）加强学生对科学思维的认识。<br>（2）通过讨论，培养学生的合作意识和交流能力 |

（续表）

| 设计流程 | 学生行为 | 教师行为 | 行为目标 |
|---|---|---|---|
| | （2）完成学案的表格部分并展示 | （2）指导学生形成科学思维，根据已有现象推测发现规律并实验验证。<br>（3）指导学生以小组为单位交流自己的思考过程 | |
| 思维拓展知识应用 | 移栽携带土“坨”的目的是什么 | （1）引导学生总结根尖各部分的功能及其在真实情景中的应用。<br>（2）带领学生拓展思维，总结提升能力 | （1）通过小组合作讨论，进一步巩固学习成果，并提升学生的思维深度与广度。<br>（2）检测学生在真实情景中应用知识的能力。<br>（3）进一步培养学生的合作意识和语言表达能力。<br>主线3：理解→应用 |
| 小试牛刀 | 让学生完成学案上两道经典练习题 | （1）统计练习的正确率，评价学生的学习效果。<br>（2）及时发现学生在学习过程中出现的问题 | 通过练习检测学生的学习效果 |
| 课堂小结生命观念培养 | （1）学生通过教师的问题串体会生命观念。<br>（2）观察玉米幼苗的生长情况，总结生长过程的特点并思考。 | （1）通过一粒小小的种子成长成参天大树的过程，引导学生明确“树有多大，根就有多深”。<br>（2）从植株的生长过程中引导学生思考，植株从根开始生长是为了更好地吸收营养物质供给植物体。 | 将生物学知识与生产探寻、生活实际、科学研究密切联系，这样的情境便有了“灵魂”，可以带给学生更多对生命的启迪和思考 |

（续表）

| 设计流程 | 学生行为 | 教师行为 | 行为目标 |
|---|---|---|---|
| | （3）从生物学新课标中的生命观念、科学思维、探究实践、合作能力等方面总结本节课的收获 | （3）我们也应该从青少年时期开始打好基础，并向周围优秀的同学学习 | |
| 课外探究作业 | 植株的生长从幼根开始，是为了更好地吸收营养物质，让植株更好地生长，那么根从土壤中吸收了哪些营养物质？学生答：水和无机盐。探究作业：设置对照实验，探究玉米幼苗的生长需要无机盐 | | |

## 六、单元教学实践反思

最初接到“大单元教学板块”出课人的任务时，自己对大单元教学的组织形式及概念并不明确。通过参加青岛市组织的各类教研活动，我认真聆听学习了省教研员对大单元教学的介绍，对这一教学模式形成了初步认识。之后，我多次与生物组各位老师进行交流、探索，向青岛市生物教研员邹传龙老师请教，确定了本节课以生物学核心素养为依据，结合学情分析制定单元教学目标；通过提炼核心问题“玉米的一生要经历哪些过程”，将核心问题分解成多个子问题，分别制订任务、情景、学生活动以及学习评价。在课堂展示中，学生与学生之间、学生与老师实现了多次思维碰撞。同时，运用情境教学和实验探究等多样的教学模式探究课堂本质，落实“大单元、小切口”教学原则。另外，培养学生的动手能力、分析和解决问题的能力、交流合作的能力以及科学的思维方法，从而使学生的实验探究能力和生物科学素养得到全面的发展。

# “专制走向民主”单元教学设计

八年级历史　李正彝

## 一、指导思想及其依据

《义务教育历史课程标准（2022年版）》提出了“基于单元主题学习整合教学内容”“运用大概念对教学内容进行整合”“创设历史情境”和“明确学习任务”等课程实施建议，要求将历史教学内容进行整合。大概念是指能够整合下层小概念，将历史学科关键思想和相关内容联系起来的最关键的概念，是能够统领历史学科各个知识点的核心概念，是历史学科知识体系中的基石和关键。基于“新课标”的课程实施建议以及落实历史学科核心素养的需求，以大单元教学作为初中历史新授课教学的主要模式，是历史教师的必然选择。这就需要对大概念进行深度、合理、规范的解析，据此确定单元教学的目标以及单元内每课时的教学目标，明确单元教学主题的方向，从而活化大概念，创新大单元主题的内涵。

## 二、单元教学内容规划

根据现阶段的大单元教育研究，综合一线教育经验与需求，笔者认为，基于大单元的初中历史新授课教学可从构建大概念、设计大目标、分解大任务三个维度入手，为学生提供更多综合性学习和实践探索的机会。下面将结合“新文化运动”一课的教学实践，梳理大单元教学的有效策略和主要行为。

1. 整合课程教学内容，构建大概念

“专制走向民主”单元的内容上承第一、二单元中农民阶级、地主阶级洋务派、资产阶级维新派对救亡图存及近代化的探索，下启第四单元新民主主义革命的开始及中国共产党的探索，是中国近代中华民族救亡图存及近代化的探索重要阶段和内容。而“新文化运动”一课是第四单元的第一课，主要介绍了面对西方列强的侵略，中国人民开始觉醒，开始了救亡图存的探索。本课在教材中起到承上启下的作用，既是旧民主主义革命的补充，即向学生展示资产阶级领导的革命道路存在局限性，人民思想亟需解放的社会背景；又是新民主主义革命的序曲，即时代青年进行伟大的思想解放运动，把马克思主义作为理论武器，开启工人阶级领导中国革命的历史新篇章。为了使教学过程更加顺畅与连贯，使学生更好地掌握历史脉结，促进学生高阶思维的形成，我们通过研读课标、教材，查找相关文献，思考新文化运动与第三单元、第四单元之间的逻辑关系，在此基础上整合课程教学内容，确定了以大概念为核心的单元教学框架。

根据上述教材的内在联系我们可知，辛亥革命推翻了清朝统治，北洋军阀的统治反映了民主共和外衣下依然存在专制集权，此时新文化运动应运而生。辛亥革命和新文化运动分别从政治和文化的角度改变了中国社会。而无论是政治还是文化，它们都共同反映出一个主题，即“专制走向民主”，且在时空观念上，辛亥革命与新文化运动皆属于旧民主主义革命。因此我们可将“专制走向民主”作为大概念，在此基础上整合课程教学内容，形成以大概念为核心的单元教学框架。

2. 聚焦学科核心素养，设计大目标

为了更好地实施大概念教学，我们通常需要对本概念内的教学内容进行整合，形成新的单元整体教学目标，也就是相对于各节课程教学目标这一“小目标”的大单元学习“大目标”。历史学科核心素养是学生在学习历史过程中所养成的相对稳定的、必备的、具有历史学科特征的思维品质和关键能力，是历史知识、能力、方法以及情感价值观的有机构成与综合反映，对教学具有指导性作用。因此，大单元的指导目标也可以从历史学科的五大核心素养——家国情怀、时空观念、史料实证、历史解释、唯物史观中提取。在具体教学中，我们不必对素养培育的整体性要求感到左支右绌，而是可以根据单元教学内容、课程目标、学情等现实教学因素，适当突出素养培育重点，深入挖掘该素养的内涵或具体表现，将其提炼为单元教学的主题，由此凸显历史课程教学的创意和新意。而通过对历史知识的重组，提炼历史专题，可以帮助学生了解历史的发展特征，形成正确的整体史观，促进对历史知识体系的构建。

3. 立足单元结构逻辑，分解大任务

大单元视域下，大概念、大情境往往都是借助大任务落实的，大任务的设计和应用是教学实践中的关键一环。我们可以在历史学科核心素养的导向下，根据大概念，确定教学主题，围绕主题把教学内容进行结构化处理，着手设计历史学科大任务，借助框架体系导出大任务，引导学生深入分析和解读课程知识，并在完成任务的过程中形成完善的历史学核心素养。本单元大概念“专制走向民主”是中国近代时代背景下的必然趋势，也是一个艰难曲折的过程，因此探索这一趋势的深层逻辑和辛亥革命、新文化运动、资本主义经济发展之间的关系即为本单元的大任务。

现在使用的初中历史教材具备时序性特征，每个单元都以时空发展的先后顺序为纵线、以不同的历史事件为横线，构成了一个完整的教学体系，在这个体系内，每项教学任务都存在一定的关联。在设计大任务时，我们要紧扣史料实证、历史解释等核心素养以及不同课时的课程内容，丰富学习任务的内容、创新学习任务的种类，围绕该单元所呈现的主题来进行内容整合，以此优化学生的学习体验，带领学生在大情境中分析史料、解读史料，推动历史学科核心素养的培养。同时，相对于“大概念”，在学习过程中必然出现多个“小概念”，这是每个具体课时的核心概念。教师可以整合相关内容，在大任务的引领下设置不同课时的小任务，分解完成大单元的教学目标。

## 三、单元教学目标设计

根据上述分析以及历史学科的特点，我们从学生的实际情况切入，确定了以现实学情为基础、充分体现历史新课标精神与核心素养要求的大单元学习目标。本节课的授课对象为八年级学生，他们对历史知识有新鲜感与好奇心，同时又经过一年多的学习，具备一定的史料实证和历史解释能力，学习的创造性得到了发展。此外，学生在日常的爱国教育中，对本段历史也有一些了解，这就为本单元的学习奠定了基础。因此，我们坚持“以学定教”，即以学生的真实学情为中心开展课程内容的讲授，层层剖析展开课程学习。本单元教学文字和图片史料丰富，这些史料是帮助学生理解理论知识和课程内容的支架。我们通过选取通俗易懂的材料以降低理论难度，选用有血有肉的真实历史人物，让学生感兴趣、想学习、能理解、会探究，提升课堂参与度、活跃度，培养学生勤学善思的能力和史料实证意识。在设计教学大目标时，我们可以将教材内外的史料作为切入点，关联学生的真实学情。

（1）概述孙中山等民主革命先行者早年的革命活动，认同革命先烈的爱国精神。（家国情怀）

（2）阐述武昌起义及中华民国成立的史实，分析解读材料，认识辛亥革命意义和局限性。（史料实证、历史解释）

（3）以傅斯年青年时期的人生经历为线索，说出新文化运动的代表人物，并结合史料，分析新文化运动的地位和作用。（史料实证、历史解释）

（4）解读材料，说明 19 世纪 20 年代“专制走向民主”的社会发展趋势，梳理中华民国初期北洋军阀统治期间，革命党人和北洋军阀间为了民主和专制之间斗争的历史脉络，感悟民族民主革命的艰巨性。（时空素养、历史解释）

（5）解读地图，分析辛亥革命、新文化运动、资本主义经济的发展三者之间的关系，初步了解经济基础决定上层建筑，经济决定政治、文化，政治、文化又反作用于经济的原理。（唯物史观）

## 四、单元课时任务安排

1. 单元主题

资产阶级革命派对民主共和的探索。

2. 主题划分及课时分配

本单元分为走向民主、挽救民主和再造民主 3 部分，分别对应教材第 8~10 课、第 11 课和第 12 课。具体内容有如下几个方面。

（1）走向民主：第 8 课及第 9 课第一部分“革命志士的奋斗”（课时 1）；第 9 课“武昌起义”及第 10 课“中华民国的建立”“《中华民国临时约法》”（课时 2）。

（2）挽救民主：第 10 课“袁世凯窃取革命果实”及第 11 课（课时 3）。

（3）再造民主：第 12 课“新文化运动”（课时 4）。

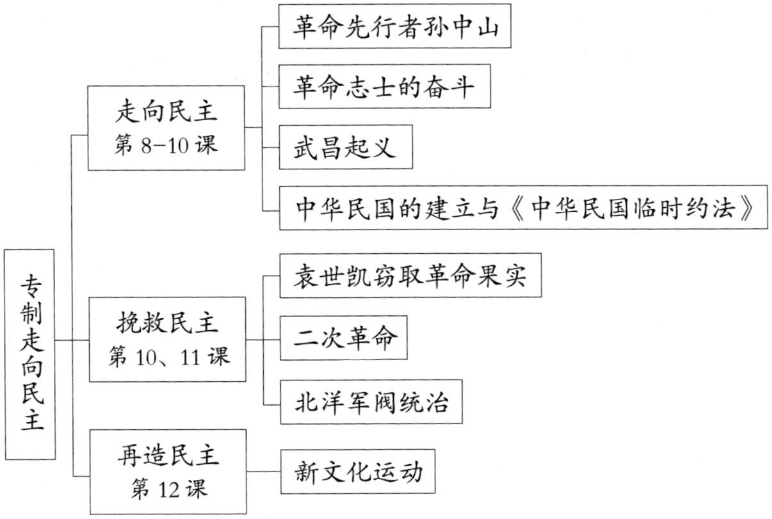


图 43“专制走向民主”课时任务安排

## 五、单元教学过程设计

### （一）单元教学整体思路

1. 课题及教学内容分析

本单元有 5 节课，第 8 课“革命先行者孙中山”讲述了以孙中山为首的革命党人为推翻清政府，先后建立了兴中会和同盟会等革命组织，并提出三民主义，使民主革命成为当时的时代潮流。第 9 课“辛亥革命”讲述孙中山等革命志士为推翻清政府进行了不懈的奋斗，举行了多次起义。他们屡败屡战，终于在武昌起义中取得重大胜利。第 10 课“中华民国的建立”讲述中华民国的诞生，但最终袁世凯窃取了革命果实。为了限制袁世凯独裁，孙中山颁布了《中华民国临时约法》。第 11 课“北洋政府的统治与军阀割据”讲述袁世凯上台之后，一再破坏责任内阁制，甚至公然复辟，以孙中山为首的革命派为了维护共和制，与袁世凯进行了不懈的斗争，包括二次革命、护国战争等。袁世凯去世后，中国陷入军阀割据纷争局面。第 12 课“新文化运动”在单元中起到承上启下的作用，既是对旧民主主义革命的补充，即资产阶级领导的革命道路存在局限性，人民思想亟需解放；又是新民主主义革命的序曲，即时代青年进行伟大的思想解放运动，把马克思主义作为理论武器，开启了工人阶级领导中国革命的历史新篇章，从思想解放层面反映出中国知识分子对近代化的探索以及中国走向近代化的曲折过程。

2. 学生情况分析

八年级学生对历史课依旧保持新鲜与好奇，同时，他们又经过一年多的学习，理解、分析、概括、比较能力有了一定的提高，且具备一定的逻辑思维能力，学习的创造性得到了一定的发展。另外，学生在日常的爱国教育中，对本段历史也有了一些了解，这就为本课的学习奠定了一定的基础。因此，本课程内容坚持“以学定教”，即以学生为中心开展课程内容的讲授，层层剖析展开课程学习，选取通俗易懂的材料降低理论难度，选用有血有肉的真实历史人物，让学生感兴趣、想学习、能理解、会探究，提升课堂参与度、活跃度，培养学生勤学善思的能力和史料实证意识。

3. 教学思路与方法

本单元教学主要采用情境教学法、讲授法、演绎法、讨论法、史料研习、课堂讲授与教材阅读相结合。情境教学法是指在教学过程中，教师有目的地引入或创设具有一定情绪色彩的、以形象为主体的生动具体的场景，引起学生的学习兴趣，从而帮助学生理解教材，使学生的心理机能得到发展的教学方法。情境教学法的核心在于激发学生的情感，本节课以历史新课标为导向，对教材内容进行整合创新，辅以多样化的教学手段，如视频、史料、图片来创设历史情境，让学生走进历史，结合学生已学的基本史实、知识观点、思维体系、价值观念等进行理论研究与实践建构，引导学生独立思考，最后得出结论，激发学生学习的积极性和主动性，实现高质量育人。

### （二）课时教学设计案例剖析：“新文化运动”

在“专制走向民主”的大概念下，笔者结合“新文化运动”一课的教学实例，梳理大单元教学的有效策略和主要行为。本节课的大任务为研究傅斯年这一真实的历史人物，围绕他的生平进行课时任务安排。具体内容有如下几个方面。

（1）研究傅斯年。通过深入研究傅斯年这一真实历史人物，构建北京大学学生亲身经历新文化运动的情境。

（2）辛亥革命与新文化运动的关联。引导学生思考辛亥革命的失败原因与新文化运动兴起的内在联系，紧密结合情境中的内容。

（3）史料梳理研读。学生需要广泛获取该时代背景下思想文化变化的相关资料，包括西方思潮对近代社会的冲击、不同历史人物的生平、思想和文学成就等。

（4）场景演绎。围绕“人物命运”这一主题，设计场景演绎，让学生亲身体验并理解历史背景。

（5）《新青年》读书会。组织学生阅读《新青年》等相关文献，深入探讨新文化运动的突出成就及其局限性。

（6）了解“专制走向民主”。学生将感受这一时期思想文化发生的转变，从专制走向民主的历史进程中汲取经验。

（7）为新时代文化建设建言献策。鼓励学生为新时代文化建设提出建议，提升学生的历史实践能力和综合素质。

这些内容将有助于学生深入了解历史、拓宽视野，并提高他们的历史素养和实践能力。

**表 95“新文化运动”课时教学设计**

| 课程基本信息 | | | |
|---|---|---|---|
| 学科 | 历史 | 年级 | 八年级 |
| 课题 | 第 12 课 新文化运动 | | |
| 教科书 | 人教版《中国历史》八年级上册 | | |
| 教学目标 | | | |
| （1）以傅斯年青年时期的人生经历为线索，概述新文化运动兴起的背景、标志及新文化运动的主要代表人物及其作品。运用历史的、辩证的观点分析评价新文化运动的历史意义和局限。（唯物史观、史料实证、历史解释） | | | |

（续表）

| 教学目标 | | |
|---|---|---|
| （2）阅读新文化运动时期的相关作品及其他史料，获取有效的历史信息，领悟“论从史出，史论结合”的历史思维方法。客观评价新文化运动，形成辩证唯物主义和历史唯物主义的历史思维方法。（史料实证、唯物史观）<br>（3）感悟陈独秀、胡适、鲁迅等人在新文化运动中的勇敢精神和先锋作用，认同个人命运与社会背景和国家发展息息相关，同时个人选择也会推动社会进步，增强热爱祖国、建设祖国的历史使命感，增强民主与科学意识（家国情怀） | | |
| 教学重点难点 | | |
| （1）教学重点：新文化运动的背景、内容与意义。<br>（2）教学难点：新文化运动的评价 | | |
| 教学资源和教学方法 | | |
| （1）教学资源：历史图片、文字材料、多媒体、读书会材料卡。<br>（2）教学方法：情境教学法、讲授法、演绎法、讨论法、史料研习、课堂讲授与教材阅读相结合 | | |
| 板书设计 | | |
| 新文化运动<br>标志　概况<br>主要内容　主要人物<br>历史意义 | | |
| 教学过程 | | |
| 教学环节 | 教学活动 | 设计意图 |
| 新课导入 | 以“每个人的生命，都是历史的一部分，而每个人的命运，也与历史紧密相连”为导入语设置情境。<br>过渡：本节课我们跟随一位民国青年傅斯年来进行学习 | 激发学生兴趣。<br>介绍中华民国建立初期的社会背景 |

（续表）

<table>
<tr><th>教学环节</th><th>教学活动</th><th>设计意图</th></tr>
<tr><td>新课讲授</td><td>
出示傅斯年的出身和早期求学经历。<br>
问题：傅斯年考入了北京大学预科，作为接受新式教育的有志青年，傅斯年期待看到一个怎样的中国？可实际上的中国又是怎样的？

出示材料，请学生分析社会背景。<br>
过渡：1916 年，傅斯年升入北京大学的文科的国文门。<br>
问题：傅斯年来到北京大学后期望看到一个不一样的求学环境，但是他接受的是怎样的教育呢？<br>
师生演绎小剧场一

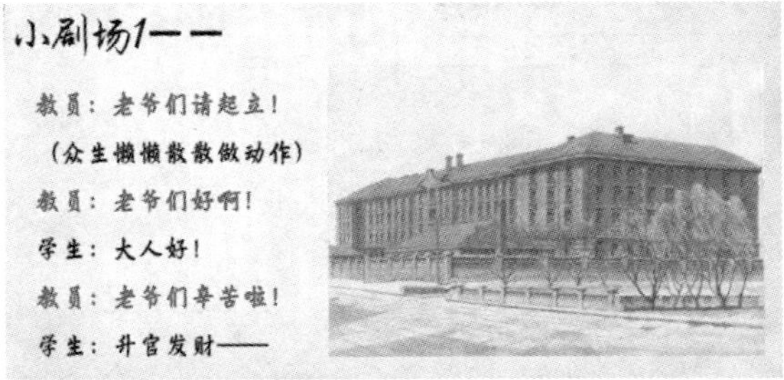


过渡：引导学生思考：“我”需要一个怎样的北京大学？<br>
问题：“我”需要一位怎样的校长？<br>
出示蔡元培的“简历”。<br>
询问学生对蔡元培出任北大校长一职是否满意。<br>
介绍蔡元培的任职过程并请学生演绎蔡元培的就职演说。
</td><td>培养学生的史料分析能力，以傅斯年的亲身经历使学生了解那时的中国亟须进行思想革命，探索救国救民的新道路。掌握新文化运动的兴起是历史发展的必然</td></tr>
</table>

（续表）

<table>
<tr><th>教学环节</th><th>教学活动</th><th>设计意图</th></tr>
<tr><td></td><td>
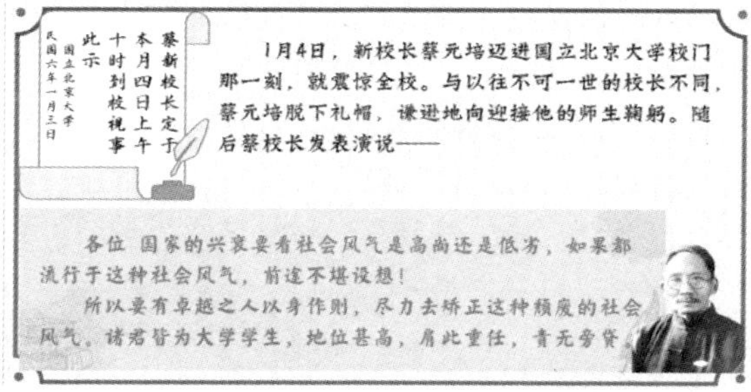

<br>问题：为了矫正颓废的社会风气，“我”需要怎样的老师？<br>介绍在北大任教的新文化运动的代表人物，介绍他们的主要思想和北京大学思想自由、兼容并包的教学理念。<br>过渡：在先生们的带领下，文化界掀起一场新文化运动。<br>教师展示课题。<br>出示材料：陈独秀决定通过办杂志洗刷旧思想。<br>问题：根据教材第 58 页的内容自主学习陈独秀创办杂志的过程。<br>教师引导总结新文化运动开始的标志和《新青年》的基本信息。<br>过渡：于是《新青年》和北京大学成了新文化运动重要的阵地之一。<br>过渡：小剧场二。<br>组织《新青年》读书会。<br>
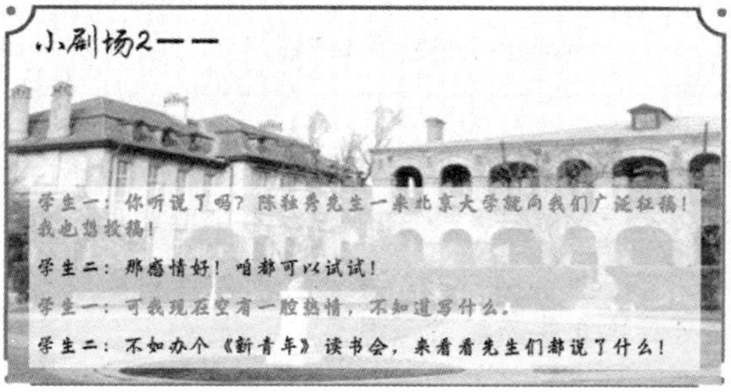

</td><td>联系课堂内外，调动知识储备，培养学生提取信息、把握信息、分析信息的能力。引出新文化运动的主要代表人物及阵地<br><br>结合材料，小组分工合作，引导学生学会解读史料、提取材料信息，提高其概括及分析问题的能力，引导学生了解思想解放的重要性</td></tr>
</table>

（续表）

<table>
<tr><th>教学环节</th><th>教学活动</th><th>设计意图</th></tr>
<tr><td></td><td>问题：先生们发现了哪些问题？又提出了怎样的解决方法？<br>以小组为单位完成读书任务，讨论解决问题的方法。<br>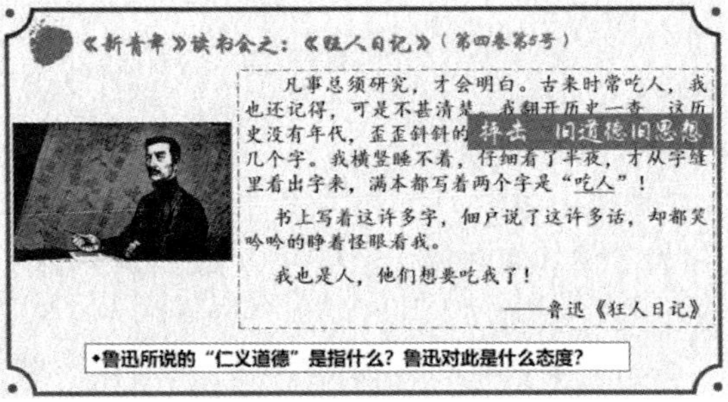<br><br>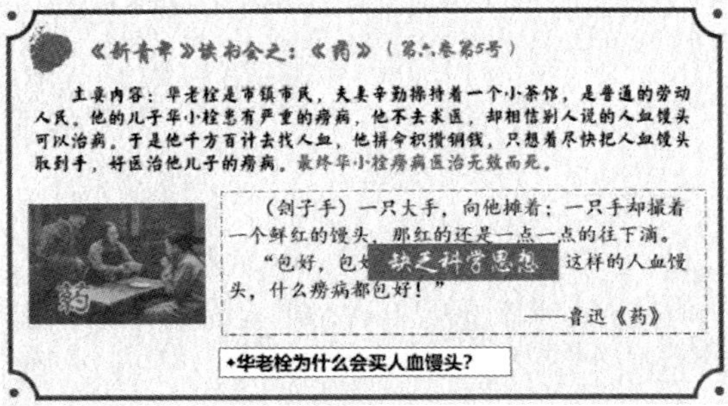<br><br>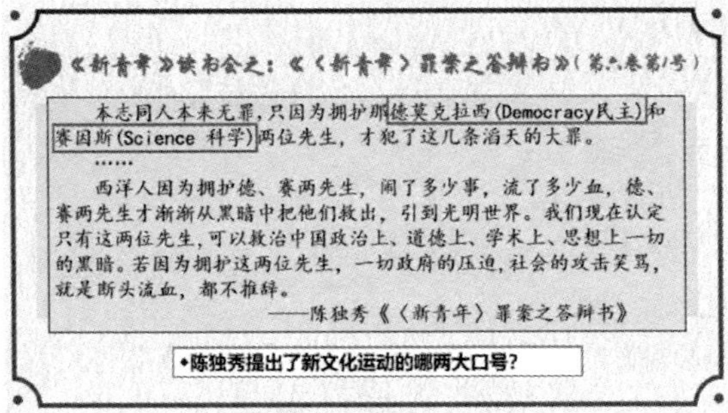<br><br>小结：新文化运动的主要思想主张。<br>过渡：在进行思想革命的同时，先生们发现，想要更好地宣传思想，必须让大家看得懂他们的文章。可是民众能不能看懂呢？</td><td>本课重点：新文化运动的基本内容</td></tr>
</table>

（续表）

<table>
<tr><th>教学环节</th><th>教学活动</th><th>设计意图</th></tr>
<tr><td></td><td>出示故事：秀才娶妻。<br>介绍陈独秀、胡适的作品，阐述其核心思想，引出新文化运动的另一基本内容：文学革命。提倡白话文，建设新文学。<br><br><br>请学生思考白话文的优势并举例说明。<br>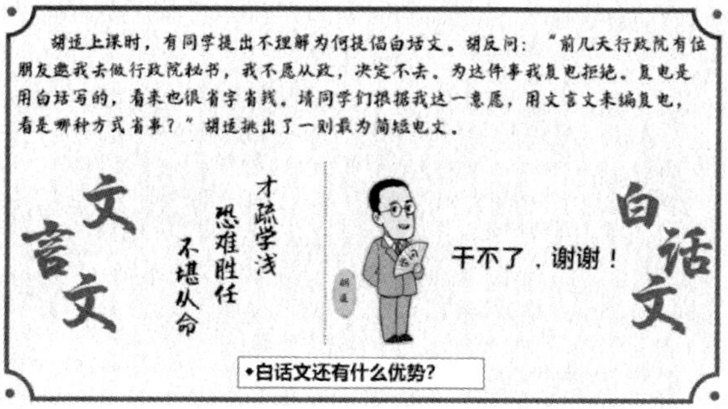<br><br>过渡：但是，在宣传新文化运动的同时，一些先生提出了这样的观点。<br>出示陈独秀、钱玄同的观点，引导学生思考新文化运动的局限性和应该如何对待传统文化。</td><td></td></tr>
</table>

（续表）

| 教学环节 | 教学活动 | 设计意图 |
| --- | --- | --- |
|  | 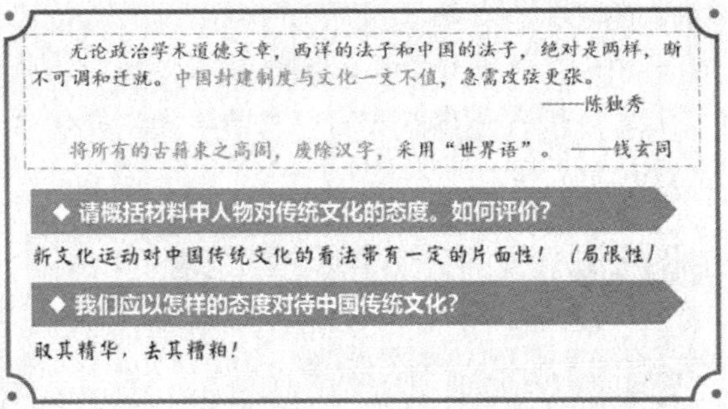<br><br>过渡：通过读书会，相信同学们对先生们的理念有了初步认知。<br>问题：以下同学的做法是否符合新文化运动的主张，为什么？<br>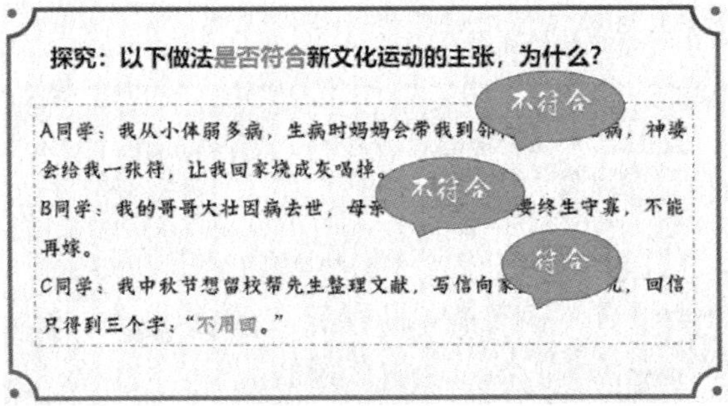<br><br>过渡：傅斯年在这场伟大的运动中也深受影响。<br>出示材料：介绍傅斯年在《新青年》上发表文章，声援新文化运动，并与同学组织新潮社，创办《新潮》月刊。<br>在这场运动中，越来越多的人和他一样，勇敢地站了出来，让我们一起来看看这些新青年们做出了怎样的选择。 | 通过介绍社会变化，了解新文化运动使青年思想逐渐解放，中国青年开始睁眼看世界，开始接受新思潮，探究新文化运动的影响。<br>史料说明，中国青年不断探索救国救民道路，加深对时代背景的理解并自然过渡到新文化运动的第三条影响：为五四运动起了思想宣传和铺垫的作用。同时，通过三位爱国青年的事迹，引导学生感悟爱国精神，学史明志 |

（续表）

| 教学环节 | 教学活动 | 设计意图 |
| --- | --- | --- |
|  | 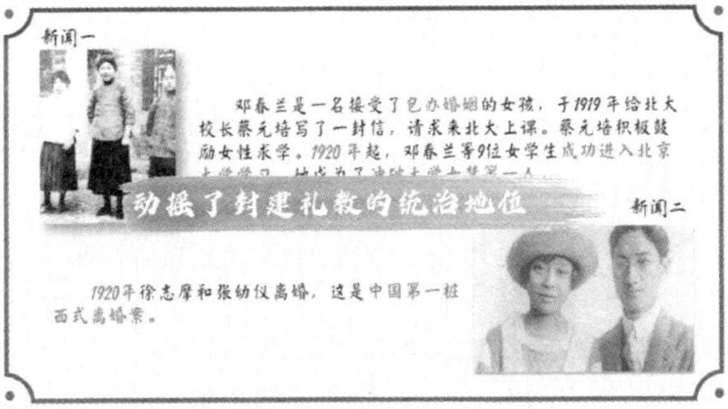<br><br>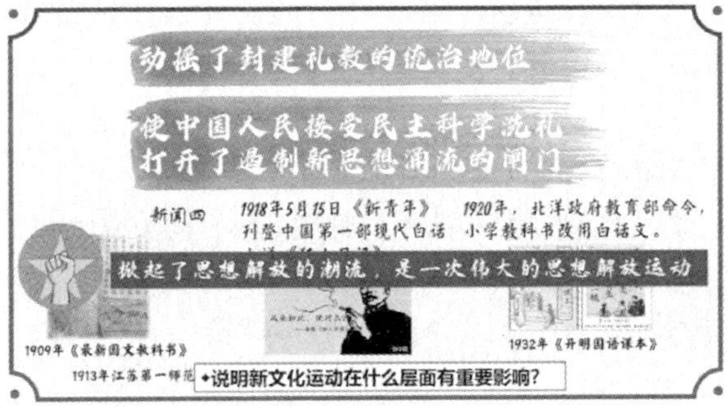<br><br>问题：根据材料分析新文化运动的影响。<br>出示文字史料，提出问题，引导学生结合史料探寻新文化运动给中国社会带来的影响，明确新文化运动是一场空前的思想解放运动。<br>介绍以傅斯年为首的新潮社成员在面对巴黎和会外交失败时，做出了怎样的选择。<br>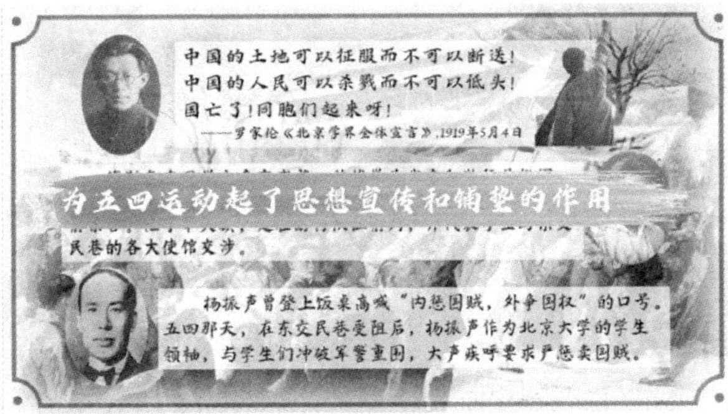<br> |  |

（续表）

| 教学环节 | 教学活动 | 设计意图 |
|---|---|---|
| | 提问：为五四运动做思想宣传和铺垫的是哪场运动？<br>引导学生思考新文化运动和五四运动的关系 | |
| 课堂小结 | 以“一场运动、两个阵地、两大口号、三大内容和五大人物”为线索，梳理本课的主要知识 | |
| | 过渡：让我们以一段视频重温先生们的初心。<br>播放视频回顾新文化运动的主要人物。<br>对于新文化运动时期的代表人物，陈旭麓是这样说的：“处于多灾多难之世，怀忧国忧时之思，向西方寻求真理，为中国寻找出路，成为最自觉的承担时代使命的社会力量。”<br>“国民之魂，文以化之；国家之神，文以铸之。”一个民族的繁衍生息需要强大的精神支撑；一个国家的发展，离不开文化的滋养呵护 | 对本堂课学习的内容进行总结反馈。通过新文化运动中有识之士的思想，感受文化对社会发展的重要影响，体会新时代文化建设的重要性 |
| 作业设计 | | |
| 探究作业：思考如何为新时代文化建设建言献策 | | |

## 六、单元教学实践反思

本单元的教学以史实为基础、以问题为载体、以情境为主线、以活动为实现方式，师生互动、生生互动，经过全体课堂参与者的阅读、思考、讨论、分析、对比，使每个学生都经历了一个主动获取知识、应用知识、解决问题、完善情感、升华人格的自主学习过程。学生能根据材料得出结论，体现了教师的主导作用和学生的主体作用。同时，采用讨论法分组合作，课堂气氛活跃，对近代民主革命的理解更加深入。

但是，在整合课堂内容的同时，也要注意学生对基础知识的掌握；在注重课程逻辑的同时，也要注重删繁就简，突出重点。本课中需要学生自主观察、思考、探讨的问题相对较多，需要加强小组合作，同时对教师的课堂把控力和学生参与度也提出了较高的要求。

# “棉花帝国：资本主义发展史”单元教学设计

七年级历史 龚彦萍

## 一、指导思想及其依据

世界近代史的教学内容重点展现资本主义的产生、发展与全球扩张，社会主义从空想到科学的发展，以及殖民地半殖民地人民争取民族解放的斗争历程。在这一历史阶段中，世界各地区相对孤立和相互隔绝的状态，被日益发展的资本主义世界市场和血腥的殖民扩张打破，人类逐渐步入相互联系、相互依赖的阶段，进而产生了真正意义上的世界历史。

历史新课标要求世界近代史的教学，要注重引导学生运用唯物史观认识世界近代历史发展的规律；引导学生从全球视角把握近代以来世界整体发展的脉络和重要的历史发展节点，理解世界逐渐形成一个整体的趋势。要使学生通过具体的史实，认识工业革命的进步性及带来的问题。在教学过程中，要重点把握世界近代史发展的三条线索，即资本主义的产生与发展、社会主义运动的兴起、殖民地半殖民地人民的反抗斗争，使学生认识资本主义发展的历史进步性和局限性，以及野蛮性、残酷性和扩张性；认识马克思主义诞生的伟大历史意义；认识殖民地半殖民地人民反抗资本主义侵略扩张斗争的正义性和合理性。要注意引导学生对同类史事进行比较、概括和综合。

棉花，这个我们生活中无比熟悉的植物，它历经了资本主义的兴起过程，也见证了现代世界形成的过程。本次大单元教学设计思路是以棉花帝国的形成为微观切入点，宏观展开资本主义发展史的教学，从全球史观的视角把握世界近代史的三条线索。

## 二、单元教学内容规划

1. 第一课时：棉花催生三角贸易

15 世纪末的地理大发现使得跨大西洋贸易网络建立起来，棉花的命运开始改变。面对不断攀升的棉花价格和急速扩大的市场，欧洲殖民者开始了贩卖黑奴的贸易，非洲被强行卷入棉花经济中；世界经济出现分工，非洲黑奴被锁定在为美洲种植园提供廉价劳动力的位置上，英国人则将自己从种植原棉的负担中解脱出来；非洲黑奴在美洲经济发展中扮演了重要的角色，但他们却处于被奴役的地位。总之，美洲棉花的种植催生了三角贸易，也促进了欧洲殖民者的殖民扩张。

2. 第二课时：棉花引爆工业革命

因棉布的生产成本很高，因此印度的棉产品更具有竞争力。为了获取更高的利益，提升生产效率，棉纺织业的关键创新出现了。例如，1773 年的飞梭、18 世纪 60 年代的珍妮纺纱机、1769 年的水力纺纱机、1779 年的骡机、1785 年的动力织布机。这些技术创新，让英国的棉花制造成本最终低于印度。纺织业的革新波及各行各业，把越来越多的人卷入这场大规模的分工变革中。总之，纺织业是开启工业革命的引擎，而棉花就是开启引擎的导火索。

3. 第三课时：棉花铸就世界市场

棉花帝国依赖种植园和工厂、奴隶和受薪劳工、殖民者和被殖民者、铁路和蒸汽船。简言之，它依赖一个由土地、劳动力、运输、制造业以及贸易组成的全球网络。资本主义的残酷剥削和列强疯狂的殖民扩张，使资产阶级和无产阶级的阶级矛盾、列强与殖民地半殖民地国家人民的民族矛盾被激化，工人运动和民族解放运动蓬勃发展。

4. 第四课时：棉花导致南北战争

美国南部土地肥沃，劳工价格低廉，棉花品种好、产量高。为了满足采摘棉花的人力需求，黑奴贸易翻了几倍。美国内战前夕，美国南部已经被认为是棉花帝国的命脉。美国北方拥有丰富的煤铁资源、密集的人口、便利的运河网络，北方利用这些优势发展起了自己的棉纺业。为了保护国内棉纺业，北方人希望提高进口税，抵挡廉价的英国货。但这个提议遭到南方庄园主的强烈反对。北方人认为落后的奴隶制绑架了棉纺业急需的劳动力，两种不同的经济模式之间产生了巨大的冲突，导致了南北战争。

**三、单元教学目标设计**

（1）学生围绕欧洲殖民者在美洲进行的棉花种植，绘制三角贸易示意图。通过史料分析，了解新航路开辟后的殖民扩张、物种交换和全球贸易，深刻理解资本原始积累的野蛮性和残酷性。（唯物史观、史料实证、历史解释）

（2）学生探究珍妮机、织布机、蒸汽机的出现与棉纺织业发展的关系，了解工业革命是如何出现并改变世界的。通过学生的讨论，使学生能认识到工业革命对于资本主义发展起到的重要作用，能从殖民地和半殖民地的角度了解工业革命带来的负面影响。（历史解释，唯物史观）

（3）学生自主梳理，能分析工业革命既促进了资本主义的发展，也促进了无产阶级的诞生，同时给工人阶级、殖民地人民带来了深重的灾难，对人类社会产生了深远的影响。学生通过马克思、玻利瓦尔和章西女王的事迹，感受历史人物的革命精神。（唯物史观、时空观念，史料实证）

（4）以南方棉花种植园经济为切入点，了解美国南北方经济的矛盾，分析美国内战爆发的原因。学生能知道美国内战的经过，了解林肯作出的贡献，懂得在历史情境中理解历史。通过史料分析美国内战的性质和影响，认识到统一对国家发展的促进作用，明确国家统一的意义。从全球史观角度分析美国内战对美国资本主义发展的作用和对当时资本主义世界格局的影响。（史料实证、时空观念、家国情怀）

**四、单元课时任务安排**

（1）第一课时：九年级上册第 16 课，早期殖民掠夺。

（2）第二课时：九年级上册第 20 课，第一次工业革命。

（3）第三课时：九年级上册第 21 课，马克思主义的诞生与国际共产主义运动。九年级下册第一课，殖民地人民的反抗活动。

（4）第四课时：九年级下册第 3 课，美国的内战。

**五、单元教学过程设计**

（1）第一课时：棉花催生三角贸易——资本主义的原始积累。

（2）第二课时：棉花“引爆”工业革命——资本主义经济的空前发展。

（3）第三课时：棉花铸就世界市场——资本家的压榨激起了工人和殖民地人民反抗。

（4）第四课时：棉花导致南北战争——为美国资本主义发展扫除了障碍。

## （一）第一课时：棉花催生三角贸易

表 96 第一课时教学设计

| 教学环节 | 教学活动 | 设计意图 |
|---|---|---|
| 导入新课 | 教师：棉纺织品是生活中的必需品，你们知道世界上棉花的原始产地是哪里吗？（引导学生根据其生长条件来判断）<br>答案：（公元前 2000 年至 15 世纪末）世界原始棉产区的位置：中美洲、非洲、南美洲、亚洲。中国在宋朝开始种植棉花，南宋时兴起了棉纺织业 | 给学生构建起一种全球视角，通过棉花原始产地和现代产地的对比，激发学生的兴趣，由此引出“棉花在各地的出现也是一种全球化的历程”，开启本课的学习 |
| | 教师：请大家观察，15 世纪前后棉花的生产、消费中心发生了怎样的变化？（出示图片进行对比）<br>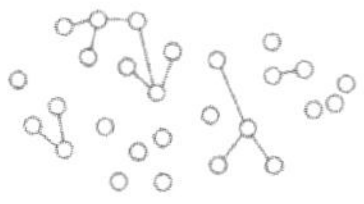<br>公元前 2000 年至公元 1600 年，棉花种植者、制造商和消费者呈多中心、零散分布<br>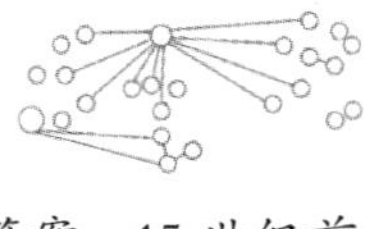<br>1600 年至 1780 年，棉花产业的全球性网络出现，并越来越集中在欧洲<br>答案：15 世纪前，棉花种植和消费呈现多中心且零散分布的状态，15 世纪后棉花产业全球性网络出现，并集中在欧洲。 | |

（续表）

<table>
<tr><th>教学环节</th><th>教学活动</th><th>设计意图</th></tr>
<tr><td></td><td>教师：接下来的课程让我们一起探寻，棉花种植是如何突破原始生长条件限制成为一种全球作物的，棉花的历史反映了世界怎样的变化</td><td></td></tr>
<tr><td>第一篇章<br>葡萄牙、西班牙暴力入侵美洲</td><td>活动：根据课本内容归纳葡萄牙和西班牙的殖民方向、范围和方式。
<table>
<tr><td>殖民国家</td><td>葡萄牙</td><td>西班牙</td></tr>
<tr><td>殖民方向</td><td></td><td></td></tr>
<tr><td>殖民范围</td><td></td><td></td></tr>
<tr><td>殖民方式</td><td></td><td></td></tr>
</table>
教师出示材料，帮助学生了解葡萄牙与西班牙在美洲的暴力征服与残酷掠夺。<br>材料一：在中南美洲，西班牙人强迫土著居民印第安人在矿井进行繁重劳动，印第安人大批死亡。<br>材料二：1502—1660年，西班牙从美洲掠夺了1.86万吨白银和200吨黄金。到16世纪末，世界金银总产量有83%被西班牙占有。<br>教师：葡西两国的殖民活动对本国发展产生了怎样的影响？<br>答案：商人购买地产和贵族头衔，没有投资工业，错失了发展机会</td><td>通过问题设计，引导学生分析材料、归纳知识，了解葡萄牙和西班牙在美洲的暴力征服与残酷掠夺。在对材料的分析和问题的探究过程中培养学生自主思考的能力</td></tr>
</table>

（续表）

| 教学环节 | 教学活动 | 设计意图 |
|---|---|---|
| 第二篇章<br>英国后来居上殖民美洲 | 教师：阅读图片和课本，分析英国开拓海外市场（殖民美洲）的原因？<br><br><br>答案：资本主义生产方式的确立，需要广阔市场；英国政府支持，拥有强大的海军力量。<br>教师：根据文字材料与图片，总结英国在美洲的殖民掠夺方式。<br>材料一：……（美洲的殖民者）发明了一条新的致富路径：开辟种植园种植热带和亚热带作物。<br>——斯文·贝克特《棉花帝国》<br>材料二：<br>答案：①建立大种植园，生产各种原材料（美洲开始了棉花的种植）。<br>②三角贸易：欧洲—非洲—美洲。<br>活动一：学生进行小组活动，共同绘制“三角贸易”图，推荐代表上台讲述。<br>教师提示：英国商人把手工业产品运往非洲销售，在非洲获取黑奴（劳动力）运往美洲贩卖，在美洲购入原材料（如棉花）返回英国。三角贸易的核心是“贩卖黑奴”。 | 以小组为单位交流，培养学生合作探究的精神 |

（续表）

| 教学环节 | 教学活动 | 设计意图 |
| --- | --- | --- |
| | 活动二：读史料，分析殖民掠夺的影响。<br>材料一：在贩运过程中，由于卫生、食品、饮水条件极差，许多奴隶或被闷死在船舱里，或因传染病和航期过长而被扔进大海淹死。据估计，每次运送奴隶到美洲，就有约 5/6 的奴隶死在追捕和贩运的过程中。在 400 年罪恶的奴隶贸易中，有 1200 万至 3000 万人被从非洲运往美洲。整个非洲大陆因奴隶贸易损失的人口至少有 1 亿。这个数目相当于 1800 年非洲的人口总数，这使非洲部分地区庐舍为墟，一片荒凉。<br>材料二：殖民制度大大地促进了贸易和航运的发展。垄断公司是资本积累的强有力手段。殖民地迅速成为工场手工业的销售市场，保证了财富的积累。靠掠夺、奴役而获得的财富源源不断地流入宗主国，在这里转化为资本。欧洲和亚洲、非洲、美洲之间的贸易日益发展，世界市场扩大了。世界市场的扩大使新的产品出现在各国市场上。<br>答案：对非洲而言，殖民掠夺使这里丧失了近亿劳动力，造成了长期的贫穷与落后。<br>对美洲而言，得到了充足的劳动力，促进了美洲经济的发展。<br>对欧洲而言，获得了资金、市场和原料，为资本主义的发展创造了物质条件。<br>对世界而言，促使世界市场扩大 | 通过对史料的研读，培养学生辩证分析问题的能力 |
| 第三篇章<br>殖民争霸英国笑到最后 | 教师播放视频，使学生了解 17 世纪荷、法、英的争霸过程，知道英国最终获胜，成了“日不落帝国”。<br>教师：英国统治了地球近四分之一的陆地及人口，从西到东横跨 24 个时区，因此被称为“日不落帝国”。英国通过殖民掠夺获得了广阔的殖民地、庞大的海外市场、雄厚的资金，接下来英国会如何发展呢 | 总结英国成为“日不落帝国”的过程，培养学生的时空观念 |

## （二）第二课时：棉花“引爆”工业革命

表 97　第二课时教学设计

| 教学环节 | 教学过程 | 设计意图 |
| --- | --- | --- |
| 导入新课 | 教师：17 世纪欧洲的棉纺织业并不突出，印度的棉产品更具有竞争力。但这一局面在 18 世纪六七十年带发生了改变。<br>为什么在 18 世纪六七十年代棉花制品的主要生产地会转移到欧洲（英国）？<br>答案：18 世纪六七十年代英国爆发了工业革命 | 给学生构建起一种全球视角，激发学生的兴趣。由“棉花引爆了工业革命”，开启本课的学习 |
| 第一篇章<br>工业革命之缘起 | 教师：比较两张图，有何明显不同？<br> <br>答案：生产方式发生了变化，从手工劳动过渡到大机器生产。<br>活动一：英国具备了哪些优势能够率先开展工业革命？<br>教师提示：资本主义的产生离不开劳动力、资本、原料、市场等要素。<br>材料一：光荣革命后，英国建立了一个合适的政治制度，这个制度保证社会有宽松、和平的环境，让人们最大限度地发挥创造能力。<br>——《英国革命史》<br>材料二：手工工场的精细分工使工人长期从事某一工序，因而培养了一批熟练工人和机械师，他们渐渐具备了使用机器和发明机器的能力。 | 通过阅读教材、动画展示和表格归纳，以循序渐进的方式梳理出英国工业革命的进程及成就，突破本课重难点，培养“论从史出”的意识 |

（续表）

| 教学环节 | 教学过程 | 设计意图 |
|---|---|---|
| | 材料三：新航路开辟后，英国对外贸易迅速增长，毛织业带动羊毛价格不断上涨，养羊成为获利丰厚的事业。新兴的资产阶级和新贵族便通过暴力强占农民分地及公有地，大批农民流离失所。（圈地运动）<br>材料四：一次“三角贸易”的航程六个月，利润率100%至300%。<br>答案：政治上，英国确立了君主立宪制，政局稳定，为工业革命提供了政治基础。经济上，英国的“圈地运动”带来的劳动力积累、海外殖民掠夺带来的资本积累、发达的工场手工业带来的技术积累，提供了经济基础。<br>教师：第一次工业革命开始的标志是什么？<br>答案：1765年，珍妮纺纱机的出现。<br>教师引导学生思考珍妮纺纱机与以前工具的不同点；为什么技术的创新发生在纺织业？<br>答案：手工生产无法满足国内外市场对棉纺织品的需求，市场扩大促使技术革新 | |
| 第二篇章<br>工业革命之扩大 | 活动一：1851年英国举办了第一次世界博览会，英国的维多利亚女王亲自主持了开幕式，她称“人类能想出的一切发明”都在这里了。如果让你担任这次博览会的策划人，你会展览哪些“发明”呢？小组合作探究。<br>①纺织机器展区：<br> | 通过让学生担任世界博览会的策划人，培养学生自主归纳教材有效信息和知识点的能力；同时培养学生小组合作的精神 |

（续表）

| 教学环节 | 教学过程 | 设计意图 |
|---|---|---|
| | ②动力机器展区：<br>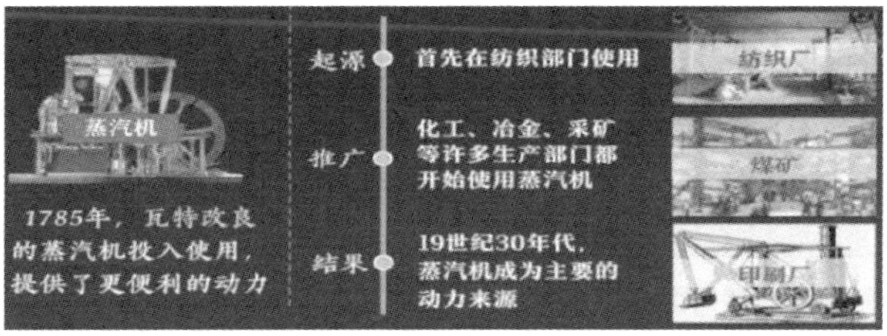<br><br>③交通机器展区：<br>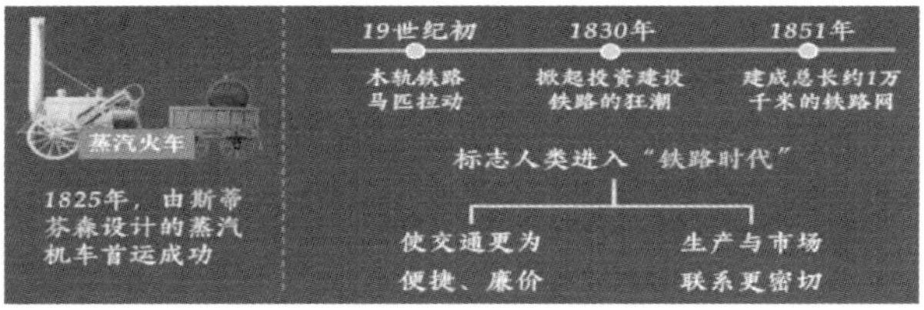<br><br>学生展示“成果”，分析和讲解各展区中的“代表性”发明。<br>活动二：问题探究。<br>思考三大展区发明创造的内在联系。<br>纺纱、织布领域机械化 → 瓦特改良蒸汽机 → 蒸汽机车和铁路的出现<br>生产效率提高但动力不足，制约生产　提供便捷的动力但产品堆积，运力不足<br>教师：蒸汽机为什么会成为第一次工业革命的标志性发明？<br>答案：蒸汽机在纺织、印刷等领域得到了广泛应用，还引发了交通运输业的革命，这大大提高了人类的生产力水平，改变了社会的面貌，人类进入了蒸汽时代。<br>教师：比较手工工场和工厂的区别。<br>答案：使用大机器进行生产，工人受规章制度管理，集中在一个场所生产，生产的产品面向市场 | 通过问题的设置，启发学生思考，使学生深入理解历史事件的内在逻辑关系 |

（续表）

| 教学环节 | 教学过程 | 设计意图 |
| --- | --- | --- |
| 第三篇章<br>工业革命的影响 | 任务：教师讲述第一次世界博览会展示了英国最光鲜、最辉煌的一面，然而文明的背面又是什么呢？是否依然光鲜？引导学生阅读材料，多角度分析工业革命给世界各国带来了哪些连锁反应。<br>资料一：<br>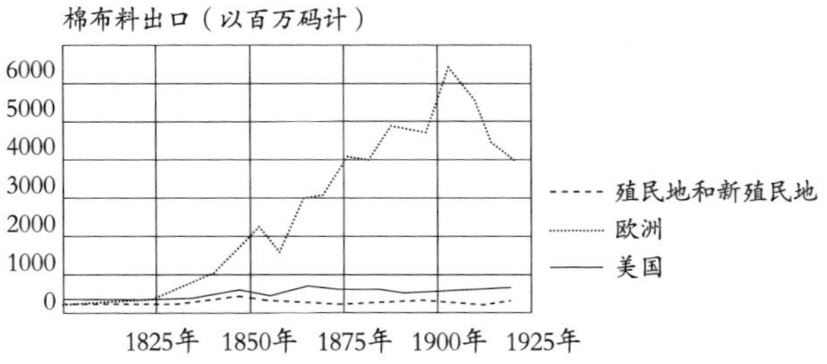<br>英国棉产品出口各地示意图<br>资料二：<br>1851年第一次世界博览会取得成功，在国际上掀起了举办大型博览会的热潮。从1855年到第一次世界大战之间，世界共举办了60次大型博览会，主办城市包括纽约、费城、悉尼、墨尔本、阿姆斯特丹等。<br>——《工业革命的盛宴：1851年伦敦万国博览会》<br>资料三：<br>材料一：发动机一开始，人们就必须工作。男人、女人和孩子都一起被套在钢铁和蒸汽的轭具下……被紧紧地拴在不知痛苦和不知疲劳的钢铁机器上。<br>——《受雇于曼彻斯特棉纺工厂的操作人员的精神和身体状况》<br>材料二：随着工业革命的展开和工厂制度的建立，大量人口涌入新的工业中心……世界各地的城市以极快的速度发展……城市人口已达4.15亿，占人类总人口的五分之一。<br>——《全球通史》 | 通过分析史料，培养学生分析信息的能力，找出历史事件的因果联系，引导学生客观地、理性地、辩证地分析问题，感悟第一次工业革命影响的多重性 |

（续表）

| 教学环节 | 教学过程 | 设计意图 |
|---|---|---|
| | 资料一答案：英国成为世界工厂后，受到利益的驱动，在亚非拉各国进一步开拓市场、掠夺原料、倾销商品，给这些国家带来了深刻的、多重的影响（如鸦片战争的爆发）。<br>资料二答案：英国的生产力快速提升，欧美各国也竞相向英国学习，开始了资本主义革命和工业革命，确立了资本主义制度，壮大了资本主义国家的力量。<br>资料三答案：一方面，工业革命促进了城市化的进程，越来越多的农民放弃农业生产，进入城市工作，成为工人阶级。另一方面，工人被禁锢在工厂中，深受压迫。工业革命还带来了环境污染。<br>教师总结：工业革命推动了近代历史的三股浪潮：资本主义制度的扩张与发展；无产阶级的产生壮大和工人运动的兴起；殖民地半殖民地人民的反抗斗争。英国纺织业的革新波及各行各业，使越来越多的人卷入到这场大规模的分工中。如果纺织业是开启工业革命的开关，那么棉花就是导火索 | |

## （三）第三课时：棉花铸就世界市场

表 98　第三课时教学设计

| 教学环节 | 教学过程 | 设计意图 |
|---|---|---|
| 新课导入 | 教师：狄更斯在《双城记》中，描写了工业革命时期的英国。这是一个最好的时代，也是一个最坏的时代……这是希望之春，这是失望之冬；人们前面应有尽有，人们一无所有。”<br>——《双城记》<br>思考：你们是如何理解“这是一个最好的时代，也是一个最坏的时代”这句话的。 | 通过文学作品对社会现实的描述开启本课，激发学生的学习兴趣 |

（续表）

| 教学环节 | 教学过程 | 设计意图 |
|---|---|---|
| 第一篇章<br>马克思主义的诞生与国际工人运动 | （1）工人阶级的悲惨命运。<br>教师：根据童工劳动特别委员会的报告，请同学们模拟历史情境，还原英国童工的生存现状。<br>①你从几岁开始在工厂里工作？快8岁的时候。<br>②你一天工作多长时间？——从早上5:30到晚上8:00。<br>③一天可以去几次厕所？——3次。<br>④这中间你都能憋得住吗？——不行，但是我们也是被逼的。<br>⑤你是否因此尿湿过裤子？——每天中午和晚上都会。<br>⑥这样会不会伤身体？——会的，有个男孩就死了。<br>⑦你们上班时有没有被打过？——如果我们工作没留神或者跟别人说话就会被打。<br>⑧工厂里面灰尘是不是很大？灰尘大，有什么影响？——是啊，晚上上床睡觉的时候都吐过血。<br>——《童工劳动调查特别委员会报告，1831—1832》<br>答案：英国的工人们为社会创造了大量的社会财富，但他们的工资低、劳动时间长，工作环境恶劣。<br>教师：工人们创造的财富到哪里去了？<br>（2）工人阶级的反抗。<br>教师展示史料：英国宪章运动、德国西里西亚纺织工人起义、法国里昂工人起义。<br>他们的要求是什么？结果如何？<br>答案：提高工资待遇，改善劳动条件，提高工人地位；结果都失败了。<br>教师：这说明了什么问题？<br>答案：工人阶级力量薄弱、分散，缺少组织……<br>（3）工人运动理论的诞生。<br>学生自主介绍马克思的生平事迹和主要革命活动，感受马克思主义革命精神<br>活动：通过文本，分析《共产党宣言》的主要内容和时代意义。 | 学生根据纪实文学进行历史情境的还原，感受19世纪工人（童工）的悲惨生活。让学生从情感的角度理解资产阶级和无产阶级的阶级矛盾，以及工人运动的正义性和合理性 |

（续表）

| 教学环节 | 教学过程 | 设计意图 |
| --- | --- | --- |
| | 材料一：资产阶级再不能做社会的统治阶级了……因为它甚至不能保证自己的奴隶维持奴隶的生活。<br>——《共产党宣言》<br>材料二：让统治阶级在共产主义革命面前发抖吧，无产者在这个革命中失去的只是锁链，他们获得的将是整个世界。<br>——《共产党宣言》<br>答案：<br>《共产党宣言》的理论意义：标志着马克思主义的诞生。<br>《共产党宣言》的现实意义：从此无产阶级的斗争有了科学的理论指导。<br>（4）国际共产主义运动的开展。<br>视频介绍第一国际和巴黎公社的基本情况。<br>教师：请同学们思考巴黎公社失败的教训和深刻意义。<br>答案：巴黎公社虽然失败了，但它的贡献是伟大的。<br>巴黎公社在打碎旧的国家机器的同时，建立起无产阶级专政的国家机器。它指引了全世界无产阶级的斗争，它是无产阶级解放世界的一次伟大预演，其价值是永存的，其精神是永恒的。<br>教师总结：《共产党宣言》发表后和第一国际建立后，各国的工会和工人阶级政党如雨后春笋般涌现，在一定程度上改善了工人的工资水平和工作条件，欧洲棉花工业的劳动力成本也因此上升（工资上升，工作时间减少）。为了获得更大的利益，欧洲资本家逐渐将棉纺织工业移到印度、巴西、日本、中国等。欧洲的资本家凭借雄厚的资本和强有力的政府支持，加大对殖民地半殖民地的掠夺力度 | 学生课后阅读马克思传记，上课与同学进行交流分享，提升同学们的历史学科素养 |

（续表）

| 教学环节 | 教学过程 | 设计意图 |
|---|---|---|
| 第二篇章<br>殖民地人民的反抗活动 | 教师：拉丁美洲和印度社会在欧洲人到来后发生了怎样的变化?<br>（1）拉丁美洲的民族解放运动。<br>活动一：根据材料，概括拉丁美洲社会爆发独立运动的背景。<br>材料一：在整个殖民时期，被埋葬在矿井下的印第安人达到几百万。黑奴的境遇比印第安人还要悲惨，过度劳累之下，黑奴的存活率仅为4.5%，到巴西后平均寿命不过七年。<br>材料二：16至18世纪，西班牙掠夺了约250万千克的黄金和1亿千克的白银。葡萄牙从巴西运走了价值约6亿美元的黄金和约3亿美元的金刚石。<br>材料三：西、葡两国的不断衰弱，启蒙思想的传播，人民民主意识的日益增长以及美国的独立，大大鼓舞了拉丁美洲人民的士气。在这种形势下，拉丁美洲的民族解放运动拉开序幕。<br>材料一答案：西班牙和葡萄牙残酷的殖民压迫引起了拉丁美洲社会各阶层的不满。（根本原因）<br>材料二答案：拉丁美洲社会经济的发展和土生白人实力的增强。<br>材料三答案：宗主国西班牙、葡萄牙的衰落和美国独立的鼓舞。<br>视频介绍拉丁美洲民族解放运动的过程。<br>请学生介绍圣马丁和玻利瓦尔的事迹。<br> | 通过分析史料，培养学生分析分析信息的能力，找出历史事件的因果联系<br><br>学生查找、汇集玻利瓦尔、圣马丁、章西女王的材料，上课时与同学们分享，感受历史人物的精神 |

（续表）

<table>
<tr><th>教学环节</th><th>教学过程</th><th>设计意图</th></tr>
<tr><td></td><td>活动二：多角度分析独立运动的影响。<br>对拉丁美洲而言：争取到了解放，出现了一批独立国家，促进了经济的发展。<br>对殖民地而言：鼓舞了殖民地半殖民地人民争取独立的士气。<br>（2）印度民族大起义。<br>教师：根据材料和课本，分析印度民族大起义的原因。<br>材料一：以前孟加拉国是各国的“谷仓”，是东方商业财富和工场手工业荟萃之地……在短短 20 年内，这里的许多地方都已呈现沙漠的景象。田地荒芜，农夫被掠夺，手工业者受压迫，饥荒一再发生，随之而来的是人口减少。<br>——1770 年英国议员威廉·富拉登<br>材料二：英国向印度倾销机器生产的棉纺织品，印度的手工棉纺织业遭到沉重打击，棉纺织工人的白骨使印度平原都白成一片了。<br>——英国驻印度总督本·丁克<br>答案：工业革命后，英国向印度大量倾销棉纺织品，给印度的棉纺织业带来了灾难，印度沦为英国的商品销售市场和原料产地。<br>自主学习：根据课本内容完成知识表格。<br>
<table>
<tr><td>时间</td><td></td></tr>
<tr><td>导火索</td><td></td></tr>
<tr><td>主力</td><td></td></tr>
<tr><td>领导者</td><td></td></tr>
<tr><td>结果</td><td></td></tr>
</table>
利用地图了解印度民族大起义的过程。<br>学生介绍：章西女王的事迹。<br>合作探究：比较拉丁美洲的民族独立运动与印度民族大起义的异同，思考拉丁美洲胜利的原因和印度失败的原因。</td><td></td></tr>
</table>

（续表）

| 教学环节 | 教学过程 | 设计意图 |
| --- | --- | --- |
| | 提示：时间、原因、斗争对象、领导人、结果、性质。<br>情感升华：我们能从玻利瓦尔、圣马丁、章西女王身上学到哪些精神品质 | |

### （四）第四课时：棉花引发南北战争

表 99　第四课时教学设计

<table>
<tr><th>教学环节</th><th>教学过程</th><th>设计意图</th></tr>
<tr><td>导入新课</td><td>教师：美国独立后经济迅速发展，尤其是在 1810 年到 1860 年之间，为什么如此迅速？<br>1810 年，美国的工业总产值还不到 2 亿美元，1860 年超过了 18.8 亿美元。<br><br>1791—1860 年美国的棉花产量<br>
<table>
<tr><th>年份</th><th>美国棉花产量（百万包）</th><th>美国棉花产量（百万包）</th><th>美国占世界棉产量的份额</th><th>美国占英国棉产量的份额</th><th>棉花占美国出口的份额</th><th>棉花实价（1820 年为 100）</th></tr>
<tr><td>1791</td><td>2</td><td>469</td><td>>0.01</td><td>0.01</td><td></td><td>191</td></tr>
<tr><td>1801</td><td>40</td><td>531</td><td>0.08</td><td>0.34</td><td>0.14</td><td>116</td></tr>
<tr><td>1811</td><td>67</td><td>556</td><td>0.12</td><td>0.42</td><td>0.22</td><td>78</td></tr>
<tr><td>1821</td><td>150</td><td>630</td><td>0.24</td><td>0.63</td><td>0.49</td><td>73</td></tr>
<tr><td>1831</td><td>322</td><td>820</td><td>0.39</td><td>0.73</td><td>0.42</td><td>53</td></tr>
<tr><td>1841</td><td>559</td><td>1044</td><td>0.54</td><td>0.69</td><td>0.52</td><td>48</td></tr>
<tr><td>1851</td><td>1120</td><td>1482</td><td>0.76</td><td>1.04</td><td>0.63</td><td>46</td></tr>
<tr><td>1860</td><td>1536</td><td>2500</td><td>0.61</td><td>0.88</td><td>0.61</td><td>48</td></tr>
</table>
答案：美国独立后走上了资本主义道路，开始发展资本主义经济。</td><td>给学生构建起一种全球视角，继续以“棉花帝国”的发展历程来开启本课的学习</td></tr>
</table>

（续表）

| 教学环节 | 教学过程 | 设计意图 |
| --- | --- | --- |
|  | 补充资料：美国北方的条件像极了英格兰——丰富的煤铁资源、密集的人口、便利的运河网络。北方效仿英国发展自己的棉纺织业，工业总产值不断增加。美国南部土地肥沃，劳工价格低廉，棉花品种好、产量高，是稳定的棉花产地。到1860年，美国南部已经被认为是棉花帝国的命脉。虽然美国的经济得到了发展，但南北方不同的发展模式出现了巨大的冲突，战争一触即发 |  |
| 第一篇章<br>南北矛盾 | 教师：北方实行资本主义工商业，发展棉纺织业；南方实行种植园奴隶制经济，种植棉花。两种不同的经济类型应该是互补的，那矛盾是如何产生的呢？<br>活动一：学生进行角色扮演，分析南北方的矛盾焦点，思考战争爆发的真正原因。<br>北方代表学生：我是北方工厂的老板。<br>南方代表学生（以下简称南方）：我是南方的种植园主。<br>南方：美国是联邦制，每个州都有权投票，我们不会妨碍你。<br>北方:我们的工厂需要劳动力！我们这里的工资条件更好，有了自由后，劳工会来我们这里工作的。<br>南方:我的奴隶一辈子都属于我，我可以任意惩罚、买卖。再说了，我的棉花种植园利润可丰厚了，一点儿也不比你差。<br>北方:你们的棉花我们也可以买，这也是我们需要的材料。你们总是将花出口到英国，再进口英国货，却不买我们的商品。<br>南方：英国可以给我们棉花好价钱，而且英国货物美价廉！<br>北方：我看，必须提高关税，这样英国货就没那么容易进来了，我们北方的棉纺织业才能发展起来。<br>南方：不行！关税要低，这样我们的买卖才划算！ | 利用情境教学法中角色扮演的形式，寓教学内容于具体形象的情境之中，激发学生兴趣，从而帮助学生理解南北战争爆发的原因，突破教学重难点 |

（续表）

| 教学环节 | 教学过程 | 设计意图 |
| --- | --- | --- |
| | 北方：我们一定会废除可恶的奴隶制度！西部会成为自由州。<br>南方：走着瞧。西部应该是蓄奴州，会有遍地的黑奴帮我们种棉花！<br>讨论：南北方的矛盾有哪些？<br>答案：南北方在原料、劳动力、关税、市场以及西部是否蓄奴上意见不一致，存有矛盾。<br>南方占有大量的劳动力，想要维持奴隶制，建立新的蓄奴州；而北方想要发展资本主义，建立自由州。双方围绕奴隶制存废这一问题展开争论，矛盾愈演愈烈。<br>教师小结：南北战争的原因——北方资本主义工业经济和南方种植园经济的矛盾不可调和。<br>矛盾的焦点——奴隶制的存废问题。<br>活动二：分析南北矛盾的激化。<br>思考：为什么林肯说“一本书，酿成了一场大战”。<br>出示资料：《汤姆叔叔的小屋》。<br>答案：奴隶长期遭受着极为不公平的待遇，他们从事重体力劳动，却被随意买卖甚至是被随意杀害，这引起了北方一些有识之士的反抗。他们开展废奴运动，积极帮助黑人逃往北方。<br>请依据材料概括林肯的政治主张。<br>“‘一幢裂开的房子是站立不住的。’我相信这个政府不能永远维持半奴隶和半自由的状态。我不期望联邦解散，我不希望房子崩塌……”<br>——林肯演讲词<br>答案：林肯主张废除奴隶制 | |

（续表）

<table>
<tr><th>教学环节</th><th>教学过程</th><th>设计意图</th></tr>
<tr><td>第二篇章<br>南北交战</td><td>教师：内战爆发的标志性事件是什么？<br>活动一：根据南北方战前信息分析优势在哪一方？战争初期的实际状况如何？
<table>
<tr><th>对比项目</th><th>北方</th><th>南方</th></tr>
<tr><td>人口</td><td>2200 万</td><td>900 万</td></tr>
<tr><td>军队人数</td><td>150 万</td><td>100 万</td></tr>
<tr><td>工业产量</td><td>占全国的 91%</td><td>占全国的 9%</td></tr>
<tr><td>铁路里程</td><td>5 万多千米</td><td>1.4 万多千米</td></tr>
<tr><td>海军舰只</td><td>700 艘</td><td>少量</td></tr>
</table>
答案：北方的人口、装备、经济和交通都要胜于南方，但北方却在军事上屡屡失利。<br>教师设疑：为什么会出现这种局面呢？<br>学生分析：南方准备充分，北方对战争形式错误估计；北方缺少优秀的作战军官；英法支援南方军队等。<br>提问：北方该采取哪些方式扭转不利局面？<br>提示：《宅地法》《解放黑人奴隶宣言》。<br>活动二：两份文件的颁布可以起到什么作用？小组自由谈论。<br>材料一：独立后，美国国会通过了若干土地法令，但由于所售的地块大、售价高，劳动人民渴望获得土地的愿望不能实现。《宅地法》规定，凡年满 21 岁、没有参加过叛乱，而且获得土地是以垦殖为目的的美国公民，只要交纳 10 美元登记费，就可以在美国西部得到一块土地，连续耕种五年后，就可以成为这块土地的主人。<br>材料二：《解放黑人奴隶宣言》：1863 年 1 月 1 日起，凡在当地人民尚在反抗合众国的任何一州之内，或一州的指明地区之内，为人占有而做奴隶的人们都应在那时及以后永远获得自由；合众国政府行政部门，包括海陆军当局，将承认并保障这些人的自由……</td><td>让学生分析战前双方的力量对比，学生会预判这场战争北方将获胜，因为北方拥有强大的工业基础，各方面都占优势。但是，在战争初期，北方却屡屡失利，这是为什么呢？这种冲突会引发学生的深度思考</td></tr>
</table>

（续表）

| 教学环节 | 教学过程 | 设计意图 |
| --- | --- | --- |
|  | 补充资料：西部农民为联邦军队输送了半数以上的士兵，并提供了充足的粮食，为北方取得战争的胜利起到了重要的作用。50 万黑人奴隶逃跑，严重破坏了南部种植园经济。20 万黑人应征入伍，加入北方联邦军队。25 万人担任联邦军队的后勤工作，18 万多黑人直接参加了战斗，其中超过 13 万来自南部叛乱各州。<br>回答：这两份文件深得人心，调动了农民尤其是黑人的积极性。他们踊跃参军作战，扭转了战场上的被动局面。<br>过渡：1865 年，南方军队投降。美国内战以北方获胜告终。<br>活动二：小组讨论，多角度分析南北战争给美国带来的深远影响。<br>材料一：根据大致统计，南北战争中双方士兵和水兵的总伤亡人数是 109.5 万人。其中，联邦方面伤亡总数为 64 万，近 10% 的青壮年战死。南部同盟方面伤亡总数是 45.5 万人，占南方青壮年总数的近 20%。在整个战争期间，军队营地成了麻疹、水痘、疥疮和腮腺炎的滋生地，100 多万士兵感染了疟疾。一场南北战争超过了后来美国参与的所有战争的伤亡总和。<br>材料二：整个南方的大量种植园、农场、磨坊、火车站等设施因为战火被焚毁，黑人奴隶逃跑之后，种植园长满野草，到处都是断壁残垣和无家可归的人，南方的经济趋于崩溃，饿殍遍地。按照当时的经济水平，战争造成的直接经济损失共计 42 亿美元。<br>材料三：美国南北战争粉碎了奴隶主的反动势力，从而维护了美国的统一……如果美国分裂成了两个或者更多的国家，或者北方没有赢得胜利，美国就不可能成为 20 世纪世界第一强国。<br>——《大国崛起》 | 课本中关于两部法令的内容较为零散，因此在小组讨论中，教师提出问题、提供讨论角度和材料，帮助学生进一步理解知识，突出教学重点 |

（续表）

| 教学环节 | 教学过程 | 设计意图 |
| --- | --- | --- |
| | 材料四：<br>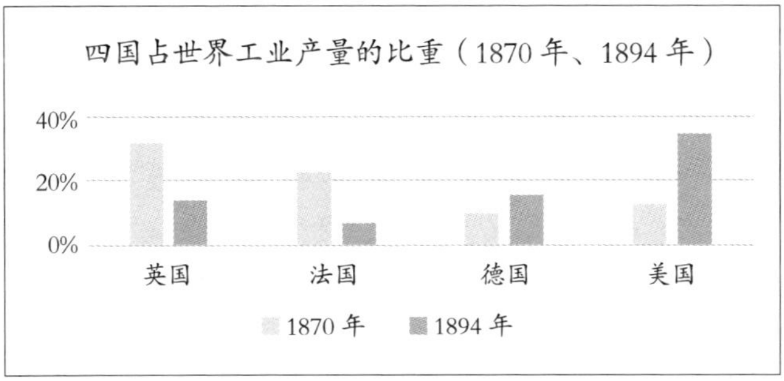<br><br>答案：<br>（1）战争给南北双方都带来了大量的人口伤亡，尤其是南方伤亡惨重。<br>（2）战争对南北方经济造成了巨大的破坏，尤其是南方。<br>（3）维护了北方的统一，废除了奴隶制度，清除了资本主义发展的最大障碍，促进了资本主义经济发展。<br>（4）战后美国的经济迅速发展，美国的工业产值超过英国，成为工业强国。<br>教师总结：南北战争废除了奴隶制，维护了国家统一，为美国资本主义发展扫清了道路。美国南北战争是美国历史上第二次资产阶级革命。 | 学生在分析材料的基础上回答问题，提取材料中的有效信息并进行加工整理，培养了学生理性分析的能力 |
| | 教师展示林肯被刺杀的图片，讲述林肯被刺杀的故事。<br>1865 年 4 月 14 日，林肯在福特剧院被拥护奴隶制的狂热分子刺杀，这位领导了南北战争的总统就这样陨落了。<br>活动四：林肯死了，南北战争胜利带来的影响还在吗？南北战争所具有的重要意义会因为林肯的逝世而消失吗？<br>材料一：这位出类拔萃和道德高尚的人竟是那样谦虚，以致只有在他成为殉道者倒下去之后，全世界才发现他是一位英雄。<br>——马克思 | 最后一个环节的设置，让学生自主评价林肯，感受林肯对美国的贡献 |

（续表）

| 教学环节 | 教学过程 | 设计意图 |
|---|---|---|
| | 材料二：在我们纪念第16任总统诞辰200周年之际，我能说我对这位伟人怀有特殊的感激之情，是他让我的故事成为可能，是他让美国的故事成为可能。<br>——奥巴马演讲词<br>答案：他废除了奴隶制，维护了国家和民族的统一，他为美国资本主义的发展扫清了道路，使美国迅速崛起。林肯受到美国人民的尊敬，是美国历史上最伟大的总统之一。<br>总结：回看美国的崛起，它的每一步都走得很精彩，也同样艰辛与不易。华盛顿领导的美国独立战争使美国从殖民地走向独立，而林肯领导的美国南北战争不仅使美国从南北两制到完全统一，更为以后美国经济的迅速发展创造了条件，直至成为当今的超级大国 | |

## 六、单元教学实践反思

棉花，这个我们无比熟悉的植物，经历了资本主义的兴起，也见证了现代世界格局的形成。我的设计思路是以棉花帝国的形成为微观切入点，从宏观层面展开资本主义发展史的教学。第一课时以棉花在美洲的种植为切入点，了解欧洲早期殖民者在美洲的掠夺活动和战争。以大种植园的建立和三角贸易为例，使学生深刻地感受到资本原始积累的血腥和罪恶。第二课时引导学生探究珍妮机、织布机、蒸汽机的出现与棉纺织业发展的关系，了解工业革命是如何产生并促进资本主义经济空前发展的。工业革命时期的技术、工具、工业化生产从英国扩散到世界上的其他国家。英、美以及欧洲诸多国家也通过棉纺织业确立了世界领先地位。同时，棉花帝国的建立必然伴随着资本家的残酷剥削和列强的疯狂殖民。第三课时则深刻揭示了资产阶级和无产阶级的矛盾、资本主义列强与殖民地半殖民地国家的民族矛盾。通过工人运动和民族解放运动的蓬勃发展，让学生理解其正义性，并树立正义必胜的信念。第四课时以南方棉花种植园经济为切入点，分析美国南北战争爆发的原因。

通过史料分析美国南北战争的影响，使学生能认识到南北战争对美国后来成为资本主义强国起到的关键性作用。新兴的资本主义强国（美国）正在超越老牌资本主义强国（英国）。

本课的优点是有新意，整合性强，史料丰富。但对于教师备课而言是一个极大的挑战，需要教师具有很强的历史理论基础和较强的整合能力，备课时还需大量阅读文献。另外，这次大单元教学的四课时内容来自九年级上册和九年级下册三个单元的内容，这也对学生的接受能力提出了挑战。每课时都有大量的史料研读和因果联系的探究活动，对学生的学科素养要求较高。在大单元授课过程中，教师要通过恰当的史料补充，为学生的思考活动提供充足的学习资源。同时，教师还需要根据学生上课的反应，帮助学生对同类史实进行比较、概括和归纳，引导学生辩证地分析重大历史事件的影响，这些难点都需要在进一步的教学实践中进行完善。

# “探索蓝色星球”单元教学设计

八年级地理　郭欣冉

## 一、指导思想及其依据

海洋是巨大的资源宝库，我国是海洋大国，利用好、保护好海洋是推进人与自然和谐共生的现代化的重要任务。对于《义务教育地理课程标准（2022年版）》海洋部分新增条目，我们在教学中应结合实例介绍海洋对人们生产生活的影响，增强海洋权益的意识。高中地理有相对应的教学内容，高中部分的学习以拓展蓝色经济空间和维护海洋权益为主体，是对初中内容的延伸和拓展。所以说，初中学段的学习是高中地理学习的基础，要让学生带着兴趣进行探究，加深学生对海洋的认识，加强地理课堂中的海洋教育，通过思考人类与海洋的关系增强学生对人地关系的认识，培养学生树立正确的海洋生态环境价值观，为初中阶段后期和高中阶段的学习打好基础。

通过对“新课标”的研读以及对湘教版地理教材编排特点的把握与分析，确定以“海洋与人类”为核心的“探索蓝色星球”大单元主题，逐步认识海洋、关心海洋、守护海洋。同时，将解决真实的地理问题作为学习任务，帮助学生将地理概念与真实的世界建立联系，真正地让地理核心素养落地，发挥地理学科的育人价值。

## 二、单元教学内容规划

“探索蓝色星球”以“走向深蓝：海陆分布”“山海印记：海陆变迁”“因海而安：海洋与人类活动”三个学习项目串联驱动整个大单元教学，本单元有助于学生对海陆分布及变迁、海洋生态环境和海洋重要战略地位进行认识，帮助学生通过思考人类与海洋的关系，增强对人地关系的认识，探索如何用实际行动共同守护我们的“蓝色星球”。从认识到探索，让学生从不同层面充分探究与体验，将学科大概念迁移到真实生活情境中加以运用，在研学实践、野外考察、科学实验和实地走访的系列活动中开展学习，培养学生的地理思维，增强学生获取信息的能力，引导学生运用所学知识解决实际问题，体现学生的主体性，精准把握学情，体现“新课标”和整合大单元教学的意义，注重学科逻辑与核心素养培养的融合，认识海洋强国的重要性，探索人与海洋和谐共生的可持续发展途径。

在大单元教学的过程中，应重点考虑学生核心素养的提升，从真实情境出发，不再死记硬背知识，强调深度理解，鼓励学生以所学知识为基础，利用课上和课下的时间，组织开展实践探究活动，在整个单元学习期间循序渐进，让学生的学习主动性得到有效的提升，在实践中完成个体和群体的突破。在教学过程中，应充分发挥学生的主动性和积极性，举例分析海洋对人类生产生活的影响。例如，海洋拥有丰富的资源，如生物资源、矿产资源、空间资源，利用这些资源发展相关产业，如养殖业、化工业、制盐业、交通运输业，可以直接为人类的生产生活服务。海洋间接影响人类的生产生活，也常常引发各种灾害，在分析过程中应注重对学生辩证思维的培养。海洋在影响人类生产生活的同时，人类也在影响着海洋环境，主要表现在海洋污染和海洋生态破坏方面，这些问题反过来也在影响人类的生产生活。

**三、单元教学目标设计**

青岛，因海而生，向海而兴，海洋文化源远流长。海洋与人类的关系密不可分，人地关系也是地理学研究的核心内容，人地协调观的树立有助于学生形成尊重和保护自然、支持绿色发展的观念。海洋与人类的生产生活有着密切的联系，在教学中具有重要地位，以“海洋与人类”为核心的“探索蓝色星球”大单元教学，创设了贴近真实生活的探究式教学情境，强调核心素养的落实，培养学生自主学习、获取信息的能力，注重地理学科逻辑与核心素养培养的融合，引导学生运用知识解决实际问题。

为了使学生通过初中阶段的学习掌握用地理学的思想去思考、分析和解决问题，我们以“走向深蓝：海陆分布”“山海印记：海陆变迁”“因海而安：海洋与人类活动”三个学习项目串联驱动整个大单元教学，在研学实践、野外考察、科学实验和实地走访系列活动中开展学习，落实地理核心素养，认识海洋强国的重要性，探索人与海洋和谐共生的可持续发展途径。中学阶段是学生情感态度形成的关键时期，通过观看海洋纪录片、参与社会实践活动等方式，让学生全方位、多视角地体会海洋的重要性，唤起学生认识海洋、热爱海洋、关心海洋的意识。

“新课标”提出“学习对生活有用的地理”，青岛作为沿海城市，有丰富的海洋教育资源，要跳出课堂空间的限制，利用海洋军事博物馆、海洋科技馆、东风盐场等资源进行研学，拓宽学生视野。作为沿海城市的学生，对海洋情感共鸣更强烈，更能激发家乡自豪感。初中生已经具备一定的海洋基础知识以及发现和解决问题的能力、团队合作的能力、采访沟通技巧和分析总结的能力，应以此为基础构建以“海洋与人类”为核心的“探索蓝色星球”大单元生活化地理课堂，穿插学生感兴趣的素材，引入真实的生活情境，搭建实践平台，以丰富多彩的展现形式，激发学生的学习兴趣和求知欲，让学生在“做中学”，真正学到对生活有用的地理知识。

## 四、单元课时任务安排

通过对湘教版地理教材的分析与整合，合理创设情境，运用地理工具解决问题，让学生在动手中学习、在合作中学习、在实践中学习，培养学生的综合性思维。大单元教学流程以地理核心素养为导向，将知识“放还”于真实的生活环境中，让学生应用所学知识解决海洋与人类的真实问题。

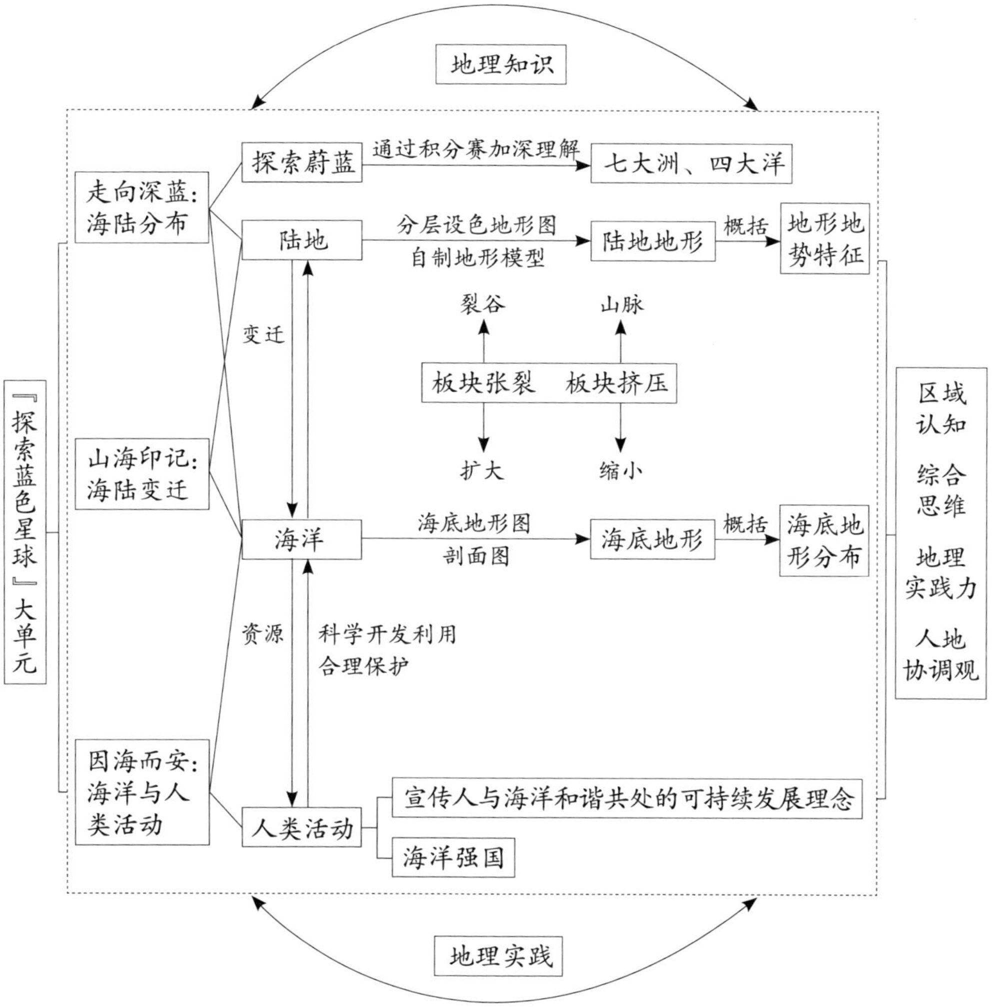


图44“探索蓝色星球”大单元设计教学设计流程

表 100“探索蓝色星球”学习项目安排

| 内容概述 | 课时学习项目 | 课标要求 | 核心任务 |
| --- | --- | --- | --- |
| 浩瀚海洋连接着人类的过去与现在，也孕育着无尽的未来。蓝色星球因海而生，从太空遥望地球家园，呈现动人心魄的蓝。因海而盛，是45亿年前的地壳运动，开启了地球的生命旅程。因海而兴，是无数资源滋养了人类生命。因海而安，是守护这颗蓝色星球，迈着坚定的步伐向海图强，共筑人与海洋和谐共生的关系 | 海陆分布（二课时） | 阅读世界地图，描述海陆分布状况，说出七大洲、四大洋的名称分布。<br>在世界地形图上指出陆地主要地形和海底地形的分布，观察地形分布趋势 | （1）通过“班级考古船”及科技馆研学导入，纵览船舶史话，探索蔚蓝海洋的奥秘，开启“蓝色星球——海洋探索之旅”。<br>（2）上台粘贴磁力轮廓版图，第二课时中在轮廓图上叠加立体模型。<br>（3）用超轻黏土塑造“我眼中的蓝色星球” |
| | 海陆变迁（一课时） | 结合实例，说明海洋和陆地处于不断的运动变化之中；能够说出板块构造学说的基本内容，并解释世界上火山、地震带的分布与板块运动的关系 | 以恐龙的视角让学生感受地球板块的“漂流史”，了解板块运动带来的地震、海啸、火山爆发等地质灾害，开启“蓝色星球——板块漂流历险记”。<br>学生活动：小组合作找到大陆漂移的证据；完成立体板块拼图；用模拟沙盘体验海陆变迁，塑造山脉和海洋，推测板块运动带来的影响 |
| | 海洋与人类活动（一课时） | 结合实例，说出海洋对人们生产生活的影响 | |

（续表）

| 内容概述 | 课时学习项目 | 课标要求 | 核心任务 |
| --- | --- | --- | --- |
| | | 运用地图和相关资料，描述海洋资源的主要特征，举例说明海洋资源与人们生产生活的关系，认识开发、利用、保护海洋资源的重要意义。增强海洋权益意识 | 开启“守护蓝色星球之旅”。通过野外考察、走访调查、社区宣传、模拟“晒盐实验”等多项独具地理实践意义的活动，分小组进行汇报成果展示。同时，全体学生动手粘贴盐场、渔场所在地及探究成因，树立人与海洋和谐共处的可持续发展的理念 |

## 五、单元教学过程设计

根据大单元设计思路，基于教材分析和学情分析，明确单元目标及针对单元目标设计评价任务，形成如下教学方案。

### （一）“走向深蓝海陆分布”教学方案

海洋和陆地是地球表层的两大基本单元。对于陆地，学生在认知上没有难度，但对于海底地貌的认知，学生却不易感受，在理解上有一定难度。通过动手制作模型，提升学生学习地理的兴趣及实践能力，初步理解人地关系。本课时也帮助学生在全球层面认识海陆的异同、陆地内部的差异、海洋内部的差异等内容，为海陆变迁及板块构造学说的学习做好铺垫。

认识地球的表层是地理学研究最为重要的内容之一。“世界海陆分布”为“地球的表层”内容的开始，难度不大，教学中更应关注学生查阅世界地图的方法与技能。读图、归纳等学习习惯对地理学习有重要影响，七年级学生对地理事物比较好奇，爱发表见解，一方面要激发学生的学习兴趣，另一方面也要创造条件和机会，让学生主动探索。

表 101“走向深蓝：海陆分布”教学设计

<table>
<tr><th>课题</th><th colspan="2">走向深蓝：海陆分布（第一、二课时）</th></tr>
<tr><td>课时目标</td><td colspan="2">通过阅读资料、世界地图，描述海陆分布的特点。能正确识认七大洲、四大洋，培养学生的观察、想象、填图等技能，使学生认识到现在所看到的地图，是无数科研工作者智慧的结晶，激发学生的求知欲望。通过阅读资料，看视频、图片，认识各地形中的“世界之最”，直观感受大自然的伟大与神奇。通过海底寻秘，了解海底地形概念及特点，初步理解人地关系。通过制作地形模型，激发学生学习地理的兴趣，培养学生的地理实践能力</td></tr>
<tr><td>重点</td><td colspan="2">七大洲、四大洋的名称及其位置。<br>在世界地形图上指出陆地主要地形和海底主要地形的分布</td></tr>
<tr><td>难点</td><td colspan="2">各大洲的分界线，七大洲、四大洋的空间分布。<br>海底地形的识别</td></tr>
<tr><td>教学环节</td><td>师生活动</td><td>设计意图</td></tr>
<tr><td>创设情境</td><td>利用班级研学导入，纵览船舶史话，探索蔚蓝海洋的奥秘，开启“蓝色星球——海洋探索之旅”。<br>观看大型海洋人文纪录片《走向深蓝——山海印记》的片段，通过视频了解地球。“七分海洋，三分陆地”是如何分布的呢?</td><td>创设情境，设置疑问；启发思考，导入新课。这样有利于激发学生的求知欲和好奇心，开阔学生视野</td></tr>
<tr><td>第一课时</td><td>所有活动以积分赛的形式进行。以小组为单位参加“你指我猜”、粘贴磁力轮廓版图、黏土捏地形、沙盘模拟等活动。鼓励学生动起来，在“做中学”“玩中学”。<br>（1）利用每个小组盒子内的轮廓图片开展“你指我猜”提问互动。<br>（2）每个小组派代表上台，在黑板上粘贴七大洲、四大洋的磁力轮廓版图，看谁又快又准。</td><td>利用游戏让学生观察、讨论、对比、归纳知识点，让他们在自主、合作学习的过程中，探究新知识、解决新问题。充分利用学生的好奇心、求知欲和好胜心，营造积极热烈的课堂氛围</td></tr>
</table>

（续表）

| 教学环节 | 师生活动 | 设计意图 |
|---|---|---|
| | （3）为落实和提升学生对世界海陆分布的认知，开展“一笔画世界”活动，帮助学生做到“心中有图”，熟练掌握世界海陆总体分布状况 | |
| 第二课时 | 教师结合语文课文《海底两万里》，为学生讲解海底地形，并进行读图指导。在阅读海底地形图的过程中，将海底地形区与陆地地形区进行比较，引导学生认识海底主要地形的特点，探究这些主要地形类型在分布上共有的特点、规律，思考人类是如何利用海底地形的。<br>开展“塑造我眼中的蓝色星球”活动。<br>（1）用超轻黏土制作陆地地形和海底地形模型，小组展示交流。<br>（2）将各地形中的“世界之最”用超轻黏土捏出来并叠加在磁力轮廓版图上，用彩色条带标出板块的边界。利用立体版图为下一项目——海陆变迁的学习做准备 | 建立跨学科学习的意识，初步理解人地关系<br>直观深入理解地形概念，提升学生的地理实践能力，激发学生学习地理的兴趣，培养学生的合作精神。通过一系列探究活动，既突出了重点，又突破了难点 |

**（二）“山海印记：海陆变迁”教学方案**

这部分内容是世界海陆分布的延续。学生已经了解了七大洲、四大洋的位置，在此基础上，进一步探究七大洲、四大洋的形成原因。受活动范围、思维能力和知识储备的限制，初中生难以理解海洋与陆地在不断地运动和变化这一事实，因此本课时以恐龙的视角导入，辅以丰富的资料，带学生了解地球板块“漂流史”。通过有趣的故事和视频动画，引导学生对海陆变迁有一个理性的认识，从而培养学生积极严谨的科学态度。

初中阶段学生需要了解海洋与陆地都在不断地运动和变化之中，了解大陆漂移和板块构造学说的基本观点，能简单说出板块运动的影响，为高中阶段选择性必修一自然地理基础的第二章“地表形态的塑造”的学习打好基础。

表 102“山海印记：海陆变迁”教学设计

<table>
<tr><td>课题</td><td colspan="2">海陆变迁</td></tr>
<tr><td>课时目标</td><td colspan="2">（1）通过海陆变迁的实例，理解海洋与陆地都处在不断的运动和变化之中，培养学生观察分析地理事物的能力。<br>（2）通过恐龙的视角导入，利用有趣的故事和视频动画，理解大陆漂移学说，增强学生对地理事物的好奇心。<br>（3）利用立体板块拼图，展示大陆漂移学说的内容，增强学生的地理实践能力。<br>（4）通过读图观察、猜测想象、学习分析等，了解板块构造学说的基本观点，并能用板块构造学说分析说明世界著名山系及火山、地震带的分布与板块运动的关系，进一步培养学生科学探究的兴趣</td></tr>
<tr><td>重点</td><td colspan="2">大陆漂移与板块构造学说的基本内容</td></tr>
<tr><td>难点</td><td colspan="2">板块构造学说的基本内容</td></tr>
<tr><td>教学环节</td><td>师生活动</td><td>设计意图</td></tr>
<tr><td>创设情境</td><td>通过青岛科技馆研学之旅，让学生观察海陆变迁模拟沙盘，了解澄江寒武纪生命大爆发的原因，感受琼州大地震的惨烈景象。观看大型海洋人文纪录片《走向深蓝——山海印记》的片段，让学生直观地了解在世界屋脊之上有海螺等远古海洋生物的化石，开启“蓝色星球——板块漂流历险记”</td><td>以启发式讲授为主，调动学生的学习兴趣，使学生乐于并善于观察</td></tr>
<tr><td>活动一</td><td>阅读资料，找到关于大陆漂移学说的证据，小组交流讨论。<br>（1）小组合作找到大陆漂移的证据，完成立体板块拼图。<br>（2）利用上一项目中制作的立体轮廓版图，再让学生观察山脉和海洋的分布，直观地理解板块运动</td><td>让学生动手通过地理小实验，提升地理实践能力</td></tr>
</table>

（续表）

| 教学环节 | 师生活动 | 设计意图 |
| --- | --- | --- |
| 活动二 | 通过海陆变迁模拟沙盘，推测板块运动带来的影响。<br>结合图片和视频，认识海底扩张学说和板块构造学说 | 对海陆变化成因形成一个“感性＋理性”的认知，使学生形成严谨务实的科学态度 |
| 活动三 | 播放日本地震的视频，让学生思考为何日本地震多发。了解板块运动带来的地震、海啸、火山爆发等灾害 | 让学生分析地理现象，培养他们由表及里、举一反三的能力 |
| 活动四 | 让学生大胆提出猜想并用科学理论预测地球表面在若干年后可能会发生哪些变化 | 引导学生将课堂所学应用于生活，理解“地理来源于生活，生活中处处有地理”的含义 |

### （三）“因海而安：海洋与人类活动”教学方案

学生对人们利用海洋的方式有一定的了解，掌握了一定的科学探究方法。但是对于初中生而言，各方面知识有限，他们对于海洋的价值以及海洋与人类关系的认识可能存在偏差，因此，教学应从日常生活出发，提供丰富的材料，引导学生综合、发展地看待人类对海洋的利用，用辩证的方法分析问题，理解海洋与人类活动的关系，为今后的学习打好基础。

本节课侧重于探究海洋带给人类的丰富资源以及人类活动与海洋的关系，分析图表资料，在实验中探究，以任务为驱动，体现地理学科教学特色。

表 103“因海而安：海洋与人类活动”教学设计

| 课题 | 因海而安：海洋与人类活动 | |
|---|---|---|
| 课时目标 | （1）运用地图和相关资料，找到中国四大渔场和世界四大渔场并思考其成因。（区域认知、综合思维）<br>（2）通过小组合作，明确我国丰富的海洋资源及其类型；通过海盐、锆石等实物演示和查阅资料，说明海洋资源与人类生产生活的关系。（综合思维、地理实践能力）<br>（3）通过模拟晒盐实验，探究影响盐场形成的主要自然因素；根据实验结论和地图，分析出布袋盐场、莺歌海盐场的成因。（综合思维、地理实践能力）<br>（4）通过去海鲜市场、赶海等考察活动，正确认识海洋生物资源，树立海洋保护意识。（地理实践能力、人地协调观）<br>（5）通过查阅资料，认识海洋现状，说出正确开发利用海洋的措施。（综合思维、人地协调观）<br>（6）通过实地走访宣传，寻访海军博物馆，认识海洋生态环境保护的重要性，树立海洋保护意识，树立海洋权益意识，初步具备全球视野和社会责任感。（地理实践能力、人地协调观）<br>（7）通过小组合作探究活动，学会从地理的视角看待和探究世界，胸怀祖国、放眼世界。（综合思维、地理实践能力、人地协调观） | |
| 重点 | （1）认识我国丰富的海洋资源及主要类型。<br>（2）合理利用和保护海洋资源 | |
| 难点 | 海洋的化学资源 | |
| 教学用具 | 资料夹、中国及毗邻海域资源图挂图及小组用图、世界洋流分布图挂图及小组用图、鸿合白板、自制粗盐、精盐、石英砂、锆石、石油 | |
| 学习方法 | 小组合作、社会调查、野外考察、地理实验 | |
| 教学环节 | 师生活动 | 设计意图 |
| 创设情境 | 视频导入。（情境触动、问题驱动）让学生带着问题观看视频 | 创设情境提高学生的学习兴趣，激发学生的学习动机 |

（续表）

<table>
<tr><th colspan="2">教学环节</th><th>师生活动</th><th>设计意图</th></tr>
<tr><td rowspan="3">因海而兴：探寻蓝色宝藏</td><td>导入</td><td>教师：每位同学的桌上都有一样海洋赋予我们的财富，你寻找到了什么</td><td>利用实物模型导入本节课，让学生感受到生活中的地理，激发学生的学习兴趣</td></tr>
<tr><td>寻宝一组：蓝色粮仓</td><td>学生自行寻找不同的海洋资源并回答。<br>课前研究性学习成果汇报一：海洋生物资源——蓝色粮仓。（野外实践、观看视频、社会调查）<br>学生活动：找到并粘贴中国四大渔场的位置，思考其成因</td><td>通过创设情境和任务设计，让学生参与户外实践，从而提高核心素养。在地理实践中积累活动经验，形成正确的人地观念。<br>互动式教学、小组讨论、粘贴渔场位置、上台展示、指图分析等活动，体现出教师对学生的充分信任，学生的主体地位得以落实和体现</td></tr>
<tr><td>寻宝二组：盐类的故乡</td><td>寻宝二组根据晒盐实验得出结论，通过阅读资料图，请小组讨论，派代表上台分享盐场形成的有利条件。（遇到问题教师及时帮助引导）<br>课前研究性学习成果汇报二：海洋化学资源——盐类的故乡。（晒盐实验、实地考察、观看视频及 PPT）<br>学生活动：通过晒盐实验得出相关结论。（影响盐场形成的自然因素有哪些）<br>实验目的：探究影响盐场形成的主要因素<br>实验器材：海水 4L、饮用水 200ml、炉灶、平底大锅 1 个、圆底小锅 1 个、实验记录表格<br>物理 → 地理<br>蒸发的条件？<br>温度 → 气温<br>湿度 → 降水<br>液体表面积 → 地形</td><td>更加关注学生的发展和社会的需求，让学生在做中学，关心并乐于探究现实中的地理问题。<br>海水煮盐的实验操作，不仅融合了物理、生物、化学知识，还将抽象的知识转变成现实的生活场景，对知识进行感性认知。再通过层层设问、环环相扣、步步推进，将感性认知升华为理性认知，既激发了学生学习的兴趣，又培养了学生的实践能力</td></tr>
</table>

（续表）

<table>
<tr><th colspan="2">教学环节</th><th>师生活动</th><th>设计意图</th></tr>
<tr><td rowspan="2"></td><td></td><td>【猜想】<br>影响盐场形成的主要因素：<br>气温、降水、地形<br>【实验步骤】<br>小组 海水量 火力 锅底表面积<br>A 1L 海水 大火 大<br>B 1L 海水 小火 大<br>C 1L海水+200ml淡水 大火 大<br>D 1L 海水 大火 小</td><td></td></tr>
<tr><td>寻宝三组：乌金储存库</td><td>课前研究性学习成果汇报三：海洋矿产资源——乌金储存库。（阅读资料、观察实物、观看PPT）<br>（1）世界海洋石油资源分布。<br>（2）可燃冰、滨海砂矿等矿产资源。<br>学生活动：双人对战游戏——“海洋资源分类小能手”</td><td>培养学生读图获取信息并进行分析的能力。<br>通过游戏调动学生学习的积极性，激发学生的学习兴趣</td></tr>
<tr><td colspan="2">因海而美：走进蓝色喜忧</td><td>头脑风暴：根据资料找到目前海洋所面临的问题和解决措施。<br>学生活动：小组合作讨论</td><td>通过组织学生研讨、交流和分享，引导学生找到海洋目前所面临的环境污染、海洋生态破坏、海洋灾害三方面的问题，了解相应的解决措施，对不恰当的行为进行反思，及时总结学习成果</td></tr>
<tr><td>因海而安：守护蓝色星球</td><td>导入</td><td>我们应该尽力守护海洋，因为人与海洋密切相关，没有海洋就没有人类的繁荣。引导学生思考应如何守护海洋</td><td></td></tr>
</table>

（续表）

<table>
<tr><th colspan="2">教学环节</th><th>师生活动</th><th>设计意图</th></tr>
<tr><td></td><td>海洋保护</td><td>学生活动：宣传倡议小组通过走访、宣传、科普、画手抄报、宣传画等方式，呼吁大家保护海洋。<br>播放“没有一头鲸想这样告别”展览的视频，这是青岛市在“4·22”世界地球日之际，用清理出来的海洋垃圾打造的一头长 7.4 米、重 25 吨的鲸鱼冰雕。在奥帆中心万人注视下，冰雕在阳光下迅速融化，显露出它腹腔内的海洋垃圾</td><td>学生通过社会调查、亲身经历，增强保护海洋的意识。<br>视频冲击力十足，让学生在震撼之余能深深反思，树立从我做起、保护海洋的意识</td></tr>
<tr><td></td><td>向海图强</td><td>（1）海洋军事活动：参观中国唯一一座反映中国海军发展的军事博物馆——中国人民解放军海军博物馆，聆听讲解，分享收获。<br>（2）海洋科研活动：海洋重器接连问世，其中凝聚了科研人员的智慧结晶。让学生在科学导师的带领下，感受科学的魅力。<br>（3）海洋经济活动：参观“海洋十年”国际合作中心，感受经济的巨大影响</td><td>通过实践活动，在学生心中种下海洋强国的种子。通过真实案例引发学生共鸣</td></tr>
<tr><td colspan="2">课堂小结</td><td colspan="2">以小组为单位上台分享收获并将成果粘贴在黑板书上<br>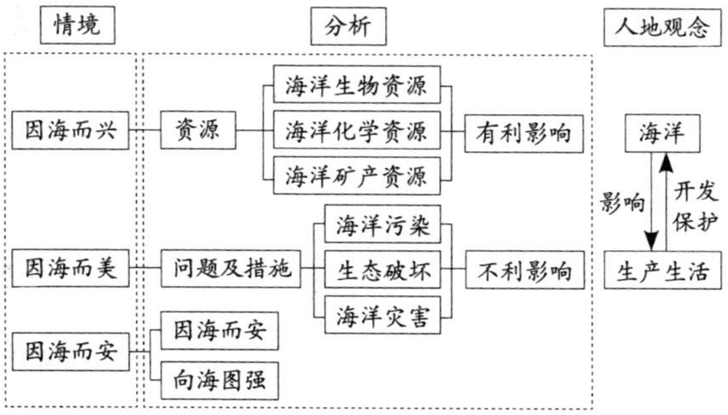
</td></tr>
</table>

（续表）

| 教学环节 | 师生活动 | 设计意图 |
| --- | --- | --- |
| 课后探究 | 青岛港是我国重要的海港之一，请大家课后到青岛港实地调研，并结合地理因素分析原因。<br>必做：画出本节课的思维导图。<br>选做：课后探究青岛港 | 结合教学内容和学生情况，设计与实施分层作业（基础型、拓展型），提高学生在实际生活中迁移应用学科知识解决问题的能力 |

## 六、单元教学实践反思

本单元对教学内容进行整合，使教学内容的呈现更加生活化、更加生动形象、更加贴近学生实际。本单元将“海鲜市场探秘”“海水晒盐实验”等地理实践活动作为教学亮点，深入浅出地向学生讲授知识。调动学生的积极性和注意力，才能凸显学生的主体地位。

本单元的课件精美、条理清晰，易于使用；教学语言通俗易懂，同时注重方法指导，给学生以方向感。教师能因材施教，充分调动学生的积极性，师生互动多。自查自纠、小组讨论、展示交流等活动，让学生高度参与到课堂中去，发挥学生的主观能动性。

在课堂评价方式上，本单元增设了即时的过程性评价，这样可以让学生及时查漏补缺。在未来的教学中，更加注重多元化评价激励教学，设计好评价量表和评价标准，从而让评价更加科学、全面、有效。教学设计中，将地理核心素养落实到大单元教学的内容中，实现地理课堂的“教学评”一体化。

仅把目光放在这一单元的教学中是片面的。学生的理解程度、思维的发散程度、语言表述的准确性等，都需要一次次教学的引导。想要有精彩纷呈的课堂，需要在平时的每节课里去认真、扎实地设计教学内容并不断反思。

# “交通运输业”单元教学设计

八年级地理　于春霞

## 一、指导思想及其依据

《义务教育地理课程标准（2022版）》提到，“运用地图和相关资料，说明中国交通运输线的分布特征，以及高速公路、高速铁路的快速发展对人们生产生活的影响”。大单元教学是一种新的教育理念，旨在打破传统的教学模式，以更大的视野向学生讲授交通运输业的知识。这一理念是基于当前的教育环境和交通运输业的发展状况而提出的。

从知识背景方面看，交通运输业是现代社会经济发展的重要支柱，涵盖了公路、铁路、水路、航空等多种运输方式。随着科技的进步和全球化的加速，交通运输业也在不断演变，对人才的需求也日益多元化。因此，大单元教学强调的是对交通运输业整体知识的整合，使学生能够全面理解交通运输业的各个环节和影响因素。

从指导思想方面看，大单元教学注重学生的主体地位，提倡主动学习、合作学习、探究学习。教师不仅仅是知识的传授者，还是学生思考、探索和创新的引导者和支持者。同时，大单元教学强调跨学科整合，鼓励学生多角度、多层面思考问题，培养其综合素质和创新能力。

从理论依据方面看，大单元教学以建构主义学习理论、多元智能理论等为基础。建构主义学习理论认为学习是学习者主动建构知识的过程，强调学习的主动性、社会性和情境性；多元智能理论则认为每个人都有自己的智能优势和独特的学习方式，教学应尊重学生的个性差异，提供多样化的学习路径和资源。

交通运输业大单元教学旨在通过整合知识、转变教学方式和跨学科整合，培养学生的综合素质和创新能力，以适应交通运输业的发展需求。这一理念的实施需要教师更新观念，提高自身素质，同时也需要学校和社会提供相应的支持和资源。

## 二、单元教学内容规划

交通运输业作为国家经济的重要支柱，其发展水平直接影响国家的经济实力和国际竞争力。随着科技的进步和社会的发展，交通运输业的概念也在不断扩展和深化。

### （一）“交通运输业”单元教学内容规划依据

“交通运输业”单元教学设计内容规划依据

| 1. 交通运输业的定义与内涵 | 2. 交通运输业的发展历程 | 3. 交通运输业的概念拓展 |
|---|---|---|
| 交通运输业是指利用各种运输工具，实现人员、货物和信息在地域间流动和交换的产业。其核心内容包括铁路、公路、水路、航空和管道等运输方式。交通运输业不仅是国家经济发展的重要支撑，也是社会进步的重要标志 | 随着人类社会的不断发展，交通运输业也在不断进步。从最初的步行、马车到现代的高速铁路、航空和管道等运输方式，交通运输业的发展历程充分体现了人类社会的科技水平和生产力的提升 | 随着科技的进步和社会的发展，交通运输业的概念也在不断拓展。除了传统的运输方式外，新兴的智能交通、共享交通、绿色交通等概念也在逐渐兴起。这些新兴概念的出现不仅丰富了交通运输业的内涵，也为行业的发展提供了新的思路和方向 |

图 45“交通运输业”单元教学内容规划依据

### （二）“交通运输业”单元教学内容特征

未来，随着科技的进步和社会的发展，交通运输业的概念还将不断拓展和深化。我们应不断关注行业发展趋势，加强科技创新和应用，以推动交通运输业的持续发展。同时，政府和企业应该加强合作，制定科学合理的发展战略和政策措施，为交通运输业的健康发展提供有力的保障。

“交通运输业”单元教学内容特征

1. 可持续性
随着环境问题的日益突出，可持续性成了交通运输业发展的重要方向。未来的交通运输业应该致力于实现绿色、低碳、循环的发展，以减少对环境的负面影响

2. 智能化
随着人工智能和物联网技术的不断发展，智能化成了交通运输业发展的重要趋势。未来的交通运输业应致力于实现智能化运输，以提高运输效率和安全性

3. 共享化
随着共享经济的兴起，共享化成了交通运输业的重要发展方向。未来的交通运输业应该致力于实现共享化运输，以提高资源的利用效率和服务水平

4. 一体化
随着区域经济一体化的加速，一体化成了交通运输业发展的重要趋势。未来的交通运输业应该致力于实现一体化运输，以促进区域经济的协同发展

5. 国际化
随着全球化的加速，国际化成了交通运输业的重要方向。未来的交通运输业应该致力于实现国际化运输，以提高国际竞争力和市场占有率

**图 46“交通运输业”单元教学内容特征**

### （三）“交通运输业”单元教学知识结构

“交通运输业”单元教学设计知识结构

1. 交通运输基础
包括交通运输的定义、分类、发展历程以及交通运输在国民经济中的作用等

2. 运输方式
介绍各种运输方式的特点及适用范围，包括铁路运输、公路运输、水路运输、航空运输、管道运输等

3. 运输设施与装备
介绍各种运输方式的设施与装备，如铁路轨道、公路桥梁与隧道、港口码头、机场、管道，以及相关的运输工具和设备

4. 运输组织与管理
介绍运输生产过程组织、运输企业经营管理、运输市场以及运输政策法规等方面的知识

5. 交通运输规划与设计
介绍交通运输规划的基本原理和方法，包括需求预测、交通布局、交通网络规划以及交通运输工程设计的基本知识

6. 交通运输安全与环保
介绍交通运输安全管理和环境保护方面的知识，包括交通安全、应急救援、环境评价与治理等

7. 智能交通运输系统
介绍智能交通运输系统的基本概念、体系结构、关键技术及应用案例等

图 47“交通运输业”单元教学设计知识结构

以上是“交通运输业”单元教学的主要内容，通过这些知识的学习，学生可以全面了解交通运输业的各个方面，为未来的职业发展打下坚实的基础。交通运输业是一个跨学科的领域，需要综合运用经济学、工程学、管理学等多个学科的知识来解决实际问题。随着社会的发展和技术的进步，交通运输业的知识结构也在不断更新和完善。

### 三、单元教学目标设计

随着社会经济的发展和科技的进步，交通运输行业在国民经济中占据着越来越重要的地位，交通运输专业的教育也因此受到了广泛的关注。在教学过程中，教学目标的设定是关键的一环，它直接决定了教学效果和人才培养的质量。教学目标是教学的出发点和归宿，它决定了教学内容、教学方法和教学评价。通过教学目标的设定，教师可以明确课程的教学重点和难点，有针对性地组织教学，提升教学效果。同时，学生也可以更好地了解学习要求，明确学习方向，更好地掌握知识和技能。

#### （一）素质目标——实用性原则

素质目标是教学目标的高层次要求，它包括对职业道德、团队协作、创新思维等素质的培养。在交通运输专业中，素质目标应包括对职业道德的遵守、团队协作精神的培育、创新思维能力的提升等。交通运输专业是一个应用性很强的专业，因此，在设定教学目标时，要注重实用性的原则。教学目标应紧密结合实际，强调学生对实际问题的分析和解决能力，使学生能够更好地适应社会需求。

#### （二）能力目标——动态性原则

随着社会经济的发展和科技的进步，交通运输行业也在不断变化。因此，在设定教学目标时，要注重动态性原则。教学目标应不断更新，以适应行业发展的需求，使学生能够掌握最新的知识和技能。能力目标是教学目标的另一重要组成部分，它包括对专业技术的掌握和实践能力的提升。在交通运输专业中，能力目标应包括运输系统规划、运输组织管理、运输市场营销等实践能力的提升。

### （三）思维目标——系统性原则

交通运输专业的教学内容是一个完整的体系，因此在设定教学目标时，要注重系统性原则。教学目标应涵盖本专业的各个方面，使学生能够全面掌握知识和技能，形成完整的知识结构。知识目标是教学目标的重要组成部分，它包括对基础知识的掌握和对专业知识的理解。在交通运输专业中，知识目标应包括对运输方式、运输组织、运输管理等知识的掌握。

## 四、单元课时任务安排

在进行“交通运输业”单元教学时，可以根据具体的教学内容和目标进行灵活调整教学目标。

表 104 “交通运输业”大单元教学课时安排

| “交通运输业”大单元教学课时安排（共六课时） | | | |
|---|---|---|---|
| 课时 | 主要教学内容 | 教学目标 | 学习阶段 |
| 第一课时 我观赏交通运输业 | 通过展示与交通运输业相关的图片、视频或实际案例，激发学生的学习兴趣和好奇心。简要介绍交通运输业的概况以及本单元的学习目标和内容。介绍交通运输业的概念、作用和重要性，通过案例展示不同运输方式的特点和应用场景。讨论交通运输业在国民经济发展中的地位和作用，了解我国交通运输业的发展历程和现状 | 理解交通运输业的重要性 | 第一阶段：激发兴趣，了解交通运输业的重要性 |
| 第二课时 我了解交通运输业 | 学习交通运输业的基本概念、原理、技术和设备等，包括陆路、水路、航空和管道等不同运输方式的特点、优势与局限性。同时，介绍交通运输业的发展趋势、政策法规以及环境保护等方面的知识。<br>介绍中国铁路建设的主要成就，包括高速铁路、动车组、铁路枢纽等。通过阅读文本资料和地图了解南北铁路和东西铁路的主要干线 | 掌握主要交通运输方式和铁路运输 | 第二阶段：理论学习 |

（续表）

| 课时 | 主要教学内容 | 教学目标 | 学习阶段 |
|---|---|---|---|
| 第三课时<br>我学习交通运输业 | 了解我国内河航运的情况及主要航道、近海航线、远洋航线、重要的海港，了解船舶运输的特点和应用。探讨水路运输在我国对外贸易中的作用，了解21世纪海上丝绸之路的意义。<br>学习我国航空运输业的成就，包括主要航空港、航线网络等，了解航空运输的特点和应用。讨论航空运输在我国旅游业和国际交往中的作用，了解航空运输业的发展趋势和挑战 | 了解水路运输与航空运输 | 第二阶段：理论学习 |
| 第四课时<br>我参与交通运输业 | 组织学生进行实地考察或模拟操作，让他们亲身体验交通运输业的实际运作过程。例如，参观当地的火车站、汽车站、港口或机场，了解各种运输方式的操作流程和设备使用情况。此外，还可以利用模拟软件或实验器材进行实践操作练习。以某区域为例，学习如何使用客运简明时刻表，选择合适的车次。同时，能够说出我国交通运输业发展的巨大成就以及对经济发展的重要性 | 进行实地考察或模拟操作，学会使用客运简明时刻表 | 第三阶段：实践操作 |
| 第五课时<br>我分析交通运输业 | 进行小组活动，学生自行选择一个与铁路运输相关的实际问题，运用所学知识进行解决并展示 | 完成交通运输对愚公村的影响这一案例分析 | |
| 第六课时<br>我猜想交通运输业 | 鼓励学生自主探究交通运输业的相关领域，如智能交通、绿色物流。教师可以提供一些学习资源或建议，引导学生进行深入学习。同时，也可以组织小组讨论或分享会，让学生交流学习心得和成果 | 自主探究 | 第四阶段：拓展延伸 |

课时安排最重要的是确保学生能够全面、系统地掌握交通运输业的知识和技能，并培养他们的实践能力和综合素质。在教学过程中，要注意引导学生关注现实问题，培养学生的实际操作能力和创新思维。

## 五、单元教学过程设计

### （一）单元教学的课时目标与内容

1. 第一课时

课时名称：我观赏交通运输业——激发兴趣了解交通运输业的重要性。

内容：通过图片、视频或案例引入交通运输业，简要介绍其概念、作用和重要性。

目标：使学生理解交通运输业在国民经济和社会发展中的关键作用。

2. 第二课时

课时名称：我了解交通运输业——主要交通运输方式及铁路运输。

内容：详细介绍陆路、水路、航空和管道等运输方式的特点、优势与局限性。重点探讨铁路运输的原理、技术和设备。

目标：使学生能够全面理解不同运输方式的特点，深入了解铁路运输的基本知识和应用。

3. 第三课时

课时名称：我学习交通运输业——水路运输与航空运输

内容：学习内河航运、近海航线、远洋航线以及航空运输的基本知识，包括主要航道、海港和航空港等。

目标：使学生了解水路和航空运输的特点和应用，了解它们在现代物流体系中的重要性。

4. 第四课时

课时名称：我参与交通运输业——实地考察与模拟操作

内容：组织学生参观当地的交通设施，如火车站、汽车站、港口或机场，并进行实地考察。同时，利用模拟软件或实验器材进行实践操作。

目标：让学生体验交通运输，增强实践应用能力。

5. 第五课时

课时名称：我分析交通运输业——案例分析

内容：完成交通运输对愚公村的影响这一案例分析。了解中老铁路对周边国家的影响。

目标：学以致用，从整体认识交通运输业对区域的影响。

6. 第六课时

课时名称：我猜想交通运输业——拓展延伸

内容：鼓励学生探索发现新的交通运输工具和运输方式。

目标：拓展延伸，增强学生探索世界的能力。

### （二）课堂教学基本思路

“交通运输业”大单元教学的单元设计能够提高教学质量和学生的学习效果，培养出更多符合社会需求的高素质人才，为我国交通运输业的发展做出贡献。将零散的交通运输知识整合到一个逻辑严谨、层次分明的系统中，有助于学生形成完整的知识体系，加深对交通运输业的理解；设计出符合学生认知规律的教学方案，提高学生的学习效果。

1. 导入阶段

通过各种交通运输工具的图片、视频，引导学生思考交通运输业在人们日常生活和经济发展中的重要性。让学生讨论自己乘坐交通运输工具的经历，激发学生的学习兴趣。

2. 新课阶段

（1）铁路运输。介绍中国铁路建设的主要成就，包括高速铁路、动车组、铁路枢纽等。通过阅读文本资料和地图了解主要的南北铁路干线和东西铁路干线。以某区域为例，学习如何使用客运简明时刻表，选择合适的车次。结合实际案例，探讨铁路运输的重要地位和作用。进行小组活动，让学生自行选择一个与铁路运输相关的实际问题，运用所学知识进行解决并展示。

（2）水路运输。介绍我国内河航运的情况及主要航道、近海航线、远洋航线、重要的海港，了解船舶运输的特点和应用。探讨水路运输在我国对外贸易中的作用，了解 21 世纪海上丝绸之路的意义。

（3）航空运输。介绍我国航空运输业的成就，包括主要航空港、航线网络等，了解航空运输的特点和应用。讨论航空运输在我国旅游业和国际交往中的作用，了解航空运输业的发展趋势和挑战。

3. 巩固阶段

通过练习题、案例分析等方式，巩固学生对相关知识的理解和掌握。引导学生思考交通运输业的发展趋势和未来发展方向。

4. 拓展阶段

组织学生进行拓展学习，如探究新型交通运输方式、了解国际交通运输政策，开阔学生的视野，培养学生的创新思维。

5. 总结阶段

对本单元的学习内容进行总结，强调交通运输业在国民经济和社会发展中的重要地位和作用。引导学生思考如何通过学习和实践，为我国交通运输业的发展贡献自己的力量。

从实际问题出发，通过解决实际问题来巩固知识和技能。这种教学方式能够培养学生的实践能力，提高学生在实际工作中解决问题的能力。鼓励教师尝试新的教学方法和手段，引导学生进行创新性的思考和实践。这种教学方式能够培养学生的创新思维和创新能力，为交通运输业的发展注入新的活力。及时跟进交通运输业的发展动态，将最新的知识和技术引入教学当中，使学生的知识和技能能够紧跟时代的发展。

### （三）交通运输业案例分析：《愚公和空中列车》（第五课时）

1. 总体课程标准

运用地图和相关资料，说明中国交通运输线的分布特征，以及高速公路、高速铁路的快速发展对人们生产生活的影响。

2. 本课时课程标准

能运用地图和相关资料，说明高速公路、高速铁路的快速发展对人们生产生活的影响。

3. 教学目标

（1）运用愚公移山的故事，引发学生思考，为什么要移山？用什么工具移山？用什么交通方式运土？往返用时多长？如果与愚公同时代，你有什么建议？引导学生思考交通运输方式对区域发展的影响，培养学生的地理要素与综合思维能力。

（2）运用愚公村的发展历史，引导学生寻找交通对愚公村经济结构、人均收入、生活水平、人们思想观念的影响，培养学生的区域认知能力。

（3）规划青岛至愚公村的交通线路。通过对愚公“寒暑易节，始一反焉”的了解，让学生真切感受到“中国速度”对人们生活的影响，培养学生的地理实践力。

（4）出示“茶马古道”的相关资料，让学生继续加深交通运输的作用，即增强区域间的联系与交流，有利民族交融，提升我国在世界上的影响力。培养学生的综合思维能力，树立人地协调观。

（5）通过京台铁路说明交通对国家统一和国防安全的重要作用，培养学生的爱国情怀。

（6）交通工具快速发展，科学技术日新月异，引发学生对未来的畅想，激发学生的民族自豪感和对未来的美好向往。

4. 教学重点难点

能运用地图和相关资料，说明高速公路、高速铁路的快速发展对人们生产生活的影响。

5. 教学方法

“四动课堂”教学法、综合分析法、读图分析法、小组合作探究法。

6. 教学方式

多媒体、微视频、情景演绎。

7. 教学过程

表 105《愚公和空中列车》案例分析教学过程

| 教学内容 | 教师活动 | 学生活动 | 设计意图 |
| --- | --- | --- | --- |
| 导入新课 | 演绎《愚公移山》的故事，让学生思考愚公移山的原因。愚公使用的工具和运输方式是什么？往返一次大概用多长时间？如果你与愚公同时代，有什么建议给愚公？完成寻找愚公的居住地。<br>过渡：愚公移山的故事有据可查，跟随科学家的脚步，到达今天的愚公村，探寻愚公村的历史。<br>让学生感受综合思维与地理实践能力的作用 | 观看愚公移山情景剧。<br>思考愚公移山的原因，探究他们用了什么工具和方式移山，并尝试寻找愚公村的位置。<br>进入情境，了解愚公村的历史并进一步探索 | 与交通对农业工业区域发展的影响的内容进行衔接，体现大单元设计的关联性、系统性 |
| 情境一 | 任务一：开山<br>材料一：愚公村的大致位置及其周围地形。<br>材料二：王屋镇的山区面积占80% 以上，道路设施不完善。简陋的交通条件让居民“出门就爬山，运输靠扁担”“晴天一身灰，雨天一身泥”，新鲜的山货因为运不出去烂在地里，当地居民尝尽了无路的难、无路的苦。<br>材料三：愚公村因交通闭塞而陷于贫困，祖祖辈辈“土里刨食，看天吃饭”。愚公村约 70% 是林地，人均耕地不足 1 亩，地薄土贫，小麦亩产不到 500 斤。村民用祖祖辈辈传承的采崖柏手艺艰难支撑着整个家庭的生活。 | 自主思考，完成任务一的问题<br><br>感受改革开放前愚公村的生活生产的情况 | 利用“四动课堂”，运用情境演绎，自主完成或小组合作完成任务，思考交通对愚公村的经济发展水平、经济发展方式、人们的思想方式、人们生活水平的影响 |

（续表）

| 教学内容 | 教师活动 | 学生活动 | 设计意图 |
| --- | --- | --- | --- |
| | 阅读以上材料回答：20 世纪 80 年代，愚公村的村民生活水平如何？限制其发展的原因是什么？<br><br>任务二：出山<br>材料四：20 世纪 90 年代，山区道路修建。“公路通，百业兴”，王屋山区先后在全省率先实现了“乡乡通”公路、“村村通”柏油路、“镇镇通”高速公路、“组组通”硬化路。<br>材料五：对居住在王屋山深处的人们来说，贫穷封闭的环境让走出大山成了他们永远的“痛”。孩子们努力学习的最大动力就是离开大山，去追求山外更美好的生活。<br>材料六：“种植西红柿，一亩地赚上万元。”愚公村的种植户王院说。<br>阅读以上材料回答：愚公村的村民迫切想要出山的原因是什么？出山的前提条件是什么？<br><br>任务三：回山<br>材料七：从大山深处走向繁华都市的刘敏敏在大城市漂泊几年之后毅然决定回乡创业。现在很多年轻人都选择回乡发展。曾经破败的村庄随着人们的回归而逐渐恢复了生机和活力。 | 阅读资料，完成任务二问题<br><br>感受交通条件的改善对愚公村的生活生产产生的影响 | 利用“四动课堂”，运用情境，自主完成或小组合作完成，思考交通对愚公村的经济发展水平、经济发展方式、人们的思想变化、人们生活水平的影响<br><br>回扣农业、工业交通之间的关联，体现大单元设计的整体性 |

（续表）

| 教学内容 | 教师活动 | 学生活动 | 设计意图 |
|---|---|---|---|
| | 材料八：2019年，种植户王院再三考虑，决定放弃西红柿种植，赶在五一前把家里改成了农家乐，没想到开业四天迎来20多万名游客。“客房全部被预订一空，一个假期赚了5000多元。”<br>阅读以上材料回答：<br>（1）愚公村的村民回山的原因是什么？回山的前提条件是什么？<br>（2）请结合资料规划出青岛到愚公村的出行线路。<br>总结交通对愚公村生产生活的影响 | 充分阅读资料，小组合作完成任务三 | |
| 情境二 | 情境演绎古时“蜀道难”“茶马古道”的情形，与今天的相对比。总结交通对各地区之间交流的影响，知道地理要素是互相联系和影响的 | 通过对比，感受交通对各地区之间人、物流动的影响 | 利用“四动课堂”，运用情境，思考交通对各地区之间人、物流动的影响 |
| 课堂小结 | 从前有“愚公移山”，现在有“八横八纵”。“全球123快货物流圈”实现国内一天送达、周边国家两天送达、全球主要城市三天送达的设想。<br>了解空中列车，合理想象未来中国的交通工具会是什么样？交通线路该如何布局呢 | 结合情境一与情境二展开想象，畅想未来 | 引发学生对未来的畅想，激发学生的民族自豪感和对未来的美好向往 |

表 106 课堂评价表

| 评价等级 | | | 评价方式 | | |
|---|---|---|---|---|---|
| 优秀 | 良好 | 合格 | 自评 | 互评 | 师评 |
| 能够通过观看视频，结合事例，逻辑清晰地、详细地说出交通运输工具、交通运输方式对愚公村各方面发展的影响 | 能够通过观看视频，在小组成员的帮助下，结合事例，大致说出交通运输工具、交通运输方式对愚公村各方面发展的影响 | 能够通过观看视频，在小组成员的帮助下结合事例，简要说出交通运输工具、交通运输方式对愚公村各方面发展的影响 | | | |
| 能够通过观看视频，结合事例，逻辑清晰、详细地说出交通运输工具、交通运输方式对秦岭两侧地区、中国与周边国家生产生活的影响 | 能够通过观看视频，在小组成员的帮助下，结合事例，大致说出交通运输工具、交通运输方式对秦岭两侧地区、中国与周边国家生产生活的影响 | 能够通过观看视频，在小组成员的帮助下，结合事例，简要说出交通运输工具、交通运输方式对秦岭两侧地区、中国与周边国家生产生活的影响 | | | |

## 六、单元教学实践反思

### （一）优点

（1）教学方法多样，能有效激发学生的学习兴趣和积极性。

（2）注重理论与实际相结合，使学生更好地理解和应用所学知识。

（3）通过小组讨论，培养了学生的团队合作能力和批判性思维。

### （二）不足

（1）部分学生对交通运输业的兴趣不高，需要进一步探索如何激发学生的学习兴趣。

（2）案例分析部分可以帮助学生更好地了解交通运输业的实际运作情况。

（3）小组讨论的组织形式和讨论内容需要进一步优化，以确保讨论的有效性和深入性。

**（三）改进建议**

（1）针对学生兴趣不高的问题，可以尝试引入更多与现实生活紧密相关的案例，如城市交通拥堵、绿色出行，以激发学生的学习兴趣。

（2）在案例分析部分，可以邀请交通运输业的专家或从业者进行分享和交流，使学生能够更加深入地了解该领域的实际运作情况。

（3）在小组讨论环节，可以提前设定更明确和具体的讨论主题和问题，引导学生进行深入探讨。同时，教师也要积极参与讨论，及时给予学生指导和反馈。

总之，本次“交通运输业”大单元教学实践取得了一定的效果，但也存在一些不足之处。通过反思和改进，我们将进一步提高教学质量和效果，促进学生的全面发展。

# “数据与编码”单元教学设计

七年级信息技术　邓彩凤

## 一、指导思想及其依据

《义务教育信息科技课程标准（2022年版）》指出，大概念是理解的核心，是上位观念的一种重要形式，具有明显的概括性和解释性。大概念教学能够将学科理念与知识进行联系，帮助学生挖掘学科内核，培养学科核心素养。大单元教学是指向素养的整合取向的教学，打破常规课时带来的割裂性，能够帮助学生建立知识逻辑，是对课时教学单一知识建构的有效补充。为保证大单元教学的结构化，本单元采用以大概念为统领的大单元教学设计，提高学生核心素养培养的实效性。数据是继信息之后的又一大概念，大数据时代，数据作为一种重要的产能具有非凡的意义和价值，是信息技术学科中的重点和难点，是培养学生的数字思维、计算思维的关键内容，对后续关于编程、大数据、人工智能等模块的学习都有着重要影响。因此，将数据作为学科大概念，统领初中阶段关于数据部分的大单元教学。“新课标”对数据与编码部分内容提出明确要求，但初中阶段该部分内容相对分散且计算量增大，因此对青岛版信息科技教材进行分析与整合，将数据确定为学科大概念，同时将“数据与编码”作为学科大概念数据的下位概念，将其确定为大单元的核心概念，旨在让学生明确数据的产生与使用价值，并通过从生活到数学再到计算机的递进式学习将概念具象化、结构化。在落实学校“四动课堂”教学理念的同时，发展学生的信息意识、计算思维、数字化学习与创新、信息社会责任。

## 二、单元教学内容规划

“新课标”要求在大概念教学中，明确学科大概念分解出来的各单元大概念，再由单元大概念分解出相关联的基本概念群，寻找概念间的逻辑关系。以此为基点，设计教学活动，为落实学科核心素养提供必要的条件。

本单元将数据确定为学科大概念，分解出“数据与编码”作为大单元的核心概念，并依据思维逻辑顺序继续分解出生活中的数据、计算机中的数据、网络中的数据等基本概念群，层层递进、相互联系、彼此成就，形成大单元概念结构图，如图 48 所示。学科大概念统领整个结构体，对应多个单元学习。其中单元大概念是单元教学的内核部分，承上启下连结概念群；基本概念之间层层递进，构成内容基础。

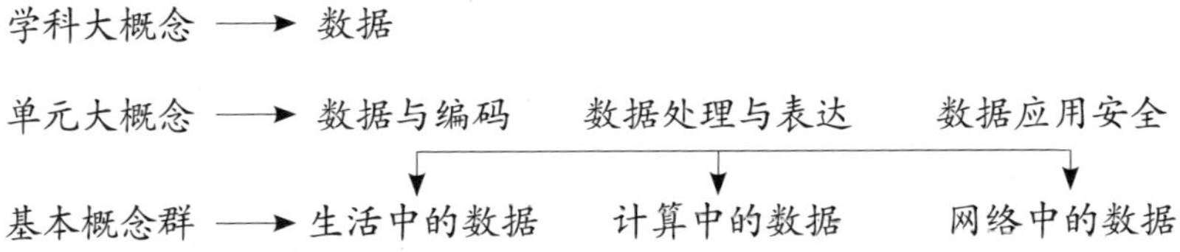


图 48“数据与编码”大单元概念结构图

## 三、单元教学目标设计

### （一）目标设定依据

数据是信息科技学科中关于计算机基础部分的重点内容，数据作为信息社会中的新型生产要素，具有举足轻重的地位，而数据编码使得信息能够被有效利用。“数据与编码”是数据部分学习的起点，“新课标”面向四大核心素养提出了明确要求，学生要基本了解数据在计算机中的运算和存储方式，认识编码特点。在日常学习与生活中，学生要能积极主动运用信息技术工具高效地解决问题并进行创新活动。在实践应用中熟悉各种技术工具，知道数据编码方法和原理，掌握进制转换的规则和方法。在诸多技术中，能选择恰当的数字化资源与工具为学习提供支持，主动利用数字设备开展实践活动，具备利用信息科技进行自主学习和合作学习的能力。在信息技术应用的过程中，能运用一定的技术性策略保障信息和数据安全。学生只有认识数据，才能更好地应用和表达数据。从生活实例出发，帮助学生发现数据、对数据敏感，为后续数据的应用与开发奠定基础。

学生在数学中已经接触了数据这一概念，具备一定的知识基础，但也仅停留在给定情形下的计算层面，忽略了对学生在生活中发现数据、感知数据能力的培养，因此他们难以理解数据的本质。初一学生平均年龄 13 岁，处于认知发展中的形式运算阶段，辩证思维已得到初步发展，具有一定的逻辑推理能力和分析理解问题的能力，能够实现由具体到抽象、由感性到理性的认识，但其结构化理解能力还处于较低水平。因此，核心大概念下的大单元设计能够帮助学生建立逻辑结构，加强对知识的理解。此外，大部分学生对信息科技课较为感兴趣，能够积极参与学习活动，对于任务驱动式学习、问题探究、跨学科学习活动表现出极大兴趣，这就为学习活动的开展以及学生思维能力的培养提供了条件。

### （二）单元教学目标

结合义务教育信息科技课程标准、学科核心素养、学业质量要求以及学生学情等多方面因素，制定大单元目标及分课时目标，如表 107 所示。其中，大单元目标面向最终的学科核心素养的养成及对大概念的理解，起到统领与导向作用。课时目标立足于微观层面，将大单元目标进行分解，指向基本概念，强调对细节的把控和对概念的领悟。

**表 107 基于数据大概念的教学目标**

| 单元目标 | 课时目标 |
|---|---|
| 通过游戏及对生活案例的分析和讨论认识数据，了解数据的来源，知道计算机中数据的二进制编码原理以及网络中的数据传输方式。通过探究式学习、项目式学习，从生活到计算机再到网络，从静态的数据编码到动态数据传输，帮助学生建立知识结构，促进学生对概念的理解和内化 | 课时一：生活中的数据<br>了解什么是数据，生活中都会产生哪些数据以及获取这些数据的方法；通过典型实例了解数据的编码表示方式 |
| | 课时二、三：计算机中的数据<br>通过协作探究、问题探究学习，了解计算机中数据的二进制编码；了解汉字编码、图像编码 |
| | 课时四、五：网络中的数据<br>学习网络数据的编码——IP 地址，根据前期学习的二进制理解网络中数据的传输原理 |

## 四、单元课时任务安排

通过大单元结构概念图以及单元教学目标对“数据与编码”单元进行内容梳理和任务安排，如表108所示。教学按照思维逻辑顺序展开，以生活中的有趣实例切入，将大单元主题拆解为具体的学习项目，课时之间形成层层递进的关系，通过问题驱动让学生完成项目活动。

表108 “数据与编码”大单元内容梳理

| 课时划分 | 课时内容 | 知识架构 | 项目主题 |
| --- | --- | --- | --- |
| 第一课时 | 生活中的数据 | 结绳计数　进制表示<br>摩斯密码 | 项目一：数据的“前世今生” |
| 第二、三课时 | 计算机中的数据 | 二进制、进制转换　存储单位<br>汉字编码、图像编码 | 项目二：数据间的“心有灵犀” |
| 第四、五课时 | 网络中的数据 | IP地址　数据传输 | 项目三：网络中数据的“心路历程” |

## 五、单元教学过程设计

根据课时内容设计项目学习活动，在各项目中设置学习活动，采用问题驱动、情境驱动。以项目二为例，展示教学设计，如表109所示。

表109 数据间的“心有灵犀”项目设计

| 学科 | 信息科技 | 年级 | 七年级 | 课时 | 1课时 |
| --- | --- | --- | --- | --- | --- |
| 章节标题 | 数据间的“心有灵犀” | | | | |
| 设计理念 | 本节在“新课标”的要求下，对原教材内容和思路进行了改编，为激发学生兴趣设计了魔术表演、问题探究、实践任务等一系列活动，着重培养学生的信息意识、计算思维和信息社会责任。同时，通过实践任务培养学生的数字化学习与创新能力。本节共设置四个探究问题，贯穿整个学习过程。<br>问题一：魔术“心有灵犀”为什么要用二进制编码？直接用十进制可以吗？<br>问题二：如何“记住”牌面放置的对应关系从而猜出数字呢？<br>问题三：在魔术“心有灵犀”中，至少需要多少组扑克牌才可以正确猜出观众心中所想？<br>问题四：这些扑克牌该如何分组放置，有何技巧？ | | | | |

（续表）

| | |
|---|---|
| 教学目标 | （1）知道数据在计算机中是以二进制的形式存储和运算的。（信息意识）<br>（2）知道计算机中信息编码使用二进制形式的原因。（信息意识、数字化学习与创新）<br>（3）了解二进制数的特点。（信息意识、信息社会责任）<br>（4）掌握二进制转换成十进制的方法。（计算思维）<br>（5）掌握十进制转换成二进制的方法。（计算思维） |
| 教学重点难点 | （1）知道计算机中信息编码使用二进制形式的原因。<br>（2）了解二进制数的特点。<br>（3）掌握进制转换的方法和规则 |
| 教学方法 | 项目式学习、探究式学习法、任务驱动式学习、小组讨论法、讲授法 |
| 学习资源 | PPT、学习活动任务单、微课、拓展阅读材料、作业单 |
| 教学流程 | 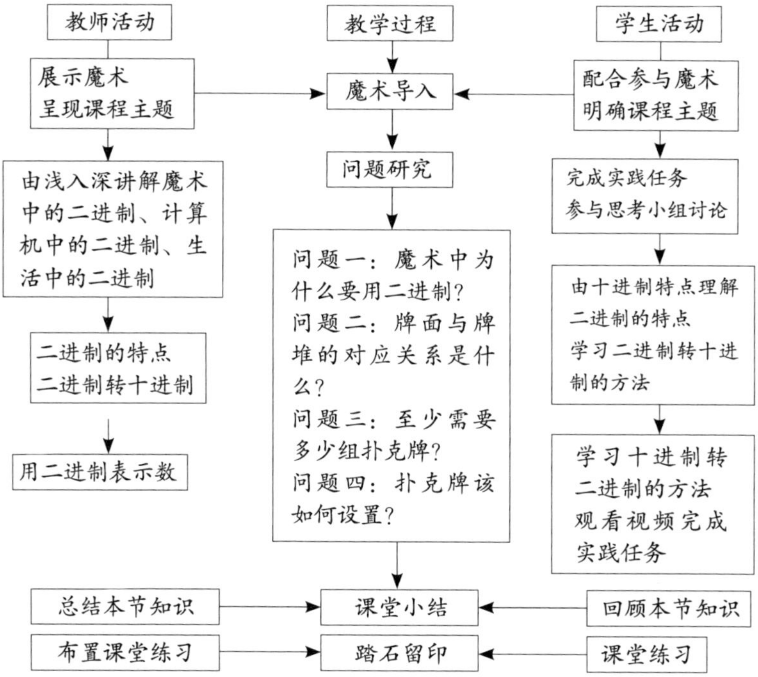 |

（续表）

| 教学过程 | | |
|---|---|---|
| 教学环节 | 教学活动 | 设计意图 |
| 学习活动 | 一、魔术表演<br>对扑克牌魔术进行介绍并表演<br>二、魔术揭秘<br>这个数字正是刚刚这位同学告诉老师的，老师是通过观察刚才这位同学对这四组牌的摆放方式猜出的这个数字。这个魔术用到了数据编码，一个牌堆对应一位二进制数，正放编码为 1、反放编码为 0，这样就可以形成 13 种摆放方式，只要我能够记住每种摆放方式对应的牌的数字，就可以立马猜出刚刚这位同学所抽到的数字。本节课的主要内容就是认识二进制。<br>问题 1：魔术“读心术”为什么要用二进制编码？直接用十进制可以吗？<br>1. 魔术中的二进制<br>总结学生的回答，给出解答。<br>在魔术“读心术”中，每组牌用正反来表示，即二进制编码。因为二进制只有两种状态，容易实现。直接用十进制表示，会出现 10 种状态，难以记忆，不易操作。<br>2. 计算机中的二进制<br>计算机中的信息编码为什么使用二进制而不用十进制？<br>教师引导学生先思考，再根据任务单上的要求，上网查找资料（3 分钟），学会利用学习工具来解决问题。<br>总结讨论与查阅资料的结果，对学生的回答进行评价和补充。<br>3. 生活中的二进制<br>引导学生思考生活中应用二进制的例子，理解二进制表示的是两种相反的状态。<br>问题 2：如何“记住”牌面与牌堆放置方式的对应关系，进而猜出数字呢？<br>引出二进制转十进制的方法。 | 引入学习主题，明确学习内容，引发学习动机<br><br>发现问题，解决问题，培养学生的观察能力和独立思考的能力<br><br>建立前后联系，帮助学生理解知识。锻炼学生有意识地利用学习工具来解决问题，有助于增强其信息意识和数字化学习与创新的能力 |

（续表）

| 教学环节 | 教学活动 | 设计意图 |
| --- | --- | --- |
| | 牌堆放置方式采用二进制，牌面上的数字采用十进制，根据牌堆放置状态猜出十进制数就是将二进制转换成十进制的过程，只要掌握方法，无需记忆。<br>通过学生熟知的十进制数来对应理解二进制数。<br>1. 十进制数的特点<br>（1）十进制数使用哪些数值？<br>0、1、2、3、4、5、6、7、8、9。<br>（2）十进制的加法运算规则是什么？<br>逢十进一、借一当十。<br>（3）十进制数不同位置的位权？<br>从最右边个位开始，往左依次为 $10^0$、$10^1$、$10^2$……<br>2. 二进制数的特点<br>（1）二进制数使用哪些数值？<br>0、1。<br>（2）二进制数的加法运算规则？<br>逢二进一。<br>0+0=0，0+1=1，1+0=1，1+1=10。<br>（3）二进制数不同位置的位权是什么？<br>从最右边起往左依次为 $2^0$、$2^1$、$2^2$……<br>3. 二进制转十进制的方法<br>方法一：位权法。<br>方法二：8421 转换法（适用于二进制数长度较短的情况）。<br>4. 练一练<br>$(110)_2=(\quad)_{10}$　　　　$(1101)_2=(\quad)_{10}$<br>问题 3：在魔术“读心术”中，至少需要多少组扑克牌才可以正确猜出观众心中所想？<br>小组讨论回答。<br>教师引导学生回答：一组牌能表示两种状态，两组牌能表示四种状态，三组牌能表示八种状态，四组牌能表示 16 种状态。<br>扑克牌有 13 个数字，对应二进制需要四位，因此需要四组扑克牌（23<13<24）。 | 在原来学过的知识的基础上进行学习，便于进行信息的加工 |

（续表）

| 教学环节 | 教学活动 | 设计意图 |
| --- | --- | --- |
| | 问题 4：这些扑克牌该如何分组放置，有何技巧？<br>引出十进制转二进制的方法。<br>从正反的放置来看，牌面上的数字必须在对应二进制为 1 的牌堆中有牌才可以。也就是需要掌握十进制数转换成二进制的方法，才能确定哪堆牌中放或者不放该数字的牌。<br>方法一：短除法 + 倒序取余。<br>方法二：凑数法。<br>在程序员的世界里，每个数字都有特殊的意义，播放电影《孤注一掷》的片段，引导学生看潘生是如何发送求救信号的。<br>现在再看这个片段，你们明白潘生是怎么发送求救信号的了吗？他正是采用了十进制转二进制的方法，六的二进制数是 110。<br>这部电影的主题是反诈骗，之前学习过信息具有真伪性，一定要仔细辨别虚假信息。若是不幸身处险境，也可以通过一些方式来传递求救信号。电影中就教给我们，可以采用进制转换的方式，出示六的手势来告知好友拨打 110 报警，学会保护自己，掌握一些求生手段。<br>教师出示练习题。<br>$(36)_{10}=(\quad)_2$ $(15)_{10}=(\quad)_2$<br>打开电脑上的计算器，选择“程序员”选项卡，对刚才的题目进行检验并完成任务单中的要求。<br>三、课堂总结<br>（1）以提问的形式引导学生回忆本节课所学知识。出示思维导图。<br>（2）提出期望：世界上一共有两种人，一种是认识二进制的“1”，一种是不认识二进制的“0”，希望大家都能成为认识二进制的那种人。<br>四、课堂练习<br>出示课堂习题。回忆本节课内容，再根据教师展示的思维导图进行总结复习 | 魔术问题贯穿整节课，通过魔术教学讲解十进制转二进制的方法，由问题引出重点知识进行讲解<br><br>借助电影中进制转换发送求救信号的行为，对学生进行德育教育，让他们学会保护自己，要掌握一些求生手段<br><br>用思维导图的形式帮助学生梳理知识点，总结复习<br><br>当堂巩固，加强记忆 |

（续表）

| 教学环节 | 教学活动 | 设计意图 |
|---|---|---|
| 作业设计 | 一、基础作业<br>1. 二进制转十进制<br>$(0010)_2=(\quad)_{10}$　　$(1101)_2=(\quad)_{10}$<br>2. 十进制转二进制<br>$(25)_{10}=(\quad)_2$　　$(17)_{10}=(\quad)_2$<br>二、实践作业<br>自己设计一个魔术，通过总数确定需要设置几个组，利用十进制转二进制的方法自己摆放好“牌堆”，邀请你的家人参与魔术，利用二进制转十进制的方法猜出观众心中所想。请描述你的魔术 | 作业分为两部分：基础部分加实践部分，巩固本节课重点知识并将所学应用到实际中，设计自己的魔术 |
| 板书设计 | 数据间的“心有灵犀”——认识二进制<br>1. 认识二进制<br>2. 二进制的特点<br>3. 进制转换：二进制转十进制　十进制转二进制 | |

## 六、单元教学评价设计

在单元大概念的引领下，大单元教学以项目活动的形式展开，并对最终学习效果进行评估。评价设计分为两个阶段，首先，确定预期效果，围绕单元大概念确定学生需要思考的基本问题，理解应达到什么程度；其次，明确评估证据，根据表现性任务、项目活动成果等进行评价，评价形式多样，最终目的是获知学生从中学到的内容。

表 110“数据与编码”大单元教学评价设计

| 阶段 1：确定预期效果 | |
|---|---|
| 单元大概念：数据与编码 | |
| 基本问题 | 预期的理解程度 |
| （1）生活中的数据编码表示方式。<br>（2）数据编码的原理和意义。<br>（3）怎样进行数据编码 | 结绳计数、进制表示、密码表示以及人为设定的数据编码等 |

（续表）

| | |
|---|---|
| | 为了便于使用、容易记忆，常常要对计算机加工处理的对象进行编码，数据编码是计算机处理的关键。不同的信息记录应当采用不同的编码方式。<br>计算机中使用二进制进行数据编码，容易实现 |
| 学生将获得的知识和技能 | |
| 学生将获得的知识 | 学生将获得的技能 |
| 1. 生活中的数据编码实例<br>2. 计算机中的数据编码<br>（1）采用二进制编码，原因是便于操作。<br>（2）进制间的相互转化：二进制转十进制采用位权法，十进制转二进制采用短除法。<br>知识拓展：其他进制的转化。<br>（3）数据存储单位：B、KB、MB、GB、TB。<br>（4）汉字编码、图像编码。<br>3. 网络中的数据<br>IP 地址是由 32 位二进制数表示，由网络号和主机号组成；网络中数据以 0、1 的形式传输，需要遵循网络协议 | （1）能够根据问题进行自主探究，选择合适的方法或工具获取信息，体会数据的编码过程。<br>（2）学会发现问题、解决问题，体会解决问题的一般过程。<br>（3）能够发掘问题的本质，了解其原理和意义。<br>（4）理解数据的重要性和对数据进行保护的意义 |
| 阶段 2：明确评估证据 | |
| 表现性任务 | 项目活动成果 |
| 项目一：数据的“前世今生”。<br>项目二：数据间的“心有灵犀”。<br>项目三：网络中数据的“心路历程” | 评价目标：大概念“数据与编码”的理解以及相应的认知策略。<br>评价内容：项目任务及活动的完成度。 |

（续表）

| | |
|---|---|
| | 评价方法：过程性评价、总结性评价。<br>评价结果：面向大概念的成果展示、数字思维能力、迁移运用的能力 |

## 七、单元教学实践反思

大概念作为大单元教学的立足点，其设计和实施使得教学打破课堂限制，得以发展概念性思维和认知策略，构建立体性知识结构网络，兼具可操作性。教师要立足整体，帮助学生理解学科大概念，抓住概念内核延伸知识点，以问题驱动、工具撬动引导学生主动构建知识网络，从而提升思维能力，促进学科核心素养的形成。